JN441564

역사 속의 인간탐구 24

공자의 천하, 중국을 뒤흔든 자유인

이탁오

李 卓 吾

신용철

지식산업사

공자의 천하,
중국을 뒤흔든 자유인 이탁오

초판 제1쇄 발행 2006. 1. 10.
초판 제4쇄 발행 2013. 9. 5.

지은이 신 용 철
펴낸이 김 경 희
펴낸곳 (주)지식산업사
본사 ● 413-832, 경기도 파주시 교하읍 문발리 520-12
전화 (031) 955-4226~7 팩스 (031)955-4228
서울사무소 ● 110-040, 서울시 종로구 통의동 35-18
전화 (02)734-1978 팩스 (02)720-7900
한글문패 지식산업사
영문문패 www.jisik.co.kr
전자우편 jsp@jisik.co.kr
등록번호 1-363
등록날짜 1969. 5. 8.

책값은 뒤표지에 있습니다.

ISBN 89-423-2064-3 03990

이 책을 읽고 저자에게 문의하고자 하는 이는
지식산업사 전자우편으로 연락 바랍니다.

△ 이탁오(이지)의 초상

◁ 상해박물관 소장,
삼십판도 황씨 묘비문

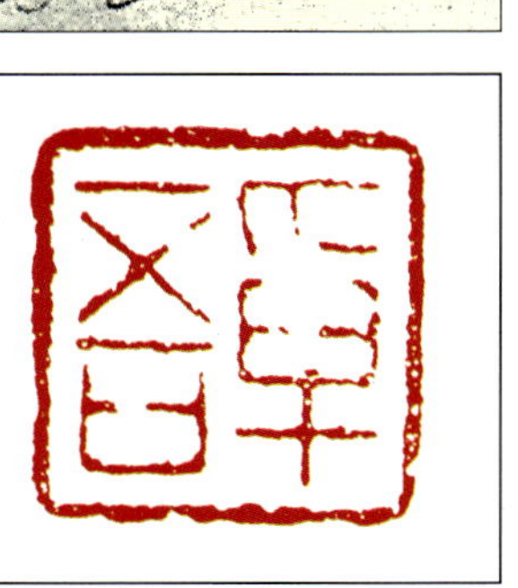

◁ 이탁오 인장

△ 북경 교외 통주의 이탁오 묘소

△ 이탁오 묘

△ 이탁오 묘비

▽ 이탁오의 저작

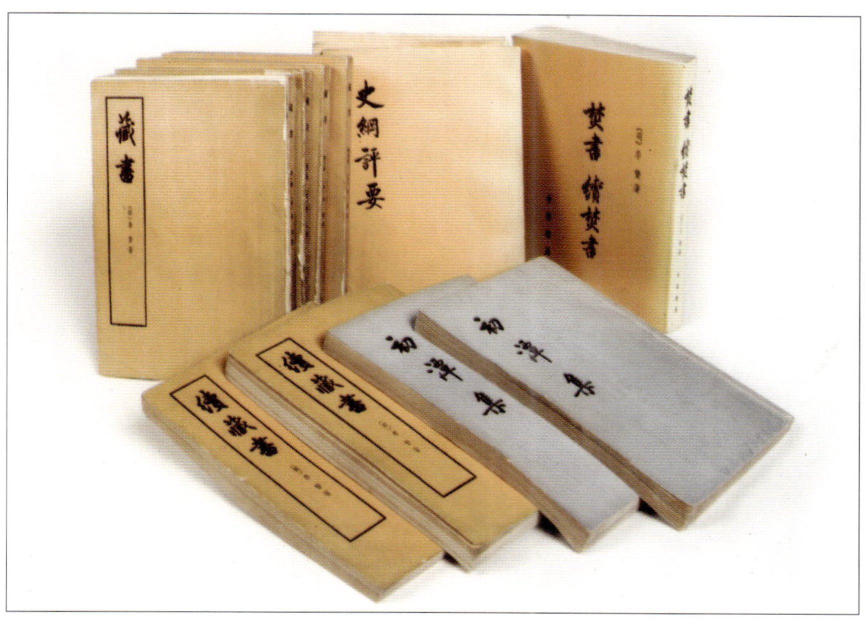

△ 천주(泉州)의 부학(府學)

◁ 천주에 있는 이탁오의 옛집

△ 남안(南安)의 이지 기념사(紀念祠)

이탁오 8대손(맨 왼쪽)과 함께 ▷
(가운데는 저자)

◁ 천주의 개원사 동탑

▽ 천주의 회교성인묘지

공자의 천하, 중국을 뒤흔든 자유인

이李 탁卓 오吾

명대 이지(1527~1602)가 머물렀던 곳(표시한 곳)

머 리 말

독일 하이델베르크대학에서 학위논문의 주제를 무엇으로 정할까 고심하던 때, 중국의 일간지 《광명일보(光明日報)》에서 진보사상의 별로 떠오르는 이탁오를 만나게 되었다. 그뒤부터 그는 내 마음과 학문에서 지금까지 지워질 수 없는 중요한 자리를 차지하고 있다.

현대 사회주의 중국에서 이탁오는 사상적으로 어떻게 수용, 평가되는가에 대해 석사학위논문을 쓰고, 이어서 박사학위논문에서 16세기 말 명대의 중요한 사회사상으로서 그의 여성관을 탐구했다. 아마도 이 둘은 이탁오에 관한 우리나라 최초의 학위논문이었을 것이다. 귀국한 뒤 학위논문을 번역, 출간하지 않은 것은 아직 많이 부족한 듯해서 더 보충하고 싶어서였다. 그뒤 나는 연구논문 15편과 에세이 14편을 쓰면서도 그에 대한 애정과 연구의 집착을 버리지 못했다.

학위논문을 발표하고 나서, 은사님 한 분은, "거 미치광이를 연구했군!"이라는 반응을 보였고, 다른 한 분은, "그 사람 정신분열자 아냐?"라고 했다. 나는 이 말을 듣고 웃으면서도 우리 학계의 실정을 절감했고, 그것은 내 연구를 더욱 자극하여주는 요인도 되었다. 그뒤 민주화 열기 속에서 우리나라에서도 젊은 학자들 사이에 이탁오에 대한 학문적 관심이 차츰 커지기 시작했다. 여러 학위논문들이 국내를 비롯하여 타이완과 중국대륙에서 나오기 시작했다. 이탁오의 저서인 《도고록》 일부에 이어 대표작인 《분서》도 초역과 완역이 나왔다. 그만큼 이탁오 연구의 지평이 넓어진 것이다.

세계 어느 나라보다도 한국은 중국의 문화와 사상에 영향을 많이 받아왔고 또 받고 있다. 그런데도 현대 중국은 물론 근대 일본의 사상계와 문화계에 혜성처럼 나타나 충격을 준 이탁오에 관해 읽을 책이 전혀 없었다. 연구자로서 나는 이를 안타깝게 생각하면서 내 연구를 정리해보고 싶었다. 하지만 바쁜 학교생활을 핑계로 그 뜻을 좀처럼 이룰 수 없었다. 정년을 앞두고 3년 전부터 준비를 서둘렀으나 뜻을 이루지 못했다. 그리고 정년 이후 다시 3년이 지난 오늘에야 겨우 이 책이 만들어졌다. 그렇다고 이탁오에 관한 내 연구가 완성된 것은 결코 아니지만, 더 이상 시간을 미룰 수도 없었다. 이탁오를 만나 즐겁게 학문의 삶을 걸어온 지도 벌써 33년, 이제 나 역시 그가 불후의 명저인 《장서》를 쓰던 때의 나이가 되었으니 말이다.

책제목으로 무엇이 적당할까 오래 생각하다가, 《공자의 천하, 중국을 뒤흔든 자유인, 이탁오》로 했다. '성인과 유교의 이단'에서 '성인', '유교의 반역자와 반도'에서 '자유. 해방의 사상가와 진보적 법가사상가'에 이르기까지, 그에 대한 평가는 매우 다양하다. 그가 살아 있을 때부터 지금까지 평가는 항상 상반되어 극과 극을 달리고 있다.

본문 가운데 중국을 비롯하여 일본과 서양의 중요한 연구성과를 간략히 소개함으로써 이탁오와 그의 사상이 중국뿐 아니라, 중국문화의 영역인 공자의 천하에 어떻게 영향을 주었는가를 밝히기도 했다. 그가 비록 16세기 중국의 사상가이지만, '공자의 천하'이기도 한 한국에서 보고 느끼는 이탁오 상을 추구해보기도 했다. 즉 한국인의 처지에서 이탁오를 이해해보려고 노력하였다.

우리는 선진시대로부터 명·청에 이르는 봉건왕조 시기의 유학사상이나 유교문화에 대해 상대적으로 매우 정통하다. 그와 달리 20세기 중화민국으로부터 사회주의 중국에 이르는 시기의 유교 비판이나 이탁오 평가에 대해서는 지나치게 소홀했다. 그래서 이 시기에 한 세기 동안 전개된 유교 비판이란 문화혁신과 문화투쟁의 문제에 특히 관심을 가졌다. 이탁오와 유교 연구에서도 현대의 프리즘으로 시대를 넘나드는 역사이해와 역사인식이 매우 중요한 것이다.

학문은 "지루하고 기나긴 과정이지만, '많이'보다는 조금씩 정확하게" 하라며, 박사학위논문의 주제로 이탁오 연구를 흔쾌히 수락한, 하이델베르크대학의 귄터 데본(Günther Debon) 교수의 따뜻하고 치밀한 지도를 결코 잊을 수 없다. 훌륭한 연구주제라고 격려해주시던 윤남한 교수나, 인물연구의 중요성과 문제점을 일깨워주신 민두기 교수를 생각한다. 이들 모두 어려운 시기에 학문의 열정을 불태운 선구적 학자들이었다.

이지연구회장이기도 한 중국 북경사대의 장건업(張建業) 교수의 《이지평전》은 중요한 참고가 되었다. 북경 근교 통주에 있는 이탁오 묘에 들렀을 때 도와주었던 북경 인민대의 갈영진(葛榮晉) 교수에게 감사한다. 복건성 천주시의 이지의 옛집이나, 진강 남안의 이지기념사(李贄紀念祠)를 방문할 때 친절하게 도와준 화교대학의 허금정(許金頂) 교수와 사학가 황병원(黃炳元) 선생에게도 깊이 감사한다. 윤남한 교수의 《도고록》 초역, 홍승직 교수의 《분서》 초역과 김혜경 교수의 완역 《분서》는 커다란 도움이 되었다. 이 분들에게 감사한다.

오랜 집착과 의욕만큼 훌륭한 책이 되었다고 생각하지는 않는다. 다만 독자 여러분의 따가운 지적과 비평을 바라면서 보충하거나 고쳐 쓸 기회가 있기를 바랄 뿐이다. 이 작은 연구의 결실이 이탁오에 관해서는 물론 명대와 중국의 사상사나 문화를 이해하는 데 작은 길잡이와 보탬이 되었으면

하는 마음 간절하다.

끝으로 이 연구를 위해 드러나지 않게 따뜻한 격려와 도움을 주신 많은 분들에게 깊이 감사한다. 어려운 여건 속에서도 책 속의 미래를 믿으면서 기꺼이 출판을 맡아주신 지식산업사 김경희 사장님과 출판사 여러분들의 노고에 충심으로 고마운 말씀을 드린다.

2005년 12월

취향당(翠香堂)에서

신 용 철

차 례

제3장 천만세의 시비를 모두 뒤엎어라

제4장 죽음으로 삶을 완성하다

부 록

들어가며

– 20세기가 필요로 했던 16세기 사상가 이탁오 –

길고 긴 중국역사의 도도한 흐름 속에서 누가 이탁오처럼 뼈아픈 자기 성찰의 돌을 던질 수 있었던가? 그리고 어느 누가 이탁오만큼 역사 시비(是非)의 붓끝을 두려움 없이 종횡무진으로 휘두를 수 있었던가?

그가 죽은 지 2세기 반을 지나, 서양에 따른 정치・문화적 충격으로 중국은 역사상 최대 위기에 맞닥뜨렸고, 이에 중국은 더 이상 필요하지 않은 지난날의 무겁고 거추장스러운 전통을 과감하게 버려야 했다. 20세기 초 중국의 젊은이들은 이미 화석화해버린 유교사회의 고질적 인습과 사상에 대해 "공자의 상점을 부수라〔打孔家店〕"고 과감하게 외쳤다. 5・4신문화운동의 영웅들은 16세기의 역사 속에서 '반(反) 전통의 진주'로서 유교에 대한 '투쟁의 선구자' 이탁오를 불러낼 수 있었다.

이탁오는 400여 년 전의 역사적 인물이지만, 오늘날 우리에게도 결코 멀리 떨어진 사상가는 아니다. 그가 생각하고 비판하며, 뜯어고치라고 소리 높여 외치며 싸우다 죽어간 투쟁의 정신은 21세기 오늘날까지도 우리의 가슴속에 진한 감동과 여운으로 남아 있다.

이탁오는 중국의 근・현대 사상사에서 열정적 '비판의 성인'으로서 어느 누구와도 비길 수 없는 찬란한 자취를 남겼다. 그는 공자나 주희처럼 거대한 사상체계를 설계한 것이 아니라, 반대로 공자와 주자가 이룩한 유교적 전통사상으로 병든 사회의 고질을 들추어내었고, 공자의 음식을 과식한 사회의 성인병을 치료하자고 소리를 높였다. 즉, 그는 거대한 유교적 전통과 윤리 사회의 근본을 따져 그것을 해체시켜야 한다고 목숨을 걸고 외치며 끊임없이 책을 써낸 자유인이었다.

일찍이 독일의 철학자 헤겔(G. W. F. Hegel, 1770~1831)은 이성을 절대정신으로 보면서, "절대적 세계정신은 역사 속에서 자기를 실현한다"고 생각했다. 그리고 이 절대정신은 대립과 갈등의 극복과 상승을 통해 변증법적으로 더 높은 형태의 이성과 자유를 추구한다고 보았다. 그러므로 세계사는 자유의식의 진보, 즉 자유의식의 발전단계의 기록이며, 자유 그 자체는 관념적이지만, 자유의 수단은 외형적이며 현상적인데, 그것은 바로 역사의 현상 안에 나타나는 것이다.

독자적인 시비(是非)의 새로운 '저울과 거울〔衡鑑〕'을 내세우고 《장서(藏書)》《속장서(續藏書)》 등의 여러 역사서를 썼던 이탁오의 학문과 삶은 바로 그런 자유의 실현이었다. "내가 나의 곁에 있을 때(das bei sich selbst sein), 그것이 자유"라는 헤겔의 논리와 "50세 전까지 나는 한 마리 개"였다는 이탁오의 반성적 선언은 바로 그를 자신의 진심에서 분리시키지 않고, 세상의 일들과 함께 다루자는 뜻이었다. 그것은 진정한 자유의지였고, 또한 자유의 선언이었다.

그리고 이러한 자유의지는 그의 새롭고 독특한 역사서술과 종횡무진의 역사평가에서 주옥같은 결실을 맺었다. 이것이 공자와 유교로부터 자유로운 역사의 시비였고 남을 의식하지 않는 두려움 없는 비판이었다. 따라서 《장서》는 바로 그의 자유의지의 꿈을 펼치는 무대였고 시험대였으며, 또한 역사 시비의 법정이기도 했다. 그것은 그의 자유의지의 시험이었고, 중국사의 과제이기도 했다. 그래서 그를 "18세기 헤겔이나 20세기 독일 프랑크푸르트학파의 마르쿠제나 아도르노보다 앞선 해체주의자 또는 자유인"이라고 부를 수도 있는 것이다.

그러면 이탁오의 사상과 자유의 실체는 무엇인가? 이탁오는 자기자신으로부터 철저하게 자유로워지려고 몸부림쳤다. 그래서 50세 이전의 자신을 남이나 따르는 주체성 없는 "한 마리 개"라고 질책하며 자유의 독립을 선언하였다. 그리고 인간의 속성을 "충직한 개만도 못하다"고 지적하였다. 또한 그는 주변의 여러 가까운 관계를 냉정하게 끊어버렸다. 머리를 깎아버렸고 벼슬을 내던졌으며, 자기를 도와주는 친구를 물리치고 부인을 고향으로 쫓아버렸다. 자기자신과 주변으로부터 자유로워지고 싶었다.

25년 동안 여러 관직을 지내면서 주변의 상사나 동료로부터 자유로워지고 싶었다. 그래서 항상 부딪쳤고 싸웠다. 그는 54세에 관직을 사임한 뒤, 자유롭게 만나고 비판하면서 마음대로 글을 쓰고 싶었다. 송곳처럼 예리하게, 폭포수처럼 거세게 마구 쏟아내고 싶었다. 그래서 분기(憤氣)가 폭발하여 주변 지식인이나 학자들의 고질을 수술하듯 《분서(焚書)》를 썼고 싫거든 태워버리라고 외쳤다.

더욱이 이탁오는 역사로부터 자유로워지려고 몸부림쳤다. 그래서 다른 사람의 시비와 선악의 기준을 묵묵히 따르려고 하지 않았다. 시비는 언제나 바뀌는 것이라고 선언하였다. 당시 사회의 시비였던 공자의 시비를 반드시 지켜야 할 필요가 없다고 단정하였다. 이것은 역사와의 싸움인 동시에 그 당시 사회와의 힘겨운 투쟁을 뜻했다.

그의 삶이 칠십을 넘고 그의 학문이 완숙해지면서 세상을 보는 눈이 밝아져 수천 년의 역사 속에서 시비를 논하며 수많은 역사인물들을 만나 거침없이 대화하고 냉정하게 평가하였다. 천백 세 뒤의 현자를 기다리며 치국의 도와 인물들의 업적을 법정에 불러 전시한 《장서》를 저술했다.

자신의 이상이 당장 실현될 수 없음을 안 이탁오는, 언제일지 모를 새 시대를 기다리라고 외쳤다. 그러면서 역사의 시비는 고정된 것이 아니라 항상 변하는 것으로, 천편일률적인 공자의 시비를 단호히 거부하였다. "책을 읽는 것은 독자 여러분에게 맡기지만, 내 경계해서 말하거니와 제발 공자의 시비로서 세상사의 시비를 삼지 않았으면 좋겠다"고 그는 《장서》의 서문에서 선언하였다. 당시의 사회윤리와 국가 이념의 원류인 '만세의 모범〔萬歲師表〕'과 '지극히 성스러운 스승〔至聖先師〕'인 공자에 대한 선전포고였다.

이것은 이탁오의 자유를 위한 권리장전이며 대선언이었다. 이 자유를 바탕으로 공자나 맹자, 그리고 주자 등 유교의 성인들로부터 자유로워지고 싶었다. 성인들의 저술이라고 숭배하던 경전의 권위에서 해방되고 싶었다. 독자적인 선악의 기준으로 역사와 세상과 사람을 평가하고 싶었다. 차별

속에서 굴종적 삶을 이어가던 여자에 대해 재능을 긍정하고 자유로운 결혼을 찬양하였다. 즉, 기존의 사회윤리와 형식화한 전통이나 형식의 굴레에서 벗어나고자 몸부림쳤다.

그래서 그는 탄핵받고 체포당했다. 공자 같은 성인을 모독하고, 유가의 역사가들이 부정적으로 평가한 인물들을 좋게 추켜올리고, 여자에게 글을 가르치고 도덕적으로 문란하였다는 죄목이었다. 그는 옥중에서 죽음마저 스스로의 의지대로 결정하였다. 뒷날 그의 저서들은 태워지고 금지·억압되었다. 청나라 초 역사가 기윤(紀昀)은 그의 《사고전서총목제요(四庫全書總目提要)》에서 "천고상전(千古相傳)의 선과 악의 자리를 뒤바꾸지 않은 것이 없다"고 이탁오를 정죄하면서 이탁오의 저술들을 금서목록에 넣어버렸다.

2,500여 년 전 공자는 중국사상의 원류요 누구와 비교할 수 없는 성인이며 정신세계의 우상으로, 그의 사상은 절대진리였고 행동의 규범이며, 가치의 척도였다. 이 찬란한 중국문명의 핵심이며 상징은 힘을 잃어, 19세기 중엽 이래 무너져가는 중국을 더 이상 버텨줄 수 없었고, 오히려 근대화를 가로막는 거추장스러운 장애로 되어버렸다.

결국 중국의 유교는 근대 이후 청 말의 1850년 태평천국 혁명기 홍수전의 공자교 배격이나 모독으로부터, 1898년 변법유신운동 시기 강유위 등의 공자교 개조운동에서 타격을 받기 시작했다. 중화민국의 5·4신문화운동 시기 오우(吳虞) 등의 '공자의 상점을 타도하자〔打孔家店〕'는 격렬한 운동을 거쳐, 사회주의 중국에서 마르크스주의의 중국화와 1972년의 임표와 공자를 비판하는 운동〔批林批孔運動〕에 이르기까지 유교에 대한 비판은 계속되었다.

반(反)유교는 중국 근·현대사에서 '한 세기의 대논쟁'을 넘어 대중운동으로 이어졌다. 그리고 이탁오와 그의 사상은 이 격동의 시대적 사조와 논쟁 속에서 비판과 개혁운동을 위한 촉진제로서 끊임없이 커다란 활력을 불어넣었다. 이처럼 2천 년 남짓 긴 역사의 시간에 굳어진 봉건 중국의 부정적 전통을 파괴하는 데 공헌했던 이탁오의 사상은 이제 새로운 시대에 적응할 수 있는지 시험대에 올랐다. 즉, 새로운 사명과 도전에 맞닥뜨렸다.

그러면 봉건 중국을 파괴하는 데 매우 유용했던 이탁오의 사상은 이제 역사적 사명을 다하였는가? 그의 구실은 이제 더 이상 없는 것인가? 특히 한 세기의 대토론 주제로서 타도의 대상이었던 유교와 공자도 새로운 모습으로 새로운 구실이 모색되고 있는 시기에, 이탁오의 사상 역시 그 참된 가치를 발휘할 수 있을지에 대해 우리는 커다란 관심을 갖는다.

마르크스주의 사상과 접촉하고 혹독한 시험을 거친 중국의 사상이, 자유와 합리적 문화가 보편화하는 현대 중국에서 다시 정립되는 21세기 초, 우리는 이탁오가 '추구했던 자유라는 주제를 다시 생각해본다.

이탁오는 400여 년 동안 커다란 논란의 대상이었고, 특히 지난 한 세기 중국사상사에 큰 영향을 주었다. 그리고 지금도 벌어지고 있는 논쟁들이야말로 그의 사상이 여전히 중국과 우리에게 모두 필요하다는 것을 말해준다. 그의 사상은 앞으로도 자유로운 현대 중국문명의 건설을 위해서 계속 영향을 끼칠 것이다. 지난 한 세기 동안 폭풍과 같던 그에 대한 찬양과 평가를 뒤로 하고, 이제 조용한 시점에서 우리는 그에게 좀더 다가서서 그를 더욱 깊이 인식할 필요가 있다. 그래야 진정한 그의 사상을 더욱 뚜렷하게 이해할 수 있을 것이다. 아울러 이것은 곧 공자사상의 시대적 가변성과 포용성을 함께 이해하는 지름길이 될 것이다.

도도하게 흐르는 중국사상사의 장강(長江) 같은 흐름 위에 우리는 이탁오를 다시 한번 띄워보아야 하지 않을까? 그래야 그 격한 물살과 역류를 헤치며 다가오는 이탁오 사상의 진정한 모습을 제대로 바라볼 수 있을 것이다.

제1장

나는 한 마리 개였다

50세가 되기 전까지 나는 참으로 한 마리 개였다. 그러므로 앞의 개가 그림자(형상)를 보고 짖으면, 나 역시 따라 짖을 뿐이었다. 그래서 만약 누가 내게 소리 내어 짖는 까닭을 물으면, 그저 나는 입을 벌리고 아연히 스스로 멋쩍게 웃을 수밖에 없었다.
《속분서》, 〈성인의 가르침을 인용하여〉

이탁오와 그의 시대

1. '한 시대의 으뜸가는 스승'이자 '중국의 영웅'

29세이던 1555년, 이탁오가 처음 맡은 벼슬은 하남성 휘현(輝縣)의 교유였다. 휘현은 고향 천주(泉州)에서 거리가 멀고, 학문에 뜻이 강한 그에게는 취임이 기쁘기보다 오히려 불만족스러웠다. 그러나 그곳이 옛날 송대의 대학자인 이지재(李之才)와 소옹(邵雍)의 부임지였으므로, 그들처럼 임지에서 학문을 이룰 수 있으리라 스스로 위안을 했다.

그는 북경과 남경에서 관직생활을 하다가 양명학을 접하고 깊이 빠져들어 삶의 참된 길을 찾으려고 피나는 노력을 계속하면서, 학문을 토론하는 강학에 열심히 참여하였다. 그러다가 마침내 그는 요안현의 지부(知府)를 끝으로 학문에 전념하기 위해 승진의 기회를 뿌리치고 과감히 관직을 버린 뒤, 만년(晩年) 22년 동안 오직 배움과 저술에만 남은 생애를 바쳤다. 이 시기가 바로 그를 역사에 중요한 자취와 이름을 남긴 위인으로 만들어주었다.

> 선생은 일생 동안 읽지 않은 책이 없으며, 마음속의 생각을 토해내지 않은 것이 없었다. 그가 읽지 않은 책이 없는 것은 목마르고 배고픈 사람이 음식을 대하듯이, 아무리 마시고 먹어도 결코 만족할 수 없는 것과 같았다. 그가 생각을 토해내지 않은 것이 없다는 것은 음식이 목에 걸려 뱃속으로 내려가지 않아, 밖으로 힘들게 모두 토해내려 해도 모두 토해내지 못하는 것과 같았다.[1)]

라고 이탁오의 제자 왕본아(汪本鈳)는 아주 예리하고 적절하게 그의 학문적 자세와 특출한 비판적 천성을 기술하였다. 사실 이탁오는 목에 걸린 음식이나 마음속의 분노를 힘들게 토해내듯이 그가 가진 모든 것을 쏟아버리려고 애썼다. 그것은 남이 보기에 시원한 성취였지만, 그에게는 매우 힘든 작업이었다. 울분으로 가득한 말들을 마구 쏟아내었던 그는 중국의 역사에서 보기 드문 열정적인 비평가였다.

25년의 관직생활 동안 이탁오는 여러 곳에서 사회의 부조리와 혼란을 목격하면서 분노를 참을 수 없었다. 당시 상황에서 어느 누가 무너져가는 이 시대의 난국을 극복할 수 있었겠는가? 더구나 이탁오와 같은 하급관리로서 그의 뜻을 펴기에 당시 중국의 사회역량은 아직 성숙되지 못했다. 강력한 개혁을 시도했던 장거정(張居正) 역시 그가 죽은 뒤 개혁정책은 좌절되었으니, 하급관리인 이탁오의 능력과 한계야 말해 무엇 하겠는가.

그가 전통의 화석화 속에서 무너져가는 명(明) 제국의 실상을 보면서 할 수 있는 것은 그 뜻이 세상에 울려 퍼지고 하늘에 닿도록 힘껏 비판의 목소리를 외치는 일이었다. 그래서 후세의 많은 이탁오 연구자들 대부분이 그를 '분이 복받친 열정적 비평가'라고 불렀다. 이탁오가 송대를 무대로 쓴 시내암(施耐庵)의 유명한 소설 《수호전(水滸傳)》을 가리켜 '충의(忠義)'라 부르고 스스로 판본을 정리하며 "울분이 폭발해 쓴 작품"이라고 한 것도 바로 이 때문이었다.

형식과 허구의 전통에 대해 그는 마치 폭포수처럼 비판을 쏟아 부었다. 그리고 송곳처럼 예리하게 그 시대의 지식인과 권력자들의 치부와 고질을 찌르고 폭로하였다. 이에 놀란 사대부들은 그를 잡아 가두었고, 신종황제의 명을 받아 그의 모든 저서들을 불태워 없애버리도록 했다. 그러나 당시의 지식인들은 유교의 경전인 사서(四書)보다 오히려 그의 책을 읽기를 더 좋아했다고 한다.

이탁오는 거리낌 없이 공자와 유교의 경전을 비판한 유교 비판자로 명성을 떨쳤다. 해학과 지혜로 번뜩이는 수필을 썼던 에세이스트이자, 비난을 자초한 남녀평등사상의 선구자였으며, 동심의 이론으로 무장한 문학비평가이자 작가였다. 또한 그는 삼교합일에 바탕을 둔 유교·도교·불교 경전을 해설한 연구자였다. 더욱이 그는 훌륭한 서예가로서 커다란 명성을 얻어 오늘날까지도 《중문대사전》 등에 그의 글씨체가 적지 않게 소개되고 있다. 그림에 대해 논하기도 했으며 많지는 않지만 탑교화(塔橋畵) 등 그림을 직접 그리기도 했다.

이탁오가 쓴 글들은 모두 생기로 넘쳤으며, 울분을 해소할 수 없어 뿜어낸 화산의 폭발이면서도 때로는 극히 냉철하고 이지적이어서 읽는 사람의 마음을 후련하게 해주었다. 그는 당대 지식인들의 고질을 지적하면서, 일반 사람들의 아픈 곳을 쓰다듬어주고 가려운 곳을 시원하게 긁어주었다. 이러한 점에서 그의 글은 공자나 맹자와 같은 경건함은 없었지만, 공자의 《춘추(春秋)》처럼 세상의 불의를 행하는 정치인이나 적들에게 두려움을 주기에 충분하였다. 그의 글에 대해 제자 왕본아는

> 무릇 선생의 말과 글은 참되고 절실함이 극에 달해 문장이 하늘을 놀라게 하고 땅을 움직여, 귀머거리로 하여금 다시 잘 듣게 하고, 눈먼 사람을 눈 밝게 해주었으며, 꿈꾸는 사람을 깨어나게 하고, 취한 사람을 제정신이 들게 하고, 병든 사람이 다시 일어나고, 죽은 사람이 살아나고, 조급한 사람을 진정시켜주고, 어리석은 사람을 안정시켜주고, 장이 차가운 사람을 뜨겁게 해주고, 마음이 뜨거운 사람을 차갑게 해주고, 나무 울타리에 갇혀 있는 사람을 스스로 나가게 했으며, 뜻이 굳어 굽히지 않는 사람이 마음에도 없이 머리를 숙이고 마음을 꺾는 일이 없도록 하였다.[2)]

고 하면서 더할 수 없는 찬사를 아끼지 않았다. 특히 그의 글이 생명력을 갖는 것은 깊고 확고한 그의 정신력 때문이었다. 그것은 문장을 쓰기 위한 기교가 아니라 철학이며 사상이었다.

최초의 대저서로서 유교 공격의 포문을 열었던 《초담집(初潭集)》을 시작으로 공격과 비판이 열화 같은 《분서(焚書)》나 역사와 역사인물에 대한 총평가서인 《장서(藏書)》를 통해 그의 비판과 평가는 집대성되었다. 그것은

'일대종사'가 새겨진 비문
(서해자 공원의 이탁오 묘비 앞면)

자유의 이념이었고, 개혁의 정신으로 가득 찬 '시대정신', 즉 그 시대의 '지도이념'이기도 했다.

이러한 시대정신과 지도이념은 반(反)도학과 반유교, 즉 위선과 경직된 형식의 파괴였고, 새로운 관점으로 자유롭게 시비를 평가하는 새로운 '저울과 거울〔衡鑑〕'이었다. 이것이 뒷날 그가 '한 시대의 으뜸가는 스승〔一代宗師〕'으로 평가받게 된 이유이다.

이탁오는 지금 북경 교외 호수를 낀 조용한 서해자 공원에 잠들어 있다. 문화대혁명의 거센 파도가 지나간 뒤, 정치가이며 문예비평가인 주양(周揚, 1908～1989)은 1983년 여름 "한 시대의 으뜸가는 스승, 이탁오 선생의 묘"라고 이탁오의 묘 앞에 있는 원래의 조그만 비석 앞면에 썼다. 이탁오가 죽은 뒤 381년 만에 국가의 권력자가 준 영광의 호칭이었다. 그는 마침내 한 시대의 존경받는 대표적 스승으로 평가된 것이다.

한 시대의 으뜸가는 스승! 이 말은 이탁오에게 아주 걸맞은 호칭으로, 그에게는 더할 수 없는 영광일 뿐 아니라, 새 시대의 적절한 평가였다. 깊은 산속에 감추어두면 천백 세 뒤에 자기(이탁오)와 그의 《장서》를 알아줄 현인이 나타나리라 믿었던 이탁오의 간절한 기대는 헛되지 않았다. 그가 기대한 한나라의 양웅(揚雄, B.C.53～A.D.18) 같은 학자는 바로 중화민국 시기의 오우(吳虞, 1871～1949)나 사회주의 중국의 주양 등이 아니었을까?

1984년 사회주의 중국은 이탁오를 《중화영걸록(中華英傑錄)》의 82명 가운데 포함시켰다. 16세기 '미치광이 같은 유교의 반역자'였던 그가 20세기에 이르러 '한 시대의 으뜸가는 스승'이자 '중국의 영웅〔中華英傑〕'이 된 것이다.

2. 이탁오가 살았던 시대

1) 명대 중국의 사상과 문화

중국역사에서 최초로 전 제국을 지배한 이민족왕조인 원(元)은 13세기에 커다란 변화를 가져왔다. 우선 지리적으로 러시아를 포함하는 유럽의 동부에 미치고 중앙 그리고 서남아시아에 이르는 세계의 대제국을 형성하였다. 이는 세상을 천하(天下)라고 부르던 중국인의 전통적 자존심을 대리 충족시켜주었을 뿐 아니라, 그뒤 동·서양의 교통이 가능해져 두 세계의 다양한 교류를 더욱 촉진시켰다.

이렇게 동·서의 인적, 문화적 교류가 가능해짐에 따라 유럽의 크리스트교나 서남아시아의 회교가 중국에 전해지고 천문학이나 무기 등 여러 분야의 교류가 증가하였다. 유목민으로 스스로의 문화적 기반이 약했던 몽골족은 새로운 문화를 활발하게 받아들여 중국문화의 저력을 효과적으로 견제하기도 하였다.

그뿐 아니라 원 왕조가 서역의 색목인(色目人)을 관리나 기타 여러 직종에 채용한 뒤, 중국에는 회족(回族)이 100만 명 이상으로 늘어났고 그에 따라 회교가 중국에 널리 전파되었다. 아울러 기독교가 중국에 전해지고 선교사가 자주 왕래하기 시작했다.

이와 같이 원 왕조의 통치가 지속되는 가운데, 중국인들은 지배민족인 몽골족의 영향을 비롯하여 아랍인들의 회교 문화나 서양의 영향으로 중국의 전통이 크게 위축됐다고 생각했다.

따라서 정치나 군사적으로 한(漢)민족의 지배를 회복한 명 왕조에게 문화적으로 중요하고 가장 시급한 목표는 전통적인 한(漢)문화, 특히 원대 바로 전의 당·송대의 문화를 회복하는 일이었다. 이 점에서 송대 문화의 핵심이며 상징인 성리학을 중심으로 하는 역사의 정립과 교육의 강화를 서두르게 되었다. 이에 명 왕조 역대의 통치자들은 군주의 전제정치를 강화했을 뿐 아니라, 사상과 문화로 민중들을 교화하는 데 주력하였다.

'지극히 성스러운 스승', 공자

명태조 주원장

태조 주원장(朱元璋)은 젊었을 때 불교의 승려였으나, 재임 동안 왕조의 효율적인 통치를 위하여 송대의 유학전통을 계승하고 공자를 숭배하였다. 1368년(홍무 원년) 태조는 국립대학인 국학에 사당을 지어 공자를 제사지내라고 명했고, 아울러

> 중니(仲尼, 공자)의 도(道)는 광대하고 유구하여 천지와 함께한다. 천하를 다스리는 자는 공자를 경건하게 제사지내지 않으면 안 된다. 내가 천하의 주인이 되어 제국을 밝게 교화하기 위해 앞선 성인의 도를 행하려고 한다.[3)]

고 말하고, 아울러 매년 봄과 가을 두 차례 황제가 향(香)을 내리고 관리를 국학에 보내 공자를 제사지내게 했다. 1530년(가정 9) 세종 황제는 예부로 하여금 공자를 '지극히 성스러운 스승〔至聖先師〕'이라는 최고의 영예로운 자리로 높였다. 그뿐 아니라 명 왕조는 사상의 통제를 강화하기 위해 각급 학교에서 '성인의 도'에 대한 학습과 교육을 진행하도록 제도화하였다. 1369년(홍무 2) 태조는 중서성에 명해,

> 나는 나라를 다스리는 데 오직 백성의 가르침〔教化〕을 우선하며, 교화는 학교를 근본으로 한다. 이곳 수도(남경)에는 태학(太學)이 있지만, 천하에는 학교가 아직 일어나지 않았다. 마땅히 군·현은 모두 학교를 세우고, 유학(儒學)으로 학생을 가르치며 성인의 도를 논하여 백성들로 하여금 날로 점차 동화시켜 선왕의 옛 영화를 다시 이루도록 하라.[4)]

성리학을 집대성한 송대 주희

고 하여 각급 학교가 이를 시행하도록 했다. 이에 전국의 부·주·현은 모두 학교와 시골의 사숙을 열었다. 동시에 명 왕조는 각급 학교에 정해진 유교 경서로 모든 학생들을 가르치도록 명했다. 이처럼 유학은 한 걸음 더 나아가서 명의 통치자가 사상적으로 백성을 통치하는 수단이 되었다. 이는 공자 이래의 유교가 송대에 주자학으로 집대성되고 명대에 와서는 국교에 못지않은 확고한 지위를 얻게 되었음을 의미한다.

명의 통치자들은 공자를 존경함과 동시에 북송대의 정호·정이 등이 창립하고 주희(朱熹, 1130~1200)가 집대성한 이학〔性理學, 道學〕을 국가의 통치철학으로 삼았다. 공자·맹자의 원시 유학이 남북조시대를 거치면서 불교의 영향을 받아 송대에 와서 더 종교화함으로써 그 시대의 통치수요에 이용된 것이다. 이는 유학의 역사에서 매우 커다란 변화로 중국 중세철학의 집대성이라고 할 수 있다. 이런 의미에서 서양인들은 주희를 서양의 중세철학을 총 집대성한 토마스 아퀴나스(Thomas Aquinas, 1225~1274)에 견주기도 한다.

이 성리학은 원대 한족문화의 침체와 혼란을 회복하기 위하여 명대에 이르러 한족의 문화 회복차원에서도 통치사상으로 더욱 장려되고 대중화했다. 성리학자들은, "천리(天理)를 보존하고, 사람의 욕심을 없애버리자"고 가르치면서 '천리'를 유교 윤리의 기본과 봉건계급제도의 움직일 수 없는 원칙으로 삼았다. 이 천리란 "선천적으로 만물이 생겨나고 살아가는 본체

주희의 무이서원

는 최고의 선이며 영구한 것으로 사람들이 모두 반드시 지켜야 할 것이다. 이와 달리, 사람의 욕심은 죄악으로 위험한 것이며 사람마다 반드시 억제하고 없애버려야 하므로, 이른바 사사로운 욕심이 완전히 깨끗해져야 비로소 천리가 제대로 행해질 수 있다"는 것이다.

이러한 명 초 이래 이학은 중기에 이르면서 점점 형식화하고 화석화하여, 설선(薛瑄, 1389~1464)과 같은 학자는, "가르침은 성인(공자와 주자 등)들이 이미 모두 밝혔기 때문에 우리는 다만 그것을 따르기만 하면 된다"고 강조할 정도로 이학은 더욱 형식화하고 교조화하였다.

외국인의 왕래가 잦고 여러 문화나 종교와 접촉이 많았던 이탁오의 고향 천주(泉州) 역시 다른 지역과 마찬가지로 유교를 선양하고 공자와 맹자의 도를 크게 고취시켰다. 1524년(가정 3)부터 1600년(만력 28)까지 80년 동안 천주부의 공자사당〔孔廟〕은 천주의 역사에서 열 차례나 가장 빈번히 고쳐지었다. 동시에 성리학의 집대성자인 주희와 그의 사상도 특별히 숭상되었다. 이탁오 고향의 《천주부지(泉州府志)》에 따르면, 명 초에 주자를 명륜당에 제사하며, 뒤에 그의 사당을 짓고 그의 상(像)을 만들었으며, 서원을 지어 학문을 강의하고, 아울러 후인들에게 그를 공경하도록 했다.

그런데 중기를 넘으면서 명 왕조는 안팎으로 위기에 처했다. 가장 두려운 북방의 몽골족이 자주 공격했으며, 일본의 해적인 왜구(倭寇)가 중국의 거의 전 해안을 노략질하여 막대한 피해를 입혔다. 게다가 명나라는 이미 정치적·사회적으로 창조성을 잃어 더 이상 제국을 지탱할 수 없는 상태였다. 무능하고 무기력한 통치자들, 부패한 신하들의 권력남용, 관리들 사이의 당파싸움, 재정적인 파탄, 자연재해의 발생과 반란 그리고 외족의 침입 등 제국의 안과 밖에서 심각한 도전은 계속되었다.

제국의 마지막 대개혁을 시도했던 장거정이 1582년에 죽은 뒤, 1620년까지 38년을 더 집권한 신종(만력) 황제는 아주 무책임하였다. 명 왕조 최후의 50년 동안 몰아닥친 위기를 극복하기 위해 유능한 행정가인 반계훈(潘季訓, 1521~1595)이나 대정치가 장거정(張居正, 1525~1582) 등이 힘을 쏟았지만 기우는 왕조를 다시 일으킬 수는 없었던 것이다.

이 시기에 정치적으로는 동림서원(東林書院)의 청렴한 지식인들과 관료적 지식인 그리고 커다란 세력을 형성했던 환관들과의 심각한 세력다툼은 정치적 위기를 조성하여 제국의 멸망 때까지 계속되었다. 한편 궁중의 사치와 낭비, 7년이나 계속된 조선의 임진왜란(壬辰倭亂, 1592~1598)에 육군과 수군을 원조하여 소요된 전쟁의 경비는 무려 2천 6백만 냥으로 국가의 재정적 위기를 불러왔다. 만주족의 위협도 커지고 있었으며 흉년과 굶주림으로 민중의 반란이 속출하였다.

그러나 사상과 문화면에서는 11~13세기 송대를 중국 제1의 르네상스로 보는 데 대해 명 왕조 후기를 중국 제2의 르네상스라고 부르기도 한다. 이 시기에는 상업과 가내공업이 발전하고, 기술이 향상되었으며, 새로운 도시가 일어나고 상업사회를 이루어 자본주의 맹아시기의 사회구조가 보이기 시작했다. 이에 대상인, 실업가, 은행가, 해상무역업자들이 생겨났다.

이러한 사회적 격변의 조류 속에서 고전적인 언어로 쓴 것보다 각 지방의 방언으로 씌어진 심심풀이의 통속문학이 전례 없이 발전하였다. 특히 이 시기 목판 인쇄술과 판화의 발전으로 싼값의 많은 출판물이 제공되어 출판의 호경기를 불러왔다. 더욱이 복건성의 출판업자들은 대중적 백과사전을 보급시켜 1571년 무렵부터 복건성이 출판업의 중심지가 된 것은 이탁오에게 적지 않은 영향을 끼쳤을 것이다.

이러한 여러 변화들은 16세기 이래의 문학이나 지식의 향상과 발전에 커다란 영향을 주었다. 따라서 이 시기의 작품들에는 제국과 사회의 새로운 방향을 모색하는 움직임이 두드러졌다. 이 시기에 중국의 지성사에서 가장 흥미로운 작품들이 나와 자유낭만적 문학의 발달을 촉진하였다. 아울러 문헌학에 관한 비판사상의 새로운 동향, 실천적 가치를 중시하는 지식, 자유롭고 독창적인 정신의 발달도 이 시기를 상징하는 시대의 조류였다.

한편 왕조를 떠받치는 관방의 학자들은 국가의 엄청난 편찬사업으로 11,095권의 《영락대전(永樂大典)》을 비롯하여 《성리대전(性理大全)》 《오경대전(五經大全)》 《사서대전(四書大全)》 등 성리학의 사상전집을 간행하였다. 이러한 사업을 주도한 학자들은 관학과 사상계(思想界)의 주류를 이루었는데, 이들은 송대 정주학(程朱學)의 계승자들로서 설선과 오여필(吳與弼, 1391~1469) 등이었다. 이들 정통파는 국초 이래 송대의 주자학을 관학화하면서 점점 더 경직되고 형식화했다.

이러한 정통파에 대해 명 중기 이후 주자학에서 중시하던 주지주의적인 궁리(窮理)보다 실천적 행동에 중점을 두는 양명학(陽明學)이 성립했다. 양명학은 호거인(胡居仁, 1434~1484), 루량(婁諒), 진헌장(陳獻章, 1472~1528)을 거쳐 왕수인(王守仁, 陽明, 1472~1528)에 이르러 정리되었다. 왕수인은 처음에 주자학의 신봉자였으나, 송대 육상산(陸象山, 九淵, 1139~1192)의 '마음이 곧 리〔心卽理〕' 학설을 계승하고 진백사(陳白沙)를 사숙하며 불교 선종을 받아들여 주관적 유심론인 양명학으로 발전시켰다.

그 사상의 중요한 핵심은 '인간의 본래 마음에 도달하는 것〔致良知〕'으로서 '참된 앎은 실천을 통해서만 완성〔知行合一〕'된다고 주장하였다. 이를 마음속의 양지를 밖에서 구현하는 것〔良知現成〕이라고 생각하였다. 왕수인이

심학의 원조, 육구연

죽은 뒤 이러한 사상은 전덕홍(錢德洪), 서애(徐愛) 등 온건한 우파와, 소금장수와 독학자인 태주의 왕간(王艮, 1483~1541), 나여방(羅汝芳, 1515~1588), 왕기(王畿, 1498~1583), 이지(李贄, 卓吾) 등에 계승되었다. 이들은 모두 그 시대의 새로운 철학적 주제였던 양지의 현성에 충실한 태주학파(泰州學派[5])의 학자들이었다. 그리고 이탁오는 태주학파의 최후 시기에 "이단의 우두머리"로 불릴 정도로 양지를 실천하는 데 충실한 사상가였다.

이러한 사상은 당시의 문학과 예술에도 크게 영향을 주었다. 이미 원대부터 씌어진 《삼국지연의(三國志演義)》와 《수호전》은 명대에 더욱 널리 간행되었고, 오승은의 소설 《서유기(西遊記)》도 걸작이었다. 명대 후기에는 양명학이나 인쇄술의 발달에 따라 새로 형성된 도시에서 소설, 희곡, 가요 등의 통속문학이 크게 발전하였다. 애정소설인 《금병매(金瓶梅)》나 백화소설집인 《삼언(三言)》, 문예비평가 김성탄(金聖嘆, ?~1661) 등이 바로 이러한 시대의 사조를 반영하고 있다. 특히 명 말에 자유낭만적 문학을 대표하여 성령설(性靈說)을 주장한 원종도(袁宗道, 1560~1600), 원굉도(袁宏道, 1568~1610), 원중도(袁中道, 1570~1623)의 원씨 삼형제도 이탁오의 영향을 크게 받았다. 이들의 문학은 16세기 말 도시의 비약적 발전을 잘 보여주고 있다. 특히 독자적인 안목으로 전통과 관례의 모순을 예리하게 비판한 이탁오의 사상과 문학은 매우 훌륭하여, 그에 비교될 수 있는 인물은 그뒤 몇 세기 안에도 출현하지 않았다.

이탁오가 보여준 반(反)관료주의와, 유럽의 가톨릭 전통과 비슷한 구실을 하고 있던 중국의 고전에 대한 회의적 태도는 실용적이고 과학적인 성질을 갖는 것으로 과학과 연계될 수 있다. 자료에 대한 비판은 진제(陳第, 1541~1617)나 고염무(顧炎武, 1613~1682) 등으로 이어졌다. 특히 이 시기에는 서양의 선교사들이 새로운 지식을 전함에 따라 과학적 정신과 실용적 지식에 대한 관심을 크게 불러일으켰다. 황태자 가운데 한 사람인 주재육(朱載堉, 1536~?)이 1584년에 간행한 《음률신학(音律新學)》은 17세기 초, 유럽의 것보다 앞선 선구였다고 영국·중국과학사 연구의 대가인 니덤(J. Needham)도 지적한 바 있다.

1637년 송응성(宋應聖)은 농업, 방직, 도자기, 제철 등의 기술을 총괄한 《천공개물(天工開物)》을 썼고, 서광계(徐光啓, 1562~1633)는 농업개론서인 《농정전서(農政全書)》를 출간하였다. 이시진(李時珍, 1518~1598)은 17년 동안 작업하여 의학과 약학에 관한 《본초강목(本草綱目)》을 1596년 1천 종의 식물과 1천 종의 동물을 포괄하는 실용적인 삽화본으로 간행하였다.

특히 이 시기의 거대한 변화는 서양인과의 접촉이 증가하고 있었던 점이다. 16세기 중엽부터 가톨릭의 선교단, 즉 예수회의 선교사들로, 자비에르(F. Xavier)와 마테오 리치(Matteo Ricci, 1552~1610)는 대표적인 인물들이었다. 그들은 처음 중국에서 언어나 습관 등 어려움이 매우 컸으나, 서양의 과학지식 등을 전하면서 훌륭한 중국인 개종자들을 길러냈다. 과거에도 합격한 지식인이며 정치가였던 서광계, 양정균(楊廷筠, 1557~1627), 이지조(李芝藻, ?~1630) 등이 바로 중국 천주교의 선구자들이다. 이러한 당시의 변화에 따라 이 시대의 실학적 사상의 조류는 조선 등 주변 국가에도 영향을 주었고, 다음의 청 왕조에서는 고증학이란 굴절된 상태의 실학으로 계승 발전되었다.

2) 명대 중국 밖의 세계

이탁오가 악전고투하며 살았던 16세기는 동양과 서양을 가릴 것 없이 대변혁의 시기였다. 서양에서는 당시 경직화한 신권주의에 반대하여 인간의 주체성과 자율성을 회복하려는 르네상스 운동이 일어났다.

그래서 유럽에서는 이탈리아의 레오나르드 다 빈치(1492~1519)나 천문

독일 종교개혁의 선구, 마르틴 루터

학자 카르피니(1473~1543) 등이 중세의 신권통치에 반대하였다. 그에 이어 독일에서는 (이탁오가 태어나기 10년 전에) 마르틴 루터(Martin Luther, 1483~1546)가 로마 교황의 면죄부 판매에 반대하여 종교개혁의 횃불을 들었다. 이탁오가 여섯 살이 되었을 때, 몽테뉴는 유명한 《에세이》를 발표하여, 중세의 신권에 대항하여 인간성 본질의 문제를 계속 제기하였다. 베이컨에 이어 한 세대 뒤에 데카르트와 파스칼이 신의 교의(教義)로부터 인간성의 본질을 탐구하였다.

그러면 이러한 역사의 변화과정이 중국에서는 전혀 일어나지 않았던가? 이 문제에 대해 나는 항상 커다란 의문을 가져왔다. 그리고 종교개혁의 횃불을 든 독일의 마르틴 루터와 같은 구실을 한 사람을 같은 시기의 중국에서도 찾아보고 싶었다. 중세를 지배하던 가톨릭에 대한 공격이나 12세기 송대 이래 제국의 이념으로 경직된 주자학에 대한 이탁오의 공격은 시기나 내용에서 성격이 매우 비슷하다.

이탁오보다 44년 먼저 태어나 19년 동안 같은 시기에 살았던 독일의 마르틴 루터는 1505년 에어푸르트 대학에서 석사학위를 마친 뒤, 에어푸르트의 어거스틴 수도원에 들어가 수도승이 되었다. 그는 수도원에서 걸승(乞僧)을 하기도 했고, 피나는 노력으로 인간의 삶에 대해 고민하며 성서를 연구하여 1507년 신부의 서품을 받았다. 1508년 작센의 선제후 프리드리히 바이센이 4년 전에 세운 비텐베르크 대학에 철학교수로 초빙되었다. 항상 성서에 관심이 컸던 그는 신학을 공부하여 1512년 비텐베르크 대학에서 신학박사학위를 받고 같은 신학부의 교수로서 성서를 가르쳤다.

1517년 그는 비텐베르크의 슐로스 교회(Schlosskirche)에 교황 레오 10세의 면죄부 판매 등을 항의하는 95개조를 발표하였다. 이는 곧바로 2주 만에 전 독일, 6주 만에 전 유럽에 전파되어 엄청난 논란을 불러와 결국 크리스트교를 가톨릭과 개신교로 갈라놓았다. 그는 그때까지 라틴어로 씌어진 성서를 독일어로 번역하여 근세 독일어의 발전에 거대한 영향을 주었고, 아울러 교황의 권위가 아닌 성서에 의지하는 인간의 신앙을 강조하여 제수이트 교단 등 가톨릭의 정화운동에도 커다란 자극을 주었다. 따라서 인문주의에 바탕을 둔 그의 종교개혁은 독일만이 아니라 전 유럽과 세계의 신앙과 문화, 그리고 역사에 엄청난 영향을 주었다.[6]

그런데 마르틴 루터는 종교개혁에 성공을 거두었지만, 유교를 개혁하려는 이탁오의 시도는 실패로 끝났다. 그러나 이러한 성공과 실패는 마르틴 루터나 이탁오 두 사람의 능력 차이에서 온 것은 결코 아니라고 생각한다. 그것은 동양과 서양, 그리고 중국과 서양이 갖는 사회와 문화의 차이에서 왔다. 사실 서양에 견주어 고도로 중앙집권화했던 16세기 중국에서, 이탁오는 독일의 마르틴 루터와 같은 활동의 폭이나 능력을 갖출 수 없었다. 독일은 가톨릭의 중심인 로마의 바티칸에서 거리나 사회적 환경이 충분할 만큼 멀리 떨어져 있었다. 한편 명 왕조의 황제권은 로마의 교황권에 견주어 훨씬 강했다.

북부 유럽의 종교개혁으로 기반을 많이 잃은 로마의 가톨릭은 제수이트 교단으로 그 교리를 정화하고 교세를 강화하려 하였다. 그런데 바로 그 이전부터 이탈리아와 스페인, 포르투갈 등을 중심으로 일어났던 지리상의 발견은 이 가톨릭 교세 확장운동에 직접 기여하게 되었다. 즉, 이 지중해 지역은 모두 가톨릭의 중심지였기 때문에 그들이 먼저 도달했던 아메리카나 아시아 등에 가톨릭이 먼저 전파되는 계기를 만들었다.

1492년 이탈리아 사람 콜럼버스의 아메리카 대륙 발견과 마젤란의 세계일주 이후, 바르톨로뮤 디아스, 바스코 다 가마 등이 아프리카 남단을 돌아 인도 항로를 발견하면서 그들은 항해를 계속하여 말라카 해협을 거쳐 중국에까지 도달하였다. 이 항해에 앞장섰던 포르투갈은 인도 서쪽 해안의 고아를 식민지로 삼았고, 말라카 해협에 거점을 두었다. 그들은 중국 남해안 주강 하류의 현 마카오 지역에 도달하게 된다.

1553년 포르투갈 인들은 배가 바람과 파도를 만나 부서졌다는 핑계로

마카오의 성 바오로 성당

마카오를 거주무역지로 빌려 사용하였다. 1557년 그들은 마카오를 식민지로 만들었는데, 그뒤 이곳은 가톨릭과 서양문물이 중국, 일본, 조선, 베트남 등에 전해지는 동서문화 교류의 중심지가 되었다. 1582년에는 이 마카오에 이탈리아의 마테오 리치(Matteo Ricci, 1552~1610) 신부가 도착하여 천주교를 중국에 전파하고 서양 문물을 전하기 시작했다.

명 초 이래 대외관계는 서로 반대되는 두 방향으로 발전하였다. 전 왕조인 원의 뒤를 이어 경제・문화 교류가 빈번해졌는가 하면, 외세의 침략도 날로 증가하여 결국 대규모 침략으로까지 발전하였다. 한편 한대 이래의 북방 사막지대를 통하는 비단길이나 초원길뿐 아니라, 남방의 항주, 천주, 광주 등의 항구로부터 인도양을 거쳐 호르무즈 해협이나 바그다드에 이르는 '바다의 길', 즉 '해상의 실크로드'도 새로운 시대를 예고하고 있었다.

중국역사에서 가장 위대한 항해가인 정화(鄭和, 1371~1434)는 성조 영락제(永樂帝)의 시기에 멀리 아프리카 동해안까지 여러 차례 항해하여 국위를 떨쳤다. 즉, 그는 1405년부터 1433년까지 28년 동안을 전후하여 일곱 차례에 걸쳐 아프리카, 아시아 등 30여 국가를 거쳐 가장 멀리는 아프리카 동해안의 소말리아와 홍해 연안까지 이르렀다.

정화의 항해

이 결과 외국의 문물이 중국에 들어왔으며, 또 1426년에는 16개국의 사절 1천 200여 명이 중국에 오기도 하였다. 정화가 아랍이나 아프리카에 항해한 것은 중국역사에서 유례없는 해상 항해이며, 아울러 외교활동이기도 했다. 그 규모나 걸린 시간, 항해한 거리로 보아 그 당시 세계 항해의 역사에서 가장 혁혁한 사건이었다. 이 정화의 항해는 서양인들의 원양항해보다 반세기 앞선 것이었다. 원 제국이 육로로 세계제국을 건설했다면, 명 제국은 바다로 중국의 강성함을 세계에 널리 알렸으나 더 이상 정치적이거나 군사적인 팽창을 계속하지 않았다. 이 점은 곧 이어 전개되는 서양의 상업적이고 제국주의적인 세력의 확대와는 대조적이었다.

당나라 때부터 중국 동남해안 일대에는 많은 외국인들이 와서 살고 있었다. 한편 명조 중기부터 바다에 대한 방어가 해이해지면서 일본의 무사, 상인과 바다의 도적들이 해안을 시끄럽게 했는데, 이들이 왜구였다.

그때 명 조정은 "왜구의 화는 바로 대외무역의 공식 창구인 시박(市舶)에서 온다"고 하여 이를 없애버렸다. 물론 시간이 지나면서 해금(海禁)정책은 느슨해졌지만, 개인의 해외무역은 커다란 제한을 받지 않을 수 없었다. 이러한 해금정책의 완화로 민간의 해상무역이 일부 허용되었지만 일본과 교역은 제한되었다. 그 때문에 중국 동남연해의 일부 간사한 상인들이 왜구와 서로 결탁하여 함께 해안을 약탈하여 '왜구의 피해'는 점점 더 심해졌다.

왜구 격퇴의 명장, 척계광

왜구는 1553년 대거 상륙을 전후해서 상해, 소주, 그리고 직접 남경에 이르렀다. 1555년 척계광(戚繼光, 1528~1587)은 토벌에 나서 절동(浙東)과 태주(台州)에서 아홉 번 모두 커다란 승리를 거두었고, 뒤에 그는 광동에서 또 다른 장군 유대유(俞大猷)와 힘을 합쳐 연속해서 왜구를 소탕하였다. 계속해서 1566년에는 동남 연해의 왜구를 거의 전멸시켰다. 척계광이 왜구를 소탕하는 내용을 쓴 저서 《기효신서(紀效新書)》는 중국뿐만 아니라 조선에도 알려져 일본과 싸우는 데 커다란 도움을 주었다. 1588년 만주지역에서는 누르하치(뒤의 청의 태조)가 군사를 일으켜 태풍을 예고했다.

당시 동아시아에서도 거대한 지각변동이 일어나고 있었으니 일본에서는 도요토미 히데요시가 전국시대의 혼란을 극복하면서 그 여세를 몰아 명 제국과 조선을 포함하는 대륙침략을 시도하였다. 이에 한반도에서 7년 동안에 걸친 임진왜란(1592~1598)으로 조선과 명 왕조, 일본이 전쟁에 휘말렸다. 도요토미가 죽고 일본군이 철수하면서 전쟁은 끝났지만 조선은 비참할 정도로 황폐해졌으며 명 왕조도 피폐하여 왕조교체의 배경이 되었다. 이 전쟁으로 일본에는 도쿠가와 이에야스(德川家康)의 에도 바쿠후(江戶幕府, 1603~1867)가 성립되었고, 특히 왜구로 불리던 해적을 포함하여 동아시아 최강의 수군국가로 성장하는 계기가 되었다.

그 당시 참담한 고난 속에서 조선의 이순신(李舜臣, 1545~1598)은 일본의 침략으로부터 조국을 구출하면서 마지막 해전에서 장렬하게 몸을 바쳤고, 이탁오는 유교와 전통이란 거대한 대상을 공격하여 싸우다 감옥에서 죽었다. 일본의 도쿠가와 이에야스처럼 이순신이나 이탁오 역시 모두 같은 시기의 인물로서 구국의 의지와 열정을 가지고 다른 방법으로 새롭고 평화로운 시대를 설계하였다.[7] 그러나 이탁오는 그의 설계와 투쟁이 당장

16세기 동양의 평화를 꿈꾼 세 위인
이탁오, 이순신, 도쿠가와 이에야스

이루어질 수 없는 꿈임을 알았을 때, 자기 책을 태워버리라고 외쳤고, 깊은 산 속에 감췄다가 천백세 뒤의 현인을 기다리라고 예언하면서 죽어갔던 것이다.

가계와 청소년 시절

(1～29세, 1527～1555)

1. 이탁오의 고향, 항구 도시 천주

천주(泉州)가 속해 있는 복건성은 중국의 동남부 연해 성으로 해협을 사이에 두고 대만을 마주보고 있다. 당나라 때에는 복주, 건주라고 했으며 명나라 시대에 복건성(福建省)을 두었다. 민강(閩江)이 복건성에서 가장 큰 하천이므로 보통 이 지역을 민이라고도 한다. 또한 명대에 복건에는 팔부(八府)를 건설했기 때문에 이 지역을 팔민이라고도 불렀다.

이지(李贄, 卓吾)가 태어난 천주는 민해(閩海)의 요충지로 산에 의지하여 바다에 접하였다. 멀리 발원지에서부터 길게 흐르는 진강(晉江)은 천주 시내를 거쳐 천주만으로 들어가 강을 이용한 교통이 편리하다. 그러므로 천주는 오랫동안 동・서・남양의 각국과 중국 사이에 대외통상의 최대 항구였고, 나라 안팎 문화교류의 중심지였다. 따라서 천주에는 아랍, 페르시아, 인도, 유럽 등지에서 온 상인과 선교사들이 빈번히 왕래하였다. 이 때문에 천주성 내에는 외국인들이 머무는 거류지인 '번방(蕃坊)'도 설치되어 있었다.

그래서 천주시의 성남에는 적지 않은 아시아, 아프리카의 외국 상인이 살았다. 이지의 옛집은 바로 외국 상인들이 모여 사는 지금의 남문 만수로(南門 萬壽路)인 성남구내에 있었다. 1196년(송나라 경원 2)에 건립되어 외국으로 나가는 선원들이 모여 항해의 안전을 기원하는 중국 최대의 천후궁(天候宮)도 그의 옛집에서 멀지 않은 곳에 있다. 특히 천후궁은 명 초 영락 13년(1415) 황제의 명으로 환관의 최고위 관직이었던 삼보 태감 정화가 수리한 유서 깊은 곳이다. 이처럼 그는 태어나서 외국인과 그들의 문화를 접하면서 자랐다.

천주항

이지가 살던 천주의 옛집

천주는 송·원나라 시대에는 중국 최대의 대외무역항이었고, 세계 제일의 상업항구였다. 회교 사원인 청정사(淸淨寺, 전국 重點 문물보호단위), 개원사(開元寺), 청원사 그리고 이지의 옛집〔李贄故居〕을 비롯해 160여 곳에 명승고적과 문화유적이 있다. 정화가 천주에서 한 차례 함대를 출발시킨 기록인 〈정화행향비(鄭和行香碑)〉가 지금도 이곳의 회교도의 성인묘지에 있다. 그러므로 고대의 대외교통사 관계의 허다한 문물들을 시내 여러 곳뿐 아니라, 1949년에 배 모양으로 지은 '해양교통사박물관' 안에서도 많이 만날 수 있다. 이지는 출생하여 소년시절은 말할 것 없고 청장년기를 모두 이곳에서 보냈다. 따라서 천주지구의 환경과 사회상황은 그의 사상 형성에 틀림없이 커다란 영향을 주었을 것이다. 그는 어려서부터 회교의 사상적 영향을 많이 받았으며, 고향 천주를 생각할 때마다 개원사와 동·서의 쌍탑을 회상할 정도로 불교와 친숙하였다.

해외무역을 위해 송나라 철종 2년(1087) 천주에 설치되어 외국을 왕래하는 선박과 사람을 400년 동안 관리해온 부서로서 유일하게 보존된 천주의 시박사(市舶司) 옛터가 있는데, 현재 복원 중이다. 북송 휘종 5년(1115) 천주에는 멀리서 온 사람들이 머무는 내원역(來遠驛)이 있었다. 외국에서 온 사람들의 풍습을 배려하고, 종교의 자유를 위하여 송나라 정부는 이곳에 번방을 만들었는데 상인들이 점점 늘어났다.

항해에 앞서 세운 정화의 행향비

남송은 항주(杭州)에 도읍을 정한 뒤, 필요한 재정을 이 천주항의 수입에 크게 의존하게 되었다. 천주항은 세계로 가는 중국의 최대 관문이었으므로 중국인들은 천주를 "해상 실크로드의 출발점"이라고 불렀다.

당시 조정은 해외상인의 통상무역을 장려하여 관직을 주기도 했고, 특히 아랍

등 먼 지역과의 무역을 장려하였기 때문에 교역량이 매우 큰 아랍의 상인들도 있었다. 아랍인의 저명한 후예, 포수경(蒲壽庚)은 일찍이 복건을 거쳐 광동의 초무사(招撫使)가 되었고, 바다와 선박을 관리하는 해박(海舶) 사무를 맡았다. 남송 말기에 그는 천주 시박사의 직책을 맡았고 외래선박을 30년 동안 관리했다. 당시 천주에 무역하는 외국상인의 수는 1만 명에 달했다고 한다.

원대에도 송대를 본떠 세조 역시 해외상인의 통상무역을 장려하였다. 1278년 8월 원 세조는 중서성에 명해, 해외상인을 예의로써 대하고 그들의 요구를 들어주라고 했다. 당시 중국에 무역하러 온 사람들 가운데는 이집트인·말라카인·아랍인들이 있었다. 천주항은 더 나아가서 아프리카 동방의 항구와도 교역하였다. 1275년 이탈리아의 베니스에서 베이징으로 와 17년 동안 원에서 살다가 고국에 돌아가 《동방견문록(東方見聞錄)》을 남겼던 마르코 폴로(Marco Polo)는 그의 여행기에서,

> 우리들은 대단히 번영한 차이툰(刺桐港－천주)에 도착했다. 이 항구에는 인도의 선박이 와 있었고, 매우 값나가는 상품들을 싣고 있었으며, 아주 비싼 보석과 극히 아름다운 진주들이 있었다. 한마디로 말해 이러한 항구, 상품, 보석, 진귀한 무역의 성행은 확실히 놀라운 것이다. 나는 선박으로 이집트의 알렉산드리아 항구까지, 혹은 기독교제국까지 간다면, 적어도 반드시 1백 척 이상의 선박이 필요할 것이라고 생각한다. 상업적인 액수로 따져 세계에서 가장 큰 두 개 항구 가운데 하나임에 틀림없다.[8)]

고 적고 있다. 이곳 천주시에는 아랍지역에서 옮겨 심은 올리브나무인 자동나무가 아주 많아 시의 나무로 지정되었고, 가로수도 많이 보인다. 천주시를 차이툰(자동항)으로 마르코 폴로가 쓸 정도였고, 천주시의 가장 긴 거리가 '자동로'이며 '자동공원' 등 자동나무에 관계된 이름이 많다. 최근 우리나라의 이라크 파병부대를 '자이툰'이라 하는데, 이는 바로 이 나무의 이름과 관련이 있다고 하니 흥미롭다. 이것은 이미 10세기 이후 이 도시가

동남아는 물론 아랍세계와도 밀접한 교류가 있었음을 말해준다.

아랍의 유명한 여행가인 이븐 바투타(Ibn Battutah, 1304~1368)도 그의 여행기에서,

> 천주는 세계 최대 항구의 하나이다. 아니 세계 유일한 최대 항구라 해도 틀리지 않는다. 내가 직접 본 큰 배는 백여 척인데 그 폭이 땅과 같고 작은 배들은 수를 셀 수가 없었다.[9]

고 했다. 그러나 명 초에 이르러 상황은 상당히 변화하였다. 명 통치자들은 해금정책으로 연안 주민이 바다로 나가는 것을 금지시켰으며, 아울러 외국과 사사로이 무역하는 자들은 반드시 중한 벌을 받았다. 그러나 명조의 통치자들은 대외무역을 지배하기 위해 광주와 영파(寧波), 천주 등지에 시박사를 두어 해외의 여러 나라들과 조공무역을 진행하였다.

명 중엽 이후 상품경제의 끊임없는 발전으로 대외무역의 요구가 점점 강렬해지면서 명조 내부에서도 엄격한 해금(海禁)과 부드러운 해금을 두고

천주시의 나무 자동수

논쟁이 벌어졌다. 이 시기에 명조는 금지와 재금지를 거듭했을 뿐만 아니라, 아울러 여러 가지 제한이 가해지기도 했다. 다만 기본적으로는 해금이 시행되었지만 해외무역은 부단히 확대되고 있었다. 융경(隆慶, 1567~1572) 이후 명 왕조는 세금의 수입을 늘리기 위해 해금을 풀었고 이 해금정책의 영향으로 명 초에 천주는 다시 한번 크게 변화했으며, 중엽 이후 천주의 상업은 더욱 발전하였다.

요컨대 명대의 천주는 송에서 원에 이르는 400년 전통과 명 중엽 이후 상업의 계속되는 번영으로 사상, 풍속 등 여러 가지 면에서 사람들에게 깊은 영향을 주었다. 어려서부터 이러한 분위기에서 자란 이탁오에게는 외국과의 통상과 외래 종교 등으로 외국인이나 이방문화는 결코 낯설지 않았을 것이다. 또한 어떤 하나의 교리에 고착되지 않고 다양한 가치를 추구하고 탐색하여 수용하는 천성이 자연스럽게 이탁오의 체질로 자리잡게 되었을 것이다. 배고픈 자에게는 좋고 나쁜 음식을 가릴 여유가 없듯이 진리에 굶주린 자는 공자, 노자, 불가를 가리지 않고 다 받아들이고 생각할 수밖에 없다고 했던 이탁오의 자유로운 성향은 바로 천주의 이러한 분위기에서 비롯되었을지도 모른다.

2. 선조들의 생업과 종교

이지(탁오)는 복건성의 천주시 남문 만수로 159호에서 10월 26일에 태어났다. 할아버지 종결(宗潔)은 호가 죽헌(竹軒)이었고, 할머니는 동(董)씨였다. 아버지 이백재(李白齋)는 자가 종수(鐘秀)로 서당의 선생이었고, 어머니는 서씨, 계모는 동씨였는데, 7남매 가운데 이지가 맏아들이었다.

족보인 《봉지임이종보(鳳池林李宗譜)》《청원임이종보초창권지삼역연표(淸源林李宗譜草創卷之三歷年表)》《청원임이종보》 등에 따르면 이탁오는 전통적으로 상업을 하는 가정에서 태어났고, 그의 원적은 하남성의 여녕부 광주 고시현(汝寧府光州固始縣)이다.

《봉지임이종보》에 따르면, 시조인 임여(林閭)의 호는 목재공(睦齋公)인데, 원 말에 천주에 와서 전(錢)씨와 결혼하였다. 그는 여러 나라와 무역으로 천주의 큰 상인이 되었는데, 성품이 너그러워 가난한 사람을 구제하였으며, 이슬람교도들과 친밀하였다. 원 말인 1357년과 1362년 사이 서역 혈통의 회교도들이 천주를 점거했을 때에도 임여는 감히 건드리지 못하였다.

여기서 우리는 아랍계 회교도들의 세력이 천주에서 매우 컸음을 알 수 있다. 시조 임여로부터 8세까지 이지의 선조 가운데 적지 않은 사람들이 상업에 종사했다. 2세조인 임노(林駑)는 국내외 무역으로 큰 상인이 되어 오(吳)와 월(越)을 왕래하였다. 그는 1384년(홍무 17) 황제의 명으로 아랍의 호르무즈 지역을 항해하기도 하였다.

3세조 임통구(林通衢)는 광주를 왕래하는 상인이었고, 임통구의 동생인 임광제(林廣齊)는 성격이 매우 강건하고 도교를 깊이 믿었다. 1422년(영락 20) 그는 상당(上塘) 지방에서 관제묘(關帝廟)를 고치고 있었는데, 그 묘 앞에는 하마비가 있었다. 어사 서씨의 조카가 관의 세력을 믿고 이 묘 앞을 지나면서 말에서 내리지 않자, 임광제는 노하여 끌어내렸다. 서어사는 수치스럽고 화가 나서 그를 잡아 가두었다. 그의 친척들이 감방을 부수고 그를 데리고 나오자, 서어사는 모반죄를 씌워 그를 죽이려 했다. 임광제는 더 이상 피할 수 없어 1443년(正統 8) 복주에서 잡혀 죽었다.

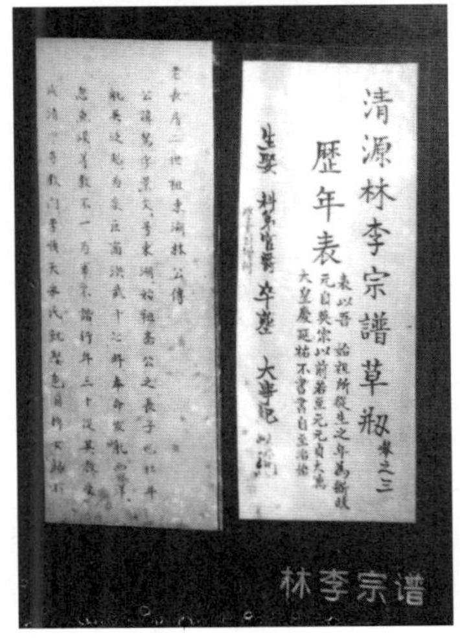

회교사원에 전시된 《청원임이종보》

그뒤 그의 가문은 임씨 성을 그대로 가진 사람들과 이씨로 성을 바꾼 사람으로 나뉘었다. 그러므로 임씨와 이씨는 같은 종친으로서, 이는 이지의 얼룩진 가족사였다. 4세조 임역암(林易庵)과 5세조 임탐(林琛) 부자는 유구(琉球)어에 능해 통역을 맡아 유구와 일본을 왕래하며, 명 왕조에 대한 조공사절단을 안내하기도 했다.

그런데 이지의 할아버지 임의방(林義方)에 이르러 집안의 형세가 기울어 다시 상업을 하지 못했는데, 그 내력은 확실하지 않다. 족보에 공명(功名)이나 관직이 모두 기재되어 있으나 이지의 앞 세대에는 4세조인 임역암이 "황제의 은혜를 입어 관과 허리띠를 받아 영광스러웠다"고 했을 뿐, 그 밖의 과거급제나 관직은 기록이 없다. 할아버지인 임의방은 글을 배우지 못해 아무런 관직을 거치지 못했다.10)

이지의 아버지 임백재는 아들 이지의 관직 덕택으로 죽은 뒤 봉직대부형부낭중(奉直大夫刑部郎中)이 주어졌다. 그의 족보와 《천주부지》에 따르면, 그의 집안은 대체로 상업을 경영해왔음을 알 수 있다. 당시 지식인〔士〕, 농민〔農〕, 수공업자〔工〕, 상인〔商〕의 봉건적 사회에서 상인의 지위는 가장 낮았다. 이 때문에 이지는 상인들에 대해 긍정적으로 평가한 것으로 보인다.

이지의 옛집 뜰에 있는, 임씨와 이씨가 갈라진 내력을 쓴 비석

이처럼 이지의 선조들이 대부분 상업을 영위하였고, 회교와 상당한 관계를 가졌다. 그런데 이지의 아버지는 서당의 선생이었고, 이지가 향시(鄕試)를 거쳐 거인(擧人)으로 유교의 관리가 되었으니, 그가 당시 사회의 일반적 유교 관료사회에 적응하는 데 힘들었던 것은 아닐까?

또한 이지 선조들의 사상과 종교 역시 매우 복잡하였다. 시조인 임여는 천주의 이슬람교도들과 긴밀한 관계를 가졌다. 그러나 그의 부인은 오히려 독실한 불교도로서 사찰의 건물을 잘 수리하게 하고 미타전(彌陀殿)을 짓고, 개원사의 회랑 서쪽에 금강상을 만들었다

2세조인 임노는 나이 30세에 회교를 믿어 청정사에서 계(戒)를 받아 회교도가 되었다. 그러나 그의 동생 임단(林端)은 반대로 독실하

게 《시경》과 《예기》를 배워 유학의 기풍이 강하였다. 3세조인 임통구의 부인은 천주시의 동문 밖에 있는 이슬람교도의 묘지에 묻혀 있다. 그러나 3세조의 형인 임광제는 오히려 도교도로서 동악(東岳)을 수리할 때 권세가인 어사의 조카를 하마비에서 내리게 하여 죽음의 화를 당하였다.

이탁오의 아버지인 임백재도 비록 유교의 학문을 가르치는 직업을 가졌으나, 사람됨이 활달하여 일반 도학자의 기질은 없었다. 더욱 흥미로운 것은 이지의 선조 가운데는 적지 않은 사람들이 이슬람교도나 심지어 서역인과도 결혼했다는 점이다. 이지의 2세조인 임노는 1384년 색목인(色目人, 이란인) 여인과 결혼하였다.

또 임씨종보 가운데는 많은 선조들이 포(蒲)씨, 정씨, 질(迭)씨들과 결혼한 사실이 기록되어 있다. 포씨는 포수경의 후대로 서역인을 말하는데, 명대에 정치적으로 타격을 받았다 정씨는 회회인(回回人, 아랍인)이며, 질씨는 천주의 거족으로 김(金)·정(丁)·마(馬)·하(夏)씨와 함께 5대 집안으로서 모두 마호메트 교도들이며, 한족이 되어버린 서역인들이다. 이지 가족의 여러 차례에 걸친 이슬람교 가족과의 결혼은 민족의 경계를 깨트리는 종교와 신앙의 결혼이었다. 이러한 가족의 분위기는 이지의 사상에 틀림없이 상당한 영향을 주었을 것이다.

마니교의 성전, 초암

천주에는 또한 종교가 많아 신앙이 번잡하였다. 역사적으로 외래 상인이 많아 마니교, 브라만교, 천주교, 개신교 등이 들어온 것이다. 오늘날까지 남아 있는 초암(草庵)은 매우 귀중한 마니교의 세계적 성전이다. 여러 종교의 사당들이 여러 곳에 세워졌고, 패방(牌坊), 탑당(塔幢), 불상, 묘비, 석각을 비롯하여 각종 소상(塑像)이 모두 있었다. 물론 그 가운데서 유교가 가장 신성한 지위를 가지고 있는 대표적 종교였음은 말할 필요

천주시의 최고 사찰, 개원사

천주시의 유명한 회교 사원, 청정사

도 없다. 당대의 천주 개원사는 민남 불국(閩南佛國)이라 불렀는데, 절 안에는 유명한 고승뿐 아니라 많은 경전들이 있었다. 이 절에 있는 석탑, 기둥, 흰색 기둥의 집, 조각들은 대단한 예술적 가치가 있다.

천주해외교통사박물관

천주에는 이슬람교가 남겨놓은 문화유적이 특별히 많다. 묘비가 있고 예배당이 있다. 아랍인이 창건한 저명한 청정사는 더욱 유명한데, 그 안 곳곳에는 코란이 새겨져 있다. 여기에는 영락제가 이슬람교의 신앙을 허가하는 칙령 역시 벽에 씌어 있다. 지금 청정사의 전시관에는 이지 가계의 족보가 중국 내 회교 전교(傳敎)의 자료로 전시되고 있다. 특별히 천주 동문 밖에는 이슬람교의 묘지도 많고 천주해외교통사박물관은 그의 유물들을 많이 소장하고 있다.[11)]

1975년 천주시 문물관리위원회가 이지 후대의 임씨족보 가운데서 발견한 초록본 《청원임이종보초창권지삼역연표》는 만력 기해(1599)에 "이 해에 천주교가 비로소 중국에 들어왔다"고 전하고 있다. 특히 천주교가 중국에 들어온 사실을 그의 집안 족보에 썼으니 천주교가 이지 가족에게 상당한 영향을 주었음을 짐작할 수 있다. 이탁오가 세 차례 이탈리아 선교사 마테오 리치를 만나 서로 사귄 것도 결코 우연이 아니라, 이러한 배경에서였는지 모른다.

이탁오는 소년기와 청장년기를 이러한 환경 속에서 살았다. 하지만 이지가 청소년 시기에 불교, 회교, 천주교와 어느 정도 접촉했는지는 확실하지 않다. 뒷날 자신의 어린 시절을 회고하며,

> 나는 어려서부터 성격이 강하고 잘 굽히지 않아 학(學)을 믿지 않았고, 도(道)를 믿지 않았으며, 선(仙-도교)과 석(釋-불교)씨를 믿지 않았다. 그러므

로 도인과 불승을 보면 미워했으며, 도학선생을 보면 더욱 미워했다.[12)]

고 적었다. 이로 미루어보면 이지는 청소년 시기에 강인한 성격으로 당시 중국의 전통적인 종교인 유교와 불교 그리고 도교를 모두 비판하면서도 삼교합일의 편에서 모두 수용하였다. 이는 그의 성장과정에서 비롯된 것일 수도 있다. 그는 어릴 때부터 인생의 도리에 대해 여러 방면으로 탐색하여 각종 학설을 회의하며 고민한 듯하다.

3. 공자를 비웃는 열두 살 소년

이지가 어렸을 때, 학교의 명부에서는 그의 이름이 임재지(林載贄)로 씌어 있었다. 그가 언제 성을 이씨로 바꾸었는지는 확실하지 않으나, 26세 때인 1552년 지방의 향시에 합격했을 때는 이미 성을 이씨로 쓰고 있었다. 조상의 정치적 사건으로 성씨가 바뀌었다는 견해 말고도, 그의 선조 가운데 이슬람의 회교도들이 섞여 있었는데, 신앙에 따라 유교를 택한 쪽은 이씨로 바꾸었다는 주장도 있다.

1566년 순조 가정(嘉靖) 황제가 죽고, 그의 아들 주재후(朱載垕)가 목종(穆宗, 隆慶)으로 즉위하니, 황제의 이름자를 기피하는 전통 때문에 부득이 이재지의 '재(載)' 자를 떼어버리게 되었다. 이로써 이지는 성과 이름을 모두 바꾸었으니, 이 모든 것이 정치적인 원인에서 비롯되었다. 그의 파란 많은 생애는 벌써 성과 이름의 바뀜에서 예고된 듯하고, 어쩌면 성과 이름을 바로하기 위한 투쟁이 그의 일생 동안 계속되었다고 하겠다.

이지의 호는 탁오(卓吾)이며 복건성 발음으로 '탁(卓)' 자를 '독(篤)' 자로 쓰기도 했다. '탁' 자와 '독' 자는 분명하지 않아 독오(篤吾)라고도 부른다. 천주에는 천산(泉山)이 있는데 이를 온릉이라고도 해서 스스로 호를 온릉거사(溫陵居士)로 불렀다. 오늘날 천주시의 가장 긴 거리 가운데 하나가 바로 온릉로이다. 뒷날 하남성 공성에서 관직을 시작했을 때 산 밑에 백천(百

泉)이 있어, 스스로를 백천거사라 불렀다. 한편 스스로 자기 성격의 편협함을 넓힌다는 뜻으로 굉보거사(宏甫居士)라고도 불렀다.

아버지 백재공(百齋公)이 세상을 떠난 뒤, 부친을 생각해서 사재거사(思齋居士)라고도 불렀으며, 관직을 사임한 뒤 만년 마성의 용호에 살면서 용호수(龍湖叟)로 머리를 깎았기 때문에 독옹(禿翁)이라고 했다. 어떤 때 그는 스스로를 이장자(李長子), 또는 이노자(李老子)라고 했으며, 원중도(袁中道)는 이탁오를 작임수(柞林叟)라고 불렀다.

이지의 어린 시절은 불행하였다. 어머니 서씨는 어려서 세상을 떠났으므로 계모 동씨 밑에서 자랐다. 그는 아버지의 신장이 7척이며 눈을 쳐다볼 수 없을 정도로 엄숙하고 비록 가난하지만, 위엄이 있었다고 회상하고 있다.

나면서 어머니 태의인(太宜人) 서씨의 사망으로 매우 애통해했고 어려서부터 고독했으며, 6, 7세부터 어머니를 잃은 뒤 능히 자립할 수 있었다고 그는 회상했다. 이것은 이탁오로 하여금 어려서부터 고독하고 강해지도록 만들어주었던 것 같다. 그는 자신의 성격에 대해,

> 속으로는 불꽃이 튀지만 겉으로는 냉엄하고, 풍채와 골격이 늠름하고 청렴고상하였다. 성격이 몹시 급해 남의 면전에서 상대방의 잘못을 꾸짖는 일이 많아 마음속으로 깊이 교류하지 않은 사람들은 말도 걸려 하지 않았다.[13)]

고 적었다. 그러한 성격 때문에 그는 다른 사람과의 교섭이 적었다. 그러나 한번 사귀면 아주 가까워졌다. 다른 사람을 싫어하는 면도 매우 강하였다. 그가 뒷날 세상을 비판하고 다른 사람에게 이단으로 여겨지던 성격이 이미 어렸을 때 시작되었음을 알 수 있다. 심지어 이지 자신도,

> 성격은 편협하고 성급하며, 표정은 우쭐하고 자만하였다. 말투는 천박하고 비속하며 마음은 미친 듯, 바보 같은 듯하고, 행동은 경솔하였다. 교제하는 사람은 별로 없었는데, 누구든 보는 앞에서 다정하고 따뜻하게 대하였다. 다른 사람과 사귈 때는 단점을 찾기 좋아하고 장점을 인정하려 하지 않았다. 일단

누군가를 미워하면 그 사람과 관계를 끊어버리고, 일생 동안 그 사람을 해치려 한다.[14]

고 〈자찬(自贊)〉에서 적고 있다. 이 점에서 우리는 그의 매우 냉정한 개성과 비판적인 성격의 형성과정을 엿볼 수 있다.

그는 7세 때 아버지를 따라 《서경》과 시가나 예문들을 읽고 학습했다. 원래 10세부터 입학이 가능했으나 6세 때 아버지를 조르고, 특히 당시 시 100수를 외운 재능에 감탄한 서점 주인이 무료로 준 책과 붓, 종이로 7세 때 입학했다고 전한다. 이지가 아버지와 어떤 책을 읽었는지 상세히 알 수 없지만, 아마도 유가(儒家) 경전의 범위를 벗어나지는 않았을 것이다.

아버지는 매우 활달하고 대범하였으며, 이지는 그에게서 영향을 받았을 것이다. 이지가 4세 때인 1530년 명의 세종은 공자를 '최고의 스승'으로 추앙하였다.

그는 12세 때 아버지에게서 글을 배우는데, 하루는 〈노농노포론(老農老圃論)〉이란 제목으로 학생들에게 글을 짓게 했다. 〈노농노포론〉은 《논어(論語)》의 〈자로(子路)〉 편에서, 제자인 번지(樊遲)가 공자에게 곡식을 심는 데 대해 물으니, 공자는

"나는 그 일에 관해 농부만 같지 못하다"

고 대답했다. 다시 번지가 채소의 종자를 심는 일에 대해 물으니 공자는

"나는 종자를 심는 일에도 농부만 같지 못하다."

고 대답했다. 번지가 밖으로 나가자, 공자는 다른 제자에게 말하기를,

"번지야말로 소인이구나!"[15]

라고 비판했다는 내용이다.

다른 학생들과는 달리 이지만은 제목을 보고 드디어 분연히 붓을 들어, 밭 갈고 씨 뿌리는 법을 배우려는 번지에 대해, 매우 고상한 기질이 있다고 칭찬하였다. 반대로 오히려 공자가 번지를 이해하지 못하여 '소인'으로 배척한 점을 조소하였다. 어린 나이에 이미 그는 감히 공자의 사상을 붓으로 공격하여, 지성의 싹인 반항정신을 보여주었다. 이것이 열두 살짜리 천재

글씨 쓰는 어릴 때의 이지

소년이 보여준 진면목이었다.

그리고 그의 조소와 비판은 유교와 공자에 대한 투쟁의 새싹을 이미 예고하고 있었다. 특히 이탁오는 이 글에서 공자를 가리켜 '구을기(丘乙己)'라 표현하였다. '을기(乙己)'란 곧 '일기(一己)'와 같은 뜻으로 이는 개인이란 뜻이 된다. 이는 '공개인' '공아무개' 정도가 되는 것으로 공자를 우스꽝스럽게 조롱하여 멋대로 낮추어 부른 것이다.

당시의 서관(書館)이나 사숙(私塾) 안에는 모두 공자의 상을 모셔 학동들이 학교에 들어갈 때마다 절해야 했다. 만일 학생에게 잘못이 있으면 공자를 향하여 잘못을 인정해야 했다. 새해를 맞거나 명절이 되면 공자에게 술과 채소 등으로 제사를 지냈다. 그러나 이지의 아버지 이백재의 서관에는 공자의 상이 없었는데, 그에 관한 이야기가 전한다. 원래 그 서관에도 다른 곳처럼 공자의 상이 있었고 거기에는 "공부자는 백 년, 천 년, 만 년 영원한 스승의 모범"이라고 아래로 한 폭의 현수막 같은 글이 내리 씌어 있어, 학생들이 글씨 연습하는 교본이기도 했다. 이백재 선생이 밖에 나간 사이,

"이런 2천 년 전의 한 노인이 오늘에 이르도록 아직도 우리들의 최고 스승이 되어야 한단 말인가?"

라고 하면서 학생들이 공부자의 길고 짧은 수염을 뽑아버렸다. 그리고 그의 신상 옆에,

"공노인, 수염 셋, 수염 둘, 하나 뽑으니 모두 없어졌네."

라고 써놓고 함께 웃었다. 얼마 뒤 이백재 선생이 돌아와 학생들을 심하게 꾸짖으니, 이지가 스승인 아버지에게 항의하여 말하기를,

당시 학당 안 공자 숭배

"그의 제자 번지가 농업을 배우려는 것을 소인이라고 책망한 공자야말로 사체(四體)를 움직이지 않고, 오곡도 구분할 줄 모르는 사람입니다. 노동하지 않고 밥 먹으며, 씨뿌리지 않고 농사하려는 것을 우리에게 가르치려 하십니까?" 이에 대답이 궁해진 이백재 선생은 그뒤 서관의 공자상을 치웠다고 전한다.[16)]

이는 확실히 그의 공자와 유교에 대한 투쟁의 엄숙한 선언이었다. 아직 세상을 알기에 너무 어린 나이였지만, 어린 소년 이지의 굽힐 줄 모르는 비판적 접근 방법이었다. 즉, 1966년 문화대혁명이 시작될 때, 북경대학의 '대자보'를 통해, "사령부를 포격하라!"던 모택동(毛澤東, 1893~1976)의 전투적 선언과도 같은 것이었다. 이탁오 역시 유교의 시조 그리고 그의 원조(사령부)를 공격함으로써 투쟁을 시작하였다. 한편 이지는 주희가 유교경전에 대해 새로 전(傳)을 붙이고 주(註)를 단 것에 대해서도 못마땅하게 생각하여, 별로 흥미를 느끼지 않았다고 뒷날 회고하였다.

많은 사람들은 그가 매우 영리하고 글을 잘 써 장래에 능히 크게 출세해 부귀와 영화를 누릴 수 있을 것이라고 칭찬하였다. 또한 그의 아버지에게 훌륭한 아들을 두었다고 축하하였다. 그러나 이지는 이러한 칭찬을 아주 싫어했으며, 자기 부자의 인격을 모욕하는 것으로 여겼다. 뒤에 그는 이러한 일에 대해 분개해서 말하기를,

> 나는 결코 그러한 세 치의 혓바닥을 놀리거나 붓으로 글을 써서 고관이 되어 많은 녹을 받는 사람이 되지는 않겠다. 나의 아버지 또한 절대로 내가 그러한 길로 가는 것을 바라지는 않았다.[17)]

이지는 그의 아버지에 대해 회고하면서,

> 우리 아버님은 어떤 분이신가? 키는 7척에 눈은 이것저것 구차하게 넘보지 않으셨다. 비록 가난할지언정 때때로 계모 태의인 동씨의 비녀와 귀고리를 벗겨 친구의 혼인에 갖고 가도 어머니 동씨는 말리지 못하였을 정도였다.[18]

위에서 본 대로 이탁오의 아버지인 이백재 역시 아들이 말을 잘하고 글을 잘 써서 공명을 얻는 것을 바라지 않았다. 나이 어린 이지 역시 아버지의 이러한 귀한 사상을 깊이 이해하였다. 이것은 모두 이탁오가 아버지의 영향을 받아 과거제도를 경시하며, 특히 과거를 통해 공명과 높은 녹을 받는 세상사람들을 낮추어 보게 된 것이다. 14세 때 그는 이미 《주역》과 《예기》를 읽고 《상서》도 다시 읽었다.

명 말 당시 유교사회의 중요한 두 축은 학교교육과 과거제도였다. 중국의 과거제도는 6세기 말 수(隋)나라 시대부터 시작되어 청 말까지 계속되었다. 이 과거제도는 세월이 흐름에 따라 점점 더 유능한 선비를 뽑는다는 근본적 의도에서 벗어나고 있었다. 처음 시작되었을 때는 어느 정도 훌륭한 인재를 뽑을 수 있었으나, 뒤에는 크게 변질되어 사람들의 의지를 묶어버리는 수단이 되었다.

책을 읽고 공부를 하는 사람들이 머리가 하얗도록 경전을 파야 했으며, 정력을 거기에 쏟아 과거에 합격하기 위해서 그의 모든 인생을 소비하고 있었다. 더욱이 명 정부는 과거시험을 통한 사상의 교조화를 추구하여, 고시의 범위는 《사서》와 《오경》에 한정했으며, 아울러 주희가 주석을 단 《사서집주(四書集註)》가 표준답안이 되었다.

책을 읽는 선비들은 신분의 상승을 위해 반드시 이 《사서》와 《오경》을 읽고, 주희의 전주(箋註)를 학습해야만 했다. 과거를 볼 때 모든 문제가 거의 《사서》와 《오경》에서 출제되어 "송대 정주학자들의 경전에 대한 해석을 간단히 요약하고, 그것을 옛사람들의 말로 대신하며 대구(對句)를 써야 했는데, 이를 팔고(八股)라 했다."[19]

오경의 내용은 옛 사람들의 말을 해석해서 팔고문으로 써야 했는데, 무슨 특별한 사상적 견해가 있을 수 있겠는가? 이러한 과거제도는 지식인들의 사상을 억압할 뿐이었으며 문화전제주의(文化專制主義)를 실행하는 하나의 수단이 되었다. 앞에서 본 대로 이지가 12세 때 쓴 〈노농노포론〉에서 공자를 풍자한 것이나, 주희의 전주에 대해서 비판한 것도 바로 이러한 문제의 핵심을 지적한 것이었다. 그의 회고는 계속된다.

> 조금 더 자라서 다시 멍텅구리가 되어 경전의 전이나 주를 읽어도 이해가 되지 않아 주선생(주자)의 깊은 마음을 알 수가 없었다. 그래서 스스로를 이상히 여겨 (과거를 위한) 배움을 포기하여 그만둘까 생각하였다. 그러나 매우 무료하고 달리 소일할 일도 없어 그는 탄식하기를, "이것은 바로 그저 장난일 뿐이다. 다만 표절이라도 해서 시험관의 눈에 들면 되지, 시험관이 어떻게 성인 공자의 깊은 뜻에 하나하나 능통할 수 있단 말인가?"
>
> 그래서 당시 널리 알려진 과거의 글들 가운데서 아주 새롭고 좋아할 만한 것을 뽑아 날마다 몇 편씩 외웠는데, 과거장에 들어갈 때 500편쯤 외울 수 있었다. 시험 제목을 받자 그는 마치 글을 베껴 쓰는 사람처럼 빨리 써서 제출하고 좋은 성적으로 합격하였다. 거사(이지)가 말하기를, "내게 이러한 요행은 다시없을 것이다. 아버님은 연로하시고 동생과 누이들은 모두 결혼할 때가 되어" 마침내 그는 벼슬길을 택하여 아버지를 모셔다 봉양하고 동생과 누이들의 혼인을 모두 마쳤다.[20)]

고 그는 소년시대에 주희와 전주에 대해서 흥미를 갖지 않았음을 말하고 있다. 어린 이지에게 교조적인 유학의 가르침이나 특히 주자학의 경직된 내용과 학풍은 흥미가 없었다. 아직 어린 그의 과거제도에 대한 비판은 매우 근원적인 문제였다. 유학으로 관료가 되는 데 대해 그는 주저하였고 회의적이었다.

21세이던 1547년, 이지는 황씨와 결혼하였는데, 그녀는 당시 15세였다. 이지가 남안(南安)의 용교리(榕橋里)에서 글을 읽을 때 만나서 알게 된 풍주

(豊州) 황씨는 원래 이름이 영(英)이었는데 보통 도화(桃花)라고 불렀다. 원래 부유한 가정이었으나 부친이 일찍 병사하여 홀어머니에게서 수놓기, 길쌈하기, 가사를 배웠다.

그러나 결혼한 지 얼마 안 되어 그는 부득이 생계를 위해 집을 떠나 밖으로 나가 돌아다녔다. 그가 어디에 갔으며 무엇을 했는지에 대해서는 확실히 알 수 없다. 거의 10년 동안 생계를 위해 돌아다녔으나 길을 찾지 못했고 결혼 뒤 가세가 더욱 어려워져 원래의 뜻을 굽혀 관직의 길을 택하게 된 듯하다. 조상들의 가업인 상업의 길을 다시 이으려고 했는지도 모른다. 그러나 이 기간 그는 당시 사회에서 몰락한 가세에 비애를 느꼈을 것이고 아울러 사회의 여러 부조리를 뼈아프게 실감했으리라. 그가 〈소자유의 노자해 서문〉에서, 여러 날 굶으면서 "배고픈 사람에게 좋고 나쁜 음식을 가릴 여유가 없는 것처럼, 도를 찾는 데에 노자와 석가의 도를 가릴 여유가 있겠는가?"라고 쓴 것은 아마도 이때의 경험을 바탕으로 한 것이라고 짐작된다.

그가 살았던 시대의 천주의 민중생활은 여러 면에서 어려움이 컸다. 그가 10세 때(1536년) 큰 가뭄이 있었고, 18세 때(1544년)에는 큰 화재가 일어나 민가 370여 채가 타서 4천 6백여 명의 이재민이 발생했다. 21세 때(1547년)에는 큰 홍수가 있어 백성들이 살길을 찾아 헤매었다. 특히 24세 때(1550년)에는 왜구가 침입하였으나 관부가 제대로 저항하지 못하는 등 사회가 대단히 불안하였다.

그는 어렸을 때 재능이 넘쳤고 학구열이 높고 많이 들으면서 항상 의문을 가졌던 소년이었다. 그는 매우 자유로우면서도 주장이 뚜렷했다. 어린 나이에 부딪치는 사물에 대해 회의적이고 비판적이었고, 전통의 핵심인 유교와 공자에 대해 공격의 포문을 열었다.

그러나 그는 몰락한 상업 가정의 살길을 찾아 방랑하는 후손으로, 배움의 뜻이 강해 유학으로 진입하는 마치 무서운 도전자와도 같았다. 그래서 그는 쇠락한 가계의 비애와 함께 아울러 16세기란 대변혁기의 중국을 함께 아프게 체험하고 있었다. 저 멀리 바다로부터 밀어닥치는 서양의 문화와 그가 죽은 뒤 42년 만에 무너지는 명 제국의 마지막 기간의 혼란과 붕괴과정을 보면서 배가 가라앉는다고 외치며 세상을 구하려는 위인이었다.

따라서 그의 청소년 시절은 깊은 연못에 웅크리고 있는 용이었고, 백 년, 천 년 뒤의 미래를 설계하는 준비의 시간이었다. 목표를 향해 활을 당길 준비를 하는 뜻 깊은 기간이었다. 몸에는 돈 한 푼 없지만 마음은 천하에 있었고, 아무런 정치적 힘은 없었지만 뜻은 경세(經世)에 있었다. 그것은 그의 외침이었고 사상이었다.

25년 동안의 관직생활

(30～55세, 1556～1580)

> 나는 어려서부터 성인의 가르침을 읽었으나 성인의 가르침을 제대로 알지 못했으며, 공자를 존경하였으나 왜 공자를 존경해야 하는지를 스스로 알지 못하였다. 말하자면 난쟁이가 구경하듯 그저 다른 사람을 따라 떠들고, (보지도 못하면서) 그들의 소리에 어울려 함께 따랐을 뿐이었다.[21)]

이탁오는 50세 이전의 삶을 돌아보면서 스스로 한 마리 개에 빗대었다. 참으로 흥미롭고 놀라운 일이다. 그림자를 보고 짖는 앞의 개를 따라 짖는 개처럼, 또는 키가 작아 실제로 보지도 못하면서 다른 사람이 떠드는 소리에 덩달아 소리지르듯 부화뇌동한 삶이었다고 스스로 규정하였다. 그의 말대로라면 그는 남의 말에 따라 주체도 없이 살아온 실패한 인생이었다. 여기서 특히 이탁오가 강조하고 있는 것은 공자와 유교에 대해 형식적으로 사회의 관습을 따랐을 뿐 진가를 몰랐다는 것이다.

그래서인지 이탁오는 이 시기에 거의 글을 쓰지 않았다. 이는 당시 중국의 일반 선비들의 지적 분위기와는 다른 경우였다. 이 시기에 아직 자기 확신이 없는 때문이었을까? 아니면 다음 20년 동안의 커다란 일들을 위한 준비를 위해서였을까?

이지는 일흔이 훨씬 넘어서 지난 인생을 회고하면서 이제 주체를 찾았음을 확인하며 강조하고 있다. 말할 필요도 없이 공자와 유교의 실체를 확인하게 되었다는 주체성 회복의 선언이었다. 그는 뼈아프게 자기를 부정하며 반성하였다. 모두를 버리고 삶을 다시 출발하려는 것이었다.

자신의 말대로 이탁오는 그처럼 주체성 없는 한 마리 개처럼 전반의 50여 년 생애를 살았는지? 우리는 이제 그의 개인적인 삶은 물론, 25년에 걸친 어려웠지만 성실한 관직생활과 아울러 참된 도를 찾아 모든 역량을 집중했던 그의 학문에 대한 집념과 열정, 그리고 성과들을 함께 살펴볼 것이다.

그런데 역설적인 것은, 그가 개처럼 살았다고 평한 도를 추구하던 오십 이전의 삶은 별다른 문제가 없었는데, 도를 깨달아 개처럼 살지 않고 사람처럼 살려던 나머지 26년의 삶은 비난과 박해의 연속이었다. 게다가 도피의 장정(長征)에서 체포되어 결국 옥중에서 자결하였으니 이 얼마나 역설적인가? 그러므로 사람처럼 사는 것은 개처럼 사는 것보다 훨씬 어렵고, 위험하였다는 것이다.

1. 관직의 첫 출발 – 하남성 휘현의 교사(1555~1550)

1555년 29세 되던 해, 그는 첫 관직인 하남성 휘현의 교유로 발령을 받았다. 이는 지방 공립학교의 교사였다. 그는 길도 멀고 집안의 형편이 어려운데다 과거에 커다란 매력이 없어 진사(進士)를 위한 회시(會試)를 포기하였다. 하남성의 교유로 부임하기 전 해 그의 맏아들이 죽었다. 이때를 회상하면서 그는,

> 처음에는 강남 지역에서 벼슬자리를 얻으려 했는데, 뜻밖에 만리타향인 하남의 공성으로 가게 되어 아버지께 걱정을 끼쳤다. 하지만 공성은 송나라 때의 학자 이지재(李之才)[22]가 유배 와서 머물렀던 곳이고 또 부임했던 곳이요, 송대의 학자 소요부(邵堯夫, 雍, 康節, 1011~1077)[23]가 있었던 곳이다. 소요부는 낙양에서 살게 되었을 때 천 리 길을 멀다 하지 않고 이지재를 찾아가 그에게 도를 물었다. 우리 부자 역시 혹 이곳에서 그 옛날의 현인들처럼 도를 배울 수만 있다면 비록 만 리 길이라도 좋지 않겠는가?
>
> 또 들으니 소옹은 학문을 크게 성취하여 낙양으로 돌아온 뒤에야 뒤늦게 결혼했다고 하는데, 그때 이미 그의 나이 40세였다. 그가 만약 학문을 성취하지 못했다면, 그는 일생 동안 결혼하지 않았을지도 모른다. 그러나 나는 이미

송대의 철학자, 소옹

> 29세 때 첫 아들을 잃어 매우 슬퍼하고 있다. 학문을 성취하려고 노력하지 않은 것은 슬퍼하지 않고, 다만 죽은 아들을 생각하여 애틋한 정을 마음에 두고 있으니, 송대의 현인인 소강절을 대하기가 부끄럽지 않은가?[24)]

이지의 회고를 보면서 우리는 그가 아직 유학의 전통적인 인습으로부터 벗어나지 않았다는 것을 알 수 있다. 그는 아버지와 함께 도를 배워 송나라 시대의 소옹 같은 대유학자가 되었으면 얼마나 좋겠는가 생각하고 있다. 그러나 그는 소옹의 학문 성취를 부러워하면서도 결혼생활이나 학문에 노력을 기울일 수 없는 자신의 처지를 안타깝게 생각하고 있는 것은 매우 인상적이다. 죽은 아들에 대한 슬픔을 반성하여 오히려 부끄러워하고 있는 점은 그의 놀라운 학구열을 짐작하게 해준다. 그러나 그가 54세에 사임할 때까지 그는 성실하게 가정의 도리를 다했다. 결혼과 자녀의 양육은 물론 조부나 부친의 상기(喪期)를 모두 엄수했고, 선조들의 묘소도 잘 정리하였다. 이 점에서 그는 비난받을 이유는 전혀 없었다.

낙양의 소옹이 살던 안락와(安樂窩)는 소문산의 백천 근처에 있다. 그는 5년 동안 백천에 있었지만, 끝내 처음에 뜻했던 훌륭한 스승을 만나 도를 배우는 것을 이루지 못하고, 결국 남경의 국자감으로 옮기게 되었다. 그는 당시의 학문하는 상황을 회고하여,

> 나는 부득이 몇 말 안 되는 적은 월급으로 가족을 부양하기 위해 이 세상과 세속의 잡부들과 접하지 않을 수 없었다. 그러나 공당(관청)에서 공무를 집행하는 것 말고는 문을 굳게 잠그고 (오직 학문에 전념하여) 스스로 태연하였다.[25)]

남경 공부자 묘의 야경

고 그때의 생활을 쓰고 있다. 즉, 이것은 그가 생계를 위해 관직을 시작했지만, 뜻이 여전히 학문에 있었음을 잘 보여주는 것이다. 더구나 당시 그가 근무하던 부서의 상사들과 여러 면에서 의견충돌을 가져 생활이 쉽지 않았지만, 배움을 게을리 하지 않았고 책을 손에서 떼지 않았다. 그는 휘현의 교유로 취임한 뒤 혁신적인 사고방식 때문에 보수적인 현령, 제학(提學)들과 의견이 맞지 않았다.

이지는 휘현에서 5년 동안 근무한 뒤, 남경의 국자감 박사로 승진하였다. 그가 임지를 떠날 때 애석해 하며 "백천에 5년을 머무르면서도 결국 도(道)를 들을 수 없었다"고 탄식하였다. 요컨대 이 시기는 인생과 학문의 갈 길을 애타게 추구하면서 고뇌 속에서 방황하던 시기였다. 그리고 이것은 다른 세속의 유학자들과 표면적으로 보아 전혀 다를 것이 없어 보였다. 그러나 학문과 도를 향한 정열과, 상급자들과 빚은 갈등의 틈바구니에서 매우 안타까워하는 모습을 생생하게 볼 수 있다.

2. 국자감 박사 시절과 왜구와 항쟁

1) 부친의 상기(喪期)와 왜구에 대한 항전
– 남경 국자감 박사 시절(34~35세, 1560~1561)

가정 39년(1560) 34세에 이지는 종8품인 남경의 국자감 박사로 자리를 옮겼다. 명 왕조는 영락 19년(1422) 수도를 북경으로 옮긴 뒤에도, 남경을 남부지역의 수도로 오부(五府)와 육부 그리고 국자감 등을 두어 북경의 5부나 국자감 등과 함께 존속시켰다. 하지만 실권이 북경에 있었음은 물론이고 남경은 실제로는 논의기구에 불과했다.

명 초에 국립대학인 경사학교(京師學校)가 국자학으로, 뒤에는 국자감(國子監), 그리고 다시 태학으로 바뀌었다. 국자감에는 전체를 주관하는 학장, 즉 좨주(祭酒)가 있었으며 부교장인 사업(司業)이 있었고 가르치는 책임을 가진 교수, 즉 박사를 두었으니, 이지의 직책은 종8품의 국자감 박사였다. 그러나 이지가 이곳에 부임한 지 2~3개월 만에 부친 백재공이 병으로 세상을 떠났으므로, 그는 고향인 천주로 돌아가 상기를 마쳐야 했다.

왜구와 싸우는 이탁오

이 해 봄에 왜구들이 동남해안을 노략질하기 시작했다. 2월 왜구 6천여 명이 조주(潮州), 절강(浙江), 강남 등을 노략질한다는 소식이 전해졌다. 그러나 아버지 백재공의 별세로 상기를 지키기 위해 고향으로 돌아갔다. 그때 바로 왜구들이 횡행하여 그 병화가 일어나고 있었다. 왜구는 여러 차례 천주를 노략질했다. 정월과 3, 4월에 계속 들어와 집을 불지르고 사람을 죽이며 천주성 밑까지 들어왔다. 특히 연말에는 왜구들이 멋대로 도시를 노략질하며 천주성을 포위, 공격하였다. 이지는 낮에는 숨고 밤에만 2천여 리를 걸어 6개월 만에야 겨우 집에 도착하였다.

그가 34세 때인 1560년, 집에 도착하자마자 왜구와의 전쟁이 벌어져 성 아래에서는 화살과 돌이 어지러이 날고 성안에는 식량이 떨어져 아우성이었다. 그는 어머니 없이 자라며 아버지에 의지한 삶을 생각하며 통곡했지만 장례를 치를 수 없었다. 그는 숙부와 동생 그리고 조카들에게, "지금 왜구가 침범하여 온 성의 노인과 백성들이 용감하게 적과 싸우고 있습니다. 이미 부친의 시신을 염하였으니, 우리들이 먼저 고향 분들과 힘을 합쳐 함께 적과 싸워 격퇴한 뒤, 다시 와서 장례를 치르는 것이 좋겠습니다"라고 했다.

숙부와 동생들은 효의 중요성을 들어 반대했으나 "나라가 먼저이고, 그 다음이 가정"이라는 이지의 설득으로 함께 왜구와 싸웠다. 상복을 입은 이지는 매우 용감하여 마치 "흰옷 입은 장군" 같았다. 상복을 입은 채로 동생과 조카들을 데리고 왜구에 대항해서 싸웠다. 당시 왜구의 침탈과 소요에 대해 명 정부는 너무 무능하였고, 동남연해 일대는 막심한 피해를 입었다.

1556년부터 1566년까지, 즉 이지의 나이 24세부터 34세까지의 10년 동안 천주는 여러 차례 왜구의 침입을 당했으나, 1558년 5월, 1559년 3월에 더욱 심하였다. 이러한 왜구의 계속된 침탈로 천주 일대는 여러 해 동안 농지가 풀밭처럼 황폐해졌고, 전염병이 돌아 죽은 시체가 뒹굴 정도로 처참하였다. 이때 오랫동안 싸움이 계속되자 식량이 떨어져 많은 돈을 주어도 쌀과 곡식을 사기 힘들었다. 이것은 왜구의 노략질에 대한 이지의 생생한 체험이며 기록이었다.

이탁오의 식구들은 30여 명이나 되어 살아나갈 도리가 아득했다고 회고하였다. 이탁오는 이 시기 가족들의 생계를 위해 동분서주했다. 사실 왜구의 노략질은 명나라의 해금(海禁)정책과도 관계가 있었으니, 해안에 사는 사람들 가운데 외국과 통상을 해야 생계를 유지할 수 있는 사람들의 요구가 이들 왜구의 활동과 연합되기도 하였다.

36세 되던 1562년 그는 천주에 머물렀는데 이 해 대학사인 엄숭(嚴嵩,

1480~1565)이 실각하였고, 정치가 좀 더 나아지는 것처럼 보였다. 한편 그때 유대유(兪大猷, 1503~1579), 척계광(戚繼光, ?~1587) 등의 지휘 아래 왜구에 대한 공격과 방어가 효과를 거두게 되었다. 하지만 왜구들은 여기저기에서 약탈을 감행하여 많은 상처를 남겼다.

북경의 국자감 앞 거리

그는 어렸을 때부터 천주에서 왜구의 침략을 체험했고, 특히 부친의 장례를 위해 고향에 돌아왔을 때의 정신적 고통은 매우 심각하였다. 이탁오를 '16세기 중국 반봉건 사상의 선구자'로 불렀던 주겸지(朱謙之)는 이러한 왜구와 항쟁이 그의 사상 형성에 크게 영향을 끼쳤다고 주장했으나, 일본 학자들은 이에 대해 크지 않은 사건이었으므로 영향력이 별로 없었다고 반론을 제기하기도 하였다.

2) 조부의 상기와 영양실조의 두 딸을 잃다
– 북경 국자감 박사 시절(38세~, 1564~)

37세 되던 1563년 이탁오는 북경으로 갔으나 아직 자리를 얻지 못했다. 특히 가진 돈이 모두 바닥나 생활이 매우 어려웠다. 부득이 다른 사람의 집을 빌려 학생들을 가르쳐 생계를 유지했다. 38세이던 1564년 1년을 기다린 뒤에야 북경의 국자감 박사 자리를 얻었다. 승진되지 않은 같은 급의 관직이었다. 그러나 태학박사로서 장관과의 사이에 갈등이 발생했다. 진명뢰(陳明雷, 1508~1593), 진이근(陳以勤, 1500~1575), 여조양(呂調陽, 1516~1580) 등 학장인 좨주, 부학장인 사업과의 의견충돌이 일어난 것이다.

이처럼 그가 어려운 상황에 있을 때, 또 다시 고향으로부터 조부가 세상을 떠났다는 소식을 받았다. 한편 같은 시기 그의 둘째 아들이 병으로 죽었으니, 그는 이중으로 고통을 견뎌내야만 했다. 그 소식을 들은 이탁오는,

> 아아! 인생이 이토록 괴로운 것이란 말인가! 그 누가 벼슬살이를 즐겁다 했는가? 나처럼 벼슬살이를 한다면 더욱 괴롭지 않겠는가?[26]

라고 탄식했다. 이탁오는 가세가 빈곤하여 그의 증조부모와 부모의 장지를 제대로 마련하지 못했기에 이번에 고향에 가서 그의 증조, 조부, 부친 3대를 제대로 장례 치르려고 했다. 그는 부인 황씨와 세 딸들을 공성에 남겨놓은 채 약간의 토지를 사주어 거기서 생활하도록 했다. 그런데 부인 황씨 역시 고향으로 되돌아가서 홀어머님을 만나고 싶어했으므로, 매우 난처하였다. 그러나 당시의 교통이나 재정사정 등으로 볼 때 이는 매우 어려웠을 것이다.

이탁오가 뒷날 사회의 윤리를 저버렸다고 비난받았지만, 이 시기에 그는 선조의 묘지를 정리하는 등 당시의 유가들처럼 효도를 다하였다. 그는 부의금의 반으로 공성에 밭을 사서 부인과 자식들이 살도록 준비했다. 이때 부인 황씨도 고향의 홀어머니를 찾으려 했으나, 이지의 거듭된 간곡한 설득에 황의인(宜人)은 끝내 남편의 뜻을 어길 수 없음을 알고, 뜻을 굽혀 눈물을 거두며 안색을 고치고 작별의 말을 했다. 이지가 밭을 갈면서 살고 있으라고 황의인에게 당부하고, 마침내 행장을 꾸리고 고향으로 돌아갔다.

그해에 크게 흉년이 들었다. 이지가 마련해주고 간 밭에서 거둔 수확이라고는 겨우 피 몇 곡(斛)뿐이었다. 큰딸은 따라다니며 오랫동안 고생을 했기 때문에 밥을 먹듯 피〔稷〕를 먹으며 견뎠지만, 둘째 딸과 셋째 딸은 결국 제대로 먹지 못하고 병에 걸려 연달아 일찍 죽었다

그러나 이지의 가족은 그의 친구 등석양(鄧石陽)[27]의 도움으로 어려움을 극복할 수 있었다. 즉, 등석양은 자기 봉급에서 조금 쪼개고 동료들이 각각 두 냥씩 낸 것을 편지와 함께 두 번 보내왔다. 황의인은 그 반으로 양식을

등석양과 화답한 시를 새긴 석편의 탁본

사고 반으로 면화를 사서 옷감을 만들었다. 이렇게 3년 동안 입을 것과 먹을 것이 떨어지지 않았으니, 모두가 등석양의 도움 덕분이었다. 이지는 그때를 회고하면서, 아래와 같이 썼다.

> 그때 집안 조상의 유해를 고향에 모시는 일을 무사히 마침으로써 3대 동안 쌓였던 숙원이 마무리되었으니, 나는 더 이상 벼슬할 뜻이 없었다. 고개를 돌려 하늘 끝 저 먼 곳을 바라보면 만 리 먼 곳에 있는 처자식을 향한 그리움을 떨칠 수 없었다.
>
> 그래서 다시 공성으로 갔다. 문에 들어가서 식구들을 만나니 너무도 기뻤다. 두 딸의 소식을 듣고서야 내가 고향으로 돌아간 지 채 몇 달이 안 되어 모두 세상을 떠났음을 알게 되었다.[28]

이때 부인 황의인은 눈에 눈물이 마를 날이 없이 살고 있었는데 돌아온 남편을 보자 얼굴빛이 변했다. 인사를 한 뒤 장례는 잘 되었는지 묻고 그녀의 어머니는 편안히 계신지도 물었다. 이탁오는 그날 저녁 아내와 촛불을 켜고 마주앉았는데 그야말로 꿈만 같았다. 그동안 아내의 형편과 사정을 알게 되어 다정하게 위로해주고 나서야 서로 마음이 풀어져 함께 기쁜 마음을 느끼게 되었다. 그는 그 당시 비참한 상황에 대하여,

옛날에는 호랑이가 풀 속에 숨었더니
오늘에는 호랑이가 관아에 앉아 있네
큰 놈은 사람과 가축을 잡아먹고
작은 놈은 물고기와 새우까지도 남기지 않는구나!

昔日虎伏草　今日虎坐衙
大則呑人畜　小不遺魚蝦[29]

라고 옛 사람의 시를 인용해 당시 권력을 잡은 도학가나 관리들의 백성에 대한 억압과 착취를 신랄하게 비판하고 있다. 즉, 자신이 사회의 고난을 체험하고 나서 탐관오리들을 가리켜 대담하게 호랑이의 관(모자)을 쓴 무서운 존재로 묘사, 폭로하였다. 일찍이 맹자(孟子)가 탐관오리를 홍수나 맹수보다 더 무섭다고 한 지적을 돌이켜볼 수 있다.

1566년 이 해 여름, 이지는 가족들과 함께 휘현에서 지냈다. 현재 휘현에는 1566년의 연대와 함께 바위에 시가 새겨져 있는데, 거기에서 이지와 등석양이 6수의 시로서 서로 화답하였다. 그 가운데 이지의 시 3수와 후기 그리고 뒤의 글〔跋語〕로 기록이 되어 있으며, 이것은 당시 그들의 생활을 이해하는 데 귀중한 자료가 된다.[30]

3. 양명학에서 학문의 길을 찾다
— 북경의 예부사무 시절(40~44세, 1566~1570)

40세가 되던 1566년 그는 가족과 함께 북경으로 되돌아가 종9품인 예부의 사무(司務)로 취임하였다. 예부는 지금의 교육부와 외교부의 업무를 합친 곳으로, 국가의 의식과 과거시험, 학교 등의 업무를 담당하는 중앙정부의 관서였다. 특히 이탁오가 맡았던 예부사무란 말단 행정직은 물건을 구매하고 공문서를 받아들이고 보내는 보잘것없는 관직이었다. 지위나 수입도 특별한 것이 없어 국자감 박사보다도 낮은 관직이었다. 이러한 상황에 대해 이탁오가 잘 아는 사람은 그에게 곤궁을 덜어줄 수 없는 한직을 그만 두는 것이 좋지 않겠느냐는 권유까지 할 정도였다. 이에 대해 이탁오는,

> 내가 생각하는 곤궁하다는 것은 세상사람이 곤궁하다고 생각하는 것과는 다릅니다. 곤궁함으로 말하면 도(道)를 듣지 못하는 것보다 더 곤궁함이 없고, 즐거움으로 보면 자신의 처지를 편안히 여기는 것보다 더 즐거운 것이 없습니다. 내가 10여 년 남북을 분주히 돌아다녔는데 이것은 오직 집안일을 위하는 것이었습니다. 그래서 그동안 고향인 온릉(천주)이나, 관직의 첫 임지인 백천(공성) 등의 편안함과 즐거움에 대해서는 다 잊고 살았습니다. 내 들으니 이곳 수도인 북경에는 훌륭한 인물(학자)들이 많이 모인다고 하는데, 내 그들을 찾아서 배우려 할 뿐입니다.[31]

라고 하여 그는 적은 급료와 부조리로 얽혀 있는 관료사회와의 충돌에서 오는 고통을 참으면서도, 그가 바라는 진정한 학문의 추구라는 중요한 목표를 포기하지 않고 그를 향해 계속 노력하는 모습을 보여주고 있다. '인생의 도'에 대한 그의 열정을 아주 잘 보여주는 글이다. 그는 생계를 위한 관직보다 학문의 탐구, 곧 도의 추구가 무엇보다도 중요한 목표였다. 관직을 맡은 지 11년이 지났지만, 그가 관직으로 바쁘고 집안일에 쫓겨서 학문에 접할 수 있는 기회는 거의 없었다. 그래서 이번에 북경에 와서 스승을 구하고 친구를 찾아 오묘한 도를 찾으려고 결심하였다는 것이다.

도량이 너무 좁아 항상 남들에게 스스로 허물을 보이기도 하고, 때로 다른 사람들의 허물을 너무 잘 지적하니 자신의 도량을 넓히는 것이 좋겠다는 가까운 친구의 충고를 받아들였다. 이에 이지는 스스로 '넓어진다'는 뜻에서 스스로를 굉보거사(宏甫居士)라 불렀다. 이지는 5년 동안 예부에 있으면서, 도의 묘한 이치를 탐구하는 데 전념했다. 그러면서 아버지 백재공이 구원(九原)[32]에서 다시 일어나게 할 수 없는 것을 한스러워하며, 아버지 백재공을 그리워하는 마음이 갈수록 심해져서, 이로 말미암아 스스로 사재거

명 후기의 개혁정치가 장거정

사(思齋居士)라는 호를 붙였다.

이지가 예부에 근무하는 동안, 명대 후반 개혁의 정치가였던 장거정(張居正, 1525~1582)이 예부의 우시랑 겸 한림원학사였다. 특히 그는 뒤에 내각의 수보(首輔)로서 10년 동안 어린 임금을 도와 큰 권력을 쥐고 대담한 정치개혁을 단행하였다. 그는 당시 사회의 심각한 위기를 인식하고 관리의 기강을 쇄신하고 국방을 강화하여 왜구 등 외족의 침입에 적절히 대응하였다. 그는 또한 농업과 상업을 동시에 발전시키는 적극적 재정 정책을 추진하기도 하였다. 즉, 면세된 토지에 다시 세금을 부과함으로써 세입을 증가시키려고 노력하였다.

한편 장거정은 영지의 축적을 포함하여 날로 증가하는 관료계급과 황실의 세습적 기득권과 특전을 제한하려고 노력하였다. 1578년부터 1579년까지 국가의 전토를 측량하여 복잡한 세금제도를 한 가지로 단일화하는 일조편법(一條鞭法)의 개혁을 단행했다.

이로써 신종 만력(萬曆) 초년에는 국가의 재정이 어느 정도 충실해졌다. 이러한 세금제도의 개혁은 그뒤 중국에서 세금을 은으로 내는 일반적인 관례가 되었으며 세제에서 커다란 발전을 의미하였다. 그리고 이러한 개혁은 명 왕조가 그 전성기를 지나 점점 쇠퇴하여갈 때 취한 마지막 노력이기도 하였다. 그러나 장거정이 죽은 뒤 그의 정책은 시행되지 못하였고, 명 말의 국가적 운명도 쇠퇴와 혼란을 거듭할 뿐이었다.

이탁오가 예부사무로 있을 때, 장거정은 예부 우시랑을 거쳐 상서였으니 그의 직속상관이었다. 물론 두 사람 사이에 개인적인 교분은 없었으나, 업무관계는 적은 것이 아니었다. 이탁오는 일생 동안 장거정을 매우 숭배하여 그가 죽은 뒤 신종이 장거정을 '순수하게 패자의 술책(覇術)을 썼다'거나, '오로지 마음대로 권력을 휘둘렀다'는 등의 죄명을 씌워 그의 가족을 죽이고, 그의 개혁을 모두 폐기 처분한 것에 대해 매우 부정적으로 평가하였다.

뒤에 이탁오는 하심은(何心隱)의 옥사 때문에 장거정과 적대관계였지만, 그의 정치개혁에 대해서는 긍정적이었다. 이탁오는 장거정을 가리켜 '재상 가운데 영걸'이라고 찬양했다. 이탁오는, 장거정은 나의 스승이며 사직에 커다란 공이 있는 사람[33]이라고 칭찬하였다. 그는 더 나아가 오늘날 사람들이 장거정을 다시 생각해볼 수 있게 해준다고 매우 객관적인 평가를 잊지 않았다. 이탁오가 장거정에 대해서 이처럼 호감을 가진 것은 예부에서 일할 때, 그의 기초적 작업을 했기 때문이기도 할 것이다. 뒷날 이러한 이탁오의 평가에 대해 장거정과 같은 전제적 정치가를 찬양했다고, 이탁오를 부정적으로 보는 시각도 있다.

이탁오는 북경에 있는 동안 자신의 바람처럼 당시 주자학에 반대하여 일어난 새로운 학문인 양명학을 접하게 되었다. 수도인 북경에는 유명한 학자들이 많이 모일 것이라는 기대는 그대로 적중한 것이다. 당시 이탁오와 함께 예부에 근무한 이봉양, 서용검 등도 모두 왕양명의 제자들이었다. 이탁오는 그때의 상황에 대하여,

> 불행하게도 내 나이 마흔에 친구 이봉양(李逢陽), 서용검(徐用檢, 1528~1611) 등에게 유혹되었는데, 그들은 나에게 왕용계 선생의 말을 알려주고 양명선생의 책을 보여주었다. 이로써 나는 드디어 참된 부처나 신선과 같은 참도를 얻은 참된 사람은 죽지 않는다는 것을 알았으니, 비록 내 성격이 원래 완강했지만, 믿지 않을 수가 없었다.[34]

면서, 그가 부득이 종교(학문)와 관계를 갖게 된 계기를 회고하였다. 명말청초의 학자인 황종희(黃宗羲)는 《명유학안(明儒學案)》에서,

> … 서용검이 북경에서 조대주(趙大洲, 貞吉 1508~1576)[35]를 따라 학문을 강론하고 있었다. 예부의 사무였던 이지는 그 모임에 가려고 하지 않자, 서용

검이 《금강경》을 손에 들고 보이면서 말하기를, 이것은 죽지 않는 학문인데 들어보지 않겠는가? 하니 이지가 비로소 절개를 꺾고 학문을 향하게 되었다. 그는 새벽에 일어나 문에서 기다리니 선생이 나오자 바로 따라갔으나 한마디도 하지 않고 그대로 있었다. 이탁오는 더욱 이 학문을 굳게 믿었고 사람들에게 말하기를 '서공은 칼과 저울추 같다'고 했다. 이에 이탁오는 드디어 양명학에 심취하게 됨으로써 그의 학문적인 도를 찾는 생활이 시작되는 것이다.[36)]

라고 적었다. 이때 이봉양 역시 예부랑이었으며, 서용검과 이지는 모두 이곳에 같이 속해 있었던 동료였다. 예리하며 도전적이면서 항상 학문에 굶주려 있었던 이탁오는 드디어 그의 길을 찾았다. 갈 길을 알게 되었으니 그는 이제 새로운 학문의 삶을 시작한 것이다. 하남성 공성의 말단 관직생활이나, 북경과 남경에서 힘든 국자감 박사 시기가 모두 고통스러운 학문의 탐색기였다면, 이곳 북경의 예부사무 시절은 그에게는 갈구하던 학문의 길을 찾아낸 시기였다. 이제 이 새로운 학문의 길, 즉 참다운 인간의 도를 찾아 실천하는 데 그의 일생을 바치게 된다.

그러면 왕양명은 누구이며, 그의 학설인 양명학은 어떤 것인가?

왕수인(王守仁, 陽明, 1472~1528)[37)]은 주자의 성리학인 이학에 대하여 심학(心學)을 주장하였다. 심학의 가장 핵심적인 이론은 인간 본래의 마음에 도달하는 치양지(致良知)설로서, 명대 중엽 이후 가장 중요한 사상의 조류였다. 송대의 주희는 2정(정호 · 정이)의 '이(理)'를 계승하고 발전시켰으며, 장재(張載)의 '기(氣)'에 관한 유물주의적 성향의 학설을 이용하였다. '이'란 만물생성의 본원이며 '기'란 만물을 구성하는 자료로, 이에 왕양명은 주희(朱熹, 1130~1200)의 객관적 유심주의 철학체계를 다시 구성하였다. 주희는 말하기를,

천지가 생기기 전에는 필경 '이(理)'가 있었고, '이'가 있고 나서 바로 천지가 있었다. 만약 '이'가 없었다면, 역시 천지도 없었으며 사람과 사물도 없었고, 그 밖에 모든 것들이 없었다. '이'가 있고 나서 '기'가 있으며 만물이 발육

하게 되었다.[38)]

라고 하였다. 그러나 주희의 '이'는 너무 신비스러웠고 깊고 묘했으니, '이'란 결국 도대체 무엇이냐? 결국 '이'란 어디 있는가? 주희는 말하기를 '사물을 연구하고 이를 탐구〔格物窮理〕'하는 것은 바로 한 개개의 구체적 사물을 좇아 끝까지 연구하는 것에서 바로 그 사물 속에 들어있는 더 이상 높을 수 없는 '이'를 인식하게 된다고 하였다. 그러나 어떻게 궁극적으로 사물을 탐구하겠는가? 어떻게 하나의 구체적 사물을 끝까지 탐구하며 구체적 사물을 초과하는 인식인 저 '이'에 도달할 수 있는가? 주희 자신도 그에 대해서 대답하지 못했다.

왕양명도 본래 주희의 학문을 믿어 일찍이 주희의 격물과 궁리의 가르침에 따라 대나무를 열심히 탐구하려 했다. 그러나 계속해서 7일 동안이나 대나무를 집중적으로 탐구했지만 지쳐 쓰러지고 말았다. 즉, 그는 주희가 말한 대로 대나무에 대한 집중적 탐구를 통해 '이'를 찾아낼 수 없었던 것이다. 이에 그는 크게 실망하고 주희의 이학이 사람들에게 충분히 믿음을 줄 수 없으며, 당시의 사회제도를 제대로 유지할 수 없다고 생각하게 되었다. 이에 그는 송나라 때 주희의 논적(論敵)인 육구연(陸九淵, 1139~1191)의 주관적 유심주의의 철학체계에서 새로운 무기를 찾아낸 것이다.

명대 심학의 개조, 왕양명

육구연은 주희와 같은 시대의 유심주의 철학자였다. 그는 유가사상과 불교의 선종사상을 결합하였고, 아울러 정호가 하늘이 곧 '이'며 마음이라는 관점을 이어서 발휘하여 "'마음'이 곧 '이'"라는 명제를 제기하여 마음의 체계적 기원을 주장하였다. 그는 '우주가 곧 나의 마음이며, 나의 마음이 곧 우주'[39)]라고 하였는데, 이는 우주가 사람의 마음을 구체적으로 나타내는 것으로 보았다.

왕양명은 이처럼 적나라한 주관적 유심주의를 크게 발전시켰다. 왕양명은 대나무를 연구하다 실패한 경험에서 교훈을 얻어, 외계의 사물 가운데 그가 찾으려고 했던 '이'를 찾아낼 수 없음이 확실하다고 느꼈다. 그리하여 그는 다음과 같이 말했다.

> 천하의 사물에서 어떻게 '이'를 탐구할 수 있는가? 또 풀 한 포기 나무 한 그루도 다 '이'를 가지고 있는데 지금 어떻게 우리는 그것을 연구할 수 있는가? 설사 그 풀과 나무를 우리가 다 탐구했다고 하더라도 어떻게 반대로 그것을 그 스스로의 뜻에 맞출 것인가?
>
> 사람은 천지 만물의 마음이며, 마음이란 천지 만물의 주인인즉, 마음이 곧 하늘이며, 마음을 말한즉 천지 만물을 다 드는 것이 된다.[40]

그는 더 나아가서 아래와 같이 적었다.

> 마음의 본체는 해당되지 않는 것이 없다. 이러한 우주 만물은 모두 사람의 마음속에 있는 것이기 때문에 다만 성의(誠意)를 목적으로 하고 격물치지(格物致知)의 공부를 사용하여 선을 위해 악을 버리면 능히 수양이 될 수 있는 것이고, 구부러지지 않고 격물이 이루어질 수 있는 것이다.[41]

왕양명은 양지는 이미 우주만물의 본체이며, 또 인식의 대상과 원천이라고 생각하였으므로 그것은 가장 선하고 가장 아름다운 인간 성품으로, 바로 천하의 대본(大本)이 된다고 믿었다. 이처럼 왕양명은 주희의 객관적 유심주의로부터 주관적 유심주의의 입장을 취하였다. 왕양명은 또 생각하기를, 사람들의 양지는 모든 사리(事理)의 표준을 균형 있게 해주기 때문에 구태여 성현(聖賢)의 우상(偶像) 아래에 절하고 엎드릴 필요가 없다고 생각하여

> 무릇 군자가 학문을 논함에는 사람의 마음으로부터 얻어야 한다. 많은 사

람들이 옳은 것으로 생각해도, 진실로 마음으로부터 구해 옳지 않다고 생각하면, 감히 그것을 옳다고 해서는 안 된다. 반대로 세상의 많은 사람들이 역시 옳지 않다고 생각해도, 진실로 마음으로부터 구해 옳다고 생각한다면, 감히 틀린 것으로 해서는 안 된다.

무릇 학문은 마음으로부터 얻는 것을 귀히 여기면서도 마음에서 구하여 옳지 않다면, 비록 그 말이 공자에서 나왔다 하더라도 우리는 그것을 감히 옳다고 할 수 없는데, 하물며 공자에 미치지 못하는 사람들이야 말해서 무엇 하겠는가? 마음에서 구하여 옳으면, 비록 그 말이 평범한 사람에게서 나왔다 하더라도 감히 틀렸다고 할 수 없는데, 하물며 공자에게서 나온 것이야 말해 무엇 하겠는가?

라고 말하였다. 그러므로 자기의 마음으로 시비 표준의 저울을 삼는 것이 왕양명의 양지로서 그의 진리관의 표현인 것이다. 왕양명은 양지(良知)란 사람 각자에게 공통으로 갖추어져 있으며, 현명하거나 어리석은 사람의 구분이 없는 것이니, 말하자면 "성인이 모두 거리에 가득 찼다"[42]며 '양지와 양능'은 어리석은 보통의 남편과 부인이나 성인이 모두 같은 것[43]이라고 하였다. 그러나 그는 또 다음과 같이 생각했다.

오직 성인이 능히 그의 양지에 이르며 평범하고 어리석은 부부는 그것에 이르지 못하는데, 여기서 성인과 어리석은 사람이 갈라지는 것이다. 이것은 곧 양지 양능이 비록 사람 사람들이 다 같다고 하더라도, 그러나 오히려 어떤 사람에게는 가능하고 어떤 사람에게는 가능치 못하니 이것이 성현과 보통 사람을 가르는 경계이다.[44]

왕양명의 학문은 '마음 밖에 물(物)이 없고, 마음 밖에 일〔事〕이 없다'라는 명제로, 천하에는 마음 바깥에 사물이 없다고 하였다. 그러므로 무릇 내 마음 바깥에 물리가 없으므로 내 마음 바깥에서 물리를 구하는 것은 곧 물리가 없는 것이라고 했다.[45]

이지와 양명학과의 관계는 매우 밀접하고 복잡하며 여러 방향에서 영향을 받았던 것이다. 예를 들어 이지는 왕양명의 '거리에 가득 찬 사람들이 모두 성인이며, 양지 양능이란 어리석고 평범한 부부와 성인이 다 같다'는 명제에서 자기의 평등사상을 끌어냈으나, 왕양명의 명제 속에 포함된 일부 부정적 내용은 내버렸다.

이탁오는 처음 심취해서 탐구하려던 주자의 학문을 거부하고, 왕수인의 학설을 따르며 양명선생이야말로 진정한 스승이라고 생각했다. 이탁오는 그 어려운 시기에 신호(宸濠)의 난을 평정한 왕양명의 군사적 능력을 감탄하고 높이 평가했다. 그리고 이것은 주희와 같은 사상가들이 도저히 감당할 수 없는 능력으로 생각했다. 한편 그는 왕양명이 주장하는, 모든 사람들이 양지를 가지고 있으며, 양지는 직관이고 사람들은 이 직관으로서 진리를 인식한다는 데 대해 전적으로 심취했다. 왕양명이 보여준 거리에 가득 찬 것이 성인이라는 견해도 이지에게 커다란 공감을 불러일으켰던 것이다. 이지가 《초담집》에서,

> 자연의 성품은 곧 자연의 참된 도학(道學)이니, 어찌 도학을 강하는 사람들이 능히 배울 수 있는 것이겠는가? 이미 그것을 배울 수 없으므로, 애써 성인의 말을 인용해서 자기의 불가능함을 가리려 한다.[46]

고 한 것은 바로 이러한 사상적 맥락을 이야기해주는 것이다. 더 나아가서 그는 인간의 덕성은 매우 존귀하다는 데 대해서,

> 사람의 덕성은 본래 스스로 지극히 존귀하여 무엇과도 견줄 바 없는 것이니, 이른바 '독자적'이요 '중립적'이며 '대본(大本)'이며 '지극한 덕〔至德〕'인 것이다. … 그러므로 덕성은 본래 지극히 존귀하여 비길 바가 없는 것이므로, 반드시 학문의 공을 통해서 이를 도로 할 것이며, 그러한 뒤에 천지 사이에 지극히 높음과 귀함이 있으며, 사랑할 것과 구할 바가 항상 내 안에 있을 뿐이다. 그러므로 성인은 덕성을 존중하는 까닭으로 많은 학문의 공을 말하고, 홀로 있을 때를 삼가며〔愼獨〕 중립에 치중하는 까닭으로 허다한 수도의 가르침

이 나오는 것이다. … 그러므로 성인의 뜻은 이르기를, '너희들은 덕성이 높은 사람들을 별다른 사람으로 보지 말아라!' 하며, 또 그들에 대해서 '민중들이 할 수 있는 것을 그들도 할 뿐이다'라고 하였다. 사람은 다만 자기 성품대로 할 수 있는 것이니 성인이라고 해서 지나치게 높이 보지 말 것이다. 요(堯)·순(舜)과 같은 성인과 길가는 사람들은 모두 같으니, 결국 성인과 범인들이 모두 같은 것이다.[47]

라는 《도고록(道古錄)》 속의 중요한 논리가 가능해지는 것이다. 이지는 예부에서 5년 동안 사무로 재직하면서 양명학을 깊이 연구하였다. 한편 그의 굽힐 줄 모르는 강한 성격은 고쳐지지 않아 윗사람과 부딪침이 끊이지 않았다. 그는 말하기를, 예조의 업무 가운데 고상서(高尙書, 高儀, 1517~1572)와 은상서(殷尙書, 殷士儋), 왕시랑(王侍郎, 王希烈), 만시랑(萬侍郎, 萬士和)[48] 등과 모두 부딪쳤다. 고상서[49]와 은상서[50]는 뒤에 다 정부의 각료가 되었으며, 고상서의 곁에는 머리 좋은 진사들이 수없이 많았는데 고상서는 역시 유능한 인재였다고 회고하였다.[51]

또 1567년에는 장거정이 예부의 부시랑이었다. 이곳에서 이지가 비록 예부상서인 고의와 의견충돌이 있긴 했으나, 그의 사람됨과 능력에 대해서는 높이 평가하였으니, 그의 판단이 매우 객관적이었음을 알 수 있다. 학문과 교육에 뜻을 둔 이탁오가 행정을 총괄하는 정부의 중앙 부서에 근무했다는 것은 그에게 중국의 교육 전체와 그 문제점을 살펴보는 데 좋은 기회가 되었으리라 믿는다.

4. 학문의 심화와 교류의 확대
– 남경 형부 원외랑 (44~50세, 1570~1576)

44세가 되던 1570년 그는 북경을 떠나 남경 형부의 종5품인 원외랑(圓外郎)이 되었다. 형부에는 여러 부서〔司〕가 설치되어 있고 부서의 책임자는 낭중(郎中)이며 그 차석이 원외랑이었다. 북경에 견주어 당시의 남경 정부는 훨씬 약했을 뿐 아니라 원외랑도 일종의 한직이었다. 그가 남경 형부의 원외랑일 때 상서였던 사등지(謝登之)나 대리경 동전책(董傳策) 등과 서로 의견이 충돌하여 어려운 시기를 보냈다. 그 어느 곳보다도 그는 점점 더 관직에 싫증을 느끼고, 특히 남경에서 어려움을 겪었던 듯하다. 그는 당시의 어려움을 회고하여,

> 가장 고통스러웠던 것은 원외랑으로 상서 사등지와 대리경 동전책, 왕종이(汪宗伊) 등과의 의견이 맞지 않은 것이었다. 사상서는 말할 필요가 없지만, 왕과 동씨들도 다 올바른 사람들이기는 했지만, 나와는 서로 사이가 좋지 않았다. 그러나 그 두 사람은 모두 자기의 공명심이 급하였는데 청백리로서 다른 사람을 능가할 수는 없었고 스스로 자기를 현명하다고 하는 것이 십 배나 되었으니, 내가 어찌 그들과 부딪치지 않겠는가?[52]

라고 하였는데, 또 가장 괴로운 것은 조상서를 만난 것이었다고 회상하였다. 조상서인 조금(趙錦, 1516~1591)은 도학으로 이름이 높은 사람인데, 도학에 이름이 나 있을수록, 그와는 더욱 심하게 충돌할 줄을 몰랐다고 당시를 회고하였다. 도학자들과는 더욱 의견이 맞지 않아 충돌한 것은 의미 있는 일이다. 이는 이탁오 쪽에서 보면 도학자들의 융통성 없는 사상과 학문의 폐쇄성을 아주 싫어했고, 도학가의 처지에서는 이탁오의 도학을 싫어하는 생래적인 거부감과 충돌했을 것이다.

1) 평생의 친구 초횡을 만나다

이지가 북경에서 찾았고 만났던 학문, 즉 양명학에 대해 집중적으로 연구하고 같은 길을 가는 중요한 여러 학자들을 만나게 되었다. 여기서 만난 여러 학자들은 그의 일생에 학문적으로나 생활에 매우 중요한 영향을

주거나 또 받았다. 초횡(焦竑, 1540~1620)[53]과 경정리(耿定理)는 그가 남경에 있는 동안 알게 된 가장 마음이 맞는 두 친구였다.

是非者而非是之斯先生
忻然以爲旦暮遇之矣書
三種一藏書一焚書一說
書焚書說書刻於亭州今
爲藏書刻於金陵凡六十
八卷
萬曆己亥秋日瑯琊焦竑
書

이탁오의 평생지기인 초횡의 글씨

초횡은 관직으로 커다란 성공을 거두지는 못했지만 실용적 성격의 엄청난 저서를 통해 양명학에서 청나라 초 고증학으로 넘어가는 학문의 다리를 놓은 박학한 대학자였다.[54] 특히 이탁오가 초횡을 만날 때의 에피소드는 매우 흥미롭고, 인간과 학문에서 이탁오를 이해하는 데 도움이 된다. 이탁오가 일찍이 북경에서 박학한 초횡에 대해 듣고 있었는데, 남경에 도착하자 그를 방문하여 가르침을 청했다. 이지는 초횡보다 나이가 열세 살 위였지만, 그는 초횡에게,

"나를 당신의 학생으로 받아주실 수 있겠습니까?"

라고 하자, 초횡은 깜짝 놀라 매우 겸손히

"제가 오히려 당신을 선생님으로 모시고 싶습니다."

라고 하였다. 이지는 진정으로 말하기를,

"나는 늙었고, 당신은 나와 견주어 13년이 젊으니, 확실히 나보다 먼저이고 또 당신은 생기가 있으니 당신을 의심할 여지없이 선생님으로 대하겠습니다. 다만 나는 실(實)은 있지만, 이름〔名〕이 없으니, 내가 원컨대 선생님의 실로써 이 나이 많은 학생의 이름에 보탬을 주십시오."

이처럼 청년을 겸허하게 선생님으로 모시는 데 대해 초횡은 크게 감동했고, 그뒤 두 사람 사이에는 죽을 때까지 깊고 두터운 우의가 계속되었다. 이지는 초횡과의 만남에 대해서 아래와 같이 회고한다.

내가 남경에 왔을 때, 이곳에 초약후가 있다는 말을 들었다. 그리고 3년 뒤

드디어 그를 알게 되었다. 이미 관직을 버린 뒤인데 그가 나와 아침저녁으로 함께 무릎을 맞대고 학문에 대해 논의하기 시작했다. 그러므로 굉보(이탁오)의 학문은 비록 그에게 전해준 것이 없지만, 오히려 그로부터 받은 것은 많았다. … 그러므로 굉보는 초약후를 깊이 알았으며 이 때문에 초약후는 굉보에게 훌륭한 친구가 되었다.[55)]

그들은 자주 만나 무릎을 맞대고 학문의 도를 서로 이야기하였으며, 떨어진 뒤에도 편지 연락이 결코 끊어진 적이 없었다. 이탁오가 초횡에게 준 편지는 《분서》 속에만도 8편이 있고 《속분서》 속에도 16편이 있다. 특히 초횡은 이탁오의 《분서》와 《장서》의 원고를 가장 먼저 받아 읽었으며, 이지의 《분서》와 《속분서》 그리고 《장서》와 《속장서》에 모두 서문을 썼다.

이지가 죽을 때 남긴 유언에서도 묘비의 제목 글씨는 초횡에게 쓰도록 부탁해, 오늘날 북경 교외 통주의 서해자 공원에 있는 묘비가 그의 필적이다. 초횡은 역시 자신의 저서 가운데서 여러 차례 이탁오에 대해서 말하였고, 그의 품격이나 사상을 매우 높이 숭배하여 도학가들이 이탁오를 경멸하는 여러 가지 논의에 대해서 반박하였다.

초횡과 이탁오의 사상이 물론 완전히 일치하는 것만은 아니었다. 초횡에게는 이탁오처럼 강렬한 반(反)전통적 이단 사상은 없었다. 그러나 여러 가지 문제에서 초횡의 인식은 이탁오와 많이 통하였다. 그의 저서인 《초씨필승》에서 공자와 맹자에 대해 많은 불경한 언어들이 있고, 불교와 양자(楊子), 묵자(墨子) 들에 대해서도 존경하고 있는 것은 바로 이러한 점을 보여준다. 송·명 도학들이 공자·맹자의 도통으로 자처하면서 불교와 노자를 이단과 사설로 배척하는 데 대해 초횡도 이탁오와 같이 유교, 불교와 도교의 합일(合一)을 주장하였다. 그는 다음과 같이 말했다.

공자와 맹자의 학문은 성(性)을 다하고 명(命)을 지극히 하는 학문이다. 그런데 그 말이 너무 간단하고 가르침이 깊어서 그 말하는 뜻을 다 알 수가 없다. 불교의 여러 경전들이 발명한 바가 바로 이 유교 경전을 이해하는 좋은 방법의 하나가 된다. 진실로 이러한 불교의 이론들은 우리 유교의 성명(性命)의 학문을 위해 능히 지남석(指南石)이 될 수 있은즉, 불교의 여러 경전은 공자, 맹자의 뜻을 해석한 것일 수 있는데, 어찌 이를 잘못되었다고 말할 수 있는가? 무릇 불교의 해석하는 바도 공자와 맹자의 정수와 같다. 한과 송 시대의 여러 유학자가 주를 달고 해석한 바는 오히려 그의 찌꺼기들이었다.56)

초횡은 불교의 여러 경전이 공자와 맹자의 주석이며, 또 불교의 이러한 경전 해석은 바로 공자, 맹자의 핵심적 내용을 밝혀주는 것이므로 마땅히 충분히 긍정해야 하며, 오히려 한과 송의 여러 유학자들의 주소(註疏)와 증명들도 찌꺼기이니, 마땅히 완전히 배척해야 된다는 것이다.

이로부터 출발한다면 초횡은 오히려 불가의 학설이 바로 공·맹 유학의 어려운 뜻을 풀어주는 마치 보물의 칼과 같다고 생각했다. 그러므로 불교의 중요한 문헌이나 공자의 언어와 깨달음이 결코 둘이 아니라 서로 보완해주는 것이라고 보았다.57)

이처럼 한나라의 유자나 송대 유교 경전에 대한 전통적 해석을 부정하고 불교는 유교 해석을 위해 중요하다는 주장은 바로 이탁오의 사상과 서로 통하는 것이다. 학습 방법에서 초횡도 옛날부터 정해진 유가들의 규정을 무조건 지켜나가는 데 반대하였고, 스스로의 마음이 중요하다는 점을 강조하였다. 초횡 역시 공적과 이익을 매우 존중하여 유가들이 인의와 공리를 둘로 나누는 것을 반대하여, 전한 무제 때의 재정 정책가인 상홍양(桑弘羊)이 세금을 더 걷지 않으면서 국가의 재정을 풍부하게 한 정책을 열정적으로 찬양하였다. 이것은 바로 이탁오가 《장서》나 《도고록》 가운데서 공리주의를 여러 차례 긍정한 것과 서로 통한다. 청의 사학자 기윤은 이지와 초횡을 함께 비판하여 다음과 같이 말했다.

초횡이 경정향을 스승으로 따르면서 이지를 벗하였고, 이지의 못된 기풍에 물들어 그 역시 더욱 깊어져 두 사람이 서로 경쟁하듯이 미치광이의 불자〔狂禪〕가 되었다. 이지는 공자를 비난하기에 이르렀고 초횡 역시 양자와 묵자를 숭배하여 맹자를 타당하지 않은 것으로 보았다. 즉, 비록 천지가 크고, 없는 것이 없지만, 망령되고 그릇됨이 이에 이른 것은 용납할 수 없다.[58]

기윤의 이탁오와 초횡에 대한 공격은 유가 정통의 관료적 처지를 반영하는 것이며, 이는 바로 초횡과 이탁오가 사상적으로 상당히 일치하고 있음을 지적한 것이다.

2) 폭넓은 학문적 교류

이탁오는 남경에서 또 한 사람의 중요한 친구를 사귀게 되었는데, 바로 평생의 논적(論敵)인 경정향의 동생 경정리였다.[59] 이탁오는 1573년 46세 때 남경에서 경정리를 처음 알게 되었는데, 그의 사위 장순부(莊純夫)도 경정리에게 글을 배웠다. 이탁오는 경정리를 통해 그의 형인 경정향도 알게 되었다. 그때의 상황에 대해 이탁오는,

임신년(1572년)에 초공(경정리)은 남경에 와 있었다. 당시 나는 아무것도 모르면서 담론하기를 좋아했다. 선생은 묵묵히 말이 없더니 내게, '학문은 자기 스스로 믿는 것을 귀하게 여기는 것이다. 그러므로 나는 아직 이것을 믿을 수 없다'는 데 대해 물었다. 나는 "학문은 스스로 옳다고 여기는 것을 두려워합니다. 그러므로 스스로 옳다고 여기면 요·순의 도에 들어갈 수 없습니다"라고 말했다. 그는 "스스로 믿는 것과 스스로 옳다고 여기는 것에 무슨 차이가 있는지 한번 생각해보시오"라고 했다. 나는 그때 "스스로 옳다고 여기기 때문에, 요·순의 도에 들어갈 수 없고, 스스로 옳다고 여기지 않아도 역시 요·순의 도에 들어갈 수 없습니다"라고 급히 대답했다. 초공은 마침내 크게 웃고 떠났다. 아마도 내가 결국 도에 들어갈 수 있을 것 같아서 매우 기뻐했는지도 모른다. 나는 그뒤 늘 초공을 생각하지 않은 적이 없었다.[60]

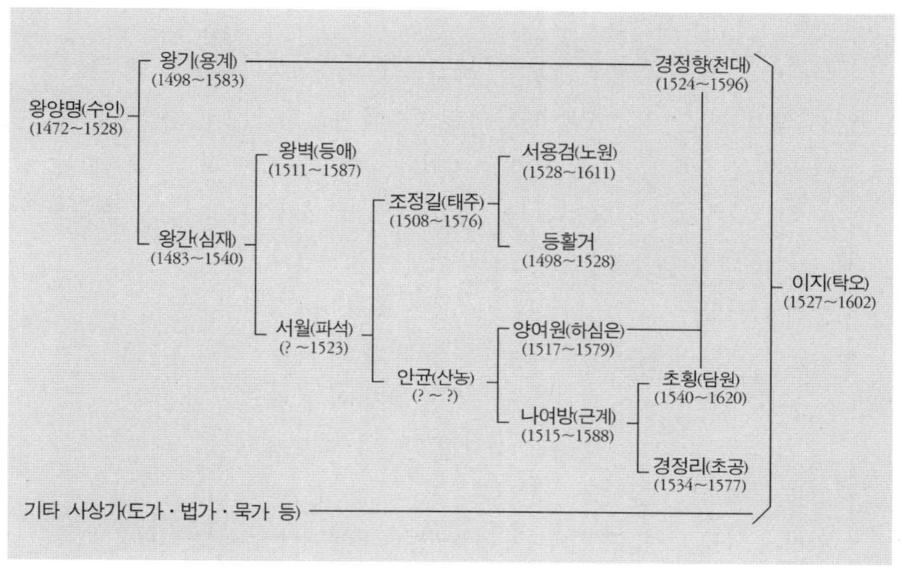

이탁오와 태주학파의 사상가들[61]

고 회고하였다. 이것은 두 사람이 학문을 통해 서로 마음이 합치되었음을 의미하는 것이다. 한편 경정향(耿定向, 1524~1596)[62]은 경정리의 형인데 두 사람 사이에는 학문적인 면에서 차이가 있었다. 《분서》와 《속분서》에 대해서 이탁오와 경정향 사이에 주고받았던 8통의 서신이 들어 있다. 두 사람의 논쟁은 실로 치열했으며, 그 때문에 뒷날 이지에 대한 박해도 뒤따르게 되었다.

한편 그는 남경에서 왕양명의 제자로 유명한 학자였던 왕기(王畿, 1498~1583)[63]와 나여방(羅汝芳, 近溪, 1515~1588)[64]을 만났는데, 이 두 학자를 이지는 일생 동안 존경하였다. 그는 왕양명의 양지학설을 깊이 믿었고, 양지가 바로 불교의 성품 곧 불성(佛性)이라면서 선함도 악함도 없는 무선무악(無善無惡)의 마음을 강조하였다. 이 마음의 주체 역시 천지 이전의 우주근원으로, 본래의 앎〔良知〕으로, 인간의 성품을 볼 수 있는 '치지견성(致知見性)'을 주로 하여 깨달음 즉 돈오(頓悟)를 강조함으로써 양지학설을 선학으로 진일보시켰다.

나여방은 안산농(顔山農, 鈞)[65]의 제자였고 '어린아이의 마음은 배우지도 않고, 생각하지도 않는다'는 방법으로 양지에 도달하였는데, 양명학파 가운데 특히 선종에 접근하였다. 이들 왕기와 나여방을 알게 된 뒤, 이탁오는 사상적으로 큰 영향을 받았다. 나여방이 죽은 뒤, 이탁오는 〈나근계 선생에게 올리는 제문〔羅近溪先生告文〕〉을 써서 애도하였다.

한편 나여방과 그 스승이었던 안산농은 모두 태주학파(泰州學派)의 골수 학자들이었다. 이지는 특히 나여방을 알게 된 뒤 태주학파와 관계를 맺는데, 이지는 여기서 태주학파를 창시한 왕간의 아들 왕벽과 남경에서 강학을 하게 되었고, 그를 스승으로 섬기게 되었다. 이로써 이지는 태주학파의 영향을 더욱 많이 받아들이게 된다.

왕간의 아들 왕벽(王襞, 1511~1558)의 호는 동애(東厓)이고 어렸을 때부터 아버지를 따라 매번 강학에 참여하여 왕양명의 주의를 끌었다. 처음에는 왕기를 따르다가 뒤에 아버지의 학문을 받아들였다. 왕간이 죽은 뒤 그의 강학을 계승하였다.

한편 태주학파의 시조였던 왕간(1483~1540)[66]은 강소성의 태주 사람이어서 그를 따르던 학파를 가리켜 태주학파라고 했다. 그는 원래 소금 굽는 집안 출신이었으며, 왕양명을 직접 찾아 그를 스승으로 모시고 자신의 학문을 더욱 발전시켰다.

1520년(정덕 15) 왕간은 왕양명이 강서의 순무로서 양지의 학을 강의한다는 말을 듣고 직접 순무관서를 찾아가 그를 만났다. 이 두 학자의 만남은 사람들을 감동시킨다. 왕양명과 '천하의 일'에 관해 논한 뒤, 화제가 양명의 주제인 '치양지'에 이르자, 왕간은 드디어 양명에게 절하고 그를 스승으로 모셨다.

그러나 집에 돌아와 곰곰히 생각하다가 자기의 결정이 너무 가벼웠다고 후회하여 다시 왕양명을 찾아가 학문을 함께 토론하며 우열을 시험하였다. 이윽고 왕간은 다시 크게 탄복하고 절하여 다시 스승과 제자의 관계를 맺었다. 이에 왕양명도, "내 신전(宸前) 싸움에서 영왕 호(寧王 濠)를 잡아도 마음이 움직이지 않더니, 이제 이 사람이 나의 마음을 움직였다"고 감탄하였다.

이야말로 당시 사회의 중요한 조류인 '스승은 친구여야 하고, 친구는 스승인 관계'의 한 모범이었다. 양명이 왕간을 얻으면서 전쟁에서 적의 왕을 잡은 기쁨에 견준 것은 참으로 놀랍다. 왕양명을 스승으로 정하고 나서 왕양명이 그의 이름을 간(艮)으로 고쳐주었다. 이로부터 그는 죽을 때까지 강학에 종사하였다. 또한 왕간은 종이로 만든 오상(오륜)의 관을 쓰고 이상하게 생긴 옷을 입고, 손에는 홀(笏)판을 들고 수레를 타고 북경까지 와서 돌아다니니 수도의 사람들과 선비들이 구경하려고 몰려들었다.

왕간은 이처럼 괴이한 행위로 왕양명과 그 학파를 놀라게 하였을 뿐 아니라, 당시 군중에게도 상당한 영향을 주었다. 이러한 당시 사회의 학문적 경향은 문화와 사상의 서민화 경향을 보여주는 것이었다. 우리의 오늘날 현실로 본다면, 제도권의 학교 교육을 제대로 받지 못한 능력 있는 사람들이 강력한 의지로 사회를 변혁시키려는 교육에 대해 열의를 쏟는 것으로 볼 수 있다. 이지가 비록 태주학파에 상당한 영향을 받았다고는 하나, 그는 태주학파의 사상 범위를 뛰어넘었다.

태주학파의 왕간이 이탁오에게 미친 영향은 우선 "백성이 날마다 쓰는데 유익한 것이 바로 도이다"라고 했으니 이것은 확실히 진보적인 의미를 갖는 주제이다. 왕간은 여러 차례 말하기를 백성일용의 도가 백성일용의 학문을 요구하며 또 아울러 명확하게 이야기하기를,

> 성인의 도는 백성이 날마다 쓰기에 유익한 것에서 벗어나지 않는다. 거기에서 벗어나는 것은 모두 이단이다. … 성인이 세상을 다스리는 것은 집안일을 다스리는 것과 같다. … 백성의 일용의 조리(條理)가 있는 곳에 성인의 조리도 있다. … 이 학문은 어리석은 보통의 남편과 평범한 부인들도 능히 할 수 있는 것이다.[67)]

라고 서민에게 다가가는 학문의 경향을 보여주었다.[68)] 왕간은 유학의 신비

한 도와 백성의 보통 집안일을 생생하게 연계시켰을 뿐만 아니라, 이것이 진정한 도요, 진정한 학문으로 이를 떠나면 이단이라고 하여 매우 긍정적인 사상을 주장하였다.

이지는 태주학파들을 크게 숭배하여 〈황안의 두 윗분을 위해 드리는 세 글〉 〈큰 효도〔大孝〕〉라는 글 가운데, 천하는 하나이며 '만물이 하나'라는 점을 강조하였다. 백성의 일용이 곧 도라는 명제는 당시 사회의 서민층에게 커다란 활력과 영향을 주었다. 이지는 이들에 대해 다음과 같이 쓰고 있다.

> … 당시 양명선생의 제자가 천하에 널리 퍼졌는데, 심재, 왕간이 가장 영특했다. 심재는 본래 주방에서 일하던 요리사로 글을 모르는 무식꾼이었는데, 책 읽는 소리를 듣고 문득 스스로 깨우친 바 있어 강서 지방으로 가서 왕양명을 만나 그와 토론을 해서 자기가 깨우친 것의 실체를 알아보려고 했다. 그때까지만 해도 친구의 처지로 찾아갔는데, 뒤에 자기가 양명만 못하다고 스스로 인정하여 그를 따라 학업에 열중하였다. 그러므로 심재, 왕간 역시 성인의 도를 들을 수 있었으니 기상이 대단한 사람이 아닌가!
>
> 심재의 뒤에는 서파석[69]과 안산농이 있었다. 안산농은 벼슬 없이 강학했는데, 한시대를 꿰뚫어 보았으나 무고를 받아서 해를 입었고, 서파석은 포정사(布政使)로서 싸우다가 광남(廣南)에서 죽었다. 이들은 구름과 용, 바람과 호랑이처럼 각자 자기의 하는 일에서 얼마나 두드러졌는가! 무릇 심재는 참된 영웅이었으므로 그의 제자 역시 모두 영웅들이었다.
>
> 서파석 뒤에는 조대주[70]가 있었고, 조대주 뒤에는 등활거[71]가 있었으며, 안산농의 후예는 나근계, 하심은이 있었는데 하심은의 뒤에는 전회소(錢懷蕭)[72], 정후대(程後臺)[73]가 있어 일대(一代) 일대가 모두 대단한 사람들이었다.[74]

여기서 이탁오가 비록 왕간과 그의 제자들을 매우 숭배하였지만, 이탁오의 사상은 그들과는 명백히 구분된다. 예를 들어 왕간은 공자를 대단히 존경하여 강학하면서도 공자의 학설을 많이 이야기하였다. 그뿐 아니라 봉건적인 윤리에 바탕을 둔 '예가 아니면 보지 말고, 예가 아니면 듣지 말고,

예가 아니면 말하지 말며, 예가 아니면 움직이지 말라'는 네 가지의 하지 말라〔四勿〕는 가르침을 널리 전파하려고 애썼다. 이 점에서 공자의 시비를 시비로 하지 않는 그는 이탁오의 사상과 차이가 있다.

또 왕간은 유학의 도통을 이었다고 스스로 자부하였다. 그는 공개적으로 말하기를 "이 도(유교)는 복희, 신농, 황제, 요, 순, 우왕, 탕왕, 문왕, 무왕, 주공, 공자를 공통하여 늙고 어리고, 귀하고 천하고, 어질고 어리석음을 불문하고 학문을 하려는 뜻을 가진 사람들에게 이를 전한다"고 했다. 이는 이탁오가 성리학자들이 강조하는 도통(道統)을 부정한 것과 크게 다르다. 그러나 권세 있는 사람을 두려워하지 않고 소박한 평등관념을 가진 점은 모두 이탁오의 사상과 서로 통하는 점이 있다. 그렇지만 이러한 태주학파의 사상체계에 이탁오가 전적으로 긍정한 것은 아니었다.

3) 글을 읽으면서도 글자를 모른다

남경은 명 왕조의 북경 다음의 수도로 당시 문인과 학자들이 많이 모여서 강학 활동이 매우 활발하였다. 이탁오도 남경에 있을 때 학문을 강론했는데, 그 상황을 초횡은 《초씨필승》에서 아주 흥미롭고 의미 있게 쓰고 있다.

> 굉보(이탁오)가 남경 형부의 원외랑이 되었을 때, 날마다 친구들을 모아 학문을 강론했다. 한 친구가 그에게 묻기를 "우리들이 많은 책을 읽고 의리를 널리 배워 분명하지 않은 것이 없는데, 선생께서는 무엇을 강의하시렵니까?" 하고 묻자, 이탁오는 "당신들이 최고의 국가시험인 과거에 합격하고 벼슬을 지냈으니, 어찌 책을 읽지 않았겠습니까? 다만 글자를 모르는 것이 있어, 내 그것을 가르쳐줄까 합니다."
>
> 그 이야기를 이상히 여긴 사람이 그 까닭을 물으니, 이탁오가 말하기를 "《논어》와 《대학》을 어찌 여러분들이 읽지 않았겠습니까? 하지만 《논어》를 열면 바로 첫 자인 '배울 학(學)' 자가 나오고, 《대학》을 열면 처음에 '대학(大

學)'의 두 자가 나오지요? 그런데 여러분들이 이 세 자를 잘 모르는 것 같아서 내가 이를 가르칠까 합니다. 왜 그러냐 하면 이 배울 '학' 자나 '대학'이란 것은 모름지기 증명과 체험을 거쳐야 비로소 가능한데, 《논어》에 나온 배울 '학' 자를 제대로 알려면 그에 이어지는 기쁠 열(悅), 즐거울 락(樂)과 화나지 않는다는 불온(不慍)을 알아야 하고, 《대학》을 읽으면 반드시 정할 정(定), 고요 정(靜), 편안 안(安), 생각할 려(慮) 들을 알아야 하는 것입니다. 그런데 지금 여러분들이 모두 이를 알지 못하니 어찌 이들 글자를 알았다고 자부하겠습니까?"[75]

그 말을 들은 사람들은 그저 묵묵히 아무 대답도 할 수 없었다는 것이다. 얼마나 핵심을 찌른 말이며. 또 얼마나 훌륭한 교육방법이었는가? 이것은 어떠한 사실이나 문제의 표면적인 상황을 이해하는 것이 아니라, 본질적인 핵심을 탐구해야 한다는 것이며 양명학에서 강조하는 실천이 중요하다는 것이다. 이탁오의 강학은 한편으로 실험하고 증명하기를 강조하였으며, 또한 이를 실천함으로써 헛된 논의를 반대했다. 그는 충절이나 효의 등 모두가 우리의 본심에서 우러나와 가식이 없어야 된다는 것을 애써 강조하면서, 무조건 성인의 가르침을 따르는 데 대해 이의를 제기했다.

50세 되던 1576년에 이탁오는 불교를 연구하기 시작했다. 그는 몸이 쇠약해지면서 죽음에 대해 이미 많이 생각한 듯하다. 따라서 50세 이후 특히 불교의 영향을 많이 받았으며 불교의 주관유심주의를 인정하였다. 따라서 불교의 인식론은 그뒤 삶에서 그의 사상의 중요한 한 부분이 되었다. 중국의 '종교박물관'이라고도 불리는 그의 고향 천주는 '민불국(閩佛國)'이라 할 정도로 불교가 융성했던 곳이고, 그곳의 유명한 사찰인 개원사에는 그의 가계에서 1세 조모가 재정적으로 지원할 정도로 천주와 그 가정의 불교적인 분위기에 어려서부터 익숙해져 있었다.

이탁오는 양명학을 비롯하여 불교 등 가능한 여러 갈래의 학문과 사상을 이해하고, 열정적으로 탐구하였다. 이에 그는 불경을 연구하고 《대학》과 《중용》의 중요한 뜻을 요약 정리하여 《도고록(道古錄)》을 편찬하였다.[76] 이처럼 이탁오는 뼈아프게 자기를 반성하며, 참다운 학문을 탐구하려 했던 열정적 의지로 50세 이후에 불경을 연구하면서 드디어 생사의 근본문제에서 한 점의 도리를 찾아냈다.

《분서》에는 불교 교리를 바탕으로 한 문장이 많다. 불교의 중생은 평등하고, 모든 사람이 부처라는 사상은 이탁오에게 긍정적인 영향을 주었다. 즉, 이탁오는 이를 통해 당시의 유교와 지배계층을 비판하는 이론을 찾아낸 것이다. 말하자면 불교로써 유교를 공격하는 이론의 무기를 삼은 것이다. 또한 당시의 사상적인 조류이기도 했던 유교·불교·도교가 합쳐지는 경향 즉 삼교합일의 입장에서 그는,

> 유교, 불교, 도교 삼교의 성인은 다 같은 하늘 밑에 존재하여 서로 같고 다름을 밝혀낼 수 없다. 그러므로 나는 천하에는 두 개의 도가 없고 성현들에는 두 마음이 없다고 말한다. 우리 고(高)황제(명의 태조)가 제국을 통일한 뒤 대중국을 건설하고, 공자를 공경하며 노자를 공경하고 또 석가를 공경하여 그들을 한 사람같이 대했다.[77]

고 하여 삼교합일의 뜻을 분명히 했다. 이 점에서 당시의 권력자들이 유학자로서 불교와 도교를 배척하거나, 또는 불가에서 다른 종교를 배척하는 것과 같은 차별적인 사상을 갖지 않았던 것이다. 그는 불교나 유교 가운데서 평등의 개념을 뽑아내 지혜와 평등을 주장하였으니,

> 이 천하에 태어나면서부터 앎의 능력을 갖지 않은 사람은 하나도 없으며, 앎의 능력을 갖지 않은 사물은 하나도 없고, 앎의 능력을 갖지 않은 시각 또한 하나도 없으니, 다만 스스로 그것을 알지 못할 뿐이다. 이미 사람이 되었는데, 어찌 부처가 되지 못한다 하여 뒷날을 기다린단 말인가? 세상에 사람 바깥에 무슨 부처가 있으며, 부처 바깥에 사람이 있단 말인가?[78]

라고 하여 불교와 연결시키면서도 모든 사람이 바로 부처가 될 수 있다는 불교의 평등관을 함께 말하고 있는 것이다. 이어서 그는 인간의 평등을 이

야기하면서 또한 사회 윤리도덕의 속박으로부터 인간이 자유로워져야 한다는 것을 강조하고 있다. 이처럼 자유로워져야 한다는 것은 바로 사람의 마음가짐인데 그 기초는 참된 마음 즉 진심이며, 그 진심이란 곧 티 없이 맑고 선입관이 없는 어린아이 같은 동심이 중요하다는 것이다. 따라서 그는 유명한 〈동심설(童心說)〉을 아래와 같이 밝히고 있다.

> 무릇 동심이란 가식이 전혀 없는 순진한 인간 최초의 본마음이다. 만약 동심을 잃어버린다면, 곧 사람은 참된 마음을 잃어버리는 것이 된다. 참된 마음을 잃어버린다면 곧 우리는 참된 사람을 잃어버리는 것이다.[79)]

이탁오 사상의 정점이며 정화라고 할 수 있는 이 〈동심설〉의 끝 부분에서 그는 명분과 인습을 중요시하는 당시의 통속적 지식인이나 권력자들로부터 비판받을 수도 있는, 참으로 시원한 주장을 거침없이 토로하고 있다.

> 무릇 (《시경》《서경》《주역》《춘추》《예기》《악경》 등의) 육경과《논어》《맹자》는 사관들이 지나치게 그것을 떠받들고 높여준 말들이 아니면, 그 신하들이 극히 찬미한 말에 지나지 않는다. 또 그렇지 않다면, 핵심을 파악하지 못하고 빗나간 제자들이나, 멍텅구리 제자들이 스승의 학설을 기억하되 머리는 있고 꼬리를 잃어버렸으며, 뒤는 없고 앞을 빠뜨려, 제 견해대로 그저 책에 써놓았을 뿐이다. 그런데 뒤에 이를 배운 사람들은 이 점을 제대로 살피지 못하고, 그저 죄다 성인의 입에서 나왔으리라고 여겨 그것을 경전의 내용으로 결정지어버린 것이다.
>
> 그 태반이 성인의 말이 아닌 줄을 누가 알겠는가? 비록 그 말이 성인으로부터 나왔다 하더라도, 어떤 필요한 쓰임이 있을 때, 병에 따라 약을 쓴 것이고, 때에 따라 처방을 한 것인데, 가장 멍텅구리 같은 제자들은 이것을 가지고 모두를 구하려고 했을 뿐인 것이다. 약과 의사는 병에 따라서 처방을 해야 하는 것이지, 한 가지를 고집하여 어찌 만세에 변할 수 없는 지당한 이론으로 삼을 수 있단 말인가?[80)]

지금 우리가 들어도 속이 시원한 말이다. 이는 우리가 절대적인 권위를 부여했던 경전들, 그리고 사회의 인습, 명분 이런 것들에 대해 그대로 따르는 것이 아니라, 하나하나 따져보면서 그 본질을 파악해야 한다는 매우 타당한 주장인 것이다.

> 밥 먹고 옷 입는 것이 곧 인륜(人倫)이고 만물의 이치이나, 옷 입고 밥 먹는 것을 제외하면 인륜도 만물의 이치도 없다. 세상에 여러 가지 일들은 모두 옷 입고 밥 먹는 것들과 같은 종류이므로 옷과 밥을 거론하면 세상 온갖 일이 스스로 그 안에 들어 있다. 그러므로 옷이나 밥과는 별도로 이른바 평범한 백성과 관계되지 않은 다른 무엇인가가 있는 것은 결코 아니다.[81)]

지극히 간단하고 쉬운 말로 삶의 핵심 요건을 지적하였다. 세상의 여러 가지 일들이 모두 물질로 돌아가는 것이므로 사람의 욕심과 물질을 중요시하는 이러한 주장은 그의 대표적인 견해이다. 이것이야말로 소박한 유물주의의 관점으로 평가되기도 한다. '천리를 보존하며 사람의 욕심을 없애라'는 성리학의 주요 명제에서 크게 벗어나는 것이다.

이탁오의 사상은 봉건윤리를 반대하고 그 도덕을 부정하는 점에서 왕양명의 사상을 초월하였다. 그러므로 황종희는 이탁오를 《명유학안》 안에 집어넣지도 않고 빼버렸다. 한편 이지가 불교의 학문적 이론을 말하기 좋아했지만, 또 일반적 불교도와는 같지 않았다. 그래서 명나라 신종시대의 명승 주굉(袾宏, 1535~1615)은 "탁오가 머리를 깎고도 산림(불사)에 머물지 않고, 시장에 나와 돌아다니며, 불경에 그 마음을 쏟지 않고 다른 책들만 저술했다"고 꼬집었다. 당대의 유명한 스님이었던 자백달관(紫栢達觀, 1543~1603) 역시 이탁오의 죽음을 전해 듣고, "자유롭게 행동〔從容〕은 했지만 해탈을 하지 못했다"고 아쉬워했다.

이는 불교도들이 이탁오를 진정한 불교도로 인정하지 않았다는 의미다. 이러한 설명은 곧 이탁오가 비록 왕수인의 학설과 불교를 받아들였지만, 결국 왕수인의 학설과 불교의 학설도 제대로 따르지 않음을 말해주는 것이다. 이탁오는 그 어느 한 학파나 종교에 안주하지 않고, 모두의 장점과 가능성을 긍정하고 수용했으므로 그 모두로부터 배격받고 비판을 면하기 어려웠다.

5. 통치의 이상을 실현해본 마지막 3년의 임기
—운남성 요안현(姚安縣)의 지부(51~54세, 1577~1580)

이탁오는 남경에서 6년 동안 근무한 뒤, 형부의 원외랑에서 정5품인 낭중으로 승진했다. 그러나 1577년 그는 남경을 떠나 운남성 요안부의 지부를 맡게 되었는데, 이것은 그가 25년 동안 맡았던 관직의 마지막으로, 이탁오의 일생에서 가장 높은 관직이었다. 그가 요안에 부임할 때 호북성의 황안을 거쳐 경정리를 찾아 만났다. 이탁오는 관직을 버리고 그곳에서 머무를 생각도 있었다. 그러나 퇴임 뒤의 생계가 아직 충분히 보장되지 않은 터라 집안식구들을 그쪽에 남겨두고 홀로 가려고 했다. 그러나 부인 황씨는 함께 가기를 강력히 원해 딸과 사위를 황안의 경정향의 집에 머물게 하고, 부인 황씨와 함께 요안으로 왔다.

운남은 만 리가 넘는 먼 길인데, 그는 떠나면서 친구에게 쓴 편지에서, "나이 오십이 넘어 전(滇) 즉 운남으로 가니, 이는 도를 배우려 하는 것은 아니고, 그저 먹고 살기 위해 만리타향으로 가는 것일 뿐"이라고 학문에만 정진할 수 없는 스스로의 처지를 탄식하였다.[82] 그러면서 "내가 3년의 임기가 차기를 기다려 정4품의 녹봉을 받고 돌아와 먹고사는 문제가 해결되면, 선생과 함께 학문의 길을 가겠다"[83]고 약속했다. 이탁오는 요안에 부임할 때, 배나 교자를 타지 않고 민정을 살피면서 그곳에 이르러 사람들을 놀라게 했다.

이지는 공직에 있으면서도 학문의 강론을 게을리 하지 않았다. 그는 임기가 시작되면서 덕안사(德安寺)에 덕풍서원(德豊書院)을 개설하여 강학을 시작하는 등 학문과 교육에 힘을 기울였다.

원중도에 따르면 이탁오는 요안의 군수가 된 뒤, "법령을 맑고 간단하게 했으며 말없이 다스려" 지인(至人)의 다스림과 사람을 본으로 하는 그의 정치적 사상을 실현하려고 노력하였다. 그는 항상 백성들의 소리에 귀를 기울였고, 어려움을 도와주려고 노력하였다. 그래서 소속된 관리들과 백성들이나 소수민족들이 모두 그를 좋아하였다. 이미 그는 오늘날에 더욱 중요시되는 소수민족 정책에 많은 관심을 가졌던 것이다.

이탁오는 자주 불사에 가서 그 안에서 공무를 보기도 했으며, 또 매번 그곳의 유명한 스님들과 불교에 관해 토론하기도 했다. 이에 사람들이 모두 그를 괴이하게 생각했지만, 그는 전혀 구애받지 않았다. 그는 치안을 위해 자주 평복으로 민심을 살폈으며, 빈번한 화재를 막기 위해 제단을 쌓고 건물들을 개량하고 화재의 원인을 제거하였다. 그리고 만력 8년(1580) 광명궁을 지었는데, 그해 5월에 쓴 광명궁에 대한 기록(《光明宮記》)이 전한다. 봉급 말고는 아무것도 받지 않았다고 한다. 그는 자연스럽게 덕으로써 사람들을 다스리려 해 그들에게서 결코 원망을 듣지 않았다.[84)]

이지가 이학가들에 대해 비판한 내용은 이때 쓰여진 그의 〈논정편(論政篇)〉에 잘 나타나 있다. 당시 그는 운남의 순무였던 왕응(王凝)과 운남 수도(守道)였던 낙문례(駱問禮)와도 뜻이 맞지 않아 갈등이 발생했다. 낙문례[85)]에 대하여 이탁오는 능력이 있으며 학문이 있고 실행할 수 있는 사람이라고 상당히 긍정적으로 평가하였다. 그러나 사상과 인식에서는 그와 견해 차이가 컸다. 그는 아래와 같이 밝히고 있다.

> 마지막으로 (요안의) 군수가 되었을 때, 순무 왕응과 뜻이 맞지 않았고, 수도인 낙문례와도 마찰을 빚었다. 왕순무는 본래 질이 낮은 사람이었으니까 말할 필요가 없다. 낙수도와는 서로 알았는데 그의 사람됨은 능력이 있고 학문이 있고 실행할 유능한 사람이었으나 결국 충돌을 피하지 못했다.
>
> 왜냐하면 그는 지나치게 각박하고 사나워서 사람들과의 충돌을 피할 수 없었다. 처음에는 청렴하고 노력하는 사람으로 보고 공경했는데, 나중에 그는 나를 쓸데없는 사람으로 여겨 해치려는 마음까지 품었다. 그는 세상에 자기가

> 있는 것만 알고 남이 있는 것은 몰랐다. 고금의 큰 현인군자라는 사람들이 대체로 그러했다.
>
> 그때 내가 간절하게 낙수도를 설득했던 내용을 기술해보겠다. 변방에 한족과 이민족들이 많이 섞여 있어 법만으로 모든 것을 다스리기 어렵다. 하루하루를 지내면서 군인과 소수민족과 한족이 섞여 있어 한족의 법을 모두 그대로 집행하기 어렵다.
>
> 한족의 군사와 소수민족이 함께 태평을 누리게 되면 충분하다. 여기서 벼슬살이하는 사람들은 가족이 없으면 살기 힘들다. 그래서 가족을 데리고 오자니 만 리 길을 고생하며 데리고 오다가 낭패를 당한 뒤 떠나가게 된다. 그러니 더욱 체념할 수밖에 없다. 다만 한 가지 할 수 있다면 현자가 되는 것인데, 어찌 모든 일에 대해 전부 책임을 질 수 있단 말인가?
>
> 그러나 고발하는 사람이 없으니 그저 귀머거리, 벙어리가 된 척하고 있을 뿐이다. 이것저것 세세하게 물을 필요가 있는가? 청렴하고 부지런하고 용감하게 일하며 자기만을 책할 뿐 남을 책할 필요는 없다. 만약 모든 일에 남을 책한다면 나의 청렴함과 능력도 역시 칭찬받지 못할 것이다. 하물며 그 많은 세상의 일들을 마땅히 그렇게 해야 하지 않겠는가?86)

여기서 그가 먼 남쪽의 변방에 도착해 어려운 관직생활을 회고하면서, 특히 아직 중국화하지 않은 소수민족들과의 화평한 관계에 대해 아주 너그럽게 생각하고 있는 점을 쉽게 발견할 수 있다. 이지는 운남의 주·현을 관할하는 1급 행정장관으로서, 재임 기간 동안 힘써 통치를 했으며 그의 사상대로 혁신적이고 이상적인 방향을 좇았다.

요안은 원래 한족과 소수민족이 섞여 살았으므로, 소수민족의 반한족 투쟁이 종종 일어났는데, 이에 대한 대응방법에서 윗사람들과 의견이 맞지 않았다. 그는 여러 민족이 함께 사는 지부의 통일을 위해 중국과 변방민족 사이에 구별 없이 똑같이 사람으로 대하는 태도를 취했던 것이다.

한편 이지는 공무 말고도 강학에 열심이었다. 그는 '간소하고 쉽게 하여,

자연에 맡기는' 정치사상을 가져 친구 라기(羅琪)를 위해 쓴 〈논정편〉에서 아래와 같은 견해를 밝히고 있다.

> 무릇 진리란 사람이 가야 할 길인데 그것은 하나의 길만이 있는 것은 아니며, 사람의 성품도 마음이 일어나는 곳인데 한 가지 종류에 그치는 것은 아닙니다. 선비로서 벼슬하는 사람은 자기가 겪은 바를 다른 사람들이 같이 가기를 원하며, 자기가 씨 뿌리면 다른 사람들이 거기에 물을 대기를 원하는 것입니다. 이처럼 한계가 명백한 정치로 모가 나지 않는 백성을 통제하게 되니, 이 역시 이치에 어둡지 아니합니까? 또한 군자의 정치는 본래 자기에 근본을 두지만, 지인(至人)의 정치는 다른 사람에게서 옵니다. 자기의 몸에서 본을 삼는 것은 반드시 자기에서 취하며, 다른 사람에게 따름은 백성을 따르는 것이니, 그 다스림의 효과는 실로 같지 않습니다. …
>
> 지금 내가 이곳 요안을 다스리매 선행을 취함에는 크게 용서하지만, 악을 미워하길 지나칠 정도로 엄격하게 합니다. 무릇 선을 취하고 크게 용서함은 같으나 사람의 악을 미워함에 어찌 자기의 악이 없음을 알겠습니까? 자신을 돌아보고 반성하는 정치도 제대로 할 수 없는데, 하물며 인간의 성품에 따라 백성을 이끌어갈 수 있기를 바라겠습니까? 이 때문에 나는 그렇지 못함을 두려워하여 간절한 마음으로 군(라기)에게 의지하려 합니다.[87]

그는 백성의 뜻을 따르는 지인(至人)의 정치를 이상으로 하고 있었다. 아울러 자신의 부족함을 시인하면서 친구 라기에게 가르침을 청하고 있다. 즉, 요즘 말로 하면 그는 그곳의 통치책임자로서 훌륭한 소수민족 정책을 수행하려고 하였다. 그는 실제 정황에 맞는 통치를 주장하여 소수민족에 대한 잔혹한 다스림을 없애고, 간단하면서도 지킬 수 있는 법령을 공포하여 민족 사이의 화합정책을 수행했던 것이다. 또한 이지는 요안에 부임한 뒤로 공익사업에 커다란 관심을 가졌다. 이탁오가 그 당시 놓았던 다리인 연창교(連廠橋)를 우리는 지금도 요안현과 《요안현지》에서 찾을 수 있다.

이 연창교는 요안의 중심에서 성의 서쪽 30리에 있는데, 명대 만력 연간

이탁오가 임기 동안 건설 한 요안의 연창교

지부였던 이지가 놓았으며 청대 광서 34년에 읍 사람 이춘찬(李春燦), 진비웅(陳飛熊)이 다시 고쳤다. 현재 요안현 문화관에 보존된 청의 광서 34년(1909)에 씌어진 〈연창교를 늘여 수리한 기록〉에서,

> 연수(連水)의 발원은 주(州)의 서원(西園) 학산(鶴山)에서부터 시작되는데, 동북으로 흘러 회 지역의 계수(溪水)를 거쳐 북으로 연창을 거치며 드디어 연수가 된다. 주의 서쪽 천암만학(수많은 바위와 골짜기들)을 다 넘어 이에 도달하니, 여름과 가을에 안개가 짙고 흐르는 물이 폭포가 되어 떨어져 배들이 다니기 어렵고 여행자들이 떠내려갈 수 있다. 명대 만력 연간 요안의 지부였던 이탁오 선생이 처음 돌을 모아 다리를 만들어 다니기 이롭게 하고, 왕래를 통하게 하여 오늘날까지 300여 년에 이르렀다.[88]

고 쓰고 있다. 이는 오늘날까지 문화유적으로 전해지는 그의 중요한 치적이다. 이 시기 이탁오는 지방의 행정장관으로서 여러 가지 송사도 담당해야 했다. 길거리에서 말을 놓고 두 사람이 서로 자기의 것이라고 싸우는 것을 말을 풀어 찾아가는 집을 보고 그 주인을 찾아줬다는 이야기와, 관운장의 영혼을 빙자하여 첫날밤에 신랑 라청(羅淸)을 죽인 신부 풍진(馮珍)과 간통한 피삼수(皮三壽)의 사건을 시원하게 해결했다는 이야기도 있다.[89]

이탁오가 운남에 있을 때 중요한 몇 사람들을 알게 되었는데, 그 가운데 한 사람이 고양겸(顧養謙, 1537~1604)[90]이다. 이탁오가 요안에 지부로 있는 동안 고양겸은 이해도첨사(洱海道僉事)였는데, 두 사람은 서로 사귀어

정이 매우 두터웠다. 이탁오가 여러 상관들과 사이가 나빠 배척을 당하고 있을 때, 고양겸은 상 하급의 관직에도 이탁오와 우정을 계속했으며 그를 적극 지지했으니, 이로써 이탁오로 하여금 은혜를 잊을 수 없게 했고, 20년 뒤에도 고양겸을 잊을 수 없게 했던 것이다.

또 다른 좋은 친구 이원양(李元陽, 1479~1580)[91]은 진사로서 형주의 지부 등을 거쳤고, 장거정과 사제관계였다. 이지가 대리를 유람할 때 이원양을 찾아 인사했으며, 이원양은 이지에게 시를 지어 주었는데, 그 시에서 절에서 공무를 처리했고 봉급을 털어 백성의 노고에 보답했다고 썼다.[92]

뒷날 이지가 요안에서 관직을 떠날 때, 이원양은 라기의 청에 따라 〈요안 태수 탁오선생이 선정을 베푼 데 대한 글〉에서 이렇게 썼다.

> 선생은 어려서부터 세속의 소리(小利)를 뛰어넘어, 세상의 더러움에 물들지 않은 초연한 분이었다. 항상 명산인 5악(五岳)을 왕래하려 했고, 빛나는 뜻을 지니고 자유롭게 활동하려고 했다. 머리를 낮추어 이곳에 와 관직을 맡아 몇 년을 기구하게 보냈다. 지금 중국의 천자가 백성을 다스리려는 뜻을 두어 이 고을의 수장(우두머리)을 뽑아 보내니, 선생이 이곳 요안의 태수로서 이 일을 맡게 된 것이다. 그로부터 오늘에까지 3년이 되었다. 선생은 오로지 덕으로 백성을 다스리려 힘썼고, 백성은 그에 따라 스스로 그렇게 되려 했다. 날마다 생도들을 그 당 아래 모아 경전의 뜻을 가르치고, 사장(詞章)의 뜻을 가르치기를 게을리 하지 않았다.
>
> … 그는 항상 산천과 풍토형세를 좋아하고, 그를 바꾸지 않으면서 제도는 빠뜨림 없이 모두 있는 힘을 다하여 법대로 처리했으니, 백성들이 피로함을 알지 못했다. … 당시 관리들과 같이 되기를 싫어했고 법령은 빠짐이 없게 했으며 백성들은 숨어서 오직 들리지 않음을 두려워했다. 소송은 아주 적었다.[93]

이원명은 만년에 정력적으로 학문을 탐구했으며, 이탁오를 칭찬하는 것도 유학의 입장에서였다. 이탁오가 요안에서 민중을 위한 선정으로 크게 인심을 얻었다는 사실은 확실하다. 특히 이탁오가 생도들을 모아 경전과 사장을 가르쳤다는 것은 그의 학문적 관심과 교화의 노력을 보여주는 것이다. 1419년에 세워져 오늘날까지 전하는 요안현의 덕안사는 이탁오가 당시 서원을 열어 강학하던 곳이다.

54세가 되던 1580년 운남에 부임한 지 3년이 지나자 이탁오는 관직을 떠날 결심을 하였다. 앞에서 본 대로 이것은 부임할 때 이미 계획한 일이었다. 학문만을 위한 새로운 인생을 구상한 그는 대리부의 계족산(鷄足山)에 들어가 불경 공부를 하며 나오지 않았는데, 어사 유유(劉維)가 나와달라고 권했지만, 그는 사임을 청하였다. 고양겸은 그의 〈요안태수 온릉 이선생이 요안을 사임하여 떠나는 데 드리는 글의 서문〉에서 이렇게 썼다.

> 이때 선생이 이곳에 온 지 3년이 지났는데, 그의 통치 성적이 좋아 승진의 기회가 주어졌다. 따라서 시어(侍御)의 관직에 있던 유유가 이를 추천하였다. 그러나 선생은 어느 날 모든 장부를 모아 창고에 넣어 봉인한 뒤, 가족을 데리고 시어공에게 말 한마디 던지고 요안의 초웅(楚雄)으로 떠나버렸다.
>
> 시어공은 말하기를, "요안의 태수는 현자인데, 그가 가는 것을 나는 차마 그대로 둘 수가 없습니다. 이는 나라를 위해서가 아니며, 이곳의 풍속으로도 불가하며 무슨 바람이 들어 그런 것도 아닌데, 감히 말할 수 없습니다. 그러나 그가 가려고 한다면, 두 달 안에 상부에 그의 실적을 올려 영광스럽게 그가 관직을 마치게 하려는 것입니다. 이(탁오)군에게 한없이 있으라는 것은 아닙니다"라고 말하며 만류했으나, 선생은 "관직을 맡지 않으면서 머무르는 것은, 바로 빈 관직인데 나는 군이 그렇게 하지 않겠습니다. 위의 은혜로 녹을 잔뜩 받으면, 이는 영예를 탐하는 것으로 나는 그렇게 하지 않겠습니다. 명성이 조정에 들린다면, 이는 이름을 낚는 것으로 나는 그렇게 할 수 없습니다. 가면 갈 뿐이지, 어찌 그 밖의 일을 돌아볼 수 있겠습니까?" 하면서 유시어의 호의를 정중히 거절하였다.[94]

이에 그는 요안의 집으로 돌아오지 않고 대리의 계족산으로 갔다. 계족산은 이곳 전(운남 지역)의 서쪽 명산이다. 유시어는 관직을 사임하려는 이지의 뜻이 이미 결정된 것을 알아 머물게 할 수 없어 조정에 청하여 그의 사임을 허가 받았다.

《요주지(姚州志)》의 기록에 따르면 그가 관직을 떠나 돌아갈 때, "짐 속에는 몇 권의 책뿐 아무것도 없었으니, 그곳의 백성들이 길을 막고 서로 환송하여 말이나 수레가 앞으로 나아가지 못할 정도였다"고 쓰고 있다.

이지는 요안을 떠나 삼협(三陝)을 거쳐 장강을 따라 곧바로 호북의 황안(黃安)에 이르렀다. 이로써 25년에 걸친 힘들고 파란 많은 관직생활이 끝났다. 물론 이 기간 동안 아버지와 할아버지의 상을 당하여 두 차례 고향인 천주에 머물러야 했으니 실제 관직기간은 20년이 안 된다. 부인 황의인은 황안으로 돌아가 딸과 사위를 만나자고 울며 간청했다. 이에 이탁오는 원래 명승을 유람하며 오로지 학문할 뜻을 가졌으나, 거절할 수 없어 그들과 함께 황안으로 돌아가게 된 것이다.

길지 않은 3년 동안, 이탁오는 생애 처음으로 한 지방의 행정책임자로서 국가에 공헌하였으며 동시에 중요한 경험을 얻었다. 그에게는 "학문은 반드시 세상을 다스리는 데 써야 한다"는 자신의 주장을 실현하고 경험할 수 있는 기회였다. 이 시기에 그가 지역의 숙원사업인 소수민족과의 관계개선에 힘쓰고 연창교를 건설하여 홍수에 대비한 것이나, 서원을 설치하여 학문과 교육을 증진시킨 것은 커다란 업적이었다.

요안의 지부 시절 이탁오는 고향 남안의 숙부가 방문하여 그가 사는 곤궁한 모습을 보고 벼슬하지 않는 자기보다도 가난하다는 말을 듣고도 부끄러워하지 않았고, 아들이 없으니 새로 여자를 맞아 후계를 준비하자는 권유와 부인 황씨의 동의도 강경하게 거절하였다. 봉건적 강상윤리에 반대하던 그의 여성관을 아주 잘 보여주고 있다. 위의 연창교와 덕풍서원 말고도 요안에는 그가 항상 머물던 용화사(龍華寺)와 그의 집무실이었던 문창궁(文昌宮)이 있다.

마지막 관직이며 행정의 책임자로서 비교적 그 전보다 안정되었던 요안의 3년 동안 그가 썼던 글들이 오늘날에 적지 않게 전한다. 1581년(만력 9) 가을의 〈와창영 토주묘를 다시 짓는 데 대한 비(碑)의 기록〉과 〈중헌대부

요안부사 온릉 이탁오 재지 찬함〉의 이름이 비와 함께 곤명시의 와창장(瓦倉莊)에 보관되고 있다.

이탁오는 이 시기에 〈용산설(龍山說)〉을 요안 지부 이재지의 이름으로 썼다. 한편 〈녹권주지주제명비기(淥勸州知州題名碑記)〉를 그는 요안수(姚安守) 온릉 사람 이지로, 청련사(青蓮寺)의 시 두 수에는 명 지부 진강 사람 이지로 썼다.[95)]

그가 임기를 마쳤을 때, 승진과 함께 유임시키려는 상사의 권유와 그가 떠나던 날 길가에 많은 백성들이 환송하며 가로막아 수레가 나아갈 수 없었다는 사실은 그의 요안에서 3년 관직이 크게 성공적이었음을 말해주는 것이다. 떠나는 이삿짐 속에 책 몇 권뿐이었다는 것은 그의 청렴함과 학문적 열의를 충분히 보여주고 있다.

주 석

1) 汪本鈳, 〈續刻李氏序〉, 《續焚書》

2) 왕본아, 〈속각이씨서〉, 《속분서》

3) 《明史》 권50, 〈禮制〉

4) 《명사》 권69, 〈選擧志〉

5) 태주학파는 왕간의 고향 태주에서 이름이 유래하는데, 왕양명의 사상을 좌파적인 면에서 받아들인 과격한 사상을 가졌던 학파였다. 황종희는 그의 《明儒學案》에서 心齋 王艮을 비롯하여 東崖 王襞, 波石 徐樾, 近溪 羅汝芳, 澹園 焦竑, 天臺 耿定向, 無功 祝世祿, 海門 周汝登, 一菴 王棟, 大洲 趙貞吉, 東城 林春, 復所 楊起元, 楚倥 耿定理, 雪松 潘士藻, 本菴 方學漸, 克齋 何祥, 石貴 陶望齡, 冲倩 劉塙 등 18명을 수록하고 있다.

황종희는 이 학파에 대해, "양명선생의 학문이 태주의 龍溪(왕기)를 거쳐 천하에 널리 행해졌는데, 역시 그로 말미암아 점차 전하지 않게 되었다. 태주의 용계는 때때로 스승의 학설에 불만을 품고, 불교의 신비로운 세계로 몰고가 스승인 양명을 넘어 禪으로 빠져들었다. 그러나 용계 이후에는 그 역량이 용계를 넘지 못하는 자들이 또 江右學派의 정통을 얻고자 했으나 이르지 못하고 십분 결렬되었다. 태주 이후에는 그 사람들이 맨손으로 용과 뱀을 잡을 수 있다고 생각하였다. 그의 학문이 安山農, 何心隱 일파에 전해지면서 드디어 다시 명교로서 억제할 수 없는 데까지 이르렀다"고 했다. 이들은 대체로 과거와 관직을 중요시하지 않고 인간의 올바른 삶의 본질을 따르려고 하였다. 이 때문에 때로는 국가의 법제나 사회의 윤리 그리고 관습에 어긋나는 기상천외의 자유로운 행동이 잦아 관직을 잃거나 아예 처사로서 일생을 보냈다. 서로 모여 학문을 토론하고 유대가 매우 강하였고, 어려운 사상을 서민화하는 데에도 크게 기여하였다. 이는 사상이 널리 민중 속으로 확산되는 당시의 사회적 분위기를 잘 반영하고 있다. 이탁오는 이 학파의 학자들과 교류가 많았으나, 황종희는 이 학파에 그를 포함시키지 않았다.

황종희, 〈泰州學案〉, 《明儒學案》 권32.

6) Germanische Nationalmuseum (Gerhard Bott), *Martin Luther und die Reformation in Deutschland,* Frankfurt am Main : Insel Verlag, 1983.

7) 李學仁 지음, 久松文雄 그림, 《三夢傳》, 東京 : 新潮社, 1989.
8) 마르코 폴로 지음, 김호동 옮김, 《동방견문록》, 서울 : 사계절출판사, 2000, 406쪽.
9) 張建業, 《李贄評傳》, 福建人民出版社, 1981, 16쪽.
10) 장건업, 위의 책, 12~16쪽.
11) 김형찬, 〈유학의 심장 겨눈 이슬람의 칼, 미완의 사상혁명 아직도 꿈틀〉, 《동아일보》, 2002년 12월 16일자.
12) 이지, 〈陽明先生年譜後語〉, 《陽明先生道學鈔》.
13) 孔若谷, 〈卓吾略論〉, 《焚書》 권3.
14) 이지, 〈自贊〉, 《분서》 권3.
15) 《論語》, 〈子路〉.
16) 李輝良 정리, 〈書館戱孔〉, 《李贄的傳說》, 海峽文藝出版社, 1987, 9쪽.
17) 中山大學 歷史系, 〈李贄編寫組〉, 《李贄》, 廣東人民出版社, 1976.
18) 공약곡, 〈탁오약론〉, 《분서》 권3.
19) 《명사》 권70, 〈선거지〉.
20) 공약곡, 〈탁오약론〉, 《분서》 권3.
21) 이지,〈聖教小引〉, 《續焚書》 권2.
22) 李之才는 송대의 진사로 학문이 출중하였다. 《역경》을 소옹에게 전수했다. 벼슬은 殿中丞을 지냈다. 《송사》 권431과 《송원학안》 권9에 보인다.
23) 하남성 공성 사람으로 여러 차례 벼슬을 권유받았으나 모두 사절하고 사마광등과 가깝게 지냈다. 《역》의 〈8괘〉 형성과 도교를 받아들여 우주의 구조를 도식화하였다. 이지재에게서 〈河圖〉와 〈洛書〉 등을 배웠다. 왕안석의 신법을 반대했다. 《皇極經世》와 《擊壤集》 등이 있다.
24) 공약곡, 〈탁오약론〉, 《분서》 권3.
25) 이지, 〈양명선생연보후어〉, 《양명선생도학초》.
26) 공약곡, 〈탁오약론〉, 《분서》 권3.
27) 등석양은 鄧林才로서 자는 子培이고 호는 석양으로 사천성의 內江 사람이다. 가정 40년(1561) 거인이 되었으며 이지가 천주로 상기를 마치러 갔을 때, 그의 가족을 돌보아주었다. 일생 동안 친교가 계속되어 이지의 《분서》와 《속분서》에 여러 통의 서신이 있는데 石陽太守나 鄧推官 등은 모두 등석양이며 마성의 현령이었던 鄧鼎石은 그의 아들이다.

28) 공약곡, 〈탁오약론〉, 《분서》 권3.

29) 중산대학 역사계, 앞의 책.

30) 천주시 문물관리위원회 보관, 〈이지와 등석양이 화답한 시를 돌에 새긴 탁본 조각〉, 위의 책, 27쪽.

31) 공약곡, 〈탁오약론〉, 《분서》 권3.

32) 춘추시대에 晉 卿大夫의 묘지가 있던 땅으로, 그뒤 전해져 묘지를 일컫는 말이 되었다.

33) 이지, 〈答鄧明府〉, 《분서》 권1.

34) 이지, 〈陽明先生年譜後語〉, 《陽明先生道學鈔》.

35) 조정길은 자가 孟靜, 호가 大洲, 시호는 文肅으로 가정시의 진사였다. 서길사를 거쳐 방사의 등용을 반대하고 사업을 거쳐 호부시랑 때, 엄숭과 충돌하였다. 예부상서와 문연각 대학사를 거친 박학하고 강직한 학자였다. 이지는 그를 높이 평가하여 《장서》 권12에 실었고, 저서로 《趙文肅集》 등이 있다. 〈明史列傳〉 권62, 26쪽 ; 《명사》 권193, 15쪽 ; 《명유학안》 권33, 2쪽.

36) 황종희, 《명유학안》 권14.

37) 王守仁은 자가 伯安이고 절강 余姚 사람으로서 세상에서 陽明선생이라 불렀다. 그는 진사에 합격하고 환관 劉瑾을 반대하다가 귀양을 가서 龍場驛丞으로 좌천되었다. 뒤에 그는 농민기의인 宸鎬의 반란을 진정하여 新建伯이 되고 兩光總督이 되었다. 명대의 문신으로 用兵한 사람으로 그와 같은 사람이 없었다. 시호는 文成이다.

그의 학문은 양지·양능을 위주로 하여 송대의 육구연을 숭배하며 주자의 이학에 대하여 주관적 유심주의인 心學을 열었다. 이는 세상에서 요강학파 또는 양명학이라고 불리며 명대 중기 이후 중요한 사상이 되었다. 《王文成公全書》가 있으며, 문장이 훌륭하고 넓고 통달하였다.

《皇明世說新語》 ; 〈명사열전〉 권70, 1쪽 ; 《명사》 권195, 1쪽 ; 《명유학안(明儒學案)》 권10, 3쪽 ; Dictonary of Ming Biography (DMB) 1368～1644, pp.1408～1416.

38) 주희, 장건업 주편, 《朱子語類》, 40쪽.

39) 육구연, 《陸象山全集》 권22.

40) 왕양명, 〈答季明德書〉, 《왕문성공전서》 권6.

41) 왕양명, 《전습록》 하 ;《왕문성공전서》 권2.

42) 왕양명, 〈전습록〉 4,《왕문성공전서》 권3.

43) 왕양명, 〈전습록〉 중,《왕문성공전서》 권2.

44) 왕양명, 〈전습록〉 중,《왕문성공전서》.

45) 왕양명, 〈전습록〉 하,《왕문성공전서》.

46) 이지, 〈篤義)〉〈師友〉9,《초담집》 권19.

47) 이지, 《도고록》 상, 제11장.

48) 왕시랑은 王希烈이며 남창 사람이었고, 뒤에 예부 부시랑이 되었다. 만시랑은 萬士和로서 자가 士節이고 호가 履菴이며 강소 사람으로 뒤에 예부의 우시랑과 좌시랑이 되었다.

49) 고상서란 高儀(1517~1572)로서 자가 자상이며 절강성 항주의 전당 사람이고 뒤에 예부상서가 되었다.

50) 은상서란 殷士儋(1523~1583)으로 자가 正甫이며 산동 사람이고 뒤에 역시 예부상서가 되었다.

51) 이지, 〈예약 · 감개평생〉,《분서》 권4.

52) 위의 글.

53) 焦竑(1540~1620)은 자가 弱候이고 호는 澹園이며 이지는 때때로 그를 의원 또는 從吾라고 불렀다. 나이 16세에 경조학의 생원이 되었으며 경정향에게 배웠고 그의 제자가 되었다. 1564년 향시를 거쳐 거인이 되었으며 1598년 50세에 전시에서 1등을 함으로써 진사가 되었다. 한림원의 修撰과 회시의 通考官을 거쳤으며 황태자의 강관으로부터 향시의 副主考과 역사를 쓰는 책임을 맡았으나 뒤에 사임하고 81세에 세상을 떠났다. 《老子翼》《莊子翼》《養正圖解》《國朝獻徵錄》《國史經籍志》《焦氏筆乘》《焦氏澹園集》 등 많은 저서를 남겼다.

《명사》 권288, 7쪽 ;《명유학안》 권35, 8쪽 ; Eminent Chinese of Ching Period (ECCP), Chiao Hung, pp.144~145 ; 신용철, 〈초횡과 그의 사상〉,《경희사학》 제15집, 1988, 41~70쪽 ; 이정진, 〈초횡의 사상에 관하여-그의 실용주의 사상을 중심으로〉, 경희대 석사논문, 1977.

54) 신용철, 〈焦竑의 生涯와 思想〉,《경희사학》 제15집, 41~70쪽, 1985.

55) 이지, 〈壽焦太史尊翁後渠公八秩華誕序〉,《속분서》 권2.

56) 초횡, 〈支談上〉, 《焦氏筆乘續集》 권2.

57) 위의 글.

58) 기윤, 〈焦弱侯問答〉 1, 《四庫全書總目提要》 권125.

59) 耿定理(1534~1577)는 자가 子庸이며 호가 楚倥이고 사람들은 그를 八선생, 또는 仲子라고도 불렀으며 황안 사람이었으며 이탁오의 평생 논적이었던 경정향의 동생이다. 그는 형 경정향과는 달리 이탁오와 사상이 통하고 친분이 두터웠다. 《명사》 권221, 7쪽 ; 《명유학안》 권35, 7쪽 ; 《이온릉집》 권12, 18쪽.

60) 이지, 〈耿楚倥先生傳〉, 《분서》 권4.

61) 황종희, 〈태주학안〉, 《명유학안》 권32~37, 대만 : 중화서국.
簫公權, 《中國政治思想史》 권4, 584쪽 ; 容肇祖, 《李贄年譜》 ; 趙令揚, 《李贄之史學》, 34쪽.

62) 자가 在倫이고, 호는 天台였으며 楚侗으로 황안 사람이다. 1552년 거인이 되었고, 1556년에 진사를 거쳐 도찰원·좌부도어사·형부좌시랑·호부상서 등의 중요한 관직을 거쳤으며 《耿天臺先生集》 등이 전한다. 동생 경정향을 통해 이탁오와 알게 되었으며, 아이들의 교육에서부터 시작하여 도의 이해를 둘러싸고 이탁오와 첨예하게 대립하여 이탁오의 《분서》와 《속분서》에 그와 교류한 서신이 8통 들어 있다. 이 수만 어의 논쟁은 두 사람의 논쟁뿐 아니라 평범하게 살아가는 보통의 사람들과 이탁오와 같이 도를 추구하며 통속적 삶을 거부하는 본질적인 삶이란 두 노선 사이의 유명한 철학적 논쟁이다. 이탁오와 가장 친근한 일생의 친우인 초횡은 그의 제자이며, 이탁오를 억압하고 탄핵한 세력들도 바로 이 경정향과 직·간접으로 관계가 있다.
《경천대선생문집》 ; 《황명세설신어》 ; 《명사》 권221, 5쪽 ; 〈명사열전〉 권109 ; 《명유학안》 권5, 1쪽 ; DMB, Keng Ting-hsiang, pp.718~721.

63) 왕기는 자가 汝中이며 호가 龍溪였고 절강성 사람이었다. 20세에 거인이 되었으며 가정 11년 진사가 되었다. 그뒤에 왕양명에게서 학문을 배웠고 관직은 병부시랑을 거쳤다. 저서로서 《용계집》과 《어록》 등이 있다. 이탁오는 그가 죽은 뒤 〈용계선생고문〉을 썼다. 《명사》 권283, 12쪽 ; 《명유학안》 권70, 16쪽 ; DMB, Wang Chi, pp.1351~1355.

64) 나여방은 자가 維德, 호가 近溪로서 강서인이며, 가정 32년에 진사가 되어, 형부주사와 운남 참정 등을 지냈다. 안산농을 따라 배웠으며, 어린아이의

마음〔赤子之心〕을 강조하고, 배우지 않고 생각하지 않으면서 良知에 도달함을 주장하였다. 《효경종지》와 《근계자문집》 등의 저서가 있다. 이탁오는 〈羅近溪先生告文〉을 썼다.

《황명세설신어》; 《명사》 권283, 14쪽; 《명사열전》 권70, 23쪽; 《명유학안》 권34, 1쪽; DMB, pp.975~978.

65) 안균은 자가 山農으로 강서성 吉安 사람이다. 명의 철학자로 태주학파의 대표적 사상가의 한 사람이다. 노동자 출신으로 서파석과 왕간에게서 배웠고, "성품대로 행하며, 자연에 순수하게 맡겨" 일체의 전통과 도덕의 격식을 반대하였다. 의협심이 강하여 서파석의 유골을 수습하고, 조대주의 귀양에도 동행하였다. 노동군중 가운데서 강학활동을 진행하다 통치자의 박해로 투옥되기도 하였다. 견문, 도리, 격식을 배격하는 그를 이지는 매우 존경하였다. 《명유학안》 권32.

66) 왕간의 원명은 銀이며 자는 汝止이고 호는 心齋인데 강소성 태주 사람이다. 소금 굽는 집에서 태어나 공부를 못했지만 독학으로 《대학》과 《논어》 등을 읽어 그 뜻을 깨달았다. 1520년 왕양명이 강학함을 듣고 찾아가 스승으로 숭배하며 이름을 艮으로 고쳤다. 그는 세상을 돌면서 "천하는 하나이며, 만물은 한몸〔天下一個, 萬物一體〕"임을 강조하였다. 그를 따르는 학자들을 태주학파라고 불렀다. 《심재전집》 등의 저서가 전한다.

《명사》권283, 13쪽; 《명사열전》 권70, 21쪽; DMB, Wang Ken, pp.1382~1385.

67) 袁承業, 《王心齋先生遺集》 권1; 《語錄》 권3, 〈연보〉

68) 원승업, 《왕심재선생유지집》 권4.

69) 徐樾은 자가 子直, 호가 波石으로 강서성 사람이다. 왕간의 제자로 진사이며, 운남에서 좌포정사를 지냈다. 《명유학안》 권32.

70) 趙貞吉은 자가 孟靜, 호가 大洲 시호는 文肅으로 촉의 내강 사람이다. 서길사와 호부시랑, 예부상서 문연각 대학사 등을 지냈는데 성격이 곧고 재주 있고 박학하며 이지와도 만난 적이 있고, 그의 《조문숙공집》을 정리하였다. 《속장서》 권12에 이탁오는 〈少保 趙文肅公〉으로 서술하였다. 《명사》 권193, 15쪽; 〈명사열전〉 권62, 26쪽; 《명유학안》 권33, 1쪽; DMB, pp.120~121.

71) 鄧豁渠는 이름 名鶴, 호는 太湖이며 촉의 內江 사람이다. 간명한 언사와 행동을 중시했다. 황종희는 그를 견성만을 중시하여 계율을 지키지 않았다고

비판했다. 삭발 출가하여 자유분방하게 살며 학문을 연구해서 狂禪이라고 불렀다.

72) 전회소는 錢同文이며 자가 회소이며 복건성 사람이다. 지현과 형부주사 그리고 군수를 지냈다. 《명유학안》 권32.

73) 程後臺는 程學顔으로 자는 二浦, 호는 후대로서 호북 사람이다. 太僕寺丞을 지냈다. 《명유학안》권32.

74) 이지, 〈爲黃安二上人三首, 大孝〉, 《분서》 권2.

75) 초횡, 〈讀書不識字〉, 《焦氏筆乘》 권4.

76) 이지, 〈聖教小引〉, 《속분서》 권2.

77) 이지, 〈三教品〉, 《이탁오유서본》.

78) 이지, 〈答周西巖〉, 《분서》 권1.

79) 이지, 〈동심설〉, 《분서》 권3.

80) 이지, 〈동심설〉, 《분서》 권3.

81) 이지, 〈등석양에게 답한다〉, 《분서》 권1.

82) 이지, 〈答何克齋尙書〉, 《분서》 (증보1).

83) 이지, 〈耿楚倥先生傳〉, 《분서》 권4.

84) 원중도, 〈이온릉전〉, 《가설재근집》.

85) 駱問禮는 자가 子本으로 절강성 사람인데 1565년에 진사가 되어 1577년부터 1580년까지 운남의 參議였다. 守道는 성의 행정장관인 布政使 좌우의 참정과 침의로서 순시관이어서 分守道라고 한다.

86) 이지, 〈예약감개평생〉, 《분서》 권4.

87) 이지, 〈論政篇〉, 《분서》 권3.

88) 增修連廠橋記 碑刻, 청 광서 34년(1909).

89) 李輝良 정리, 〈計審關公〉, 《李贄的傳說》, pp.71～74.

90) 고양겸은 자가 益卿이고 호는 冲庵이며 남직예의 통주 사람으로 가정 44년에 진사가 되고, 왜구를 제압할 수 있다고 평가되어 뒤에 관직이 병부시랑으로 되었다. 저서에 《冲菴撫遼奏議》와 《督撫奏議》 등이 있다. 죽은 뒤에 병부상서로 추존되었다. 《명사열전》 권58, 38쪽.

91) 이원양은 자가 仁甫이며 호가 仲溪로서 대리부의 太和 사람이다. 그는 진사를 거쳐 江陽의 知縣과 閩中의 巡按, 형주의 지부를 지냈는데 장거정과 스승

제자의 관계였다. 가정 때 그는 당국과 뜻이 맞지 않아 관직을 버리고 집으로 돌아왔다. 그뒤 열심히 이학을 연구하여 시문을 즐겨 하여 당시 그 이름을 널리 떨쳤다. 저서에는 《心性圖說》《李中谿全集》 등이 있다. 《이온릉집》에 〈李仲溪先生告文〉이 있다.

92) 이원양, 《이중계선생문집》 권3.

93) 李元明, 《李中谿全集》 권6.

94) 이지,〈顧仲老送行序〉, 《분서》 권2 ; 《使通州詩后》

95) 하문대학 역사계편, 《이지연구참고자료》 제2집, 복건인민출판사, 1976.

제2장

내 책을 태워버려라

《분서》는 가까운 벗들과의 서신과 문답을 모아놓은 책이다. 그 안에서 요즈음 학자들의 고질(痼疾)에 대하여 매우 절실하게 말하였다. 그 속에서 그들의 고질을 꼬집었으니, 그들은 읽으면 반드시 나를 죽이려 할 것이다. 그런 까닭으로 이 책을 태워버려 세상에 남겨두어서는 안 된다는 말이다.

《분서》, 〈분서의 서문〉

구도의 길, 황안에서 마성으로

(55～61세, 1581～1587)

55세 되던 1581년(만력 9) 가을 이탁오는 운남성의 요안현에서 사천을 지나 배를 타고 장강을 거쳐 호북의 황안으로 왔다. 그는 남경에서 사귀었던 경정리의 집에 머물며 독서와 저술을 시작했으니, 그의 일생에서 학문을 위해 매우 중요한 전환의 시점이었다.

그가 30세이던 1556년(가정 35) 하남성 휘현의 교유로 관직생활을 시작한 뒤로 25년 동안 북경·남경의 중앙 정치무대와 변방의 운남성 요안 등지를 널리 돌아다녔다. 그는 혼란과 쇠퇴의 길을 걷고 있었던 당시 명대 말 사회의 암흑과 부패, 지식인들의 형식과 허위로 가득 찬 현실에 실망하고 분노하였다. 그리고 그가 다다른 도와 경험을 바탕으로 학문의 강학과 저술에 자신의 모든 힘을 집중하였다. 관직을 사임한 뒤 왜 그는 고향인 천주로 돌아가지 않고, 황안의 친구에게 머물렀을까? 이에 대해 이탁오는,

> 초(楚) 지방 황안의 경자용(정리)과 절친하여 요안의 군수를 사임하고 고향에 돌아가지 않았다. 내가 이미 늙어 한두 명의 좋은 친구와 종일 이야기하면서 세월을 보내면 되었지, 왜 곧바로 서둘러 고향으로 돌아가겠는가?[1)]

라고 경정리와의 우정을 강조했지만, 사실 더욱 중요한 것은 진정한 학문을 위한 자신의 깊고 먼 생각 때문이었다. 특히 그는 고향에 가지 않은 이유에 대해 다음과 같이 기록하고 있다.

> 관직을 버리고 고향에 돌아가면, 그곳의 부(府)나 현(縣)의 높은 관리들이나 선조들의 아는 사람으로부터 구속을 받게 된다. 새로 부임하면 맞아야 하고,

> 떠나면 전송하고, 돈을 내어 술자리를 마련해야 하고, 축의금을 거두어 장수를 축복해야 한다. 조금이라도 조심하지 않아 그들의 환심을 잃으면 곧 화가 닥친다. 구속이나 고통은 죽어서 땅속에 묻힐 때까지 끝나지 않는다.
>
> 그래서 나는 차라리 사방으로 돌아다닐지라도 고향으로 돌아가지 않겠다. 벗들을 방문하여 나를 알아주는 사람을 찾고 싶은 마음이 절실하기는 했지만, 세상에 나를 알아주는 사람이 없음을 이미 잘 안다. 나는 그저 남에게 구속되지 않는 한 가지 바람으로 관직을 버렸고, 고향에도 돌아가지 않았다. 이것이 진정한 나의 본심이었다.[2)]

즉, 이탁오는 필요 없이 사람을 만나서 시간을 낭비하는 번거로움과 그로 말미암은 구속을 피하기 위해 오히려 낯선 곳에서 하고 싶은 학문을 하는 데 일생을 바치기로 결심한 것이었다. 이 점에서 그는 진정한 학자였고 주변의 구속에서 해방된 자유인이었다.

이탁오가 황안에 있을 때, 경정향이 마련해준 천와서원(天窩書院)에 머물렀다. 이 서원은 명산인 천와산에 있었는데, 경씨 집안에서 현의 성에서 15리 떨어진 오운산(五雲山) 기슭에 학문과 학문의 강론을 위해 고쳐 지은 곳이었다. 그는 이때의 상황을 초횡에게 보낸 편지에서 이렇게 썼다.

> 동천(侗天, 耿定向)이 나를 위해 천와서원을 지어주었는데 매우 깨끗합니다. 때때로 오소우(吳少虞), 주유당(周柳塘)의 두 노인과 함께 있어 세상의 인연을 끊고 숨어사는 것을 즐기니, 별달리 밖에 나가 돌아다닐 생각이 없습니다. 그리고 특히 요즘 들어 정신이 매우 쇠약해져 그저 숨어서 조용히 쉬고 싶습니다."[3)]

여기에서 일생 동안 그의 학문적인 논적이었고 그를 죽음으로 몰고 간 장본인인 경정향의 도움을 받은 것이었다. 그의 동생 경정리와의 관계 때문에 맺어진 인연이었으나 그것은 확실히 커다란 불행이었고 어쩌면 숙명이었는지도 모른다. 이것은 적과의 동침이었으며, 마치 '호랑이 굴에서 밥을 얻어먹은 격'이라고나 할까? 그러나 이탁오는 그곳에서 호부상서까지 지낸 유학 대관료의 진면목을 가까이서 잘 살필 수 있었고, 그의 자제들에게 글을 가르치면서 참된 삶과 순수한 학문의 길에서 부딪치는 인간관계를 고민해야 했다. 그 때문에 사실 그의 학문과 사상은 역설적으로 더 성숙해질 수 있었다고 하겠다.

당시의 유명한 학자인 나여방, 초횡, 주유당, 하심은 등이 모두 여기에서 아침저녁으로 서로 만나 학문을 강하고 익히는 것을 게을리 하지 않았다. 이때 나여방과 하심은은 이지가 숭배하는 학자들이었으며, 초횡과 주유당은 좋은 친구였다. 이탁오가 황안에 온 뒤, 초횡은 북경으로부터 〈이굉보가 관직을 사임하고 황주에 머무르는 데 대해 드리는〉라는 제목의 시를 썼다.

초횡은 이 해에 과거를 보았으나 합격하지 못해 마음이 몹시 상해 있었다. 이 시에서 그는 이탁오가 황주에 오는 것을 환영하는 것 말고도 특히 자기가 고향에 돌아가지 못하는 괴로움도 썼다. 초횡의 편지가 황안에 오던 날 저녁 천둥이 치고 비가 내렸다. 이탁오는 수도(황도)에 있는 옛 친구의 일을 생각하며 고금의 호걸과 현인들이 압박을 받았던 일들을 두 수의 시 〈산중에서〉와 〈(초)약후의 과거에 낙방했다는 서신을 받고〉로 회답했다.

1. 배고픈 사람에게는 좋은 음식을 가릴 여유가 없다

황안에서 이지는 손에서 책을 떼지 않고, 특히 한비(韓非) 등 법가 인물의 저작에 대해 많이 읽고, 끊임없이 썼다. 이탁오는 그 안에서 사물이 서로 대립함을 보아 소박한 변증법을 사회역사의 문제와 연결시키는 방법을 찾았던 것이다. 온몸을 불사르는 듯한 이지의 연구와 집필은 56세에 이곳에서 본격적으로 시작되었다. 이탁오는 소철(蘇轍, 子由)의 《노자해(老子解)》를 펴내고, 또 노자를 해석한 《해노(解老)》 두 권을 썼다. 그는 서문에서,

> 나의 성격이 너무 강해서 생기는 병폐는 스스로를 억누를 수 없는 데 있다.

> 그래서 기꺼이 한비자의 책을 읽어, 《도덕(道德)》의 류가 일으킨 화를 내 감히 다시 되풀이하지 않으려 한다. 그러나 나도 감히 《도덕》으로서가 아니라, 한비자의 이 《도덕》이란 저서에 깊이 흥미를 느껴 해석해보는 것이다. 아울러 서문을 써서 도덕이란 말로 스스로를 반성하려는 까닭에서이다.[4)]

라고 한비자의 전철을 밟지 않겠다고 다짐하였다. 《해노》를 저술하고, 1587년(만력 15) 초횡이 《노자익(老子翼)》을 저술하여 《해노》를 《노자익》 속에 넣었다. 그 당시 이탁오는 십수 편의 역사를 읽으며 여러 가지 새로운 사실들을 밝혀냈다. 위의 글에서 우리는 이탁오가 역사를 읽으면서 그 속에 있는 잘못된 인물평가를 지적하고 올바른 해석을 어떻게 해야 할 것인가 고민한 점을 여실히 볼 수 있다. 특히 그는 황안에 있을 때, 불교뿐만 아니라 도교에 관해서도 커다란 관심을 가지고 연구하기 시작했다.

레이 황은 《아무 일도 없었던 해, 1587》에서 1587년에 명 제국이 이미 완전한 몰락의 길로 접어들고 있다고 하면서, 특히 중국은 2천 년 이래 도덕이 법률과 제도를 대신해왔는데, 명대에 와서 극에 달하였다고 지적하였다. 그리고 이러한 무기력은 뒤에 바로 명·청의 교체로 나타나면서 서양에 뒤지기 시작했다는 것이다. 이때는 바로 이탁오가 중국의 도덕 즉 예교에 대한 비판에 불을 당긴 때란 점에서 매우 흥미롭다.[5)] 이는 다른 말로 유교를 바탕으로 한 예교의 교조화를 말해주는 것이기도 하다. 그리고 이것은 놀랍게도 이미 서양의 헤겔 역시 지적한 바 있었다.[6)]

도교의 시조, 노자

이탁오는 이미 만력 2년(1574) 47세 때, 남경에서 스승 왕벽(王襞)의 자연에 대한 가르침을 들으면서, 충절과 효의를 반대하고 노자에 대해 흥취를 돋우었다. 이 해 12월 20일 그는 〈소자유의 노자해 서문〉을

아래와 같이 썼다.

사람들이 밥을 먹는데 무엇을 먹건 배가 부르게 되는 것은 마찬가지다. 남쪽 사람들은 (맛좋은) 쌀밥을 먹으면서 달게 생각하고, 저 북쪽 사람들은 거친 기장(고량, 수수)을 먹으면서도 맛있게 생각한다. 그런데 남쪽 사람과 북쪽 사람들은 서로가 다른 지역의 음식이 더 좋다고 여겨도 그 음식을 바라지는 않는다. 또 양쪽 사람들이 서로 땅을 바꾸어 살면서 먹게 된다고 해도 새로운 땅의 음식을 안 먹고 버리지는 않는다.

마찬가지로 인간의 진리인 도(道)가 공자의 것이건, 노자의 것이건 모두 남・북의 쌀과 수수에 견줄 수 있는 것이다. 한 곳에서 자기 것에 만족하여 다른 쪽 것을 부러워하지도 않지만, 또 자기가 살고 있는 곳의 것을 버리지도 않을 것이 아닌가? 왜 그러냐 하면, 충분히 배부를 수만 있다면 어떤 것을 취하든 여러 가지 경우에 각각 족한 것이므로, 진실로 배가 고프면 어느 하나만을 선택하여 고집할 필요는 없는 것이다.

일찍이 내가 북에서 공부를 하면서 주인집에서 밥을 먹은 적이 있었다. 그런데 몹시 춥고 큰 비와 눈이 사흘이나 내려 식량이 끊어진 지 7일이 되었다. 그러자 사방이 얼어붙고 사람들이 굶주리는 커다란 어려움에 처하게 되었다. 나는 주인에게 한 가닥 희망을 걸고 찾아가 제발 먹을 것을 달라고 부탁했다. 주인은 나를 불쌍히 여겨 기장을 끓여 주었는데 그것이 하도 맛이 있어서 무엇인지 가릴 겨를이 없었다.

나는 상을 물리고 나서야 주인에게 묻기를,

"제가 먹은 것이 아마 쌀밥인가 보군요, 어쩌면 그렇게 맛이 있지요?"

그런데 주인은 웃으면서 내게 말하기를

"이것은 (원래 맛이 없는) 수수와 피〔稷〕인데 지금 선생께서 몹시 배가 고프셔서 매우 맛이 있었던 것입니다. 아주 맛이 있으면 이는 곧 배가 부른 것입니다. 그러니 선생께서는 지금 가시면 쌀이나 고량을 생각하시지 말고, 또 수수나 피였는지도 생각하실 필요가 없습니다"

라고 했다. 나는 이 말을 듣고 과연 그렇겠다고 크게 탄식하였다. 내가 진리를 찾아가는 이 길도 지금 나의 음식을 바라는 것과 똑같다면, 구태여 공자와 노자를 가릴 겨를이 있겠는가?

… 지금 나와 소자유는 시기적으로 500년 간격이 있는데, 뜻하지 않게 이 훌륭한 글을 다시 보게 되었다. 아, 역시 정말로 굶주린 뒤에야 (음식이나) 학문의 진리를 얻을 수 있는 것이구나![7)]

이 글에서 학문에 전념할 때 이탁오의 기본자세를 읽을 수 있다. 그는 굶주린 사람처럼 진리, 즉 도를 추구한다는 점이다. 그러한 열정 못지않게 그에게는 배고픈 사람처럼 선택의 여지가 없이 접할 수 있는 모든 학문, 즉 노자와 석가를 구분하여 가리지 않겠다는 것이다. 이는 곧 학문의 자유로움과 융통성 있는 수용 자세를 선언한 것이다. 그는 여기서 공자와 노자를 나란히 놓았고, 그들의 도를 함께 인정하고 노자를 연구해 도를 구하는 지름길로 삼았다. 그러나 그는 소자유를 비판하면서 다음과 같이 기록했다.

무릇 노자는 다스리지 못해서 다스리지 않는 것이 아니고, 곧 다스리지 않으면서도 (잘) 다스리는 자이다. 그러므로 그 몸을 사랑하기를 좋아하는 자는 몸을 제대로 다스리지 못하며, 천하를 잘 다스리기를 좋아하는 자는 천하를 제대로 다스리지 못한다.

이런 까닭으로, 그의 도는 허(虛)로써 상(常)을 삼고, 공평함〔周〕으로 강(綱)을 삼으며, 선(善) 아래서 백곡의 왕을 다투지 않으며, 전쟁을 좋아해서 사람 죽이기를 즐기지 않으며, 용병은 부득이할 때만 하며, 승리를 작은 아름다움으로 하며, 물러감을 앞으로 나아감으로 하고, 패함으로써 공으로 삼으며, 복으로 화를 삼고, 얻는 것을 잃는 것으로, 알지 못하는 것을 아는 것으로, 욕심이 없는 것을 욕심으로, 이름이 없는 것을 이름으로 하면, 누가 무위로써 천하를 다스리는 데 부족하다고 하겠는가? 그런즉 세상은 진실로 아직도 무위(無爲)의 유익(有益)함을 알지 못하는 것이다.[8)]

이지는 여기서 노자의 학설이 천하를 다스리는 데 결코 가볍지 않다는 것을 생각하여 무위로써 다스림과 치국의 방법을 긍정했다. 그는 인의예악(仁義禮樂)과 형명법술(刑名法術)을 거부하고, 무위의 통치로 이들의 속박에서 벗어나려 하였다.

이것이 이지 사상의 중요한 특징으로 그의 대표작인 《분서》와 《도고록》 그리고 《장서》에서 구체적으로 나타났다. 이 책의 서문에서 이탁오는 신불해, 한비자의 노자와 계승관계에서 한비자가 노자의 "무위로써 다스림"을 "잔인함과 각박함"으로 발전시키는 데 반대하였다. 이탁오는 한비자가, "순리〔順〕로 도달하는 것이 제왕의 정치이며, 거역하면서도 참는 것이 바로 황제와 노자의 정치 술책이다"라고 한 것은 바로 노자의 사상을 아주 정확하게 이해한 것으로 생각하였다.

그러나 후세 사람들이 이를 제대로 이해하지 못하고 노자 《도덕》의 화가 뒤에 신자(申子)와 한비자에게서 온 듯이 생각하는 것은 잘못이라고 보았다. 특히 그는 인과 의를 말하면서도, 찬탈・반역과 시해가 뒤따르는 유가들의 모순을 예리하게 지적하였다.

이탁오는 또한 사물은 대립과 통일로부터 서로 돕고 서로 이루어, "만물이 스스로 이루어진다"는 결론을 이끌어냈다. 그는 "선과 악, 아름답고 추함 등은 서로 두 개의 형태로 있는 것과 없는 것, 어려운 것과 쉬운 것, 길고 짧은 것, 높고 낮은 것 등은 모두 서로 상대적인 것이다. 그러므로 모든 사물은 모두 얽혀서 서로 돕고 서로 이루기 때문에 대립적으로 묶어서 한쪽만 취하고 다른 한쪽을 버리면 아무것도 존재할 수 없다"고 보았다. 이는 소박한 유물주의적 요인을 갖는 개성의 자유 발전의 이론적 근거가 된다.

2. 하나에 이르는 길〔道〕

특히 이탁오는 '하나에 이르는 길〔致一之道〕'에서, "보통사람이 낮지 않고, 제후와 군왕이 높지 않다"는 평등의 관점으로 사회공동체에서 없어서는 안 될 개인의 소임과 공헌을 명백히 규정하였다.

> 제후와 국왕〔侯王〕은 하나에 이르는 도가 서민의 것과 같음을 알지 못하기 때문에, 자기 스스로를 귀하고 높게 여기고, 여기서 벗어날 수 없는 것이다. 높은 자는 반드시 그 기반을 낮추어야 할 것이며, 귀한 자는 반드시 그 본(本)을 천하게 만들어야 한다. 왜냐하면 하나에 이르는 이치는 서민이라고 해서 낮은 것이 아니고, 제후나 국왕이라고 해서 높은 것이 아니다. 서민에게도 귀한 것이 있으며, 제후와 국왕에게도 천한 것이 있는데, 사람들이 이것을 잘 알지 못하는 것이다.
>
> … 사람들은 귀하고 천함이 있음을 보고, 높고 낮음이 있음을 보지만, 그것이 모두 하나에 이른다는 것을 알지 못하니 본래부터 이른바 높고 낮음과 귀하고 천한 것이 있단 말인가! 내 생각으로는 귀하고 천하지 않는 것과, 천하여 귀해질 수 없는 것은 하나의 도에 이를 수 없다. 그런즉 이것은 역시 옥과 돌처럼 잘 다듬어서 조화를 이루어야 한다.[9]

고 이지는 생각하였다. 그가 말한 '하나에 이르는 길'은 바로 그가 주장하는 성인과 어리석은 사람이 같으며, 천자와 서민이 하나이고 다르지 않으며, 성인과 어리석은 백성이 모두 하나이고 천자와 서민이 일절 구분이 없다는 것이다. 이는 스스로 높다고 귀하게 여기는 사람이나 그 자신을 낮다고 하는 사람들 모두가 근본적으로 존귀한 인성을 지니고 있기 때문에, 특별히 귀하고 천하고 높고 낮은 것이 없으며, 서로 돕고 보충해야 한다는 것이다.

즉, 사물은 서로 돕고 보완하는 것이니, 거기에 무슨 높고 낮으며, 귀하고 천한 구별이 있겠는가? 하는 것이 이탁오의 지론이다. 이것은 확실히 그 당시로서는 지배계층 사회에서 엄격한 계층구조에 대한 비판이기도 했다.

> 말하건대 천하의 선(善)으로는 물보다 더한 것이 없는데, 성인의 선함이 이와 같다. 그러면 이 선을 어떻게 부를 것인가? 사물에 널리 이로운 자, 혹은 다툼이 없을 수 없으나 능히 다투지 않는 자이다.
>
> 물의 좋은 점은 진실로 만물을 이롭게 하면서도 다투지 않는 자인데, 그의

> 다투지 않음을 어떻게 보는가? 많은 사람들이 위에 있어도 물은 홀로 아래 있으며, 많은 사람들이 높은 곳에 있어도 그는 홀로 낮은 곳에 있으며, 많은 사람들이 편안한 곳에 있어도 그는 홀로 험한 곳에 있다. 많은 사람들이 순조로운 곳에 있어도 그는 거슬리는 곳에 있고, 많은 사람들이 깨끗한 곳에 있어도 그는 더러운 곳에 있다.
>
> 이처럼 물은 많은 사람들이 싫어하는 곳에 있으니, 누구와 더불어 싸우겠는가! 싸우지 않아 근심이 없으니, 이것이 내가 물을 최고의 선〔上善〕이라고 말하는 까닭이다.[10]

이탁오는 노자가 가장 좋아하는 물과 서민을 견주어 그들의 중요한 위치와 구실 그리고 존귀함을 설명하고 있다. 그리고 이것은 매우 소박하지만 중국적인 평등사상의 출발점이다.

3. 경정향과 사상논쟁

1) 하늘이 세상에 한 사람을 낼 때,

이탁오는 황안에 머물고 있을 때, 경씨 집안의 자제들에게 글을 가르치고 있었다. 그런데 이탁오와 경정향은 아이들 교육 문제를 둘러싸고 대립하여 사상의 다툼을 벌이게 되었다. 황종희는 이때의 상황에 대하여,

> 탁오가 주유당(周柳塘, 思久)[11]과 용호에 함께 머무르고 있었다. 하루는 학문을 논하는데 주유당이 말하기를 천태(경정향)는 명교를 중히 여기고, 탁오는 진기(眞機)를 안다고 했다.[12]

여기서 명교를 중히 여긴다는 것은 엄격한 봉건사회의 윤리 예교를 중시한다는 뜻이며, 이탁오가 진기를 알았다는 것은 우리 마음속 심성의 본질

을 구하려고 했다는 뜻이다. 이 점에서 학문하는 이지의 태도는 세상사람들이 과거나 출세를 위해 학문하는 태도와 달랐던 것이다. 이에 대해 이탁오는 다음과 같이 썼다.

> 경정리가 일찍이 그의 형 천대(정향)에게 묻기를 "《대학》《중용》《논어》《맹자》는 비록 같은 것을 논하는 책이지만, 그 가운데 어떤 것이 가장 절실합니까"라고 물었다. 경정향이 말하기를, "성인이 인륜의 지극함을 말한 한마디가 가장 절실한 것이다"라고 대답했다. 이에 대해 그의 동생인 경정리가 말했다. "제 생각으로는 아직 마음속에서 발하지 않은 것의 한마디만 같지 못합니다."[13]

여기서 형제 사이에도 진리와 학문에 대한 태도에 큰 차이가 있음을 알 수 있다. 경정향이 말하는 인륜의 지극함이란 봉건사회의 예교를 엄격히 지켜야 한다는 것이며, '아직 마음속에서 출발하지 않은 상태'라고 하는 것은 바로 마음속에서 스스로 얻은 것을 힘써 구해야 한다는 뜻이었다. 이탁오가 57세 되던 1583년 존경하던 왕기가 세상을 떠나니, 그는 제상을 차려놓고 제사를 지냈다. 58세인 그 다음해 7월 그를 황안에 머물도록 도와준 가까운 친구 경정리가 세상을 떠났다.

경정리의 죽음은 그에게 청천벽력과 같이 놀라운 일이었으며, 이 때문에 뒷날 그가 황안을 떠나게 되고 경정향과 불화하게 된다. 그뒤 그에게는 시시각각으로 밀어닥치는 변화에 적응하여 새로운 길을 찾아 결단해야 하는 도전이 기다리고 있었다. 그는 당시 초횡에게 쓴 편지에서도,

> 요사이 경정리 선생이 세상을 떠난 뒤, 적막하기 이를 데 없습니다. 그와 함께 날마다 훌륭한 지식에 친근(親近)하던 것을 생각하니 내 몸이 어디 있는지도 알 수가 없으며. 어떻게 해야 할지도 알 수가 없습니다.[14]

라고 답답하고 외롭고 고통스러운 심경을 토로하고 있다. 59세가 되는 1585년 3월, 이지는 다시 마성으로 돌아왔다. 경정리가 없는 경정향의 집에

더 이상 머무를 수 없을 만큼 이미 그들 사이에는 사상적인 갈등이 커지고 있었다. 그는 자신의 심정을 아래와 같이 더 소상히 썼다.

> 학문을 강(講)하는 데 귀한 것은 이 학문을 강하기만 하면 되는 것입니다. 그런데 지금 사람들은 이러한 학문을 강하지 않고, 다만 좋은 것을 배우고, 효를 배우고, 제(弟)를 배우고, 충성과 믿음을 배우라고 가르칩니다.
>
> 그런데 효·제·충·신 등이 어찌 가르쳐서 되는 것입니까? 옛 사람들은 효·제 등을 가르치고 뽑아내 양지와 양능으로 사람들에게 보여주었습니다. 그러나 지금의 학자들은 양지를 버리고 오로지 효와 공경만을 가르치면서 진실로 그렇게 하지 않는다면, 그것은 바로 사람을 해치는 것이고, 뒤에 태어나는 어린아이들을 그르친다고 가르쳤으니, 도대체 사람을 해치는 것이 무엇입니까? 만일 그렇다면 옛날부터 성인은 모두 사람을 해치는 왕이 되는 것이니, 가히 한스럽습니다.
>
> 공자는 인(仁)을 구하라고 사람을 가르쳤는데, 오직 이를 구해서 얻지 못하면 어찌할 수 없습니다. 인재는 물건처럼 값을 기다려 파는 것이니, 이를 사고자(구하고자) 하지 않으면, 세상에서 호걸을 얻을 수 없을 것입니다.
>
> 호걸은 반드시 '뜻을 높고 먼 데 두고 미친 듯이 맡은 일에 열중하는 사람〔狂狷〕'에서 구해야 하는데, 이들은 반드시 사회윤리의 정도를 파탄시킨 사람들 가운데 있습니다. 만약 고향의 명성을 얻기 위해 선량을 가장하는 부덕한 무리들을 성인이라고 지칭한다면, 성인의 학파에서 도를 얻는 사람은 많을 것입니다. 이러한 기질의 사람들을 모두 성인으로 지칭할 것이니, 이는 더욱 슬프지 않습니까![15]

경정향은 대관을 지낸 학자이자 정치가로서, 황종희의 《명유학안》에는 태주학파에 속해 있다. 그러나 그는 성공한 대관으로서 유교의 윤리나 사회의 명교를 중요시했다면, 이탁오는 진정한 삶의 방향과 내용을 추구했으므로 두 사람 사이에 충돌이 일어나지 않을 수 없었다. 경정향의 처지에서 공자의 학문과 유교의 사회윤리는 지켜져야 하며, 감히 이것을 혼란하게 해서는 안 된다는 것이다. 즉, 학술을 밝히고 인심을 바르게 하는 것이 공자와 맹자의 학문을 지켜나가며 특히 '만세의 스승'인 공자와, 만세의 학문으로서 유교에 대해서 비판이나 회의란 있을 수 없는 것이었다. 그에게 공자의 학문은 모방하지 않을 수가 없으며, 또 모방하지 않으면 안 되는 것이었다.

두 사람의 직접적인 충돌은 경정리가 죽으면서부터 일어났다. 경정향은 이지에게 직접적인 압력을 가하기 시작했다. 경정리가 죽자 경정향은 이지에게서 배우는 자기의 아이들이 그의 사상적인 초탈함을 본받을까 두려워했던 것이다. 즉, 이지는 경정향의 아들들이 자유롭고 활발하게 자기의 사상을 발전시키도록 교육하려 하였다. 그러나 경정향은 일반사회의 풍조대로 유가의 삼강(三綱)과 오상(五常)을 잘 지키며 예교와 과거시험을 위한 교육을 바랐던 것이다. 이것은 어떤 면에서 진실한 삶과 사회의 현상대로 살아가는 두 노선 사이의 대립이었다. 이 경우 경정리는 이지의 편에 서 있었다. 그러나 그는 이미 죽었다.

경정향과 함께 강학하는 모습

과거를 위한 준비와 관도에 나가 출세해야 하는 것을 지상의 목표로 하고 있었던 경정향과 같은 일반의 유자들에게 이탁오의 사상은 이단으로 받아들여질 수 있었다. 즉, 공부를 한다는 것은 효·제·충·신 등을 당연히 강조하고, 그렇지 못할 경우 그것은 사람을 해치게 되며 특히 뒤따르는 후생들을 그르친다는 태도였다.

60세가 된 1586년(만력 14) 봄 이탁오는 거의 1년 동안 고생한 췌장병〔脾病〕을 여러 처방으로 치료했으나 별다른 효과가 없어 몸이 매우 쇠약해졌고, 더욱 늙었다. 이 해에 마성

일대에는 큰 홍수가 있어 피해가 심하였다. 그러나 당시 당국에서는 재난을 구할 별다른 대책이 없어 민중의 참상이 심하였다.

이지의 좋은 친구였던 당시의 마성 현령 등정석(鄧鼎石)[16]은 이지에게 편지로 재난의 구제방법을 물었다. 이지는 세상에는 어떤 일이든 일어날 수 있으며, 어떠한 어려움도 구하지 못할 것이 없다고 전제하고, 몇 가지 방법을 제안하였다. 그 가운데 하나는, 장사(長沙)·형양(荊襄)·영주(榮州) 일대의 풍부한 수확물을 관청에서 믿을 만한 상인에게 사들이게 해서 재해지역에 합리적인 가격으로 팔게 한다는 것이다. 이러한 그의 건의는 실행 가능한 유익한 방법이었다. 이지는 그 옛날 9년이나 가물었던 요 임금 시대나 7년이나 홍수가 났던 우 임금시대에도 구제할 수 있었다고 하며 격려하고 희망을 주었다.

2) '하지 않을 수 없는〔不容已〕 마음'

이 해 이탁오는 병중에도 거의 1만 자에 이르는 긴 편지 〈경사구에게 답한다〉를 썼다. 이 글은 유가의 인의와 도덕에 대한 전면적인 비판이었으며, 이학가들의 거짓된 면목을 폭로하는 훌륭한 반론이었다. 이 편지는 그의 정연한 논리나 명쾌한 주장과 풍부한 내용을 담은 중국역사 최고의 서신으로 평가되기도 한다. 이탁오는 이 서신에서 경정향이 애써 주장하는, '하지 않을 수 없는〔不容已〕 마음' '폭넓게 민중을 사랑한다' '밖에 나가면 우애하고, 집에 들어오면 효도한다' 등 유교의 중요한 교의에 대해 신랄하게 비판하면서, 그에 반대하는 이론을 대조적으로 제기하였다.

한편 이탁오는 도학자들이 입만 열면, '남을 이롭게 한다' '다른 사람을 위한다'고 주장하지만, 실제로는 부귀와 사욕만을 탐하는 거짓 군자라고 다음과 같이 거리낌 없이 비판, 폭로하였다.

> 공(경정향)이 하는 것을 보면, 특별히 다른 사람과 차이 나는 것이 없습니

다. 모든 사람들이 다 그렇고 나 역시 그렇고 공 또한 그렇습니다. 아침부터 저녁까지 머릿속에 많은 것이 있게 된 뒤, 지금까지 누구나 먹을 것을 얻으려 밭을 갈고, 씨를 뿌리려 땅을 사고, 편안하게 살기 위해 집을 짓고, 과거에 급제하려고 책을 읽고, 존귀하게 되고 출세하려고 관직에 몸담고, 자손에게 음복(蔭福)을 전해주려고 풍수를 찾아 나섭니다.

날마다 하는 모든 것이 자기 자신을 위해 계획하고 염려하는 것일 뿐, 남을 위해서 생각하는 것은 없습니다. 그런데 입을 열어 학문을 논하게 되면 '너는 자기를 원하지 말아야 하고 나는 타인을 위한다'고 합니다. '너는 자기 자신을 이롭게 하려고 하지만, 나는 남에게 이익이 되려 한다'고 합니다. 나는 동쪽 집이 굶주리는 것을 가련히 여기고, 서쪽 집이 참을 수 없는 추위에 떠는 것을 걱정한다고 합니다. 누구누구는 문 앞을 나서서 남을 가르치려 하니 이는 공자·맹자의 뜻이요, 누구누구 등은 남을 만나려고 하니 이는 자기만을 위하고 자기만을 이롭게 하는 부류라고 하였습니다. 아무개는 비록 행실이 부지런하지 않지만 남에게 착함을 행하려 하고, 누구누구는 비록 행실이 매우 부지런하지만 부처님의 법으로 사람을 해치기를 좋아한다고 했습니다.[17]

이처럼 이지는 경정향에게 거리낌 없이 지식인들의 본질적인 병폐를 예리하게 지적하였다. 이 편지에는 두 사람의 인생관과 학문적 차이가 명백하게 아래와 같이 드러나고 있다.

다만 공(경정향)이 '하지 않을 수 없는 것〔不容已〕'은 모든 사람을 사랑하고 사람을 가리려 하지 않는 점에 있고, 내가 집을 가지런히 하지 않을 수 없는 것은 저의 도를 위해 사람을 사귀고 가벼이 남들과 어울리지 않으려고 하는 점에서 약간 다르다고 느낄 뿐입니다.

공이 '하지 않을 수 없는 것'은 사람이 태어나 15세까지 배워야 할 학칙, 즉 제자직(弟子職, 고대 중국의 학칙)에 나오는 '집안에 들어와서는 효도하고, 밖에 나가서는 우애를 다지는 일'이며, 내가 하지 않을 수 없는 것은 15세 이후 어른이 되어 《대학》을 익혀 천하에 밝은 덕을 밝히는 것입니다.

공이 '하지 않을 수 없는 것'은 넓지만, 오직 아픈 곳을 만져주고 가려운 곳을 긁어주는 말단적(지엽적)인 것에 있고, 내가 하지 않을 수 없는 것은 하나에 전념하여 그저 저의 눈을 뜨게 하는 (본질적인) 것입니다.

공이 하지 않을 수 없는 것은 비나 이슬처럼 젖어드는 것이 많습니다. 그러므로 청하지 않아도 스스로 찾아갑니다. 마치 시골 학교의 아이들을 가르치는 선생님 같아서 얻는 효과는 작은데 들이는 노력은 큽니다. 제가 하지 않을 수 없는 것은 서리나 눈처럼 차갑고 준열한 것이 많습니다.

그러므로 공자가 말했듯이 저의 가치를 알아주는 사람을 기다린 뒤에 하려고 합니다. 또 대장군이 군사를 쓰는 것과 같이 곧바로 먼저 적의 왕을 사로잡습니다. 따라서 들이는 노력은 적지만 얻는 효과는 큽니다. 비록 이렇게 수단이 각각 다를지라도 하지 않을 수 없는 본심은 같습니다. 마음이 같다면 '하지 않을 수 없는 것'에 대한 공의 논의도 본래 말이 없는 가운데 서로 잊어도 됩니다.

그러나 만약 공의 '하지 않을 수 없는 것'은 옳고, 저의 '하지 않을 수 없는 것'을 잘못이라고 주장하면, 그리고 공의 '하지 않을 수 없는 것'은 성인의 학문이요, 저의 '하지 않을 수 없는 것'은 이단의 학문이라고 주장한다면 저는 인정할 수 없습니다.

그리고 공의 '하지 않을 수 없는 것〔不容已〕'은, 멈추어서는 안 된다는 것을 알고 반드시 멈추지 않으려고 하여서 정말 하지 않을 수 없는 것입니다. 저의 '하지 않을 수 없는 것'은 하지 않을 수 없는 것조차도 모르므로 저절로 하지 않을 수 없는 것입니다. 이를 두고 성인 공자의 '하지 않을 수 없는 것'이 아니라고 한다면, 저는 또한 그것을 인정할 수 없습니다.

공이 이에 아직도 스스로 옳다고 여기는 병폐에 빠져 있을까 염려됩니다. 아직 사람들이 모두 기뻐할 만하지 않은데, 마침내 스스로 옳다고 여기면서, 다른 사람들이 이를 옳다고 여기지 않는다고 비난하지 않을까 염려됩니다. 아직 《논어》의 〈안연(顏淵)〉에서 말한 '나라에 있으면 반드시 소문이 난다'고 할 만하지 않은데, 끝내 믿고 의심하지 않습니다. 그러면서 다른 사람들은 모두 이단의 학문을 하여, 공자와 맹자의 바른 맥을 따르지 않는다고 비난하면서 비웃지 않을까 염려됩니다.

제 생각에 공의 '하지 않을 수 없는 것'이 과연 옳다면, 세상사람들의 '하지 않을 수 없는 것'도 모두 옳은 것입니다. 만약 세상사람들의 '하지 않을 수 없는 것'이 진정 아직 옳지 않다면, 공의 '하지 않을 수 없는 것' 또한 아직 반드시 옳은 것이 아닙니다. 이것은 또한 저로서도 진심으로 견지하며 추구하는 바입니다. 제 생각이 맞는지 틀리는지 모르겠으니, 한번 가르침을 바라는 바입니다.[18]

이탁오는 공자와 유교에 대한 비판에서 사람들은 모두 다 성인이 될 수 있다는 명제를 제기했다. 밭 갈고 씨뿌리며 물고기 잡고 그릇 굽는 사람들일지라도 성인이 될 수 없는 사람이 없으니, 천만 명 현명한 사람의 선함을 오직 취할 수 없을 것인가? 또 하필 오로지 공자를 배우고 나서야 올바른 학문의 맥이 될 것인가?

이탁오는 밭 갈고 씨뿌리며 그릇 굽고 물고기 잡는 사람 가운데 선함을 취하려 하며, 천 명의 성인이나 만 명의 현인으로부터도 선함을 취하려 하여 오로지 공자를 배움으로써 올바른 학맥을 이루려는 것을 부정하였다. 이것이 바로 오랫동안 통치의 지위를 점령했던 공자와 맹자의 도와 봉건 정통 세력에 대한 도전이었다. 이탁오는 도에 대한 경정향의 태도와 그의 제자에 대하여, 역시 신랄하게 비판을 계속하였다.

그러나 내가 공(경정향)을 살펴본 바에 따르면, 사실 도를 전하겠다는 뜻도 없고 도를 중시하는 마음을 가진 적도 없습니다. 공이 도를 주창하신 뒤, 누가 공의 도를 이어받아 주장하며 이끌어나갔습니까? 다른 곳은 제가 알지 못하지만, 이곳 신읍(新邑)에서 누가 공의 학맥을 이을 후계자인가요? 눈앞에서만 복종하는 체하지만 돌아서면 완전히 달라집니다.[19]

이탁오와 경정향의 학문적인 논쟁은 공자와 맹자의 정통적 학문적인 맥과 이단사상의 투쟁이었다. 이탁오는 경정향의 공자 존경과 유교 숭배의 그릇된 논리를 비판하면서 많은 명제를 제기했다. 그리고 그것들은 모두 선명한 시대적 특색이 있었으며, 자본주의 맹아시대의 계몽사상을 반영했다고 평가된다. 명말 청초의 학자였던 전겸익(錢謙益, 1582~1664)[20]은 이 논쟁에 대해,

> 이지와 경정향이 주고받은 몇 만 자의 편지는 천하의 거짓된 학자들의 간담을 모두 서늘하게 하고 마음을 움직이지 않을 수 없게 했으나, 그들은 자신에게 해가 미칠까 두려워 모두 (이지를) 요망한 환영(幻影)으로 여겨 떠들면서 그를 내쫓아버렸다.[21]

고 기술하였다. 물론 이러한 이탁오의 사상적 논쟁뿐만 아니라, 그의 독특한 행동 때문에 경정향은 이탁오를 비난하게 되었다. 경정향은 이탁오가 오랜 동안 함께 고생한 부인 황의인과 가족들을 고향으로 강제로 돌려보낸 채, 떠돌아다니면서 혼자 학문을 한다는 것이 마땅치 않았다. 더구나 이탁오가 자기 아이들을 비롯해서 학생들을 가르치면서, 요즘말로 '의식화'의 길로 이끌어 과거를 위한 학문의 길을 해쳤다는 것이다.

위에서 본 것처럼 동생인 경정리와의 우정이나 관계를 생각해서 서원을 수리해주고 그곳에 머물게 하며, 특히 3년 동안 그의 딸과 사위 등 가족을 돌보아준 특수한 관계임에도 그처럼 학문적으로나 인간적으로 대들었으니 분노를 사기에 충분했다. 또 당시 정권을 잡았던 장거정과 불화하여 죽임을 당했던 하심은을 경정향이 도와주지 않았던 데서 그들 사이에 반목이 왔다고 황종희는 다음과 같이 썼다.

> 탁오가 경정향에게 한을 품은 것은 하심은의 옥사 때문이었다. 오직 경선생과 장거정은 교분이 매우 두터웠고, 하심은을 죽이는 데 주역을 한 이의하(李義河)는 경선생과 강학을 함께하던 친구였다. 그런데 이때 그를 구하려면 어렵지 않았을 터인데, 경선생이 손을 안 쓴 것은 장거정이 하심은의 학문을 좋아하지 않아 그의 마음을 거스르는 것을 두려워했기 때문이었다.[22]

봉건사회의 도학을 반대하여 자유해방사상을 제창한 것은 16세기 말 중국의 계몽사상가로서 이탁오의 중요한 면목을 보여준다. 경정향은 공자를 '만세의 스승'이며, 그의 가르침을 '만세의 법'이며, 위반하면 세상이 어지러워지므로 반드시 지켜야 하는 법이라고 생각하였다. 즉, 그것은 '하늘(자연)의 법칙'이고, 올바른 마음의 법으로 엄격하게 지켜져야 하며, 그렇게 하지 않을 수 없는 심성에 근거를 두었으므로 '천고에 고쳐 바꿀 수 없는 모양'이라고 단언하였다. 그는 이탁오에게 준 서신에서 이렇게 썼다.

> 보내주신 편지에서 말씀하시기를, 제가 하루하루의 삶(씀)에서 과연 옛사람의 모양을 모방하지 않을 수 있는지, 과연 능히 견문과 도리를 빙자하여 의지하지 않을 수 있는지를 물으셨습니다. 그런데 제가 생각하건대 옛 사람들이 세상과 더불어 따라가며 때에 맞는 변화의 모양을 부정한 적은 없습니다.
>
> 이것은 이 세상에 사람이 산 옛날부터 고칠 수 없는 모양입니다. 견문을 좇아 위에서부터 오는 명의(名義)와 격식의 도리이며, 마음의 밑바탕에서 억누를 수 없는 자기의 도리입니다. 무릇 천고에 고칠 수 없는 모양은 옛 사람이 원래 마음속의 밑바탕에서 억누를 수 없는 자기의 도리로서 이른바 하늘의 법칙에서 나오는 것이며, 균형 잡힌 마음〔心矩〕에서 나오는 것입니다.
>
> 따라서 이는 특히 모방하지 않으면 안 되는 것이 아니라, 역시 스스로 모방하지 않을 수 없는 것이며, 모방하지 않는 것을 용납할 수도 없습니다.[23)]

그러나 이들 사이의 논쟁은 결코 두 사람만의 단순한 사상문제는 아니었다. 그것은 당시 중국 사상계가 감당해야 할 어려운 문제였다. 그뿐만 아니라 시대를 초월해서 그 어느 때든지 일상적이고 평범한 삶을 영위해가는 방법과 이러한 삶을 초월해서 진정한 학문, 즉 진리를 찾아서 사는 삶의 대결이라고 할 수 있을 것이다. 따라서 이것은 아주 깊고 어렵고 중요한 사상의 논쟁이었고, 이 시대를 고민하는 이탁오의 울부짖음이었을 것이다. 그리고 그것은 그 어느 시대에도 영원히 성취할 수 없는 과제일지도 모른다. 이탁오는 결국 여러 해 머물던 황안을 떠나면서 〈경정향을 고별하는 서신〉에서 다음과 같이 썼다.

오직 공의 둘째, 셋째 아들과 조카와는 이야기가 잘 맞았습니다. 이야기가 맞는데 말을 하지 않는 것은 사람을 잃어버리는 것으로 이것은 저의 죄입니다. 그 밖에 나이 어리고 총명하나 아직 개발이 덜 되었거나, 뜻은 학문을 향했는데 아직 전문성이 열리지 않은 사람들은 이른바 학문에 전념하는 뜻을 가지고 있는 것 같지도 않습니다.

말하자면 같이 말할 수 없는데 함께 말한다는 것은 결국 실언을 하는 것이 되니 이것은 내가 옳지 않은 것이 됩니다. 만약 그렇다면 내가 말을 잃을지언정 사람을 잃을 수는 없습니다. 말을 잃는 것은 가능하지만, 어찌 사람을 잃을 수 있겠습니까? 무릇 인재를 얻는 것은 자고로 매우 어려운 일입니다. …

비록 그렇다 하더라도 실언한 것이 무슨 해가 되겠습니까? 걱정되고, 두려운 것은 사람을 잃는 것뿐입니다. 진실로 만분의 일이라도 사람을 잃는 후회가 있다면, 일생 동안 아픔을 안고 죽을 때도 눈을 감지 못할 것입니다. 물론 좋은 사람과 좋은 곳은 고향을 위하는 사람들이 제일입니다. 더구나 진리를 논하면서 끊어진 성인의 학문을 계승한다면, '뜻을 높고 먼 데 두고 미친 듯이 맡은 일에 열중하는 사람〔狂狷〕'과 같은 인물을 버리고 어찌하겠습니까? …

은(殷)나라 말의 충신 백이(白夷)와 숙제(叔齊)는 은을 뒤이은 주(周)나라의 시조 서백(西伯, 문왕)에게 의지하여 벼슬하였으나, 그의 아들로서 은을 멸망시킨 무왕(武王) 밑에서 행복하게 살려고 하지 않았습니다. 즉, 무왕의 아버지인 서백의 문하에서 객으로 좋은 대우를 받았지만 은나라를 섬겼습니다. 그들은 서백의 아들이 주나라를 멸망시키고 세운 주나라의 무왕 밑에서 벼슬하며 살기는커녕 밥마저 거절하여 수양산에 들어가 그 산 속의 고사리를 뜯어먹으면서 살았습니다. 신하인 무왕이 폭력으로 은나라를 쳐서 멸망시키는 것을 반대했습니다.

'뜻을 높고 먼 데 두고 미친 듯이 맡은 일에 열중하는 사람〔狂狷〕'이면서도 도를 듣지 못한 사람이 있지만, 광견이 아니면서 능히 도를 얻은 사람은 아직 없습니다. 지금 저는 경사구(경정향)께 작별을 고하면서, 광견과 말을 잃은 사

> 람과 사람됨을 잃은 사람 가운데 어느 쪽이 더 중요하고 가벼운지를 생각하여, 역시 이에 만분의 일이라도 답할까 합니다.
>
> 나의 가족들은 고향에 돌아가려고 생각하여 보내지 않을 수 없었습니다. 나는 천하의 사방을 돌아다니면서 옛 사람들이 친구를 구한 것을 본받을까 합니다. 공자가 자기보다 나은 친구를 구하려 한 것은 도를 전하기 위해서였으니, 그의 지력이 스승을 초과해서 바야흐로 그의 힘이 도를 전수할 만한 사람을 찾았던 것입니다.[24]

위의 편지에서 우리는 이탁오와 경정향의 교육이나 학문에 관한 사상적 차이점을 느낄 수 있다. 이 해 7월 경정리가 죽었는데, 이지는 이때 경정향의 집에서 경씨의 자제들과 다른 성씨의 청년들을 가르치고 있었다. 위의 편지에서 선생의 둘째, 셋째 아들과 조카들과 말이 통한다고 한 것은 바로 이들을 말한다. 경정리가 죽고 그의 형 경정향은 이지의 학문과 생활의 초탈함을 불안하게 생각하면서, 아들이나 조카들이 이를 본받을까 두려워하였다. 그리하여 이에 대해 여러 차례 의견의 대립이 있었다. 이것이 이지가 황안을 떠나야 했던 직접적인 원인이었다. 그는 3월 마성으로 가서 가족들을 천주로 돌려보냈다.

유교 공격을 시작, 《초담집》 간행

(62～63세, 1588～1589)

1. 황안에서 마성으로

이탁오는 경정향과 작별하고 새로운 거처를 찾아 마성에 도착한 뒤의 생활에 대해 다음과 같이 기술했다.

> 내가 요안에서 돌아온 뒤 초(楚)에 머물면서 도를 탐구하고 있었다. 이때 초에는 총명하고 학문을 좋아하는 경정리 · 주우산(1532～1597)[25] 두 사람이 있어서 함께 지냈다. 그런데 3년이 채 못 되어 경정리 선생이 죽고, 주우산 선생 역시 관직을 따라 외지에 나가 있었다. 나는 슬프고 어떻게 할 방법이 없어 사람을 시켜 가족을 고향으로 보내고, 노복들은 모두 그들의 친척을 찾아가게 하였으며, 나 혼자 마성의 지불원(芝佛院)에 머물면서 주유당 선생과 벗하였다.
>
> 주유당 · 주우산 선생은 역시 학문을 좋아했고, 비록 그들이 현성(縣城)에 살았지만 지불원에서 30리여서 아침저녁으로 자주 무릎을 맞대고 함께 학문을 할 수 없었다. 그러나 절을 지키는 스님 무념(無念)[26]이 학문을 좋아하는 까닭에 먼저 주유당과 서신으로 시간을 정해 만났으므로 나는 무념을 의지해서 살았다.[27]

지불원은 마성의 깊은 산 속에 주유당이 이탁오를 위해 지어 준 작은 절로서 용담호 옆에 있었는데, 돌들이 주위를 막아 반드시 배를 타야 들어왔고, 시내의 흐름은 모래가 많고 얕아서 밖에서 배도 다니지 못하는 곳이었다. 이지는 이 지불원에서, 무념과 함께 살았다.

원중도는 용담호에 대해

용호(龍湖)는 또 다른 말로 용담(龍潭)이라고도 하는데, 마성현에서 30리 거리에 있다. 온 산에 폭포가 흘러 떨어지는데 벼락 소리와 같고, 계곡의 돌들과 부딪치는데 물의 힘이 돌을 이길 수 없어 격하게 흩어져 못을 이루었다. 이 못의 깊이는 10여 장(100척)이나 되고, 바라보면 깊고 푸르러 용이 잠자는 것과 같았다.

그런데 돌에 흙이 붙어 있는 부분이 뻗쳐 주먹이 앞으로 툭 튀어나온 것처럼 중앙에 우뚝 섰다. 푸른 나무와 붉은 집이 그 위에 숨은 듯이 보이는데, 보기 드문 기이한 광경이다. 이 용담호의 오른쪽에 이탁오가 머무는 곳이 있었다. 불전이 비로소 낙성되었는데 산을 의지하고 물에 닿아 있어 한 번 바라볼 때마다 빛이 나고 여러 푸른 산들이 울창하게 병풍처럼 둘러서서 몇 만 겹인지 알 수가 없었다.[28]

여자도 참여한 지불원의 강학

고 상세하게 쓰고 있다.

이 지불원은 정식 사원이 아니라 사설 불당으로 규모가 컸는데, 가운데의 정전(正殿)을 비롯하여 좌우에는 상방(廂房)이 있고 승려의 숙소와 방문객의 숙박장소도 있었다. 이탁오가 머무는 정사(精舍)는 가장 깊은 산 위의 전망 좋은 곳에 있었다. 전성기에는 40여 명의 승려가 있었고 이들을 관리하는 주지는 그의 친구였다. 이 지불원은 정식 인가를 받지 않아 세금이 없었고, 어떠한 종파에도 속하지 않아 사회적으로 매우 자유로웠다. 이탁오는 이 절의 유일한 운영자였으므로 그의 학문과 생활에 더할 수 없이 자유롭고 적절한 곳이었다.[29)]

이탁오는 이곳 용담호 옆 지불원에서 생활을 시로 썼는데,

석담에서 즉흥적으로 읊은 네 수〔石潭卽事四絶〕[30)]

1

어찌 낚시터에 앉아서 한가로움을 즐기겠는가?
진리를 찾아 범상치 않은 재능을 가져야지
신선은 옛날부터 좋은 세상을 만나기 어려운데
또 관문을 향하여 기가 오는 것을 바라본다

豈爲偸閑坐釣臺　採眞端爲不凡才
神仙自古難逢世　且向關門望氣來

2

열 권의 능엄경이 만고의 진리로 내 마음을 사로잡는데
봄바람이 있는 이곳에 가까운 벗도 있구나
호수 위에서 꽃이 활짝 핀 날을 바라보고 있노라니
사람도 멋대로 저 물도 스스로 깊어지는구나

十劵楞嚴萬古心　春風是處有知音
卽看湖上花開日　人自縱横水自深

3

따뜻한 날 부드러운 연기가 푸른 누상으로 피어오르는데
가장 무정한 것이 이 계곡의 물이로구나
마음이 상하여 예전 일을 물으려 하면

잠깐이라도 나를 여기에 머물도록 하지 않네

暖日和烟上碧樓　無情最是此溪頭
傷心欲問前程事　不肯斯須爲我留

4

만약 즐거움을 좇아 세상사람들을 기쁘게 하려 한다면
헛되이 내 육신만 피로하고 정신을 손상시키네
몇 해 동안 적막하여 사람들을 따라 쏘다니니
다만 좀 미친 듯한 이 한 늙은이뿐이구나

若爲追歡悅世人　空勞皮骨損精神
年來寂寞從人漫　祇有疏狂一老身

위의 시에서, 이지는 외롭게 싸우듯 살아가는 그의 적막한 심정을 토로하면서 이에 굴복하지 않는 강한 투지를 충분히 표현했다. 삶의 즐거움을 구하지 않았으며, 세상 속으로 들어가 정신을 손상시키려 하지 않고 오로지 도를 추구하는 데 기쁨을 느꼈다. 그러므로 그는 누구에게도 속박되지 않고, 미친 듯한 열정으로 두려움 없이 살아가는 의지를 보여준 것이다. 물론 아들을 물속에서 잃은 슬픔도 함께 느끼고 있었다. 당시 지불원의 이탁오가 책을 읽는 상황에 대해서 원중도는,

> 공은 결국 마성 용담의 호숫가에 가서 승려인 무념, 주우산, 구탄지(丘坦之),[31] 양정견(楊定見)[32] 등과 함께 문을 굳게 닫고 매일 독서에만 전념했다.
> 타고 난 성품이 깨끗함을 좋아해 땅을 하도 자주 쓸어 몇 사람이 그의 땅 쓰는 비의 자루를 만들어주어도 모자랄 정도였다.
> 청결하게 옷을 빨아 입고 얼굴이나 몸을 손으로 문지르고 씻었다. 세상의 손님이 찾아오는 것을 좋아하지 않았다. 손님이 왔을 때에는 미처 사양할 겨

를이 없이 그저 인사만 나누고 멀리 떨어져 앉게 하여 세상의 시끄러운 이야기들을 싫어했다. 그러나 좋아하고 흠모하는 사람과는 하루 종일 담소를 나누었다. 그러나 뜻이 맞지 않으면 하루 종일 말 한마디 없이 앉아 있었다. 해학과 기지를 거침없이 쏟아내어 턱이 벌어질 정도로 상대방을 웃기는가 하면 뼈를 찌르는 아픔을 느끼게도 하였다.

공이 읽은 책은 모두 베껴 선본(善本)으로 만들어서 동국의 비밀스러운 이야기나 서방의 신령스러운 글은 물론이요 굴원의 《이소(離騷)》, 사마천과 반고의 역사서, 도연명·사령운·유종원·두보의 시문, 그 밖의 기서(奇書)에 속하는 패관소설, 송·원 시대의 유명한 희곡에 이르기까지 붉은 붓으로 표시해가며 글자 하나하나까지 교정하고 상세하게 문맥과 의미를 분석하여 때로 새로운 해석을 내기도 하였다.

공의 글은 결코 많지 않았지만, 가슴속의 독자적인 생각을 표현할 때에는 눈부신 빛이 쏟아질 듯하여 가까이 다가가 볼 수 없을 정도였다. 시도 많이 짓지는 않았지만 대체로 시문의 경지가 깃들어 있었다.

《분서》 6권에 4언 장편, 5·7언 장편, 5언4구(五言四句), 6언4구, 7언4구, 5언8구 등이 들어 있다. 또 《속분서》의 6권에는 시휘(詩彙)로 5·7언 고체, 5언절구, 7언절구, 5언율(五言律), 7언율에 그의 시문을 볼 수 있다.

또한 서예를 즐겨 매번 먹을 갈고 종이를 펼치며 옷섶을 풀어헤치고 크게 소리치며 토끼가 펄쩍 뛰어오르고 매가 세차게 내리꽂히는 듯한 기세로 써내려갔다. 그 가운데 성공한 작품은 역시 대단히 우수했는데, 수척한 듯하면서도 기운차고 기세가 넘치고 빼어나서 만근의 무쇠 같은 팔로 써낸 듯하여 날카롭고 거침없는 기골이 종이 위에 거칠고 거세게 펼쳐졌다.[33]

고 평하였다. 원중도가 이탁오의 붓글씨에 대해 아주 생생하게 표현하고 있는 것은 흥미롭다. 초상에서 보이는 그의 몸처럼 글씨체가 매우 세련되고 힘이 있어 보인다. 그의 서체는 매우 유명해 《중문대사전》[34]에서 서체의 모범으로 많이 발견되고 있다.

2. 머리를 깎고 절에 머물다

이 해(1588년) 여름, 지불원으로 들어오기 전날 밤 유마암에 있을 때, 이지는 머리를 깎고 수염만 남겨놓았다. 이지는 왜 머리를 깎았는가? 그 자신의 말을 빌리면 다음과 같다.

> 집안의 한가한 사람들이 때때로 고향에 돌아오기를 바라고, 또 때때로 천리를 멀다 않고 나를 찾아와 세상일에 관계하도록 나에게 강요합니다. 그래서 머리를 깎음으로써 고향에 돌아가지 않고 세상의 일과 관계하지 않겠다는 것을 결연하게 보여주려 했습니다.
>
> 또 요즈음에는 견식이 없는 사람들이 나를 이단으로 여기는데, 그래서 나는 그들이 말하는 이른바 이단이란 이름에 맞추려 합니다. 위의 이 몇 가지 이유로 갑자기 나는 머리를 깎았는데, 그것이 본래 내 마음은 아닙니다.[35]

더구나 이탁오의 일족 가운데 선대에 벼슬한 사람이 없어 지부를 지낸 명사로서 이러한 지방과 가사로부터 자유로울 수 없었을 것이다. 그러므로 이탁오의 출세는 자신의 능력에서였다 하더라도 친족을 위해 커다란 의무와 부담을 져야 했다. 당시의 중국사회에서 안정된 생활과 명성을 얻으려 학문을 통해 관리가 되는 길을 여러 대가 함께 준비하고 도와주는 것이다. 그러므로 출세한 사람은 가문을 위해 도의적으로 책임을 지고 고락을 함께 하는 집단적·공동체적 의무를 져야 했다.[36]

한편 이탁오는 이 문제에 대해서 지불원에서 최초로 쓴 저서인《초담

《중문대사전》에 실린 이지의 글씨들

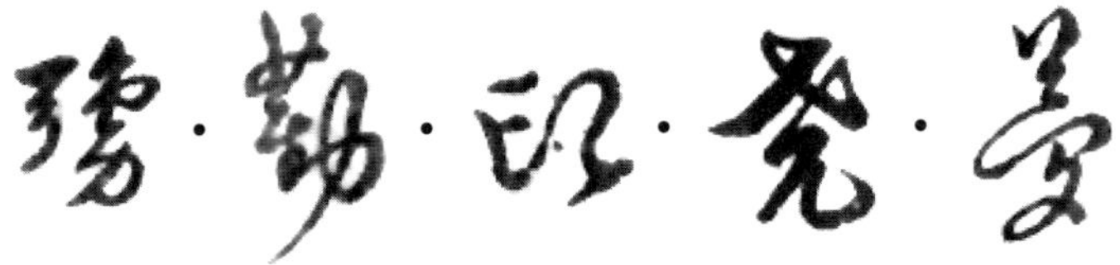

지불원에서 열띤 강학을 하는 이탁오

집》 서문에서도 스스로 이렇게 호언하였다.

> 《초담(初潭)》이란 무엇이냐? 용담호(龍潭湖)에서 머리를 깎은 뒤, 처음으로 이를 편찬하기 때문에 내 책이름을 《초담》이라 했다. 무릇 탁오가 머리를 깎은 데는 그 까닭이 있는 것이고, 비록 머리를 깎아 승려가 되었다고 하나 사실은 유자(儒者)이다. 그러므로 먼저 유학에 관한 책을 쓴다. 먼저 유학에 관한 책을 편찬하고, 다시 나의 덕행으로써 내 머리에 관을 씌울 것이다. 그런즉 유학에 관한 서적을 잘 읽고 잘 말하며 덕을 행하는 사람으로 실로 이탁오보다 나은 사람은 없다.[37]

머리를 깎고 나서 유자로 자처하고, 유학에 관한 책을 쓰며, 유자의 덕행을 쌓겠다고 강조하고 있으니 얼마나 역설적인가? 뒷날 탄핵으로 구속되어 심문을 받을 때, 그의 저서가 모두 유교 성인의 뜻에 합당함을 강변한 것과 같은 내용이 아닌가?

당시 지불원의 생활에서 매우 이해할 수 없는 행동에 사람들은 놀랐다. 이탁오의 〈지불원에서 공자의 상을 주제로〔題孔子像於芝佛院〕〉라는 글의 제목은 얼마나 기이하며 이율배반적인가? 불사에서 공자를 논하는 것도 정상이 아니지만, 그 내용 역시 역설과 독설로 가득하다.38)

이처럼 괴이한 행동을 통해 대성인(大聖人) 공자의 상을 조롱하였으며, 공자를 존경하는 시대조류를 거꾸로 풍자한 것이다. 절에서 공자를 제목으로 글을 쓰는 것부터가 파격적이고, 유교와 불교 양측의 비판을 받기에 충분했다. 행위는 물론 그가 쓴 글의 제목부터 일반 지식인과 세상사람들이 천편일률적으로 공자를 존경하는 허위성을 폭로한 것이다. 많은 사람의 입이 모두 똑같은 말로 깨뜨릴 수 없고, 천 년을 똑같이 외우면서도 그 본질을 스스로 알지 못한다고 지적하였다. 지금에 와서 눈이 있으면 도대체 무슨 소용이 있느냐라는 그의 외침은 그 시대의 모순에 대한 통탄이며 절규였다. 이는 비단 유가에서뿐 아니라 시대의 조류에 따라 별 생각 없이 맞는 진리며 관습이라고 따르는 사회의 고질을 예리하게 지적한 것이다.

이탁오가 머리를 깎고 학문에 몰입하던 1587년을 레이 황은 '아무 일도 없었던 해(1587, A year of no significance)'라고 규정하였다. 중국문화의 전통이 이미 창조력을 잃고 화석이 되었으며, 아직 세계의 조류와 충돌하기 전의 침체상태를 매우 인상적으로 표현한 것이다. 그러나 이러한 침체와 고요함은 중국과 동아시아에서 엄청난 역사의 붕괴와 폭발력을 잉태하고 있었다.39)

이 시기 영국은 스페인의 무적함대를 격파하기 시작했으며, 이탈리아 선교사 마테오 리치가 남경에 왔다. 만주의 누르하치가 그의 부족을 통일하고 건주부(建州部)에서 통일의 기초를 다져 왕조의 교체를 준비하고 있었다. 일본에서는 도요토미 히데요시(豊臣秀吉)가 국내의 통일을 완수하고, 조선을 발판으로 대륙에 진출하려는 준비를 서둘렀다. 조선에서는 함경북도의 녹둔도(鹿屯島)에 침입한 야인을 이순신이 격퇴하였다.

폭풍전야와 같던 이 조용한 시기에 이탁오는 머리를 깎았다. 25년의 관직생활을 끝내고, 오로지 학문과 저술에만 전념하기 위한 준비였다. 그는 모든 인연과 과거를 끊어버리려 했다. 그리고 새로이 출발을 준비했다. 그러나 그것이 그리 쉬운 결정은 아니었음을 아래와 같이 밝히고 있다.

> 아! 머리를 깎고 집을 떠나기가 어찌 쉬운 일이었겠는가? 나는 남들의 간섭을 받고 싶지 않다는 이유 하나로 머리를 깎았지만, 어찌 쉬웠겠는가? 여기까지 쓰고 나니 콧등이 시큰해지는구나, 그러니 너희들은 머리 깎기를 가벼이 결정하지 말고, 남들의 시주를 가벼이 받아들이지 말아라! 비록 그렇긴 하지만 나의 그 많은 일들은 역시 극단적이었다. 오직 간섭받지 않겠다는 이유 때문에 받는 그 엄청난 고난은 앞으로 온 대지를 먹으로 쓰더라도 다 쓸 수는 없을 것이다.[40]

자유를 얻기 위한 헤어짐에서 오는 수난을 잘 엿볼 수 있다. 많이 버리고 가벼워진 홀가분한 몸으로 이제 자유로이 살고 만나며, 읽고 쓰고 비판할 수 있는 자유의 여생이 준비되는 것이다. 그리고 엄청난 태풍이 예고됐다. 《초담집》을 분노와 공격의 신호로 하여 《분서》로 전면적인 불길에 휩싸였다. 붓으로 싸우고 말로 대항하면서 연구는 점점 더 그 열기와 불꽃을 더해갔고, 《도고록》을 거쳐 투쟁의 정점인 《장서》를 준비하고 있었다. 그러므로 이 시기는 이탁오에게도 고요함 속에서 거대한 도약을 위해 숨을 고르는 시기였다.

3. 부인 황의인의 죽음을 슬퍼하며

1588년 그가 62세 되던 해 6월, 부인 황의인이 천주에서 세상을 떠났다는 소식을 들었다. 고향으로 홀로 돌려보낸 지 1년 뒤였다. 부인의 죽음은 마성의 지불원에서 도를 구한다고 외로운 생활을 하던 이탁오를 더욱 쓸쓸하고 고통스럽게 했다. 경정력(耿定力)[41]은 〈의인으로 봉해진 황씨의 묘표

〔明誥封宜人李卓吾妻黃氏之墓〕〉에서,

> 부인 황의인이 먼 곳에서 남편을 생각하며 잊을 수가 없었다. 그러다가 1588년 윤6월 3일에 천주의 집에서 죽었다. 황씨가 15세에 이탁오에게 시집온 뒤 이탁오와 정분이 아주 좋았고, 남편을 따라 남과 북으로 험한 생활을 거치며 살아왔다. 가정 43년, 이탁오가 북경을 거쳐 천주에서 상을 당해 갔을 때, 그가 데리고 있던 세 딸이 공성에 있었는데 생활이 매우 어려웠다. 뒷날 황씨는 이탁오를 따라 남경으로 갔고 운남으로 갔으며, 마성에도 머물렀다. 1587년에 고향으로 돌아가려 했으나, 이탁오는 그를 따르지 않아 딸과 사위만을 데리고 고향에 간 것이다. 그곳에서 헤어져 있던 1년 뒤, 황씨는 세상을 떠났다. 황씨가 죽었다는 소식은 7월이 되어 용호에 도착했는데, 이탁오는 그 소식을 듣고 40년 부부의 정을 생각하면서 매우 슬퍼하여 〈황의인을 곡한다〉는 시 6수를 지었다.[42]

고 썼다.

황의인을 곡한다〔哭黃宜人〕[43]

1

머리를 묶고 부부가 되어
은혜와 정이 모두 깊었구나
오늘 아침 당신의 죽음을 들으니
슬픔이 말할 수 없구려

結髮爲夫婦　恩情兩不牽
今朝聞汝死　不覺情悽然

2

은혜와 정이 굳어서보다는
당신의 그 현명함이 더욱 서럽구려
서로 반목이 있은 적이 없었고
지극한 정성은 사십 년이 되었구려

不爲恩情牽　含悽爲汝賢
反目未曾有　齊眉四十年

3

집안사람들 모두 당신의 효를 칭찬하였고
시부모나 가족들은 당신의 노고를 위로하는구려
손님과 친구들이 밤낮으로 찾아오니
거북이 등같이 갈라진 손에 술 향기가 배어 있었지

中表皆稱孝　舅姑慰汝勞
賓朋日夜往　龜手事香醪

4

인자한 마음으로 당신은 가진 것을 나누며
우리 집안을 잘 꾸려갔는데
남편인 나는 그저 불심에만 빠져
세상 끝에 당신을 이별하는구려

慈心能割有　約己善持家
緣余貪佛去　別汝在天涯

5

물가에서 고기 노는 모습을 보는데
봄 산에 꾀꼬리 혼자 우는구나
보잘것없는 친구의 교제도 버릴 수가 없거늘
하물며 조강지처야 말해 무엇 하리오

近水觀魚戱　春山獨鳥啼
貧交猶不棄　何況糟糠妻

6

기결과 양홍[44] 둘 가운데
나는 그 누구에게 가히 비길 것인가?
장부인 내 뜻이 세상일에 있는데
당신이 내 뜻을 따를 수 없음을 한탄할 뿐이오

冀缺與梁鴻　何人可比蹤
丈夫志四海　恨汝不能從

부인 황의인의 죽음을 추억하다〔憶黃宜人〕[45]

1

오늘 당신이 죽었음을 알았으니
당신은 지금 참된 불자가 되었겠소
어찌 여자의 몸으로 잠깐 변하여
그런 뒤 개사(보살)를 칭하였는가

今日知汝死　汝今眞佛子

何須變女身　然後稱開士

2

나는 한 편의 글이 있는데
많은 말로써 불사를 이루었구나
때때로 이 한 편을 읽으니
부처를 이루는 것이 다만 이와 같구려

我有一篇書　頗言成佛事
時時讀一篇　成佛只如此

이탁오가 21세인 1547년, 그보다 여섯 살 아래의 황씨와 결혼하여 1588년에 부인이 세상을 떠났으니 그의 부부생활은 42년 동안 지속된 것이다. 이탁오는 부인 황씨의 일생을 회고하면서,

> 서로 만난 지 40여 년 동안 정이 매우 두텁고 무르익었으며 … 은혜와 정이 더욱 커 … 고생과 어려움과 부지런함 속에서도 내조가 컸다. 특히 '손님처럼 공경하는' 마음과 '밥상을 눈썹까지 올려드는 것 같은 지극한 정성'[46]으로 효도와 우애 그리고 충성과 믿음이 … 오늘날 세상의 도학자라고 불리는 사람들은 따르지 못한다.[47]

고 극구 찬양하고 있다. 그는 계속해서, 황씨는 정과 사랑 가운데에 부녀자의 행동. 부지런함 · 말. 덕을 겸하고 있었음을 강조하면서도 "오직 학문을 강의하는 강학(講學) 한 가지 일만은 남(부군)의 말을 믿지 않았다"고 매우 애석해했다. 그러나 이탁오의 회고 이상으로 황씨의 생활에 고통이 컸으리라는 것은 그들의 가정 형편이나 정착하기 힘든 생활로 미루어 보아 거의 확실하다. 이탁오는 황씨에 대해서 고통 속에서도 부덕을 고루 갖추고 남편인 자기를 성심으로 대했으며, 가족에게는 화목함으로 온 힘을 다하였으

며 가사를 잘 이끌어나갔다고 칭찬하고 있다. 이 점은 당시 다른 사람들의 부인관과 크게 다를 바가 없다.

그의 서신이나 시에서 애석해하는 "남의 말을 듣지 않았다"라든가, "뜻이 사해(세상)에 있는 남편을 따를 수 없었다"는 것은 아마도 황씨뿐만 아니라 그 당시 사회적 환경에서 충족되기 힘든 부인에 대한 '기대감'이었을 것이다.

그러나 그들의 애정 문제는 탁오가 '정이 매우 무르익고' '은혜와 정이 더욱 깊어'[48] 또는 '은혜와 정이 질겨서가 아니라'[49] 등으로 표현한 것 이상을 발견할 수 없다. 하지만 '반목'이 없었다는 이탁오의 말을 믿으면 그리 큰 무리는 없었던 것으로 보인다.

여기서 이탁오가 두 개의 글 속에서 황씨가 자신의 구도 생활을 동의할 수 없었던 것에 대해 애석해한 것은 여러 가지 면에서 중요한 의미를 갖는다. 가정과 일상생활을 무시한 채 마성의 지불원[50]에서 학문연구에만 몰두한 남편에 대해 부인 황씨는 이해하기 어려웠으리라 믿는다. 다른 한편 황씨는 회교 신자였을 가능성이 크므로[51] 탁오가 몰두하는 유·불·도 등을 함께 따를 수 없었다는 견해도 있다.

황의인 묘비문

이탁오는 부인 황씨의 죽음을 알리러 온 사위 장순부에게 〈명 왕조에 벼슬한 이탁오 처 의인 황씨의 묘〉라는 비문을 써 보냈는데, 진강시의 자모산(紫帽山) 아래 장원촌(張園村)에 있는 황씨의 묘지에서 최근 발견되었다.

이 점에서 이탁오는 어려운 살림에도 부인에게 비교적 충실했다고 할 수 있다. 물론 퇴임한 뒤, 마성에 머물면서 고향에 돌아간 부인 황씨가 1년 뒤에 세상을 떠나기는 했지만 가정의 의무에 소홀하지는 않았다. 이탁오가 홀어머니를 두고 집을 떠나려는 제자 약무(若無)의 결심을 만류하는 것도 이 점에서 이해된다.

4. 첫 번째 대저(大著), 《초담집》을 출간하다

이탁오의 첫 번째 중요한 저서 《초담집》이 62세인 1588년 마성 용호의 지불원에서 간행되었다. 남조 송(420~479)대 유의경(劉義慶)이 지은 《세설신어(世說新語)》와 초횡의 《초씨유림(焦氏類林)》[52]을 읽고 그것을 독자적인 안목으로 분류하고 합쳐 편집한 것이다.[53]

그런데 《초담집》은 《세설신어》처럼 많은 짤막한 이야기들을 인간의 오륜(五倫) 관계에 따라서 ①〈부부〉에 13개 소제목, ②〈부자〉에 10개 소제목, ③〈형제〉에 2개 소제목, ④〈사우(師友)〉에 41개 소제목, ⑤〈군신〉에 38개 소제목으로 분류하여, 총 30권 100개 소제목으로 구성되었다.

이 저서의 특징은 어떤 역사적 인물이나 사실에 대해 자기 나름대로 비판의 방점(傍點)을 찍고 인물이나 이야기, 소제목이나 각 편의 끝 또는 앞에 총론이나 짧은 평론을 하고 있다. 문학 이론이나 비평은 물론, 통속문학에도 커다란 관심을 갖고 많은 기여를 한 이탁오가 인물평을 통하여 당시 사회에 대한 소극적인 반항을 보인 《세설신어》를 좋아한 것은 당연하다. 《세설신어》는 후한에서 동진에 이르는 시기 곧 2세기부터 4세기 말까지 이름 높은 풍류인사들이나 역사인물의 언행을 쓴 일종의 논픽션〔軼事小說〕이다.

특히 이탁오는 이 시기에 완적(阮籍, 210~263)이나 계강(稽康, 223~262) 같은 사회의 법규를 무시하는 '죽림칠현(竹林七賢)' 등 청담파의 반전통적 사상에 대해서 칭찬을 아끼지 않았다.

이탁오의 첫 번째 저서, 《초담집》
(중화서국, 1974)

그리고 유교의 쇠퇴, 정치와 사회의 문란, 노장 철학의 부활, 도학, 불교의 전파 등 시대적 분위기 속에서, 한 예리한 지식인의 생활기록이 되는 이 저서 속에는 기지와 해탈, 반항과 해학, 고뇌와 수양, 인간본성에 대한 철저한 반

성 등이 담겨 있다.[54] 따라서 이러한 책을 다시 분류하고 출간하게 된 이탁오는 수많은 인물과 사실들에 대해 새로운 이해와 특징을 접하게 되었을 것이다. 이러한 이해와 접촉은 뒷날 그의 명저인 《분서》《속분서》나 역사서인 《장서》《속장서》 등의 내용과 형식에 매우 중요한 영향을 주었다.

반유교적, 노장학적인 사상과 기지와 예리함으로 가득 찬 그의 역사평 또는 인물평은 《세설신어》와 상당한 관련이 있음이 확실하다. 그 예로 《초담집》 속의 〈부부편 총론〉,[55] 〈석교(釋敎)의 후평〉,[56] 〈독의(篤義)의 공융평(孔融評)〉[57]은 뒤에 《분서》《속분서》 속에 그대로 전재되고 있는 것을 들 수 있다. 이렇게 전기 소설적인 문학비평서인 《초담집》을 이지 자신은 진정한 '유교 서적'이며 자신을 '실제 유자〔實儒〕'[58]라고 역설적으로 주장하고 있다. 그러나 청대의 정통사가 기윤은 《사고전서》의 총목차인 〈사고전서총목〉에서 이 책을 아래와 같이 혹독하게 비판하며 금서목록에 넣었다.

> (이 책은) 대체로 유교와 불교가 하나임을 주장하는 설로서 정도를 벗어나 허망한 말로 사람을 현혹하고 매우 허술하다. 그러나 비록 글의 뜻을 잘못 이해하는 사람일지라도 모두 그 (허)망함을 알았지만, 명 말에 그 책이 성행했으니 당시 인심과 풍속이 무너졌음을 엿볼 수 있다.[59]

이탁오는 이 책에서 자료들을 새롭게 분류 편집하여 비점(批點)을 찍고 자기의 사상을 덧붙였다. 한편 《초씨유림》은 《세설신어》의 체제를 따라 각종 고서 가운데 자료를 뽑아 선진(先秦)에서 원에 이르기까지 많은 역사인물의 언행을 쓴 것이므로, 이들이 모두 이탁오에게 영향을 주었다. 이 책의 목차에서 특이한 점은 오륜 가운데 부부관계를 맨 앞에 놓은 것이다. 이에 대해 이탁오는 〈부부론(夫婦論)〉이란 유명한 논문을 썼는데, 이것은 뒷날 《분서》에서 다시 발견된다. 그는 〈부부론〉에서,

> 부부는 사람의 시초이다. 부부가 있은 뒤에 부자가 있고 부자가 있은 뒤에 형제가 있으며 형제가 있은 뒤에 위아래가 있다. … 극단적으로 말하면, 천지

는 한 부부이며 이 때문에 천지가 있은 뒤에 만물이 있는 것이다. 천지만물은 모두 둘〔二〕에서 나오고, 하나〔一〕에서 나오지 않은 것은 확실하다. … 또 이르기를 하나가 능히 둘을 낳고, 이(理)가 능히 기(氣)를 낳으며 태극이 능히 두 모습〔兩儀〕를 낳는다고 했으니, 이 또한 (사람을) 현혹시키는 것이 아닌가? 무릇 처음에 사람이 태어날 때 음양의 이기(陰陽二氣)가 있었고 남녀의 두 생명이 있었고, 처음부터 이른바 '일(一)'과 '이(理)'라는 것은 없었으니 어찌 '태극'이 있었겠는가?

이로써 지금 보면, 이른바 '하나'란 과연 어떤 물건이며 '이'란 과연 어디에 있으며, '태극'이란 과연 무엇을 가리키는가? 만약 '둘'이 '하나'를 낳는다고 한다면 '하나'는 또 어디로부터 낳는가? '하나'와 '둘'은 '둘'이 되고 '이'와 '기'는 '둘'이 되고 음양과 태극은 둘이 되고 '태극'과 '무극'은 둘이 된다. 이렇게 반복해나가면 결국 둘이 아닌 것이 없으니, 어찌 이른바 하나를 이야기해 그릇된 말을 한단 말인가? 그러므로 내가 사물의 시초를 탐구하면 다만 부부가 시작임을 알 수 있다.[60]

그는 천지만물의 절대정신이며, 삼강(三綱)과 오상(五常)의 핵심적인 봉건질서인 '이(理)'를 강력히 부인한 것이다. 유심주의적인 정신으로서 '이'와 '일'을 부정하면서 음양의 '이기'로서 '부부'를 천하의 시초로 본 것은 획기적인 일이다. 이는 '천리'를 보존하며, 사람의 욕심을 없애야 한다는 성리학을 부정하는 동시에 유물주의적인 관점이라고 평가되기도 한다.

《초담집》에서 그는 도학가들의 부패와 허위성을 여지없이 폭로하고 유가들이 이름만 도학을 한다고 떠들고 있음을 아래와 같이 비꼬고 있다.

세상에 이름 내기를 좋아하는 사람은 반드시 도학을 강하니, 도학으로써만 자신의 이름을 일으킬 수 있기 때문이다. 세상에 쓸모없는 사람들이 반드시 도학을 강의하는데, 이는 도학으로서만 꼭 쓰일 곳이 있기 때문이다. 하늘을 속이고 사람을 업신여기는 사람들은 반드시 도학을 강의하는데, 이 도학으로 능히 사람을 속일 수 있기 때문이다.

즉, 세상의 도학을 강론하지 않고도 부귀영화에 이르는 사람이 적지 않은데, 왜 반드시 도학을 강론한 뒤에 그것으로 부귀의 재산을 삼으려 하는가? 이것은 다름이 아니라 도학을 강론하지 않고도 스스로 부귀해진 자는 그 사람들이 모두 학문에 재능이 있던 사람들이고 스스로 할 바와 지킬 바가 있어 비록 부귀를 바라지 않더라도 얻지 않을 수가 없는 것이다. 무릇 오직 재능이 없고 학문이 없는 사람들이 만약 성인의 도학을 강론하지 않고 그의 이름을 드러내려고 한다면, 일생 동안 가난하고 천하게 되는 것이 그저 부끄러울 뿐이다. 이는 그들이 반드시 도학을 강론함으로써 그것으로 부귀의 재산을 삼으려는 까닭이다. 그런즉 오늘날 재능이 없고 학문이 없는 사람들, 무식하고 무위(無爲)한 사람들 가운데서 부귀를 누리고자 하는 자들은 도학을 강론하지 않을 수 없는 것이다.[61]

얼마나 신랄한 유학자들에 대한 공격인가? 이른바 도학을 강론하면서 부귀와 영화를 바라는 사람들에 대한 일침인 것이다. 그는 또 이어서 유자 전반을 아래와 같이 사정없이 공격하고 있다.

안씨〔顔子〕가 죽은 뒤, 공자의 깊은 말이 끊어져 결국 성인의 학문이 망했으므로 유학은 전해지지 않은 것이다. 그러므로 공자도 말하기를 '하늘이 나를 죽였다'고 하지 않았는가? 왜 그러냐 하면 여러 제자들이 비록 학문을 했지만, 도를 듣는 것을 그들이 진정한 마음으로 한 적이 없기 때문이다.

그런즉 역시 사대부의 집이 부귀를 위해 옮겨 다니지 않을 수 없는 것이다. 하물며 이를 이어서 한나라 유자의 '억지로 맞춤〔附會〕'과 송나라 유자의 '꼬치꼬치 캠〔穿鑿〕'이야 말해 무엇하겠는가? 하물며 이를 계승하여 송나라의 유학으로서 표적을 삼아 우리가 돌아가야 할 길로 '깊이 파고들' 필요가 있겠는가?

사람들은 더욱 야비해지고 그러한 풍속은 다음대로 더욱 전해졌다. 그 부류들의 폐단이 오늘에 이른 것은 이상할 바 없는데, 겉으로는 도학을 하면서 속으로는 부귀를 바라며, 옷은 유자의 우아함이 있는데 행동은 개나 돼지와 같았기 때문이다.[62]

이지의 저작물을 통틀어 《초담집》은 이학에 반대하는 중요한 저작물의 첫 번째였고, 출발점이었으며 공격의 신호탄이었다. 이 책이 출판된 뒤 당시 사회에서 강렬한 반향이 일어나지 않을 수 없었다. 그러나 그는 서문에서 스스로 유학의 책을 잘 읽고 덕행을 잘 말하는 유자라고 모순된 공언을 하였다. 사실 이 문제는 이탁오에 대한 기본적 평가에서 매우 어렵고 복잡한 과제이다.

중요한 것은 그가 자결할 때까지 유학과 유교라는 엄청난 전통에 대한 공격을 쉰 적이 없었다. 여기서 유학이란 중국사회의 전통과 같은 의미다. 사실상 유교는 그 당시 중국의 학문이자 종교이고, 윤리이며 교육으로 사회 전반에 관계되지 않은 곳이 없는 전통 그 자체였다.

뒷날 손자의 병법을 연구하여 《손자참동(孫子參同)》이라는 책까지 썼던 이탁오로서 《초담집》의 저술은 선제공격을 겸한 '적진에 대한 연구'라고 할 수 있지 않을까? 그러므로 유교의 기본구조인 '오륜'을 그 주제로 분류하여 분석하고 평가하였다. 그리고 그는 적의 공격을 혼란시키기 위해 그의 소재를 분명하지 않게 했다.

그러므로 이 《초담집》은 유교적 전통과의 큰 싸움을 벌이기 위한 서전(緖戰)이며 치밀한 준비였다. 그리고 이탁오는 유교가 크게 침체했던 위·진 남북조 사회에서 도가나 불가들에 의한 유교 비판과 조소 등의 사례들을 그의 싸움을 위해 중요한 모범으로 삼았다. 지불원에 있는 동안 이미 《초담집》은 발간이 되었지만, 그의 유명한 《장서》나 《분서》 그리고 《설서》도 계속해서 준비되고 있었다.

5. 하심은과 나근계

62세가 되던 1588년(만력 16), 그는 〈하심은론〉을 썼다. 하심은(何心隱, 1517~1579)[63]은 어려서 과거를 포기하고 집의 재산으로 취화당(聚和堂)을 조직하여 사회 개량을 시험할 정도로 유토피아사상을 가졌다. 그는 양여원

(梁汝元)이라는 이름을 하심은으로 고치고, 청소년을 집단적으로 교육하고 70세 이상의 노인들을 봉양하여 휴양시키는 사회제도를 생각했다. 그는 영풍의 현령을 풍자하다가 감옥에 갇혔고, 다음해는 북경에 들어가 정치를 혼란시켰던 엄숭(嚴崇, 1480~1565)에 대항해 투쟁하였다.

하심은은 만력 5년(1577년 3월) 체포되어 9월 2일 호광의 순무 왕지원(王之垣)에게 살해되었다. 이탁오와 하심은은 한 번도 만난 적은 없지만, 이탁오는 자기보다 열 살 위인 하심은을 매우 존경하였고, 하심은이 살해된 뒤 한 편지 속에서 여러 차례 '하심은은 누구와도 비교할 수 없는 영웅'이라고 극구 찬양하였다.

이지는 하심은이 다섯 가지 인륜 가운데서 오직 스승, 친구, 현인, 성인만을 취하고 나머지 넷을 버렸다고 평가하였다.64) 이지는 하심은을 숭배하였지만, 사상적으로 그와 완전히 일치한 것은 아니었다. 하심은의 언행은 비록 이단의 색채가 강했지만, 이탁오에 견주어 공자의 인의에 더 충실했다고 할 수 있다. 한편 이탁오와 하심은은 다른 사람을 모방하지 않고, 옛 사람을 무조건 믿지 않는 점에서 같다. 즉, 이지는 하심은이 독자성을 중요시하여 공자를 따르려 하지 않은 것을 칭찬하였다. 그는 평소 장거정의 정치적 공적을 높이 평가했지만, 하심은을 살해한 것은 커다란 착오였다는 점을 지적하고 있다.

이탁오는 스승 나근계(羅近溪)가 1588년(만력 16) 세상을 떠나자 〈나근계 선생에게 올리는 제문〉을 썼다. 나근계를 비롯한 태주학파의 학자들은 부조리에 대해 저항하다가 죽임을 당하거나 관직을 잃는 경우가 많았으며, 처음부터 관직을 포기하고 오직 학문에만 전념하기도 하였다. 제자 안균(顔鈞)이 강학으로 남경에서 체포되었을 때, 나여방은 친히 감옥을 찾아 공양했으며 자기 집의 재산을 모두 털어 그를 구하였다. 뒷날 나여방이 관직을 박탈당했을 때, 안균은 사면되어 돌아갔는데, 또한 안균에게 친히 봉사했고 음식 등으로 그를 공양하였다. 이탁오는 나여방을 아주 높이 존경하였고 자신의 저서에서도 여러 차례 그에 대해 말하였다.

이때 초횡이 1589년(만력 17) 과거에 장원으로 합격하여 종6품의 한림원

수찬(修簒)이 되었다. 그럼에도 초횡을 축하하는 내용들이 당시의 서신 속에서 발견되지 않는 것은, 이탁오가 관직의 길에 나아가는 학자를 별로 좋지 않은 눈으로 보았기 때문일 것이다. 위에서 본 대로 이탁오는 세상의 공명을 떨치는 사람들보다도 도를 깨닫는 것을 중하게 여겼으니, 이 점에서 이탁오는 초횡이 관직의 속박을 벗어나기를 바라고 있었던 것이다. 또 9년 이상(초횡은 10년) 이지를 따르며 제자로서 만년 그의 곁에 있던 왕본아(汪本鈳)[65]를 용호에서 처음으로 만났다. 왕본아는 이탁오의 말년을 곁에서 모셨을 뿐만 아니라 그의 원고를 모아 간행한 점에서 뒷날 이지의 저서와 사상을 전하는 데 크게 공헌하였다.

유교 공격의 전면전, 《분서》의 간행

(64～70세, 1590～1596)

1. 근세 학자들의 고질을 도려내라

"읽고 태워버리라"고 외치며 출간한 《분서》는 《장서》와 함께 이탁오의 가장 중요한 저서 가운데 하나이다. 앞에서 본 《초담집》이 그의 학문적 출발점으로 유교와 전통을 공격하는 신호탄이었다면, 《분서》는 격분함이 넘쳐 폭발적으로 발사하는 총공격의 절정이었다. 생활에서 부딪히는 주변의 현실에 대한 전면적인 백병전과도 같았다. 두려움 없이 마구 쏟아내는 주옥같은 생생한 글들 속에서 우리는 진정한 이탁오의 삶과 투쟁의 모습을 만날 수 있다. 불교적 분위기 속의 생활이나 고뇌로 가득 찬 열정적이고 도전적인 삶에서 그가 살던 시대의 사실적인 참모습도 찾을 수 있다. 간단히 말해서 그의 《분서》는 절실하면서도 현실과 마음속의 격분을 발하는 삶과 문학의 절정이며 향기였다.

1590년, 이지가 64세 때, 마성에서 대표작인 《분서》가 출간되었다. 이 책에는 저자의 서문과 초횡의 〈이씨분서서〉가 있다. 《분서》는 모두 다섯 권으로, 1권에 26개의 편지, 2권에 41개의 편지와 같은 중요한 자료가 들어 있어 교류하던 사람들과의 관계와 당시 사회를 알 수 있다. 제3권은 〈잡술(雜術)〉인데 37개의 역사논문을 비롯하여 책의 서문, 그리고 제문 등 아주 귀중한 논문 성격의 글들이 들어 있다. 제4권에는 35편의 경전 해제 등이 많은데, 특히 불교와 관계된 글들이 들어 있다. 제5권은 〈역사 읽기(讀史)〉로서 48편의 역사적 인물 또는 역사적 사건 등에 대해 기록한 귀중한 글들이다. 제6권은 4언장편(四言長篇), 5·7언장편, 5언4구(五言四句), 6언4구, 7언4구, 5언8구, 7언8구 등의 시가로 구성되어 있다.

《속분서》는 그가 죽은 지 16년 뒤인 만력 무오(1618)에 제자 왕본아가 출간한 것으로 초횡의 〈이씨속분서서〉, 장일의 〈탁오 노인의 책을 읽고 나서 씀〉, 왕본아의 〈이어 출판된 이씨 서에 대한 서문〔續刻李氏書序〕〉이 있다. 이 저서는 모두 5권으로 구성되었는데 1권에는 〈저서의 모음〔書彙〕〉, 2권에는 〈서문의 휘〔序彙〕〉, 3권에는 〈읽은 역사의 모음〔讀史彙〕〉, 4권에는 〈여러 저술의 모음〔雜著彙〕〉, 5권에는 〈시의 모음〔詩彙〕〉인데, 3권 가운데 〈독사휘〉에는 24명의 명대 인물평과 고사 여덟 가지를 덧붙이고 있다.

이 저서는 스스로 찾은 매우 독창적인 언어로 쓰였는데, 그의 생활에서 비롯된 불교언어, 분하여 격해진 언어로 가득하며, 특히 자유롭고 분방한 그의 사생활이나 인생철학, 역사관 등이 매우 생동감 있게 기술되어 있다. 위의 〈자서〉에서도 본 것처럼 그는 당시의 정치·사회의 윤리와 권력을 잡은 자들의 허위와 형식을 날카로운 표현으로 통쾌하게 공격하고 있다.

거침없이 곧은 언어로 설파하고 한 시대를 꿰뚫어 보며, 격분함이 너무 지나쳐 다른 사람의 비위를 거스름에 전혀 유의하지 않았던 《분서》와 《속분서》는 이탁오 삶의 귀중한 기록이며 아울러 치열했던 투쟁의 참모습을 잘 보여준다.

그러나 청대의 《사고전서총목》에서도 "성인을 부정하고 법을 어기며, 감히 어긋나는 논의를 일으켜, 사회 윤리〔명교〕의 죄인으로 백성을 속이는 그릇된 학설"[66]이라고 비난받았던 이 저서의 서문에서 그는 이렇게 썼다.

> 또 한 책은 《분서》이다. 주로 가까운 친구들에게 답장한 편지를 모은 것이다. 그 속에서 논한 내용 가운데는 근래 학자들의 고질, 즉 결정적 병폐를 깊이 파고들어 자극한 것이 많다. 그러므로 이 책을 읽는다면, 그들은 반드시 나를 죽이려 할 것이다. 그러므로 태워버리려는 것이다. 하나도 남기지 말고 태워버리는 것이 좋겠다.
>
> … 《설서》는 이미 간행했고, 《분서》도 역시 다시 간행했다. 또한 《장서》 가운데 한두 논저 역시 다시 간행하여 태워야 할 것을 더 이상 태우지 않게 되었고, 감추어야 할 것을 더 이상 감추지 않게 되었다.

이에 대해 혹 어떤 사람은 "과연 그렇다면 정말 책이름을 《분서》라고 하는 것은 더 이상 적절치 않은 것 같습니다. 사물의 명칭은 그 실상에 알맞게 표현해야 하고, 사람의 말은 그 행실에 맞아야 한다는 말에 어긋나는 것이 아닙니까?"라고 내게 물었다.

아! 내 어찌 알 수 있겠으며, 당신 역시 어떻게 알겠는가? 태우려는 사람들은 그것이 사람들의 귀에 거슬리기 때문이라 하고, 출간하려는 사람들은 그것이 사람들의 마음에 받아들여질 거라 말한다. 귀에 거슬리는 사람은 반드시 죽이려 할 것이니, 이는 참으로 두려운 것이다. 그러나 내 나이 64세인데, 혹시 사람들의 마음속에 받아들여지는 것이 하나라도 있을지 모른다. 만일 있다면 나를 이해하는 사람이 몇 명이라도 있을 것이다. 다행히 있으리라고 나는 기대한다. 그러므로 이에 간행하는 것이다.[67]

자기가 쓴 책의 이름을 태워버려야 할 책, 《분서》라고 한 것부터가 동서양 고금을 통하여 보기 드문 일이다. 우리는 그 옛날 중국의 진시황이 책을 태운 '분서'로 익숙해져 있지만, 스스로 자기 책을 '태워버려야 할 책', 즉 《분서》라 한 것은 들어본 적이 없다. 더구나 책이 태워질 것을 각오함은 물론 더 나아가서 그 때문에 그 스스로가 목숨을 잃을지도 모른다는 비장한 각오로 책을 출간했으니 놀라운 일이다.

이제 유교에 바탕을 두고 화석화한 전통에 대한 싸움은 전면전이 되었다. 그는 지식인들과 유교사회의 난치병들을 건드리기 시작했다. 그 허구와 위선을 지적하며 공격하였다. 그러나 이지는 싸움의 어려움을 인식하고, 위급하면 본진을 초토화하라고 외쳤다. 배수진을 쳤다고나 할까? 그래서 태우려면 태우라고 소리쳤다. 실로 대단한 각오였다. 이미 죽음을 무릅쓴 싸움이었다.

따라서 《분서》는 이지의 여러 저서 가운데 그 자신의 주변이나 생활, 당시 사회상 등을 가장 잘 알 수 있는 저서이다. 그와 서신으로 교류한 사람들, 그리고 그 내용을 비롯해서 그가 관심을 가졌던 다양한 분야의 일들이 생생하게 다시 솟아나는 듯하다. 수필처럼 썼기 때문에 글들이 격한 감정과 독설로 가득하면서도 시사하는 바가 매우 크다. 이 책 속에서 불교도로서 그의 면모도 볼 수 있는 것이다. 뒤에 나오는 대저서인 역사평론서로서 《장서》에 견주어 그의 인간다움, 그리고 생활의 면모를 우리들에게 가장 잘 보여주는 책이다. 이지의 《분서》에는 불교의 이론에 대하여 쓴 것 또한 적지 않다.

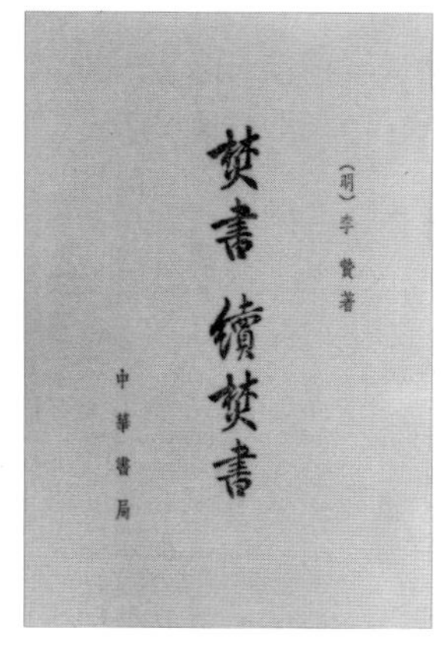

태워버리라는 이름의 《분서》
(중화서국, 1975)

《분서》 가운데 여러 내용에서 우리는 이지가 선종(禪宗)의 영향을 많이 받고 있음을 알 수 있다. 그는 오랫동안 불교를 연구했기 때문에 학문적으로 강론하고, 전도하며 불교의 교의를 선양했다. 그러나 이지는 형식을 중시하는 불교도는 아니었기 때문에, 역시 선종의 신앙에서도 완전한 것은 아니었다. 그는 불교의 유심주의 종교 신앙에 대해,

> 만약 산하와 대지가 없으면, 청정(淸淨)의 본원도 이루어지지 않는다. 그러므로 산하와 대지는 곧 청정본원이라 해도 좋다. 만약 산하와 대지가 없다면, 곧 청정본원은 완전히 텅 비어 쓸모없는 물건이 되므로, 어떤 사물을 만들거나 태어나게 할 수도 없고 만물의 어머니가 되지도 않으니 반푼의 가치라도 있단 말인가?68)

라고 하였다. 하지만 우리가 주의해야 할 것은 그가 자주 불교의 이론을 인용하여 봉건사상에 대한 비판을 가한 점이다. 유교와 전통사상을 공격하기 위해 다른 종교에서 방법을 찾는 것은 가능한 일이었다. 이지는 《분서》 가운데 한 편지에서,

> 천하에는 태어나면서부터 진리를 알 수 있는 능력을 갖지 못한 사람은 하나도 없고, 진리를 알 수 있는 능력을 갖지 못한 물건도 하나도 없으며, 진리

> 를 알 수 있는 능력을 갖지 못한 시간은 하나도 없다. 다만 사람들이 스스로 그 사실을 모를 뿐이고, 그것을 알려고 한 적도 없다.
>
> … 이미 사람이 되었는데, 어찌 또 부처가 될 수 없을 것이며, 다시 다음날을 기다려야 할 것인가? 천하에는 사람 바깥에 부처가 있으며, 부처 바깥에 사람이 있단 말인가? 만약 마음으로 벼슬과 결혼 등의 일을 끝낸 뒤에 불교를 배운다고 하면, 부처가 되는 것은 반드시 무사함을 기다려야 하는데, 이러한 일은 곧 부처의 장애가 되는 것이다.[69)]

라고 하여 나면서부터 아는, 그리고 부처가 될 수 있는 인간의 본성을 이야기하고 있다. 더욱이 세상의 일과 불교의 신앙을 분리해서 생각하지 않았다. 즉 생활불교라고 할까? 말하자면 서민불교를 추구하는 그의 실용적 종교관이었다. 이것은 유교에서 우수한 사람은 나면서부터 알지만, 중간 사람은 배워서 알며, 수준 낮은 사람은 배워도 알지 못한다는《중용》의 학설에 대한 부정인 것이다.

또한 '백성들이 하루하루 생활에서 유용한 도〔백성일용지도〕'의 문제에서도, 사람이 곧 부처이며 부처가 곧 사람이라는 사상이 나타나는데, 이는 불교에서 오는 적극적인 평등사상인 것이다. 즉, 이탁오는 타고난 앎을 강조했다. 그러므로 그는 날마다의 삶 가운데 불교의 수행이 있으며, 바로 이 불교의 수행은 날마다 유용한 일이어야 한다고 말했다. 이에 비추어 그는 사람이 곧 부처요 부처가 곧 사람이라고 했으니, 그의 실용주의와 적극적인 종교사상을 나타낸 것이다.

2. 자유의 본체, 동심의 세계

1) 동심은 진심이다

이탁오는 인간의 진심을 존중하여 동심설(童心說)을 주장하였다. 그는 도리와 견문에 영향을 받지 않은 동심, 즉 진심은 매우 귀중하며 그것은 책을 읽어서 얻어지는 것이 아니라고 단언하였다. 이 도리와 견문으로 장애를 입은 가식의 사람〔假人〕은 부끄러움을 모르는 사람들이며 그들의 언어나 행동, 문장들이 모두 가짜를 면하지 못한다고 아래와 같이 반박하였다.

무릇 동심이란 참된 마음이다. 만약 동심을 옳지 않은 것으로 여긴다면, 이 때문에 진심도 옳지 않은 것이 된다. 그러므로 동심이란 가식이 결코 없는 순수하고 참된 마음으로 사람이 지니고 있는 최초의 본마음이다.

만약 우리가 이 동심을 잃어버린다면 곧 진심을 잃어버리는 것이며, 진심을 잃어버린다면 곧 참된 사람을 잃어버리는 것이다. 사람으로서 참되지 않다면, 다시 처음으로 돌아갈 수 없는 것이다.

아이가 사람의 처음인 것처럼, 동심은 우리 마음의 처음이다. 그러므로 마음의 처음을 어찌 잃을 수 있겠는가? 그런데 어떻게 동심을 갑자기 잃게 될까? 처음에는 듣고 보는 것이 눈과 귀를 좇아 들어와 오히려 사람의 마음 안에서 주인이 되면 동심을 잃게 된다. 또 사람이 자라면서 도리가 생겨 견문을 통해 들어와 그 안에서 주인이 되어 역시 동심을 잃어버리게 된다.

그것이 오래되면 도리와 견문이 날마다 더욱 많아지고, 아는 것과 깨닫는 것이 더욱 넓어져 사람들은 자신의 이름을 아름답게 빛내는 것이 좋다는 것을 알게 되고, 그것을 드러내 널리 알리고자 함으로써 동심을 잃어버리게 된다. 반대로 자기의 아름답지 않은 이름이 추하다는 것을 알게 되면, 그것을 덮어버리려고 애를 쓰게 되어 동심을 잃어버리는 것이다.

무릇 도리와 견문은 모두 책을 많이 읽고 의리를 많이 아는 데서 오는 것이다. 그러나 옛날의 성인이라고 해서 어찌 일찍이 책을 읽지 않았겠는가? 설사 책을 읽지 않았더라도 동심은 진실로 그 스스로 있는 것이고, 비록 책을 많이 읽었다 하더라도 동심을 보호하고 그것을 잃지 않을 수 있으므로, 학자가 책을 많이 읽고 의리를 아는 것이 동심에 반대와 장애가 된다고만은 할 수 없다.

학자들이 책을 많이 읽고 의리를 알아 동심이 장애를 입었다면, 성인은 많은 책을 쓰고 말을 세움으로써 공부하는 사람들에게 장애를 주었단 말인가?

동심이 이미 장애를 입었으니, 여기에서 말이 나오면 그 언어는 충심에서 나오는 것이 아니고, 여기에서 정사가 되면 그 정사는 뿌리가 없는 것이며, 여기에서 문사(文辭)가 저술되면 그 문사는 능히 통달할 수 없는 것이다. 그 문장 안에 아름다움을 포함하지 않은즉, 독실하게 생동하고 빛날 수가 없어 '한마디의 덕 있는 말'을 하려 해도 결국 그것을 얻을 수 없는 것이다. 왜 그러냐하면 이미 동심이 장애를 입었으므로 바깥에서 들어오는 도리를 마음으로 정해버렸기 때문이다.

그러므로 이미 견문과 도리로써 마음을 삼게 되면 말하는 것은 다 견문과 도리의 말이요, 동심에서 나온 말은 아니다. 이 말이 비록 교묘하기는 하나 그것이 나와 무슨 관계가 있으며, 어찌 그것이 가식의 사람이 가식의 말을 하고, 가식의 일을 하며 가식의 글을 쓰는 것이 아니겠는가?

대개 그 사람이 이미 가짜이니 가짜가 아닌 것이 없다. 이로 말미암아 가식의 말로써 가식의 사람과 이야기하니 가식의 사람이 좋아하고, 가식의 일로써 가식의 사람과 이야기하니 가식의 사람이 기뻐하고, 가식의 글로써 가식의 사람과 이야기하니 가식의 사람이 기뻐하게 된다. 그러므로 가짜 아닌 것이 없어 기뻐하지 않는 것도 없고, 광장에 가짜가 가득 찼으니 난쟁이같이 작은 사람들이 무슨 이야기를 하겠는가?

그런즉 비록 천하에 지극히 훌륭한 문장이 있다 해도, 거짓된 사람들에 의해 없어져 후세에 다시 보일 수 없는 것이 또 어찌 적다고 하겠는가? 왜냐하면 천하에 지극히 훌륭한 문장은 모두 동심으로부터 나오기 때문이다. 진실로 동심을 항상 가질 수만 있다면, 이미 굳어진 세상의 도리와 밖에서 들어온 견문이 내 마음을 지배하지 못하여, 언제 써도 훌륭한 글이 되고 누가 써도 좋은 글이 되며, 어떠한 체제의 글을 써도 뛰어난 글이 아닌 것은 없게 된다.

좋은 시는 왜 하필 고선(古選)에서 찾아야 하며, 좋은 글은 하필 선진(先秦)시대의 것에서 찾아야 하는가? 그것이 다음대로 내려와 육조시대를 거쳐 당대(唐代)의 근체(近體)로 변했다. 또 당대에 이르러 문언단편소설인 전기(傳奇)가 되었으며, 송·금의 시대에는 희곡작품인 원본(院本)으로, 원대에는 잡극, 서상곡, 《수호전》으로 변하였고 지금 과거시험의 문장으로 변하였으니, 모두 고금의 훌륭한 글이어서 그것이 나온 시대의 선후로 좋고 나쁨을 말할 수는 없다.

그러므로 나는 동심으로부터 느끼며 나의 글을 쓰니, 다시 더 이상 무슨 육경(《시경》《서경》《주역》《춘추》《예기》《악경》)을 말하겠으며 다시 《논어》와 《맹자》를 말하겠는가?

무릇 육경과 《논어》《맹자》는 역사를 쓰는 사관들이 지나치게 높이 추켜세운 말이 아니면, 신하들이 극히 찬미한 말의 기록에 지나지 않을 뿐이다. 그렇지 않으면 멍청한 문도(門徒)와, 흐리멍텅한 제자들이 스승의 학설을 기억하되, 머리는 있고 꼬리가 없으며 앞은 얻었는데 뒤를 잃어버려서 그 소견에 따라 책에다 써놓은 데 불과하다. 그럼에도 후학들이 그것을 제대로 살피지 못하고 그것이 모두 성인의 입에서 나왔다고 말하면서 차례를 정해 경전으로 만들었으니 그 태반이 성인의 말이 아닌 줄 누가 아는가?

비록 그것이 성인으로부터 나왔다 하더라도, 그때 무엇인가 유익해서 찾아낸 것으로 병에 따라 약을 짓고 때에 따라 처방한 것인데 가장 멍청한 제자들과 흐리멍텅한 문도들이 이를 가지고 세상을 구제한다고 했을 뿐이다. 약과 의사는 병에 따라야지 정해진 한 처방만을 고집해서는 안 되는 것이니, 이 어찌 한 가지로 만세에 변할 수 없는 최고의 이론을 삼을 수 있단 말인가? 그러므로 육경이나 《논어》《맹자》 같은 것들이야 도학한다는 사람들의 구실(핑계)이며, 거짓된 사람들의 소굴이니, 결코 그것이 동심에서는 나온 말이 아님은 확실하다.

아! 내가 또 어떻게 아직도 동심을 잃지 않은 진정한 대성인을 만나 글에 대해 같이 마음껏 이야기할 수 있을 것인가?[70)]

인간이 가져야 할 지극히 순박한 최초의 참된 마음을 이탁오는 어린아이의 마음, 즉 동심이라 했다. 이것은 인간의 성품을 말하는 인성론에서 본래 인간성이 착하다고 한 맹자의 성선설과도 직결된다.

물론 이탁오가 사상적으로 받아들였던 양명학의 기본 출발점으로, 왕양명이 주장한 본래 마음, 즉 양지에 도달하는 것이며 중국의 사상사에서 발가벗은 아이의 마음이나, 또는 참된 마음으로써 진심, 진허(眞虛), 태허(太

虛) 등과도 관계되는 아주 깊고 어려운 사상적 개념이다.

이 동심설은 이탁오 사상 모두를 대표할 수 있을 정도로 매우 중요하고 폭넓은 사상이다. 철학적으로 순수한 인간의 참된 마음으로부터 출발하는 바탕과 그것이 살아가는 동안 흐려지거나 또는 더러워지는 과정을 매우 치밀하고 예리하게 설명하고 있다.

이는 비단 유학에서뿐 아니라 세계의 어느 종교나 진리에서도 공통의 성격을 가질 수 있는 주제이기도 하다. 기독교의 《성경》 가운데 〈마태복음〉에서 예수가,

> 너희가 생각을 바꾸어 어린이와 같이 되지 않으면 하늘나라에 들어가지 못할 것이다. 하늘나라에서 가장 위대한 사람은 자신을 낮추어 어린아이와 같이 되는 사람이다. 하늘나라는 어린이와 같은 사람의 것이다.[71)]

라고 했으니, 동서양의 성인이나 진리는 역시 서로 통하는 것이다. 이탁오가 유교·불교·도교의 성인이 주장하는 진리는 서로 같다고 자주 말하는 주제는 여기에서도 마찬가지로 설득력을 갖는다.

이러한 바탕 위에서 인간의 활동으로 이루어내는 모든 업적들, 즉 언어는 물론 정치적인 업적, 문학적인 성취가 가능하다고 이탁오는 강조하고 있다. 따라서 동심설은 중국 문학사상사에서도 매우 중요한 위치를 차지하게 된다. 즉, 《수호전》이나 《서상곡(西廂曲)》 등 동심에서 출발한 문학이야말로 유교의 경전인 육경이나 《논어》 《맹자》에 견줄 수 있다고 역설하고 있다.

더 나아가서 유교의 경전에 대한 회의나 비판 그리고 역사관에서 또한 중요한 의미를 갖는다. 육경이나 《논어》 《맹자》는 역사의 서술을 맡은 관리인 사관이 불필요하게 높여준 말들이나 신하들이 찬미한 언어로 가득 찼다고 말하면서, 그 태반이 성인의 말이 아니라고 예리하게 비판하고 있다. 이것은 곧 유교의 성인과 함께 두 축을 이루는 경전의 신성함과 권위를 여지없이 부정하며 무력화하려는 그의 대공세였다.

이러한 점에서 동심설은 이탁오의 기본 철학사상인 동시에, 문학이론이다. 또 경전의 부정을 포함한 유교비판이고 역사관을 종합적으로 보여주는 훌륭한 대표적 명문이다. 사회의 경험에서 받는 견문이나 독서를 통해 얻는 도리에서 인간의 진심은 자유로워져야 하고, 특히 이른바 경전이라고 하는 성인의 가르침이란 속박의 굴레를 과감하게 차단하는 자유로운 마음이 곧 동심이었다. 그러므로 동심은 곧 자유인의 밑바탕이 되는 마음의 기본이었다.

2) 자유낭만파 문인 공안파의 원씨 삼형제

이때 이탁오에게는 또 하나의 불행이 겹쳤으니, 양아들 귀아(貴兒, 혹은 桂兒)가 용호에서 물놀이하다가 빠져 죽었다. 이탁오는 매우 슬퍼하면서 〈귀아를 곡한다〔哭貴兒〕〉의 5언4구 3수와 5언절구 2수를 지었다.[72] 그는 자신의 주변을 떠나는 사람들을 생각하며 몹시 고독해하였다. 양아들 귀아가 용호에서 물놀이하다가 빠져 죽은데다가, 관청이 지불원과 납골당을 불사르고 부숴버렸다. 동생의 아들인 귀아의 죽음과 며느리의 재가(再嫁)로 어린 손자는 고향인 천주의 남안에서 자라 대를 이었다.

이탁오의 글 속에는 박해를 받으며 도피하는 힘든 고난이 시작될 무렵에 닥친 집안의 흉사에 대한 슬픔이 들어 있다. 친구는 물론 가까운 사람들이 하나하나 그의 곁을 떠나는 모습도 보여준다. 죽는 날까지 이어지는 도피의 고난을 겪으면서도 그는 가는 곳마다 학문을 논하고 저서를 남겼다. 생애의 종반에 고난으로 가득한 '장엄한 대장정'이 시작되고 있었다.

이처럼 경정향과 관료들로부터 박해를 받고 있을 때, 이탁오는 유동성의 초대를 받았다. 유동성(劉東星)[73]은 당시 공부좌시랑 겸 우첨도어사로서 수로의 교통과 운송을 담당한 하조(河漕)를 총괄했는데, 그러한 수리사업의 공이 커서 공부상서로 승진되었다. 만력· 19년, 이지가 황학루에 피신해 있을 때, 홍산사(洪山寺)로 찾아가 자기 관서로 맞아들여 곤경에 처해 있는 이지를 깊은 우의로 대해주었고, 이지는 그에게 시로써 고마움의 뜻을 전했다.

호북성 공안의 삼원(三袁)[74], 즉 원종도・원굉도・원중도 삼형제가 1590년 처음 이지를 만났다. 만력 19년(1591), 그는 경정향과 《분서》를 둘러싸고 격렬한 싸움이 벌어지고 있을 때, 원굉도와 만나서 그 우의를 더욱 두텁게 하였다.

이들 삼형제가 작품 속에 이지에 대하여 기록한 것이나, 이지가 죽은 뒤 원중도가 〈이온릉전(李溫陵傳)〉을 쓴 것은 그들 사이의 밀접한 관계를 말해주는 것이다. 원씨 형제들이 그와 사귀는 가운데 그들은 문예사상으로 이지의 영향을 크게 받았다. 원씨 삼형제는 자연을 주장하며 어떠한 규격에 구애받으려 하지 않고, 문장이 반드시 서한의 것을 모방하거나 또는 시가 반드시 당의 전성기 시대의 것을 모방하는 데 반대하였다. 당시 문학에서 하나의 새로운 학파를 만들었는데 이것이 곧 공안파(公安派)이며, 이것은 그의 진보적 문예사상에서 직접 영향을 받은 것이다.

원중도는 이탁오의 붓끝이 "마치 무쇠처럼 굳세어, 담력과 정신을 아무도 당할 수 없으며, 《분서》는 걱정 있는 사람을 웃게 하고, 병든 사람을 건강하게 하며, 정신이 혼미한 사람을 깨게 하는 힘이 있다"고 찬양하였다. 원중도는 〈이온릉전〉에서 이탁오의 사상과 저작들을 가리켜,

> 살갗을 갈라 뼈가 훤히 드러나는 것처럼 치열해 학문의 이론을 훨씬 뛰어넘었다. 그에게서 나온 논의들은 시비의 칼날 위에 올려지는 것 같았고, 사자가 세상에 젖을 뿌려주는 듯하며, 향내 나는 코끼리가 물살을 막아 사람을 건너게 하듯이 외롭고 높이 이어져, 선생의 참된 도에 감히 응수할 수 있는 사람이 별로 없었다.[75]

고 그의 사상과 저서의 정신을 아주 예리하게 평가하였다. 명대의 봉건사회적 분위기에서 문화예술계는 복고적인 사조가 지배하였다. 따라서 그들은 진・한 이후에는 훌륭한 문장이 없었고, 당의 전성기〔盛唐〕 이후에는 좋은 시가 없었다고 말할 정도였다. 그러나 명 중엽 이후 상품경제가 발달

하고 시민계층이 확대되면서 변혁과 진보적 사회요인으로 소설, 희곡, 민중의 가요 등이 송대나 원대에 견주어 크게 번영하였다.

그 가운데 적지 않은 작품들이 봉건전제주의에 반발하는 시민계층에 영향을 주었고, 예술형식, 인물성격, 통속적인 문학언어 등도 민중들이 좋아하는 쪽으로 변하였다. 성리학자들이 고취(鼓吹)한 복고적인 목적과 반대로 진행된 이러한 진보적 경향의 문예발전은 길거리나 마을의 부질없는 의논처럼 깊이 없이 천박한 것으로 여겨져 보잘것없는 학문〔末學〕으로 경시되었다. 그러나 이탁오에게 이러한 복고적 문예사조는 여지없는 비판과 공격의 대상이 되었다.

"천하의 지극히 훌륭한 문장은 동심에서 나오지 않은 것이 없다"고 외치던 이탁오의 주장에서부터 "울분에서 북받쳐 오르지 않으면 훌륭한 작품을 만들 수 없다"는 그의 사상과 열정으로, "시는 왜 반드시 옛것에서 뽑아와야 하며, 문장은 왜 반드시 선진(先秦)에서 가져와야 하느냐?" 하면서 정면공격을 가했던 것이다. 특히 그는 생각하기를 "오늘이 새로우면, 내일도 새롭고, 그 다음날도 또 새로워진다"는 것을 문체의 변화에도 적용시켜야 한다고 강조했던 것이다. 이 당시 원씨 삼형제가 속해 있는 공안파의 중요한 문학적 주장도 이러한 그의 사상과 맥을 같이 하는 성령설(性靈說)이었다. 원굉도가 동생 원중도의 시를 찬미하여 말하기를,

"거의 모두 오직 성령에서 나왔으며, 지나간 격식이나 버릇〔套〕을 따르지 않고, 자기 가슴속으로부터 흘러나왔으므로, 그대로 쓰지 않을 수 없었다"고 했고, 원종도 역시 "성정(性情)이 나오는 대로만 하면, 마음속의 모든 능력을 밖으로 토해내지 않은 것이 없다"고 했다.

원굉도는 그의 문학이론인 성령에 대하여,

> 오늘날의 시어(詩語)와 글이 전하지 않는다. 그 가운데 만일 전해지는 것이 있다면, 혹 여염집 부인이나 어린아이들이 보배인 옥을 깨뜨려버리는〔擘破玉〕[76] 것이나 풀과 대나무를 치는 부류들인데, 이는 들은 것이 없고 배운 것이 없는 사람들이 오히려 진실한 사람들로서 참된 소리를 내는 것이다. … 우

> 리의 성품대로 내면 오히려 사람의 기쁨과 노함, 슬픔과 즐거움이나 기호 그리고 정욕에 통하는 것으로 이것이 바로 즐거운 것이다.77)

라고 하였다. 위에서 보는 사람의 "성품에 맡긴다"든지, "부인과 아이들의 참된 소리" "아이들의 흥취" 등은 이지의 〈동심설〉에서 영향을 받은 것이다. 모두 홀로 성령을 따르며 격(格)과 투(套)에 얽매이지 않고, 자기의 가슴 속으로부터 흘러나오지 않는 것은 붓으로 쓰는 것 자체를 반대했던 것이다.

당시 원씨 삼형제가 속한 공안파는 문학의 복고적인 사조를 반대하였다. 그들은 문학은 시대의 변화에 따라 변해야 하며, 시대가 같지 않으면 문학도 같지 않아야 한다고 단언하였다. 이 때문에 공안파의 문인들은 옛 것을 귀히 여기고 현재를 천하게 여겨 옛 사람의 것을 모방해야 한다는 데 대해 강력히 반대했다. 원소수는 〈중랑 선생의 행적을 적은 글〔中郎先生行狀〕〉에서 이지는 문학사상으로 원중랑(굉도)에게 영향을 주었다고 했다.

> 중랑선생은 이미 용호(이탁오)를 뵙고 나서 비로소 계속해서 낡은 말들을 수습하고, 속된 견해를 지키면, 옛 사람들의 말에 빠져 한 구절의 훌륭한 문장도 얻을 수 없다는 것을 알게 되었다. 그뒤 마음은 한없이 넓어져 아주 가벼운 기러기의 날개 깃털이 순풍을 만난 듯이 큰 물고기가 큰 골짜기를 달리듯이 능히 마음을 스승으로 삼았다.
>
> 중랑은 능히 옛 사람으로 돌아가도 옛날로 돌아가지는 않았다. 가슴속으로부터 흘러나오는 하나하나의 언어를 발하여 하늘과 땅을 덮었고, 코끼리처럼 급류를 조절하면서 벼락 치는데 집속에 숨어 있듯이 끝없는 물속에 잠겼다.

초횡이나 유동성과 매국정 등의 경학에 관한 관심과 공동의 연구와는 달리, 당대를 휩쓸었던 문인들인 원씨 삼형제에 대한 이탁오의 영향은 문학에서 또 다른 공헌을 하게 된 것이다.

이탁오는 문학이론이나 문예평론에서뿐 아니라, 문학작품에도 크게 기여하였다. 특히 통속문학에 관심이 컸던 이탁오는 시내암이 짓고 나관중이 보충했다고 전해지는 인기 있는 소설인 《수호전》을 비평하여 출간하였다. 이탁오는 이 소설의 인물들의 행위를 분석하고 당시의 사회를 비판하였다. 그의 저서인 《분서》 속에 들어 있는 《충의수호전서》에서 이탁오는 이렇게 썼다.

> 태사공 사마천은 "《한비자》의 〈말하는 어려움〔說難〕〉과 〈외로움 속의 울분〔孤憤〕〉은 성현이 분함을 못 이겨 지은 것이다"라고 했다. 이것을 보면 예부터 성현들은 분을 내지 않으면 저술을 하지 않았다고 할 수 있다. 분이 나지 않았는데도 저술을 하는 것은, 마치 춥지도 않은데 떠는 것과 같고, 병도 없는데 신음하는 것과 같다. 그러면 비록 저술을 한다 해도 무슨 볼 만한 것이 있겠는가? 《수호전》은 울분이 폭발하여 지은 것이다.[78)]

이탁오는 《수호전》 전체를 통틀어 민족의 울분, 불평의 울분, 충의의 울분이라고 규정하였다.

이러한 문학관은 이탁오가 비점을 찍은 《수호전》에서도 역력히 나타나고 있다. 그는 유명한 〈동심설〉에서 《서상기》나 《수호전》 같은 동심에서 우러나온 작품은 모두 훌륭한 글이어서 육경이나 《논어》《맹자》에 견주어 전혀 손색이 없다고 놀라운 발언을 한 것이다. 그는 특히 《수호전》이 가장 대표적인 '분을 발하여 쓴 작품'이라고 하였다. 오늘날 이탁오가 지은 《비평삼국지연의》 24책, 《비평충의수호전》 100권과 《비평충의수호전전》 120회본이 전한다. 그

이탁오가 비평한 《충의수호전》

는 특히 《수호전》을 사랑해서 앞에 '충의'의 두 글자를 덧붙였다.

특히 《수호전》은 16세기 조선에도 전해져 허균(許筠, 1569~1618)의 《홍길동전》으로 연결되었다고 한다. 최근에 새로 나온 이문열의 《삼국지》에서 이탁오본의 삽화를 인용하고 있는 것도 흥미롭다.

《수호전》을 자신의 문학이론인 '동심'으로 씌어진 천하의 지극히 훌륭한 문학이며, 자신의 일생처럼 "분을 삼키며 쓴 작품"이라고 말하는 이탁오의 리얼리즘이 특히 돋보인다. 그의 영향을 받았던 조금 후대의 유명한 문인 김성탄도 《사기》는 글〔文〕로 일〔事〕을 옮기〔運〕지만, 《수호전》은 일을 만들어낸다〔生〕고 평하였다.

원굉도가 《동서한통속연의(東西漢通俗演義)》의 서문에서 이렇게 썼다.

> 마을에 책읽기를 좋아하는 사람이 있었다. 십 년을 침묵하다가 어느 날 갑자기 책상을 치면서 외쳤다. '비범하시구나, 이탁오 선생은 나의 진정한 스승이구나!' 옆 사람이 놀라 그 까닭을 물으니, 그는 이렇게 대답했다. 사람들이 《수호전》을 뛰어나다고 하는데, 과연 그렇습니다. 내가 매번 《십삼경》이나 《이십일사》를[79] 읽으려고 펼치기만 하면 갑자기 잠을 자고 싶어졌는데, 《수호전》을 볼 때는 쉽고 밝은 일상의 이야기여서 한번 들면 손에서 놓을 수가 없군요. 만약 이탁오 선생이 이러한 일단의 정신을 드러내지 않았다면 《수호전》의 작자와 독자는 아주 오랜 세월 동안 그저 함께 꿈속을 헤매었을 것입니다.

원굉도는 이탁오가 《수호전》에 평점을 가하여 재미와 의미를 독자에게 효과적으로 전달했음을 지적하였다. 그는 작가의 의도를 이해하고 독자로 하여금 마음을 열도록 하려는 이탁오의 평점의 목표는 크게 성공했다고 평가하였다.[80]

이탁오는 《분서》와 《속분서》에 적지 않은 시를 남겼다. 그는 특히 에세이 분야에서 가장 큰 문학적 성취를 이루었다. 그의 시문집인 《분서》와 《속분서》의 엄청난 작품들은 실로 16세기 중국 에세이의 커다란 보고라고 할 수 있다. 이탁오의 문장은 간결하면서도 예리하고 해학과 기지로 넘쳤다. 사람을 크게 웃기는가 하면, 분노로 절규하게 만들었으며, 역설과 독설은 뜻의 앞과 뒤, 참과 거짓을 판단하기 어렵게 만들기도 하였다. 이러한 문체는 5·4신문화운동 때 유명한 문인이었던 노신(魯迅, 1881~1936)에게 계승되었다고 중화민국 시대의 주유지는 지적하였다.81)

중화민국 초의 대문인 노신

이지가 68세 되던 1594년 왕본아는 용호에 와서 그를 모시고 학문을 배웠다. 왕본아는 안휘성 신안 사람으로 이지가 박해를 받아 체포되기 직전까지 그를 모시고 따르며 배웠던 충실한 제자였다. 왕본아는 그의 묘지 관리나 저서의 정리나 간행 등에 힘썼다,

> 나는 선생님을 따라 9년을 다녔는데 아침, 저녁으로 좌우에서 거의 떠나지 않았다. 사람들은 "선생님을 오래 섬긴 사람으로서는 왕본아 같은 사람이 없으니 마땅히 선생의 참된 모습을 아는 자도 왕본아만한 사람이 없을 것이다"라고 말한다. 그러나 회고하건대 내가 어찌 선생님을 충분히 알겠는가! 선생님은 스스로 세상에 알려지신 분이며, 선생님은 스스로 천하 만세의 사람들과 더불어 알려지실 분이다.82)

3) 독서의 즐거움—내 마음을 만나는 기회

지불원에서 독서에 열중하면서 쓴 〈책 읽는 즐거움〔讀書樂〕〉은 이탁오의 학문적 열정을 생생하게 보여주는 것이어서 매우 흥미롭다. 〈독서락〉은 단순히 책을 읽는 즐거움이 아니라, 그의 역사관이나 세계관, 그리고 인물 평가에 대해 예리하고 대담하며 독자성이 강한 철학을 보여주는 것으로 이탁오 사상에서 중요하다. 다음 글을 보자.

나는 다행히도 눈이 좋아 나이 70세가 되어도 작은 글씨를 볼 수 있으며, 손도 좋아 떨지 않고 작은 글씨를 쓸 수 있다. 그러나 이것을 타고난 행운으로 여기기에는 아직 모자란다.

하늘은 다행히도 내게 평생토록 세속의 사람들을 만나기 좋아하지 않는 성격을 주었다. 그 때문에 젊었을 때부터 노인이 된 지금까지 친척이나 손님의 왕래로 방해받지 않고, 오직 책만 읽을 수 있었다. 천행(天幸)으로 나는 평생 동안 가까운 집안사람들을 (지나치게) 사랑하거나 가까이 하지 않는 매정한 성격으로 태어났다. 그 때문에 늙어서도 용호에 와서 가족을 돌보거나 나를 핍박하는 고통을 면할 수 있게 되어, 역시 오직 책만을 읽을 수 있었다. 그러나 이것 역시 천행으로 여기기에는 아직 부족하다.

그러나 나는 더욱 행복하게도 나의 마음의 눈[心眼]이 좋아 책을 펴면 바로 그 속의 사람을 보며, 그 사람을 보면 그 시작과 끝의 대략을 볼 수 있었다. 무릇 책을 읽고 세상을 논한 사람들이 옛날부터 많이 있었지만, 혹은 그 표면만 보거나 혹은 그 몸의 피부만 보거나, 핏줄만 보거나, 혹은 근육이나 뼈만 보았다. 그러나 지극한 경우에도 겨우 뼈를 보는 데 지나지 않았다. 비록 능히 오장을 뚫어볼 수 있다고 할지 모르나, 사실 아직 오히려 뼈를 찌르지는 못하였다. 이것은 내가 스스로 천행이라고 하는 첫 번째이다.

내가 특히 타고난 행운은 대담성이니, 옛날 사람들이 기꺼이 현명한 사람으로 떠받들었던 사람들을 나는 거짓된 인간으로 많이 대했고, 썩어빠지고 재능이 없어 실용에 적합하지 않게 여겼다. 나는 세상사람들이 야비한 자, 버린 자라며 침 뱉고 욕한 자들을 다 이 나라를 맡길 만한 사람, 집안을 맡길 만한 사람, 몸을 맡길 만한 위대한 사람으로 여겼다. 나의 시비는 옛사람들과 많이 어긋났으니, 대담하지 않으면 이를 어찌 했겠는가? 이는 또 나 스스로 이르는 타고난 행복의 두 번째이다.

위와 같은 이 두 가지 타고난 행운이 있어, 나는 늙도록 학문을 즐기고 있다. 그러므로 〈독서락〉을 지어 스스로의 즐거움으로 삼는 것이다.[83]

이탁오는 선천적으로 눈과 손이 좋아 독서에 지장이 없어 다행이라고 스스로 자랑하고 있다. 안경이 없던 시절 그것은 대단히 중요한 천부의 혜택이었다. 그러나 진정한 자랑과 강조점은 그의 성격과 마음의 눈이다. 그는 필요 없는 사람과 접촉을 냉정하게 끊고, 오직 독서에만 전념하였다.

그는 독서에 대해 자부심이 있었다. 다음으로 더욱 중요한 것은, 옛사람들이 오랫동안 깊은 생각 없이 떠받들었던 위인이나 현인들을 쓸모없는 사람이라고 깎아내렸고, 반대로 욕하고 침을 뱉으며 야비하게 평가했던 인물들을 나라와 사회의 중요한 과업을 맡길 만한 사람이라고 평가한 자신의 대담성을 스스로 크게 자랑하고 있는 점이다.

이 대담한 과업이 대저작인 유명한 《장서》에서 중국역사에서 보기 드문 광채를 발휘하였다. 사실 이 글은 이탁오가 책을 읽는 자신의 자세와 태도를 진솔하게 쓴 것이다. 우리가 흔히 이야기하는 줄과 줄 사이를 읽거나, 역사를 대할 때 백·천·만 인의 적과 대치하듯 한다는 비장한 자세 등은 참으로 우리를 감동시킨다. 이 글을 보면서 우리는 타고난 독서인 이탁오를 발견한다.

하늘이 용호를 만들어 탁오를 기다렸고
하늘이 탁오를 낳아 용호에 머물게 했구나
용호에 있는 탁오의 즐거움이 어떠할까?
사시사철 책만 읽어 그 밖의 일은 알지 못하네
독서란 무엇인가? 나를 많이 만나는 기회
오로지 마음과 만나 스스로 웃고 노래하니
노래와 시 읊는 소리 계속되어 그치지 않네
통곡하며 울부짖어 눈물로 뒤범벅이 되기도 한다
노래함도 까닭이 있으니 책 속에 사람이 있어서이다
나는 책 속의 그 사람을 보지만 사실은 나의 마음을 얻는 것이네
우는 데도 까닭이 있으니 텅 빈 연못에 사람이 없어서이다
그 사람은 보지도 못하고 그저 내 마음만 고달프구나
그러면 책을 읽지 말고 높은 다락에 올려놓은 채

내 성격을 즐기고 정신을 가다듬으며 노래를 쉬고 울음을 그치네
왜 반드시 책을 읽은 뒤에야 즐긴단 말인가?
이 말을 얼핏 들으면, 나를 염려해주는 좋은 뜻으로 들리기도 한다
(하지만) 책을 묶어놓고 읽지 않으면 내가 무엇으로 즐길 것인가?
성격을 즐기고 정신을 가다듬음이 바로 이 속에 들어 있네
세상은 얼마나 좁고 책 속의 세계는 얼마나 넓은가!
천만의 성현들이 공과 무슨 원한이 있겠는가!
몸이 있어도 집이 없고 머리는 있으나 머리털은 없구나
죽는 것은 이 몸이요 썩는 것은 이 뼛골이다
책 읽는 즐거움만은 영원하니 원컨대 죽을 때까지 같이할 것이다
책 더미 속에서 휘파람 부니 숲 속의 송골매가 그 소리에 놀란다
노래와 통곡이 서로 이어져 그 즐거움이 무궁하고
짧은 시간도 아까우니 어찌 군이 시간을 함부로 쓸 것인가!

天生龍湖 以待卓吾
天生卓吾 乃在龍湖
龍湖卓吾 其樂何如
四時讀書 不知其餘
讀書伊何 會我者多
一與心會 自笑自歌
歌吟不已 繼以呼啊
痛哭呼啊 涕泗滂沱
歌匪無因 書中有人
我觀其人 實獲我心
哭匪無因 空潭無人
未見其人 實勞我心
棄置莫讀 束之高屋

怡性養神 輟歌送哭
何必讀書 然後爲樂
乍鬥此言 若憫不穀
束書不觀 吾何以歡
怡性養神 正在此間
世界何窄 方冊何寬
千聖萬賢 與公何寃
有身無家 有首無髮
死者是身 朽者是骨
此獨不朽 願與偕歿
倚嘯叢中 聲震林鶻
歌哭相從 其樂無窮
寸陰可惜 奚敢從容[84]

이탁오는 조용하여 독서 환경이 좋은 용호에 대해 하늘이 마련해준 곳이라 자부심을 가졌다. 특히 그는 책 속에서 만나는 사람들과의 대화를 무한히 즐기고 있었다. 현세의 사람들은 만나기 어려워도, 책 속에서 과거 역사 속의 사람들과 어울려 자유로이 산책하며 대화하고 있다. 따라서 위의 〈독서락〉의 서론은 책 읽는 즐거움 그 자체에 온 열정과 기쁨을 쏟고 있는 삶의 아름다운 모습을 잘 보여준다. 그와는 반대로 그는 다른 면에서 책을 깊이 읽지 않고 겉만 읽는 학자들에 대하여 "책을 읽으면서도 글자를 모른다"고 비꼬았다. 1596년 이탁오가 70세 되던 해에 쓴 〈독서락의 서문〔讀書樂引〕〉에서 자기의 독서생활을 정리했고, 특히 〈예약〉에서는 자기의 학문적 일생을 회고하였다.

〈예약(豫約)〉은 이지가 지불원에서 자신의 시중을 드는 스님들과 함께 쓴 몇 항의 유언 형태의 약속으로, 그 가운데 〈감개평생(感慨平生)〉은 〈예약〉의 마지막 항이었다. 이것은 그의 회고와 행동의 총결산이었다. 그는 이 유언에서 자신이 관직을 그만둔 뒤 받았던 여러 박해를 드러내고 명대 정치의 부패한 어두운 면을 공격하였고, 또 분노하여 봉건 예교가 사람을 해치고 있다고 이학가들의 허위성을 폭로하였다.

그는 오직 다른 사람의 속박을 받기 싫어했으므로 더할 수 없는 어려움을 겪었고, 앞으로 "대지가 전부 먹물이라도, 이를 내가 다 쓸 수가 없다"고 벅찬 분노와 압박에 대해 썼다. 〈예약〉의 맨 끝에 이지는 이상의 여섯 항과 마지막 항의 '감개평생'에 이르러 눈물이 쏟아지며 다시 슬퍼지니,

> 내가 살피지 않고 말했음을 알겠다. 너희들은 울지 말고, 슬퍼하지 말라. 내가 거듭 슬프게 말하는 것은 진실한 정이요 마음이니, 본디 억지로 어떻게 할 수 없는 것이다. 나는 너희들이 슬퍼하지 않기를 원한다. 마음으로 슬퍼하는 것이 진실로 슬퍼하는 것이다. 진실로 슬퍼하는 것은 스스로 그치기 어렵다. 누가 그를 그칠 수 있게 할 것인가?[85)]

라고 하였다. 이렇듯 자기부정과 무에서 출발함으로써 사회의 관습과 예교

를 부정하며 자유롭고자 한 이탁오의 삶의 자세에 대해 세속의 지식인들은 물론, 명말 청초의 황종희 역시 그의 《명유학안》에서,

> "이탁오가 (유학과는) 다른 학설을 주창하고, 명교에 어긋나는 행동을 하는데도, 초 지역에서 그를 좇는 자가 매우 많아 풍습이 크게 변하였습니다. 최근 이탁오를 따르는 자가 왜 그리 많습니까?"라고 유원경(劉元卿)이 선생〔鄒東郭, 守益〕에게 물었다. 이에 추동곽은, "세상사람으로서 그렇게 할 방법이 없어서 그렇지, 누가 성인과 현자가 되고 싶지 않겠는가? 그런데 성인이 되면 세속의 모든 인간 행위가 속박을 받을 수밖에 없다. 그러나 이탁오는 술과 노래와 여색(聲色) 그리고 객기도 성인(부처)이 되는 데 전혀 장애가 되지 않는다고 하니, 누가 이를 쫓지 않겠는가?"라고 하였다.[86]

고 이탁오의 사상과 행위에 대해 직설적이고 핵심을 찌르는 평가를 하고 있다. 이는 성인은 특별한 벽이 있다고 생각하는 사회적 관례를 대담하게 거부하는 자유로운 그의 한 모습을 잘 보여준다.

3. 역설과 해학의 극치–이탁오의 에세이

이탁오의 글은 당시에 선풍적인 인기를 불러일으켰다. 영리를 위해 앞을 다투어 출판을 서둘렀으므로 저자 자신도 잘 알 수 없을 정도였다. 사람들은 사서(四書) 등의 경전을 외면하고 이탁오의 책을 한 권씩 끼고 다니거나, 서가에 꽂아야 유행에 뒤지지 않는다고 그때의 상황을 적었다. 이것은 이탁오를 탄핵한 장문달이나 비판자인 고염무는 물론 이탁오에 대한 박해를 항의한 마경륜의 글 등에서 수없이 나타난다.

이처럼 이탁오의 글이 놀랍도록 널리 읽힌 것은 그 내용이 예리할 뿐만 아니라, 문장의 형식 또한 흥미로웠기 때문이다. 그의 글을 읽으면 우선 속이 시원하다. 사람들이 느끼면서도 표현하지 못하는 답답한 것들을 아주

쉬운 말로 썼음은 물론, 해학과 역설 또는 독설이나 냉소를 통해 사람들을 허 허 하고 웃게 만들어준다. 이에 대해서 공안파의 원중도는, "은인과 원수를 가리지 않고, 마음속에 옳지 않다고 생각하면, 곧바로 붓을 휘둘러 써 내려갔다. 그의 문장은 경계가 없었으며, 그의 가슴속 독자적인 견해에 근거했기 때문에 정광(精光)이 늠름하였다"고 했다. 만년의 제자 왕본아는 "문장이 하늘을 놀라게 하고 땅을 움직여 눈먼 사람을 밝게 해주고, 귀먹은 사람을 듣게 해주며 병든 사람을 고쳐주었다"고 극찬하였다. 이는 사실 문장이나 수필의 한 분야로써 연구의 대상이 될 만하다. 그 실례로 몇 개의 문장을 함께 살펴보자.

1) 대낮에도 촛불을 밝혀야

이탁오는 〈유해를 찬양한다〔贊劉諧〕〉는 콩트 같은 글에서, 매우 풍자적이고 역설적으로 공자의 권위를 아래와 같이 비웃었다.

> 한 도학자가 굽이 높은 나막신과 큰 가죽신을 신고 소매를 길게 늘어뜨리고, 허리에는 넓은 띠를 두르고 머리에는 '삼강(三綱, 임금과 신하, 아버지와 아들, 남편과 아내 사이의 기본적 윤리)'과 '오상(五常, 임금과 신하 사이의 의, 아버지와 아들 사이의 친, 남편과 아내 사이의 구별, 윗사람과 아랫사람 사이의 질서, 친구 사이의 믿음이란 유교 윤리)'의 모자를 쓰고, 몸에는 인륜(人倫)이란 겉옷을 입고, 낡은 경전에서 한두 마디씩 주워 담고, 공자의 말에서 서너 마디씩 훔쳐내어 입에 담으면서 자기는 진정한 공자의 제자라고 떠들고 다녔다.
>
> 그때 (마성의) 유해(劉諧)[87]라는 사람을 만났다. 유해는 총명한 인물인데 그 엉터리 유자를 보고 비웃으며 말했다.
>
> "이 사람은 우리 공자 형님을 아직도 제대로 모르는구먼!"
>
> 그러자 그 유자는 화를 내며 얼굴이 붉으락푸르락하며 벌컥 소리를 질렀다.
>
> "하늘이 이 세상에 공자를 나게 하지 않았다면, 만고의 길고 긴 세월이 모

두 밤과 같이 어두웠을 것이요. 당신은 누구인데 감히 우리의 공자님을 함부로 형님이라고 부르는 것이오?"

하며 대들었다. 이에 대해 유해도 지지 않고,

"아, 그러면 공자가 태어나기 전 (三皇의) 복희(伏羲)나 그 이전 성인들은 대낮에도 종이를 태우고 촛불을 밝히고 다녀야 했겠소!"

라고 비꼬았다. 우쭐대던 도학자는 더 이상 할말이 없었다. 하지만 그 속된 도학자가 유해가 말한 그 예리하고 깊은 뜻을 이해할 수 있었겠는가?

나 이생(이지)이, 이 말을 듣고 유해의 말이 하도 훌륭하게 생각되어 다음과 같이 그를 칭찬해 마지않았다.

"유해의 이 말은 간명하면서도 타당하고, 간략하면서도 여운(餘韻)이 넘쳐 의심의 그물을 찢고 하늘을 밝힐 수 있겠구나! 그의 말이 이와 같으니 그 사람을 알 수 있겠다. 비록 잠시 농담처럼 한 말이었지만, 그 안에 담긴 지극한 이치는 백세가 지나도록 바뀌지 않을 것이다."[88]

참으로 예리하고 비판적이며 상대방의 급소를 찌르는 공격이다. 이탁오의 생각대로 과연 멍청한 도학자가 그의 말을 이해했을지는 모른다. 하지만 이해하고 못하고 문제가 아니라 독자들이 시원함을 느껴 손뼉을 치면서 웃게 해주지 않는가? 그리고 읽는 사람들도 그 뜻을 충분히 이해할 수 있게 해준다.

2) 사람만도 못한 개, 개만도 못한 사람

이탁오의 인간성에 대한 본질적 성찰은 회림(懷林)[89]이란 스님과 대화하는 형식으로 쓴 다음의 에세이에 아주 잘 나타난다.

어느 날 밤, 불당에서 스님 회림이 이탁오와 함께 의자 밑에서 잠자고 있는 고양이에 대해서 이야기하고 있었다. 낮에는 뼈다귀를 뜯고 사람에게

욕을 먹으면서도, 가지 않고 의자 밑에 있는 고양이가 의리 있다는 것이었다. 이에 대해 이탁오도, "고양이를 사람들은 가장 의리 없다고 하지만, 정이 들면 떠나지 않는 것을 보면 오히려 의리 있는 짐승이다"라고 긍정했다. 회림은 이어서,

> 사람의 욕을 먹는 개야말로 성품이 의(義)로워 집주인을 지켜주고, 쫓아도 가지 않고, 먹을 것을 주지 않아도 짖지 않으며, 스스로 더러운 똥이나 오줌을 먹고 삽니다. 그리고 개는 집안이 가난해도 근심하지 않습니다. 그러하니 '개'란 말로 사람을 욕하는 것은 옳지 않으므로, 반대로 '사람'으로 개를 욕하는 것이 옳다고 생각합니다.

라고 인간의 그릇된 면을 지적하였다. 그러자 이탁오는, "금수, 가축, 개, 노예 등의 용어는 사람을 욕하는 말로는 모자라므로 어떠한 용어들이 있는지 함께 찾아보자"고 말하여 두 사람은 밤이 새도록 뱀, 호랑이 같은 수십 종의 이름들을 들어보았지만, 적당한 말들을 충분하게 찾지 못하여 탄식했다. 이에 지친 회림이

> 과연 사람의 못됨은 형용하기 참으로 어렵습니다. 세상사람들은, "사람의 가죽을 쓰고도 오히려 개의 머리와 마음을 가지고 있다"고 하는데, 나는 오히려 개의 가죽을 뒤집어쓰고서도 사람의 머리와 뼈를 갖고 있다고 하는 것이 옳다고 생각합니다. 그러므로 아직도 사람을 어떻게 욕해야 할지를 확실히 알 수 없습니다.[90]

라고 하니, 이 말을 들은 이탁오가, "역시 사람을 욕하기에 적당하며 충분한 말은 너무도 부족하구나!" 하며 두 사람은 탄식했다는 것이다.

개의 충직함을 역설적으로 칭찬하여 잘못된 인간성을 신랄하게 꼬집었다. 인간성의 바닥을 긁는 소리가 들리는 듯이 철저하게 자기 자신을 벌거벗기는 방법이다. 나쁜 사람을 욕할 때, '개 같은 사람'보다는, '사람 같은

개'라고 하는 편이 훨씬 옳다는 것이다. 얼마나 예리하며 역설적인 독설인가? 한 걸음 더 나아가, '사람의 가죽을 뒤집어 쓴 개의 머리'보다는, '개의 가죽을 뒤집어 쓴 사람의 머리'라고 하는 편이 훨씬 옳겠다는 표현에 이르면, 우리는 과연 이탁오의 비판 속에 빛나는 유교를 수술하는 시퍼런 칼날을 보는 듯하다.

위의 글이야말로 우리의 일상생활 속에 허식과 허위의 가면을 벗겨 그 본질을 추구하는 비판의 절정이며 아울러 아무것도 없는 '텅 빈 출발점'이기도 하다.

3) 불당 지불원에서 〈공자상(孔子像)〉을 제목으로 글을 쓰다

이지는 공자를 알지도 못하면서 무조건 따르며 숭배하는 세상사람들의 태도를 조롱한, 제목부터 매우 특이한 글을 썼다.

> 세상사람들이 공자를 대성인(大聖人)으로 여기고 받드니, 나도 그를 대성인으로 존경하겠다. 그리고 모든 사람들은 노자와 석가를 이단(異端)으로 여겨 배척하니, 나 역시 그들을 이단으로 여기겠다. 그런데 사람들은 대성인과 이단의 차이를 참으로 알지 못하면서, 다만 아버지와 스승의 가르침을 들어 그저 익숙해졌을 뿐이다.
>
> 그런데 아버지와 스승 역시 대성인과 이단의 차이를 참으로 알지 못하면서, 앞선 유자들의 가르침을 들어 귀에 익숙해졌을 뿐이다. 하지만 앞선 유자 역시 대성인과 이단의 차이를 참으로 알지 못하면서, 그것은 공자의 말씀일 것이라고 단정해버린다.
>
> 그러나 맹자는 〈공손축(公孫丑)〉에서 "성인이라면 나는 불가능하다"고, 공자가 겸손함을 보였다 하였고, 또 "이단을 연구하라"고 공자가 《논어》의 〈위정(爲政)〉에서 말한 것은 반드시 노자와 석가를 가리킨 것이다.
>
> 하지만 앞선 유가들은 이것도 제대로 모르면서 그저 억측해서 이를 말하고,

아버지와 스승은 계속 대를 이어 이를 외우게 하니, 어린아이들은 마치 장님이나 귀머거리처럼 이를 들어 외워왔다. 따라서 일만(一萬) 사람의 말이 모두 같았고, 천 년을 가도 전혀 달라지지 않았음을 알지 못하였다.

그러나 《맹자》의 〈만장(萬章)〉에서는 "쓸데없이 그의 말만 외우지 말며, 먼저 그 사람을 알라"고 했으니, 옛 사람을 논함에 그의 책을 읽고 그 사람을 아는 것은 꼭 필요한 것이었다. 공자는 《논어》의 〈미자(微子)〉에서, "알지 못하는 것을 굳이 아는 것으로 하지 말며, 아는 것만을 아는 것으로 한다"는 것은 모두 성인의 말씀이었다.

그러므로 오늘에 이르러 사람들은 비록 눈이 있어도 (제대로 볼 수 없으므로) 아무 쓸데가 없는 것이다. 그러면 나는 어떠한 사람인가? 감히 말하건대 눈과 귀가 있으니, 대중의 소리를 보고 들을 뿐이다. 이미 그들 대중을 따라 성인으로 받드니, 나 역시 대중을 좇아 성인으로 섬기고 있다. 이런 까닭으로 나는 대중을 좇아 지불원(芝佛院)에서 공자를 섬기는 것이다.

보기 드물게 이색적인 제목에 내용 역시 얼마나 역설이며 해학적인가? 성인과 이단의 진정한 차이점을 알지 못하면서 그저 남을 따라 주체 없이 사는 세상과 세상사람들의 웃지 못할 고질을 여지없이 꼬집어 비판한 것이다.

4. 경정향 제자들의 파상 공격

《초담집》에 이어 《분서》가 마성에서 간행되자, 그에 대한 비판과 박해의 회오리바람은 거세게 일기 시작했다. 더구나 경정리가 죽은 뒤 황안의 경정향과 작별하고 그와 주고받은 7통의 편지를 《분서》 속에 넣어 경정향의 사상적 문제점을 지적하였으니 결코 조용할 리가 없었다. 그 속에는 경정향과 이탁오 사이의 사상적인 차이는 물론 이탁오의 말대로 당시 지식인들의 고질적인 문제들이 들어 있었기 때문이다. 이에 경정향과 그의 제자들은 드디어 이지에 대해 총공세를 펴기 시작했다. 1590년 《분서》가 출판

教故爲推窮到天命如此乃謂教是三層說話
失言矣但學者非盡性何能知天哉
求儆書
惟衛五年九十猶求儆于國人余犬馬齒幾古
稀矣相知者忍毫余棄予不爲儆耶昔夫子得
子路惡聲不至于耳非子路奮于勇過絶天下
之惡聲不至也意必有以救夫子之失而補其
缺惡聲無自至也予茲不免惡聲至是亦同心
恥也何以振我而刷浣我者余祕省致訴之由

이탁오의 비판에 반격하는 경정향의 〈구경서〉

되던 해, 경정향은 병으로 고향인 황안에 돌아와 있었다. 경정향은 자서전인 《관생기(觀生記)》에서,

> 만력 18년 경인년은 내 나이 67세였다. 정월에 고향 황안에 돌아와 3월까지 머물렀다. 6월에 나에 대한 이탁오의 비방을 듣고 경계를 구하는 〈구경서(求儆書)〉[91]를 썼는데, 그에 대해 제자 채의중이 서문을 써서 동지들에게 그 사실을 알려주었다.

고 썼다. 여기서 경정향을 위해 앞장서서 이탁오를 공격한 사람은 채의중(蔡毅仲, 1548~1631)[92]이었다. 그는 《분서》를 비판하는 〈분서변(焚書辨)〉을 써서 이탁오가 경정향을 모함하고 있다고 하며 경정향을 옹호하였다. 이로써 두 사람 사이의 논쟁은 더욱 세상에 알려지고, 경정향은 논쟁에 휩쓸리게 되었다.

이때 고향에 돌아온 경정향은 〈구경서(求儆書)〉에서 아래와 같이 썼다.

> 옛날에 공부자께서는 힘센 제자인 자로를 얻어 나쁜 소리가 귀에 들리지 못하도록 하셨다. 만일 자로의 용기 있는 분발이 없었다면, 어찌 천하의 나쁜 소리를 이르지 못하게 했을 것인가?
>
> … 내 이제 비방의 소리가 들려옴을 피할 수 없으니, 역시 마음으로 부끄럽구나! 나에 대한 비방을 씻어버릴 사람은 누구인가? 내가 처음에 비방의 연유를 돌아보아도 기억이 가물가물하여 그 끝을 알 수 없어 옛날의 원고와 편지 상자들을 조사해보고 이탁오가 말하는 바를 비로소 알게 되었다. 이에 오직 나의 학술이 이미 크게 발설되었다. 칠십의 내 나이를 돌아보며 아직도 비방을 면할 수 없으니 부끄럽구나!"[93]

경정향의 《경천대선생전서》 속에는 이탁오에게 쓴 편지가 7통 들어 있고, 그와 관계된 기사들 역시 많이 보인다. 이탁오와 경정향의 논쟁들을 여기에서 더 상세히 살펴볼 겨를이 없지만, 이는 확실히 하나의 훌륭한 학위논문이 될 만한 가치가 있다. 경정향은 제자 채의중이 쓴 《분서변》의 서문에서 이렇게 썼다.

> 지금 광산의 채홍보(蔡弘甫, 1548~1631)가 〈분서변(焚書辨)〉을 써서 나에게 가지고 와서, 잘못된 데 대해 조용히 참고만 있으면서 올바른 도를 주장하지 않으면 안 된다고 하여 사양할 수 없었다. 그 동안의 사정을 돌아보면 말로 다 하기 어렵다. 식객(食客)이었던 이탁오와의 사이에는 아주 멀어진 마음의 벽이 생겼는데 그것은 원래 내 동생 경정리와의 관계였다. 그러나 내 동생 경정리가 죽었으니 좋은 점을 추켜세우고 결점을 구원해줄 수 없게 되었다.
>
> 그러므로 지금 나쁜 소문들이 내 귀에 꽉 찼으니 어찌 참고 듣기만 하겠는가? 또 후학들로 하여금 (비방의 소리가) 바람과 그림자를 따르듯 그의 유독(流毒)이 뒷날 백세에 전해지게 된다면 그 허물은 누구에게 있는가? … 비록 언론에서 어긋나는 비방들이 있지만 세상사람들을 위하여 (나의) 다투는 까닭이 금수와 같은 자(이탁오)와는 상당한 차이와 한계가 있음을 깨닫기를 바라는 것이다.
>
> … 그(이탁오)는 사람이 '남녀 사이의 색(色)을 좋아하는 것이 인간의 성품〔性〕'이라고 한다. 나 역시 그가 말한 대로 그것을 '성'이라고 말하겠다. 그런 까닭으로 사람이 남의 집 담장을 뛰어넘어 들어가는 추함을 천하다고 말하겠다. 왜냐하면 남녀의 구별을 삼가는 것은 성인이 인간의 성품을 다하는 것〔盡性〕이라고 여긴 때문이다. 서한 시대의 유명한 문인 사마상여(司馬相如)가 거문고를 연주하여 과부 탁문군을 꾀어 결합한 것을 가리켜 이 역시 '거리낌 없는 인간의 성품대로〔率性〕' 행동한 것이라고 나는 감히 말하지 못하겠다.[94]

경정향은 이탁오의 비방을 매우 치욕적으로 생각하며, 그의 비방이 바람을 타고 그림자처럼 퍼지듯 세상에 자기에 대한 나쁜 소문이 퍼지는 것을

병풍 뒤에서 사마상여의 연주를 듣는 탁문군

한탄하고 있다. 특히 여기서 철학적으로 중요한 점은 남녀의 구별을 무너뜨리는 것을 유학에서 이야기하는 성과 결부시키고 있다는 것이다. 이탁오는 여러 곳에서 여자들에게 글을 가르치거나 접하는 것을 자연스러운 인간의 성품으로 여기는데 견주어, 경정향의 처지에서는 그것을 인정할 수 없다는 것이다.

이탁오가 《장서》에서 한나라 시대의 대문인 사마상여가 과부 탁문군을 유인하여 함께 결혼한 옛 이야기를 들어, 경정향은 그 점에서는 결코 자연스러운 인간의 성품으로 인정할 수 없다는 것이다. 이 문제에 대해 이탁오는 결혼을 가장 잘하는 방법으로 칭찬하여 거의 20세기에 이르도록 정통적 유가들로부터 혹독한 비판을 받아왔다. 이처럼 경정향이 《구경서》를 쓰고, 채의중이 공자의 제자인 자로를 자처하여 〈분서변〉을 써서 이탁오에 대한 공격을 계속하자, 이탁오는 시시각각으로 다가오는 위험을 느끼게 되었다. 그 당시 무창의 황학루에 있을 때 그는 다음과 같이 썼다.

> 내가 황안 마성에 있은 지 벌써 거의 20년이 되었다. 그런데 요즈음에는 황학루의 명승을 유람하고 있다. 아직 명승지인 한구(漢口)의 청천(晴川)을 보지 못했고 강하(江夏)의 구봉(九峰)을 유람하지도 못했는데, 세상을 근심하는 자들이 나를 그릇된 도로 민중을 현혹시킨다는 명목으로 내쫓는다는 이야기를 들었다. 내가 되풀이해서 생각해보아도 평생 동안 참으로 어떤 한 사람을 만나거나, 어떤 사람을 현혹시킨 일을 전혀 알지 못하겠다.[95]

이때 이미 그를 내쫓는다는 이야기가 들려오고 있어 위협을 느끼고 있었음을 알 수 있다. 당시 상황에 대해서 심철(沈鐵)은 《이탁오전》에서 이렇게 썼다.

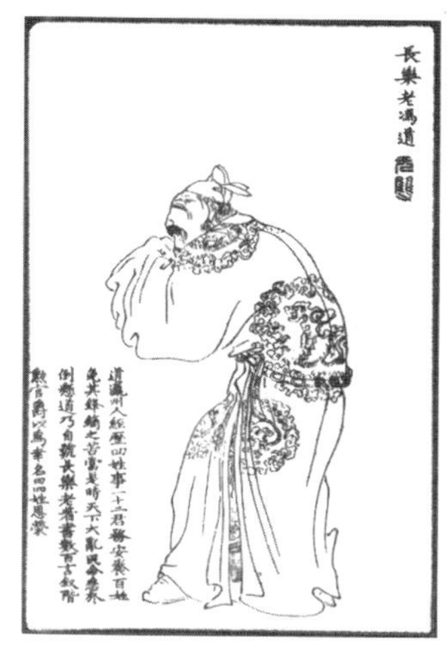

4조 12군을 섬긴 오대의 정치가, 풍도

> 머리를 깎고 수건을 쓰고 날마다 동지들을 모아놓고, 또 지방의 유지들과 함께 해괴하게 이들을 인도하고 있어 그에 대한 비방이 사방에서 일어났다. 황안의 태수와 그곳의 유지들이 이지를 내쫓으라는 방을 붙였다. 황안에 이탁오의 그릇된 도가 백성들을 속이고 세상을 현혹시킨다는 것이었다. 1592년, 이지가 66세 되던 해에 형부의 관리들이 그를 체포하려 하니, 그는 급히 무창을 지나 몸을 피하였다.[96]

한편 경정향의 문집 속에 들어 있는 오대의 인물 풍도(馮道, 881~954)에 관한 평가는 역시 매우 흥미롭기도 하지만, 경정향과 사이에 가장 격렬한 논쟁을 불러오기도 하였다. 이탁오는 《장서》에서 〈이은외신(吏隱外臣)〉으로 풍도를 논하면서, 그가 비록 4성(姓)의 12군왕을 섬겨 유가의 중요한 덕목인 '군주에 대한 충성'을 어겼지만, 백성의 안녕을 위해 크게 기여하였다고 칭찬하였다.

즉, 풍도는 유교에서 주장하는 두 임금을 섬길 수 없는〔不事二君〕 충신의 도를 어겼으나, 임금이 할 수 없었던 백성을 평안히 하는 임무를 수행했다. 때문에 오대의 풍도는 맹자의 '군주보다는 사직이 중요하고, 사직보다는 백성이 중요하다'는 주장을 이미 알고 있었다고 칭찬하였다. 이에 대해 경정향은 분개하여,

> 풍도가 4성과 12군주를 바꾸어 섬겼는데도, 이지는 그에게 도(道)가 있다고

> 했다. 아! 이 사람 풍도에게 도가 있다고 한 것은, 가히 과부를 가리켜 이르기를 '세상에 남자들이 다 나의 남편이다. 어찌 절개를 이야기할 수 있는가?'라고 말하는 것과 같다. 이렇게 미루어 본다면 모든 군주들은 다 나의 임금이니 이익을 위해서 아침에는 이쪽에 봉사하고 저녁에는 다른 쪽에 가는 것이 전혀 부끄럽지 않다는 이야기다. 더 나아가서 모든 사람들은 나의 아버지가 되는 것이니, 세력과 지위의 형편에 따라 아침에는 무릎을 꿇고 엎드려 복종하다가 저녁에는 창을 들고 덤비는 것도 부끄럽지 않다고 하는 것과 같다.[97)]

고 이탁오의 풍도 찬양에 대해 패륜과 무도함이 극에 달했다고 격렬하게 비판하였다. 두 사람 사이에 도저히 서로 접근할 수 없는 사상적 차이였다. 이것은 단지 경정향과 이탁오만의 문제였다고 할 수는 없다. 이지의 주장은 당시 사회의 일반적 지식인들에게 도저히 용납될 수 없는 윤리이며 논제였다.

주석

1) 원중도, 〈이온릉전〉, 《분서》.

2) 이지, 〈예약감개평생〉, 《분서》 권4.

3) 이지, 〈다시 초의원에게〉, 《속분서》 권1.

4) 이지, 〈解老의 서문〉, 《이지문집》 권7(장건업 주편), 1쪽.

5) 레이 황 지음, 김한식 등 옮김, 《만력 15년, 아무 일도 없었던 해》, 새물결, 2004.

6) 볼프강 프랑케 지음, 김원모 옮김, 《東西文化交流史》, 단국대출판부, 1996, 262쪽.

7) 이지, 〈子由老子解序〉, 《분서》 권3.

8) 이지, 〈노자해서〉, 《노자해》.

9) 이지, 《노자해》 하편 ; 《이지문집》 권7.

10) 이지, 《노자해》 상, 4쪽.

11) 주유당은 호가 思久로서 이탁오에게 지불원을 지어주었으며, 그를 매우 존경했다. 마성에서 함께 학문을 연구했다. 그런데 뒤에 이탁오가 《분서》 등을 써서 과격하게 세상과 전통을 비판하면서 멀어졌다. 《분서》에 이탁오가 그에게 쓴 두 통의 서신이 보인다.

12) 초횡, 《노자익》 권1 ; 《초씨담원집》에서 이탁오의 〈노자해〉 인용. 황종희, 〈楚倥論學語〉, 《명유학안》 권35.

13) 이지, 〈耿楚倥先生傳〉, 《분서》 권4.

14) 이지, 〈약후 초태사에게〔與弱候焦太史〕〉, 《속분서》 권1, 20쪽.

15) 이지, 〈약후 초태사에게〉, 《속분서》 권1.

16) 鄧鼎石은 鄧應祈로서 등석양의 아들이고 경정향의 제자이다. 1586년 마성의 현령으로, 이탁오와 깊이 사귀었다.

17) 이지, 〈경사구에게 답함〉, 《분서》 권1.

18) 위의 글 ; 이지 지음, 홍승직 옮김, 《분서》, 100~102쪽 참조.

19) 위의 글.

20) 전겸익은 청초의 저명한 문학가로 자가 受之, 호가 牧齋로서 강소성 사람이다.

만력 연간에 진사로서 동림당에 속하고 예부시랑을 거쳐 예부상서를 거쳤으며, 저서에 《列朝詩集》《初學集》 등이 있다. ECCP, Ch'ien Ch'en-i, pp.148~150.

21) 전겸익, 〈탁오선생 이지〉, 《列朝詩集》 閏三.

22) 황종희, 〈태주학안〉, 《명유학안》 권35.

23) 경정향, 〈與李卓吾〉, 《경천대선생전서》 권4.

24) 이지, 〈與耿司寇告別〉, 《분서》 권1.

25) 주우산[思敬]은 주유당의 동생으로 자가 子禮, 호는 友山이며 황안 사람으로 경정향의 문인이다. 융경 2년 진사가 되었으며, 장거정과의 불화로 고향에서 학문에만 전념하면서 경정향을 통해 이지를 알게 되었다. 마성의 유마암을 창건하고 용담에서도 이지와 함께 학문을 연구하였다. {분서}에는 그에게 보낸 이지의 서신이 여러 통 들어 있다.

26) 무념은 深有和尙으로 호가 無念이고, 東山 사람이다. 황백산에 도량을 건립했으며, 1600년 이지가 곤경에 처하여 황백산의 그에게 의지하였다. 출가승 가운데 일생 동안 아주 친근한 사이였다. 《속분서》 권2의 〈窮途說〉에 보인다.

27) 이지, 〈釋子須知序〉, 《속분서》 권2.

28) 원종도, 《白蘇齋類集》 권14.

29) 이지, 《분서》 권2, 65쪽과 권4 150~153쪽.

30) 이지, 〈石潭卽事四絶〉, 《속분서》 권5, 114쪽. 서신으로 경정향과 논쟁한 부분은 홍승직과 김혜경의 한국어 번역과 이리야 요시타카(入矢義高)와 미조구치 유조(溝口雄三), 마쓰이 츠네오(增井經夫) 등의 일본어 번역을 참조하였다.

31) 구탄의 자는 坦之, 호는 長儒로서 마성 사람으로 만력 연간의 거인으로 시문에 능하였다.

32) 양정견의 자는 鳳里이고 마성 사람으로 황안과 마성에서 이지와 항상 함께 학문을 연구했다. 지불원의 납골탑을 만들었으며, 이지 비점의 《楊升庵集》이 있고, 이지의 《충의수호전》의 출간도 크게 도왔다.

33) 원중도, 〈이온릉전〉, 《가설재근집문초》 ; 《분서》.

34) 중문대사전편찬위원회, 《중문대사전》 1·2, 대만 화강출판사, 1973. 필자는 이 《중문대사전》 2권에서만도 强, 匈, 勸, 印 자 등 대략 20자를 발견하였는데 이 사전 전체를 조사하면 이탁오의 글씨체를 상당히 많이 찾을 수 있을

것이다.

35) 이지, 〈與曾繼泉〉, 《분서》 권2.

36) Ho, Ping-ti(何炳棣), Ladder of success in Imperial China: Aspects of Social mobility, 1369~1911, New York, 1976 ; 하병체 지음 조영록 외 옮김, 《중국과거제도의 사회사적 연구》, 동국대출판부, 1987.

37) 이지, 〈초담집서〉, 《初潭集》, 北京 : 中華書局, 1974.

38) 이지, 〈題孔子像於芝佛院〉, 《속분서》 권4.

39) 레이 황 지음, 김한식 외 옮김, 《1587년 만력 15년, 아무 일도 없었던 해》, 새물결, 2004.

40) 이지, 〈感慨平生〉, 《분서》 권4.

41) 경정력은 황안 사람으로 자가 子健으로 경정향의 동생이다. 융경 연간에 진사가 되고 병부시랑을 지냈다. 그의 학문은 仁을 구하고 실천을 중시하며, 자연을 사랑하였다. 《장서》에 서문 〈耿序〉를 썼다. 《명사》 권221, 1쪽.

42) 경정력, 〈明 宜人으로 封해진 黃氏의 墓表〉 ; 晉江文化館, 〈李卓吾妻 黃氏墓와 碑刻,墓碑, 墓表〉, 《文物》, 1976. 6, 93~97쪽.

43) 이지, 〈哭黃宜人〉, 《분서》 권6. 김혜경과 마쓰이 츠네오의 번역을 참고하였다.

44) 기결(冀缺)은 춘추시대 진(晉)나라 사람으로 기에서 살았는데, 아내와 더불어 서로를 손님처럼 공경하였다고 한다. 《좌전(左傳)》의 희공(僖公) 33년조에 보인다.

양홍(梁鴻)의 고사는 《후한서》 〈일민전(逸民傳)〉에 나오는데, 그의 부인 맹광(孟光)은 가난한 살림에도 밥상을 눈썹 높이까지 들어올려 남편을 공경한 모범적인 부부로 전한다.

45) 이지, 〈憶黃宜人〉, 《속분서》 권5.

46) 남편에 대한 부인의 극진한 정성을 말한다. 《후한서》 권83, 〈逸民梁鴻傳〉 ; 劉向의 《列女傳》 권83.

47) 이지, 〈與莊純夫〉, 《분서》 권2, 45쪽.

48) 이지, 《분서》 권2, 45쪽.

49) 이지, 《분서》 권6, 232쪽.

50) 마성에서 30리 떨어진 깊은 산속의 명승지에 탁오의 친우들이 건립한 사원으로서, 풍속을 해친다는 이유로 지방관이 헐 때까지는 구도생활의 대부분을 여기에서 보냈다.

51) 葉國慶, 〈李贄先世考〉, 《역사연구》 1958. 2, 79~84쪽 ; 陳泗東, 〈李贄的家世, 故事〉, 《文物》, 1975. 1, 34~43쪽.

52) 초횡의 《焦氏類林》 8권은《世說新語》를 본떴으며, 만력 정해년(1587)에 간행되었다.

53) 이지, 〈又敍〉, 《초담집》, 중화서국, 1974, 3~4쪽. 그런데 《李卓吾批點世說新語補》 20권도 오늘날 전하고 있다

54) 이병한, 〈세설신어－중국의 고전 100선〉, 《신동아》 1월호, 부록, 1980, 24~26쪽

55) 이지, 〈부부편총론〉, 《초담집》. 뒤에 〈부부론〉, 《분서》 권3, 90쪽에 전재.

56) 이지, 〈釋敎의 後評〉, 《초담집》 권11, 143쪽. 뒤에 〈삼교귀유설〉, 《속분서》 권2, 75~76쪽으로 옮겨졌다.

57) 이지, 〈篤義의 孔融評〉, 《초담집》 권19, 328쪽. 뒤에 〈孔融有自然之性〉, 《속분서》권3, 92쪽으로 전재. 모든 저서를 비교하지 못했으나 아마 훨씬 더 많을 것으로 보인다.

58) 이지, 〈초담집서〉, 《초담집》, 1쪽.

59) 기윤, 〈초담집〉, 《사고전서총목》.

60) 이지, 〈부부론〉, 《초담집》 권2.

61) 이지, 〈釋敎〉, 《초담집》 권11.

62) 이지, 〈석교〉, 《초담집》 권11.

63) 하심은은 원명이 梁汝元이고, 호가 夫山이며 강서의 永豊縣 사람이다. 태주학파에 속하며 당대의 이단사상가로 嚴崇과 적대하였고, 장거정과 충돌하여 살해되었다. 사람의 마음을 중시하고 물질적 욕심을 긍정하였다.
용조조의 《명대사상사》 ; 후외려의 《중국사상통사》 ; DMB, pp.513~515.

64) 이지, 〈하심은론〉, 《분서》 권3.

65) 왕본아는 자가 鼎甫이며 新安 사람이고 뒤에 종2품의 포정사, 요동총독이 되었으며, 숭정 때에는 차관인 정3품의 병부시랑까지 승진했다. 이지가 통주에서 체포되기 전날 모친을 방문하기 위해 떠나자, 이지는 〈어머니를 뵙

기 위해 남으로 돌아가는 왕정보를 전송하다〉(《속분서》권5)를 지었다. 그는 이지가 죽은 뒤 그가 남긴 원고들을 모아 《속분서》《설서》등을 간행하였다. 1618년(만력 46) 이지의 《속장서》를 간행하면서, 초횡은 "한번 죽으면서 그(이지)의 책이 더욱 널리 전해졌고, 그의 이름은 더욱 널리 알려졌다"고 서문에 썼다. 《속장서》의 서문과 〈이씨 《속분서》의 서문〉에서 왕본아의 공을 높이 평가하였다. 이탁오의 《설서》와 《역인》의 간행에 모두 공이 컸다.

66) 기윤, 《흠정사고전서총목》 권174.

67) 이지, 〈이지자서〉, 《분서》.

68) 이지, 〈觀音問－答自信〉, 《분서》 권4.

69) 이지, 〈答周西岩〉, 《분서》 권1.

70) 이지, 〈童心說〉, 《분서》 권3, p98.

71) 《성경》의 〈마태복음〉 제18장 1~5절 가운데, "하늘나라에서 누가 가장 위대하냐?"의 질문에 대한 예수의 대답이다. 제19장 14절에서도 "하늘나라는 어린이와 같은 사람의 것"이라고 되풀이한다.

72) 이지, 〈哭貴兒〉, 《분서》 권5 ; 《속분서》 권5.

73) 유동성은 자가 子明이고 호가 晉川이며 산서성 沁水 사람이다. 1568년 진사를 거쳐 한림원 서길사, 병과 급사중, 이부우시랑, 공부좌시랑, 호광의 左布政司를 지냈고, 우첨도어사와 보정의 巡撫, 병부상서를 지냈다. 유동성은 이탁오의 《장서》에도 서문을 썼으며, 이탁오는 유동성의 손님으로 머물면서 그의 아들, 조카와 함께 《대학》과 《중용》 등을 읽고 토론하여 《도고록》을 저술하였다.

74) 삼원은 원종도·원굉도·원중도 삼형제로서 문학에서 명 후기의 자유낭만적 공안파이다. 그들은 이탁오를 매우 존경하여 따랐고, 그의 사상적 영향을 크게 받아 전대의 복고적 문학사조에 반대하여 성령설(性靈說)을 주장하여 새로운 바람을 일으켰다. 중화민국 초기 주작인 등의 문학사조에 영향을 주었다.

원종도는 자가 伯修로서 公安 사람으로 삼원의 맏형이다. 만력 연간 회시에 장원하여 편수와 우서자를 지냈다. 이의 학이 성할 때, 동생 굉도, 중도 등과 함께 그를 배격하고 당의 白樂天과 송의 蘇軾을 좋아하여 그의 이름을

白蘇라 하였다. 이들을 세상은 공안파라 하였다. 저서에《白蘇齋集》등이 있다.《명사》권288, 12쪽.

원굉도는 자가 中郎이고 호가 石公으로 종도의 동생이다. 시문에 매우 능하였고, 만력 연간에 진사가 되어 知縣과 郎中을 지냈다.《觴政》《袁中郎集》등 많은 저서를 남겼다. 이탁오는 그의 재능을 특히 크게 칭찬하였다.《황명세설신어》;《명사》권288, 12쪽.

원중도는 자가 小修. 문학의 재능이 뛰어났으며, 만력 44년에 진사가 되어 휘주의 府學敎授, 국자감박사, 남예부의 낭중을 지냈다. 이탁오를 따랐으며, 저서로서《珂雪齋集》등이 있는데, 그의 〈李溫陵傳〉은 이탁오에 대한 최초의 훌륭한 전기로서 유명하다.《명사》권288, 13쪽.

75) 원중도,〈이온릉전〉,《분서》.

76) 전국시대의 진왕은 조나라의 귀중한 보배인 和氏璧을 얻고 싶어했다. 秦왕은 趙나라의 15개 성과 그 보배를 바꾸자고 제의했다. 그러나 그것은 어디까지나 강대함을 기반으로 한 속임수였다. 이에 조나라에서는 藺相如라는 사람이 옥을 가지고 진에 가 왕에게 바쳤다. 그러나 진왕은 화씨벽을 받고도 15성을 주려 하지 않자 인상여는 기둥 옆에 서서 옥을 깨뜨려버리겠다고 해서 위기를 모면하고 뒤에 옥을 조나라로 다시 가져올 수 있었다는 고사에서 유래한다. 사마천,〈廉頗藺相如列傳〉,《사기》권21.

77) 원굉도,〈小修詩書〉,《원중랑전집》권1.

78) 이지,〈忠義水滸傳序〉,《분서》권3.

79)《十三經》은《詩經》《書經》《易經》《春秋》(《公羊傳》《穀梁傳》《左傳》),《禮記》《儀禮》《周禮》《論語》《孟子》《孝經》《爾雅》이며,《二十一史》는 명대까지의 정사로서《史記》《前漢書》《後漢書》《三國志》《晉書》《宋書》《南齊書》《梁書》《陳書》《魏書》《北齊書》《周書》《隋書》《南史》《北史》《唐書》《五代史》《宋史》《遼史》《金史》《元史》등을 말한다.

80) 하문대학 역사계 편,《이지연구참고자료》제3집, 165쪽.

81) 주유지,〈李卓吾與新文學〉,《복건문화》권3, 18기, 1935, 24쪽.

82) 왕본아,〈속각이씨서서〉,《속분서》권1.

83) 이지,〈讀書樂引〉,《분서》권6.

84) 이지, 〈讀書樂〉, 《분서》 권6.

85) 이지, 〈예약감개평생〉, 《분서》 권4.

86) 황종희, 〈文壯鄒東廓先生守益〉, 《명유학안》 권16.

87) 유해는 호광의 마성 사람으로서 융경 연간에 진사로서 지현 등의 벼슬을 지냈다.

88) 이지, 〈贊劉諧〉, 《분서》 권3.

89) 회림은 이지가 매우 총애하던 지불원의 승려로서 《분서》의 〈寒燈小話〉에 나온다. 그가 젊어서 죽자 〈회림을 곡한다〉 시 4수를 지었다.

90) 이지, 〈寒燈小話〉, 《분서》 권4, 190쪽.

91) 경정향, 〈구경서〉, 《경천대선생문집》 권6.

92) 채의중의 이름은 弘甫였고 하남성 사람이며 어려서 경정향을 스승으로 섬겼다. 뒤에 진사가 되었으며 국자감의 제주와 예부의 우시랑을 거쳤다. 죽은 뒤에는 예부상서로 추증되었다.

93) 경정향, 〈구경서〉, 《경천대선생문집》 권6.

94) 경정향, 〈구경서〉, 《경천대선생문집》 권6.

95) 이지,〈與周友山〉, 《분서》 권2.

96) 심철, 〈이탁오전〉, 《閩書》 권152.

97) 경정향, 〈馮道論〉, 《경천대선생문집》 권4.

제3장

천만세의 시비를 모두 뒤엎어라

비록 공자를 다시 태어나게 해도, 그 역시 지금 어떻게 시비(是非)를 가려야 할지 모를 터인데, 어떻게 그의 시비로서 정해진 본〔定本〕을 삼아 상과 벌의 기준으로 할 것인가? 다만 나는 경계해서 말하거니와, 이 책을 읽는 것은 독자 여러분에게 맡기지만, 공자의 정해진 시비의 기준으로 상과 벌을 주지만 않았으면 좋겠다.

《장서》, 〈서문〉

박해와 투쟁 속에서 계속되는 발분의 저술

(70～71세, 1596～1597)

1. 철저한 자기 추구의 자유인

이탁오는 50세 이후 몸이 크게 쇠하여 죽으려 할 때, 경전을 읽으라는 친구의 권유를 받아들여 삶과 죽음의 원인을 탐구하게 되었다. 그뒤《대학》과《중용》의 중요한 의미를 다시 깊이 연구하여, 그 중요한 흐름(내용)을 모아《도고록(道古錄)》으로 출간하였다. 사실 이 연구와 저술에 앞서 이미《초담집》에서 유교의 기본윤리인 오륜을 비롯하여 유교경전의 기본이론을 분석 탐구하고 이론적으로 비판하였다. 이를 밑바탕으로《도고록》에서는《대학》《중용》 등에 대하여 심도 있게 연구하였는데, 이는 그의 마지막 큰 싸움인《장서》를 위해 튼튼한 기반이 되었다.

그는 오십 이전의 삶을 '무(無)'로 돌렸다. 이처럼 신랄한 자기평가는 자기부정적인 반성의 극치이며, 아울러 새로운 출발을 의미하였다. 애써 추구하는 도를 찾았고, 그 도를 위해 도와 함께 열정적으로 살았던 시대이다. 그러나 사실은 그때부터 그에게는 어려움이 밀어닥쳤다. 관직을 사임한 뒤 76세까지의 생애야말로 가장 험난하여 죽음으로 끌고 간 박해와 고난의 시기였다.

도와 함께 사는 것은 도를 지키는 것으로, 도를 구하는 일보다 더욱 어려웠다. 세속적이고 사회적인 지식인들에게서 '이단자'라고 비판받았다. 하지만 이탁오 자신은 이러한 비판을 감수하면서 죽음을 두려워하지 않는 강인한 정신으로 당당하게 맞섰다. 그래서 그는 항상 격분 속에서 살았으며, 사람들과 세상을 비판하고, 분발하면서 저술했다.

그러므로 이탁오는 자신의 삶을 '협객의 향기'에 비유했고, '죽음의 명성'으로까지 비장하게 생각하였다. 그런데 협객으로서의 이탁오는 진시황을 암살하려던 형가(荊軻)와 같은 무력이 아니라 사상과 붓끝으로 싸우는 투사이며 협객이었다. 이러한 점에서 이탁오는 왕양명의 '아는 것과 행동함이 합치'한다는 '지행합일(知行合一)'을 가장 잘 실천한 사상가였다. 다른 말로 '인간 내면의 양지를 외형적 삶에 가장 잘 나타냈다고도 할 수 있을 것이다.

사람의 시비는 처음부터 정해진 바탕도, 논의도 없다고 외친 그는 세상의 여러 의견들은 함께 존재하면서도 서로를 방해하지 않는다고 말한다. 또 자기의 시비는 사사로운 시비이지만 공적인 시비도 될 수 있음을 부인하지 않는다. 한편 시비는 해와 달이 가듯이, 밤과 낮이 바뀌듯이 항상 변하고 있음을 강조한다. 그러므로 "공자의 정해진 본으로 세상의 시비에 대해 상과 벌을 행하지 않으면 좋겠다"고 단호히 못을 박는다.

이 얼마나 멋진 자유인의 부르짖음인가? 이러한 비판과 평가의 바탕 위에서 수천의 역사인물에 대해 종횡무진 재평가가 이루어진다. 가장 중요한 사회비평으로 16세기 여성의 능력을 긍정하거나 지위에 대한 초시대적인 평가와 사상이 가능해진다. 인종과 문화의 경계를 초월한 마테오 리치와의 교류 역시 가능하게 된다.

이탁오의 분노와 혜안으로 가득한 세찬 격류와 같은 글들이 폭포수처럼 쏟아져 나왔다. 바로 후기 생애 동안 쏟아져 나온 그의 저서들이다. 그래서 그는 《장서》의 서문인 〈장서 세기 열전 총목차의 서론〉에서, "독자가 스스로 즐기면 되지, 다른 사람에게 보여서는 안 된다. 그러므로 이 책을 《장서》라고 부른다"고 썼다. 이것이 후반생에서 이룩한 이탁오의 가장 큰 업적이었으며, 아울러 후세에 이루어지기를 바란 그의 간절한 기대였다. 죽으면서 그의 도를 실천하고 완성한 것이었다.

삶의 비장한 최후를 마치면서 시대를 앞서간 고귀한 자유인으로서 공격적 비평의 불꽃은 그 시대를 불태우다 꺼졌지만, 20세기라는 새로운 시대를 위해 잿더미 속에서 귀중한 불씨를 여전히 간직하고 있었다.

2. 여제자 매담연과 이탁오

이지가 용호에 있는 동안 많은 사람들이 그를 찾아가 학문을 함께했고, 그를 스승으로 삼았는데 그 가운데는 부녀자들도 있었다. 경정향과 당시의 권력층은 특히 이 점을 크게 떠들면서 이탁오가 사대부가의 여자들을 유인했으며, 그릇된 도로써 민중을 현혹시킨 요망한 사람이라고 경멸했다. 심지어 이지에게 폭도를 보내기까지 했다. 이지는 이때 논란이 된 여제자들과의 관계에 대해 아래와 같이 썼다.

> 〈관음문(觀音問)〉 가운데 불교에 대해 아직 말하지 않은 두 가지 문제는 출간되면 실로 후생들에게 유익함이 있을 것이다. 이 안의 담연(澹然)은 진실로 뛰어나며, 선인(善因), 명인(明因) 역시 뛰어난 참으로 출가한 대장부들이다.
>
> 남녀가 혼잡하였다고 떠드는 비방은 앞으로 누구를 속이며, 하늘을 속이려는가? 곧 이는 인생이 괴롭다는 것을 알 수 있게 해준다. 이 몸은 이 세상에서 만족을 구하려 하지 않지만, 내세에서도 거의 사람으로 태어나려고 생각하지 않는다.
>
> 홀아비, 과부, 고아, 독신자들에 대해서는 옛날부터 성인도 불쌍히 여겼고, 이 여인들의 도덕과 문장은 앞선 철학자(현인)들에게 결코 뒤지지 않는다. 산에 살거나 들에 있는 사슴과 돼지들도 오히려 서로 짝을 찾아 즐기는데, 하물며 사람에게야 말할 필요가 있겠는가? 이것이 용납될 수 없다면, 이 몸이 받아들여질 곳은 아무데도 없다.[1)]

그는 뛰어난 여제자인 과부 매담연에 대해 칭찬을 서슴지 않았고, 그에 대한 비난을 부정하면서, 그러한 학문적 또는 남녀의 교류는 아주 자연스러운 것인데, 왜 용납되지 않느냐고 반문하였다. 비난에 대해 변호하는 것이 아니라, 본질적인 인간성을 들어 반격하였다.

당시 명대에는 “여자가 재주 없는 것이 바로 덕〔女子無才便是德〕”이란 사회 분위기가 지배적이었는데, 이지는 마성의 지불원에서 강학에 여자도 참석시켰다고 맹렬한 비난을 받았다. 물론 여자들이 어느 정도 참석했는지는 확실히 알 수 없으나 《분서》의 〈관음문〉에서 불도에 관해 함께 이야기하는 매담연, 징연(澄然), 선인, 자신(自信), 명인 등에게 보낸 글을 발견할 수 있다.

위의 여인들 가운데 가장 많이 나오며 이지와 서신 왕래로 우리의 관심을 끄는 여인은 매담연이다. 그녀는 이지의 친구 매국정의 둘째 딸이며, 주세돈(周世遯)의 아내로 일찍이 과부가 된 총명하고 아름다운 여인이었다. 뒷날 이지의 여성 관계에 대한 비난이 바로 이 매담연과 관계되었다. 그녀가 고독을 호소한 〈기외(寄外)〉라는 시가 한 수 보인다.

> 낙엽이 뜰과 계단에 가득하고
> 가을바람이 다시 이는구나
> 거닐며 헤어진 사람을 생각하니
> 이 적막함을 어찌 참을까
>
> 落葉滿庭階　秋風吹復起
> 遙憶別離人　寂寞何堪此[2)]

이지는 매담연에 대해 각별한 관심과 칭찬을 아끼지 않았다. 《분서》에는 〈다시 담연사에게(復澹然師)〉를 비롯하여 〈관음문〉 속의 5개의 서신이 들어 있으며, 그녀의 아버지 매국정이나 사촌 매지환에게 보낸 편지에서도 그녀에 대해 자주 쓰고 있다. 그녀와의 사제관계에 대하여 이지는 이렇게 썼다.

> 매담연은 비록 여자의 몸이나 출세한 장부로서 어느 남자도 쉽게 그녀에게 미치지 못할 것이다. 지금 그녀는 도를 공부해 올바른 지혜와 식견이 있어, 나는 전혀 그녀(의 학문)를 걱정하지 않는다. 비록 그녀가 나를 스승으로 모신 적은 없지만, — 그녀도 내가 남의 스승이 되려 하지 않는다는 것을 잘 안다

— 때때로 30리 밖에서 사람을 보내 내게 불법을 물으니, 내 어찌 그에 대해 답하지 않을 수 있겠는가?

그녀는 스승의 예로 나를 섬겨왔다. 내가 비록 세간의 반 개 제자도 받아들이지 않는 터이지만, 그도 묵묵히 나를 스승으로 섬기니, 역시 그의 청에 대답하지 않기는 어려워서 그의 가르침을 청함에 답하였다. 그는 나를 스승으로 부르니, 나도 역시 그에게 담연사로 답하지만, 내가 다른 사람의 스승이 되지 않으려는 이 계율을 결코 범하지 않으려 한다. 아! 서로 만나지는 못하고 서로가 스승이 됨은 물론, 다만 스승일 뿐 아니라 서로를 스승이라 부르니 이 또한 특이하지 않은가!"[3)]

이탁오는 매담연과의 사제관계를 굳이 부정하고 있지만, 불도를 배움에는 사제관계가 매우 긴밀하였다. 전겸익은 담연에 대해 더 상세히 설명하여 "매국정의 과부된 둘째 딸이 이탁오에게 불법을 배우고 매국정 역시 거기에 참여하고 있으니 그는 곧 먼 옛날 방공(龐公)[4)]의 후계자라는 것이다.[5)] 호북성 《마성현지》[6)]도 매국정 가족이 이탁오로부터 선불교를 배워 깊은 식견을 지니고 있음을 말하고 있다.

위의 기록들을 통하여 우리는 매담연이 가족과 함께 이탁오에게서 불법을 구하고 있었음을 알 수 있다. 그런데 전겸익이 그들을 비교한 방공도 딸 영조(靈照)와 함께 그의 스승 마조(馬祖)에게 선(禪)을 구하였으니 이탁오가 그의 유명한 서신인, 〈여인이 도를 배우는 데 식견이 남자에 미치지 못한다는 말에 대한 답서〉의 글에서 이들 방노파와 영조를 매우 모범적인 여인으로 말한 것은 매우 흥미롭다.

이렇게 볼 때 이탁오가 방공의 부녀가 입적한 것을 "고금의 통쾌한 일〔古今快事〕"이라고 한 것과, 매국정과 매담연 부녀에 대한 찬양은 이들 모두가 불교세계에서 하나의 이상적 인간상으로서 이탁오에게 부각된 듯하다.

과부 매담연은 지불원에서 도를 구하는 이탁오를 크게 존경하였고, 관음대사상을 만들 때 그에게 부탁했다. 특히 이탁오는 매담연이 머리를 깎고 불자가 될 때, 〈수불정사에 부쳐〔題繡佛精舍〕〉로 축하하는 시도 썼다.

듣건대 담연이 이날 태어났다는데
이날 되려 불문에 들어오는구나
담연 같은 승보(僧寶)가 아직 세상에 있으니
이제 보니 수불정사의 등불이 바로 불보(佛寶)로구나
우습구나 사내로 바뀐 (維摩詰의 딸) 월상녀(月上女)여
이상하지도 않은 것을 (세상은) 큰일인 듯 놀라 떠드네
갑자기 (지혜의 부처님 제자) 사리불이 보이지 않으니
천녀가 남자의 몸으로 변하여 숨기면 누가 이를 알리오
내 세상사람들에게 권하건대 함부로 시기하지 말라
수불정사가 곧 천태(天台)니라
(유마경의) 산화천녀(散花天女)가 꽃을 뿌리려 해도 네 몸에 붙을까 근심이더니
뛰어난 용왕의 딸(용녀)이 부처님이 되어 지금 또 오는구나

聞說澹然此日生　澹然此日却爲僧
僧寶世間猶時有　佛寶今間繡佛燈
可笑成男月上女　大驚小怪稱奇事
陡然不見舍利佛　男身復隱知誰是
我勸世人莫浪猜　繡佛精舍是天台
天欲散花愁汝著　龍女成佛今又來7)

이지는 여기서 매담연을 월상녀에 비교하고, 자신은 그녀와 불도를 같이하는 동도자로 생각했다. 《오등회원(五燈會元)》 가운데 사리불과 천녀(天女)가 만나는 〈사리불존자(舍利佛尊者)〉의 고사를 통해 천녀가 남자로 변해 다시 여인이 되지 않는 비유를 들어 매담연이 여장부임을 설명하고 있다.

비판자들에게 비판할 꼬투리를 줄 만한 다른 7언4구의 〈각기(却寄)〉는

그 내용이 더욱 정적이다.

잠깐 떠오르는 생각〔却寄〕

천하를 한 번 돌아 강남에 내려와도
지척에서도 만나 같이 이야기할 수도 없구나
오히려 세우보살〔婆須蜜〕의 여인을 부러워하며
마음속으로부터 석가모니불을 보았으면 한다

밥그릇(바리)을 갖고 와서도 참선은 되지 않고
멀리서 고상한 논의가 들려와 슬퍼 오히려 눈물이 난다
지금의 남자들이 그것을 얼마나 알 것인지
그러나 관직이 높으면 모두 선인(仙人)이라고 한다

바람 따라 가루 눈발이 하늘에 가득 휘날리며
내리는 비에 매화는 점점이 곱고 붉게 물들었구나
문 앞에 거마〔車馬〕가 많다고 부를 뽐내지 말지니
자규는 지금 이미 다시 봄을 불러왔네

마디마디 소리 내어 마음으로부터 일깨워
삶과 죽음 앞에서도 마치 산처럼 조금의 흔들림이 없구나
관음보살을 보려 한다면 지금 네가 바로 그인 것을
(불가의) 연꽃은 원래 꽃을 닮은 사람이었지

一廻飛錫下江南　咫尺無由接笑談
却羨婆須蜜氏女　發心猶願見瞿曇
持鉢來歸佛坐禪　遙聞高論却潸然
如今男子知多少　盡道官高卽是仙

盈盈世抹隨風雪　點點紅粧帶雨梅
莫道門前車馬富　子規今已喚春回
聲聲喚出自家身　生死如山不動塵
欲見觀音今汝是　蓮花原屬似花人[8)]

쫓기는 몸으로 한없이 고독하며 어디로 가야 할지 몰라 슬픔에 빠져 있던 늦가을의 무창에서, 용호로 돌아오라는 매담연의 편지를 받았다. 이에 이지는 용호로 돌아가기로 결정하고, 감동하여 위의 7언절구 4수를 보냈다. 이 시의 내용이나 당시의 여러 상황으로 보아 이 스승과 제자 사이에는 남다른 정이 느껴지고 있다.

그러나 이러한 불법에서 순수한 사제관계는 매국정의 집안을 시기하는 선비들의 심한 비방을 불러왔다. 드디어 만력 28년, 이지가 74세 때, 마성의 선비들과 지방관이 결탁하여 "여승의 음탕한 행동"이라고 비방하면서, 이탁오가 머무는 용호의 지불원을 부수어버리고, 그를 따르는 무리들을 법으로 처리하려 하였다. 이러한 비방을 참을 수 없어 과부 매담연은 결국 자결하고 말았다. 그녀가 자결한 뒤, 마경륜은 "이탁오만 매담연이 불법을 청하는 것을 받아들였는데, 세상사람들이 모두 그를 죽이려 했다. 지금 매담연이 죽었으니, 우리는 이탁오 노인의 사람 볼 줄 아는 능력을 본다"고 이탁오를 높이 평가하였다. 이탁오는 그뒤 분개해서 매담연의 사촌인 매장공(梅長公, 1575～1641)[9)]에게 보낸 서신에서 그와 담연을 함께 크게 칭찬하여,

공은 홀로 담연을 중히 여길 줄 알고 있으니 (확실히) 인걸입니다. 담연은 이로 말미암아 후세에 명성을 크고 넓게 떨칠 것입니다. 공은 근본을 그르치는 어려움을 겪지 않고 특히 권력의 자리에 별다른 연결이 없는데, 이 점에서 공은 담연을 위해 큰 일을 한 것입니다. 그녀는 참으로 총명하며, 참으로 맹렬하며, 참으로 바르고 원대합니다. 형상노인(매국정)이 이처럼 훌륭한 딸을 갖고, 이처럼 훌륭한 조카를 둔 줄은 참으로 뜻밖입니다. 부러워하며 사모합

니다.

공명과 영화가 공의 집안에 골고루 나뉘어 있으니, 오직 성현의 책을 읽어 아직 모자라는 것을 더욱 보충하기만 하면 됩니다. 내가 5년 동안 이곳을 떠나 두루 사방 몇 만 리를 돌아다니면서도 최고의 성인과 큰 현인을 단 한 사람도 만나지 못했는데, 지금 돌아와서 공의 형제 자매(그의 사촌누이 매담연 포함)의 이러한 모습을 보게 되니 내가 (초 지역으로) 돌아온 것이 참으로 헛되지 않습니다.[10]

라고 매담연의 재능을 매우 높이 평가하고 있다. 이 글에서 특히 이탁오가 담연에게 성현에 가까운 존경을 보내고 있는 데 주의할 필요가 있다. 여성관계를 두고 이탁오를 비난함이 과부 매담연에서 크게 말미암고 있는데, 누군가가 어느 서신에서 이탁오에게 "그 여인의 지혜가 춘추시대의 남자(南子)[11]에 미치느냐?"[12]고 힐문한 것도 이를 말하는 것으로 보인다.

매국정은 딸 담연이 불법을 배우려다 비방을 받아 죽은 뒤, 그를 제사하는 글에서, "부처님이 있으면 자연스럽게 악마도 있으니, 그에 따른 비방이 없음을 믿을 수는 없다"고 슬퍼하였다. 다른 곳에서도 이탁오의 수난을 가리켜 영웅의 위업을 이루는 데는 반드시 어려움이 뒤따른다는 뜻으로 같은 말을 되풀이하였다.

이탁오가 가족을 고향으로 돌려보내고 깊은 산에서 고독한 구도와 저술·강학의 생활을 매우 열정적으로 계속하고 있을 때, 몸과 마음이 몹시 피로했을 것임에 틀림없다. 더구나 《분서》를 발간한 뒤 그의 가까운 친구마저 그로부터 떠나버리고,[13] "성인의 가르침에 반하는 이단자"로 몰려 박해는 날로 늘어났으니[14] 그에게는 종교에 가까운 신념과 다른 사람의 따뜻한 마음이 간절히 필요했을 것이다.

하지만 이탁오는, 도를 구하며 도를 실천하는 생활은 더 열기를 더해가고, 그의 붓끝은 더욱 날카로워져, 중국 역대 인물을 종횡무진으로 높이거나 깎아내리면서 〈독서락〉에서 보이는 역사 속의 사건과 인물들과 대화하면서 파묻혀 살고 있었다. 이러한 때 그를 존경하며 따르는 총명한 여제자인 매담연에 대해 애착과 기대감은 더욱 커져갔을 것이다.

즉, 이러한 상황에서 담연은 이탁오의 고독한 투쟁적 생애에 용기를 주게 된 제자이며, 동시에 학문에서 같은 길을 가는 사랑스러운 사람이었을 것이다. 이것이야말로 이탁오가 서신이나 시에서 아쉬워하는 죽은 부인 황씨에게 그처럼 애타게 갈구했으나 얻을 수 없었던 기대감이었다.

그러므로 매담연이야말로 이탈리아 르네상스 시기의 단테(Dante Alighieri, 1956~1321)에게 베아트리체(Beatrice Portinari)와 같은 존재였는지도 모른다. 이상적인 여인상으로 이탁오의 삶이나 여성관에 중요한 의미와 영향을 주었을 수도 있다. 그리고 학문과 이상에 머물렀던 그들의 관계는 매우 아름다운 것이었다. 그러나 시대의 보기 드문 이상적 관계는 매우 비극적으로 끝나고 말았다. 이것은 참으로 당시의 사회윤리였던 남녀의 벽을 뛰어넘은, 그의 여성관이나 사회사상이 드러난 자유의 의지였고, 실험이기도 했다.

명 말 같은 어려운 시대적 환경 속에서 여성을 강학에 참여시켰고 아울러 함께 학문을 논하고, 그것을 출판했다는 것 역시 중국 여성교육사에서 획기적 사실로 평가할 수 있을 것이다.[15] 즉 이탁오는 그러한 여제자들과의 접촉을 통하여 자신의 여성관을 형성·심화하였고, 반대로 그의 여성관은 여성관계에 진보적인 구실을 했음에 틀림없다.

3. 《명등도고록》과 《손자참동》 출간

1) 박해에 정정당당하게 맞서다

호광 안찰사첨사 사정현(史旌賢)은 풍속을 크게 해쳤다는 죄명으로 이탁오를 마성에서 쫓아내야 한다고 떠들었다. 사정현은 바로 경정향의 제자였다. 이제 이탁오에 대한 또 한 차례의 비판과 박해의 회오리가 몰아치기 시작한 것이다. 이탁오는 박해의 부당성을 지적하고 불굴의 의지를 더욱 분명히 하였다.

이탁오는 54세인 1580년 요안현의 지부를 사임하고 나서 황안과 마성에서 이미 16년을 머물렀다. 이때 유동성이 사람을 보내 그를 데려오려 했으므로 이탁오는 자신을 구해주려는 유동성의 은혜를 고맙게 생각하며 그를 따랐다. 본디 월초 10일 무렵에 가려고 했는데, 지방관이 그를 법으로 다스린다는 말을 들어 마성에 머무를 수 없게 되어 시일을 앞당긴 것이다.[16] 이때 경정리의 아들 경극념(耿克念)은 이지가 그곳에 오기를 바랐으나, 경정향 등과의 관계를 고려하여 그는 아래와 같은 이유로 이를 거절하였다.

> 다른 사람에게서 도움을 구하는 일은 내가 비록 죽어도 할 수 없는 것이다. 옛날의 대장부나 훌륭한 인물들을 돌아보건대 모두 이와 같았으니, 그렇지 않으면 내가 어찌 힘없이 집안을 일으키고, 재산 없이 가족을 양육했으며, 의지할 곳 없는 외로운 아들로 여기까지 왔겠는가!
>
> 그러면 그들은 내가 죽음을 두려워하지 않는다는 것을, 사람을 무서워하지 않는다는 것을, 다른 사람의 세력에 의지하지 않는다는 것을 알게 될 것이다. 무릇 인생은 통틀어 단 한 번 죽음이 있을 뿐이고, 두 번 죽음이 있는 것이 아닌데, 세상사람들은 스스로 그에 미혹되어 있을 뿐이다.[17]

그는 권세 있는 사람을 두려워하지 않았고, 특히 죽음마저도 전혀 두려워하지 않는 꿋꿋한 정신을 보여주고 있다. 그의 불의에 대한 투쟁의 결의는 아래 글에서 이미 확고함을 알 수 있다.

> 내가 말하는데, 사순도(史巡道)가 법으로써 나를 다스리려 한다면 옳은 일이나, 나를 다른 곳으로 가게 한다면 그것은 옳지 않다. 무릇 죄가 있는 사람은 법을 어기고 통치를 어지럽히는 것으로 법에 따라 벌을 주고 죽여도 좋은 것이다. 내가 만약 평안하기만을 바란다면, 그것은 이탁오가 아니다. 만약 내가 그들의 말을 들어서 간다면 이것은 법을 어지럽힌 사람이 옮겨가서 다른

> 지방에 또 해를 끼칠 것이니, 그것은 매우 현명하지 못하다.
>
> 그곳의 사람들과 마성의 사람들은 무엇이 다르단 말인가? 그러므로 나를 죽일 수는 있어도 다른 곳으로 가게 할 수는 없으며, 내 머리를 자를 수는 있지만 내 몸은 욕되게 할 수 없으니, 이러한 논의는 밝히기 어렵지 않다.[18)]

자기가 법을 어겼으면 처벌하면 되는 것이지, 왜 다른 곳으로 내쫓느냐고 항의하고 있다. 법을 어긴 사람은 어느 곳에서도 용납될 수 없으므로, 내쫓김은 사리에 어긋난다는 것이다. 특히 머리가 잘려 죽을지언정 가지 않을 것이며, 결코 욕을 당할 수 없다는 그의 각오는 굴복할 수 없는 투쟁정신을 잘 보여준다. 그의 불굴의 투쟁정신은 주우산에게 보내는 다음과 같은 다른 서신에서도 더욱 뚜렷하게 보인다.

> 내가 마성현으로부터 30여 리 떨어져 살면서 해가 다 갔으나 연말에 한 사람도 만나지 않았다. 그러나 들으니 나를 욕하며 고향으로 쫓아보내 죄를 다스린다는 이야기가 당연한 것처럼 사람들에게 여겨지고 있다.
>
> 그들이 말하기를 "나를 여기에서 쫓아보내지 않으면, 마성의 풍속을 바로잡지 못한다"고 하니, 고독한 늙은이가 밥이나 먹고 편안히 앉아 죽음을 기다리는데, 어떻게 풍속을 어지럽히는지를 알지 못하겠다. 그들 입에서 나오는 말은, '풍속을 바르게 한다'는 것인데, 그렇다면 그들은 이미 풍속이 실제로 다 크게 망가진 사람이란 뜻이 된다. 슬프다! 이 늙은이에게 제발 그런 말을 하지 말아라. 이 늙은이와는 관계없는 일이다. …
>
> 내 본래 성질이 유순하고 배움에는 욕됨을 참는 것을 귀히 여기므로, 나를 죽이려 한다면 칼에 뛰어들 것이며, 나를 몽둥이로 친다면 주먹을 쥐고 달려들 것이며, 나를 욕한다면 달려가서 입을 벌리고 떠들 것이니, 이는 오로지 앞으로 나아갈 뿐이지, 뒤로 물러가는 것을 알지 못하는 것인데, 누가 나를 고향으로 돌려보낼 수 있단 말인가!
>
> 무릇 이처럼 욕을 참고 효도와 순리로 법을 지키는 것은 내가 7, 8세 때부

터 지금 70세에 이르기까지 늘 그랬으며, 또 하나의 습관이었다. 그렇지 않다면 어찌 칠십 노인이 신상에 돈 반푼 없으며, 신변에는 나를 따라다니는 친척이 반쪽도 없이, 어찌 1만 리를 떠돌아다니며 머무르겠는가? 무릇 스스로 마음을 헤아려 위로 잘못됨이 없고 몸에 그릇됨이 없으며, 형상에 때가 없고 그림자에 먼지가 없으니, 옛 사람들이 말하는 것처럼 부끄러움이 없이 내 실로 그에 당할 것이다.

이처럼 당당한 진용으로 올바른 기치로서 날마다 세상과 싸워 패하지 않는 자의 군대가 바로 나에게 있기 때문이다. 올바른 군대의 법도가 삼엄하고 간격이 없어 능히 탈 수 있는데, 누가 감히 나의 이 정정당당(正正堂堂)함에 대항해 덤벼들어 멸망의 화를 스스로 택할 것인가?[19)]

깊은 산속에서 외로운 구도생활을 하고 있는 늙은이가 어떻게 풍속을 어지럽힐 수 있느냐고 반문한다. 그는 삶에 잘못이 없고, 때가 없고, 먼지가 없으니, 부끄러움도 없어, 당당하게 세상의 불의와 싸울 것을 선언하였다. 자기를 죽이려 한다면, 그 칼에 뛰어들 것이며, 몽둥이로 때리면 주먹을 쥐고 달려들고, 욕을 한다면 달려가 입을 벌리고 떠들 것이라고 단호한 불굴의 투쟁정신을 보여주고 있다.

2) 《명등도고록(明燈道古錄)》 출간(70~71세, 1596~1567)

(1) 산서의 유동성에게서 《도고록》 저술

《도고록》은 유동성의 아들 용상(用相)과 함께 《대학》《중용》 등에 대해 이야기한 내용을 옮겨놓은 책으로, 이탁오의 저서 가운데 가장 철학적이고 학문의 기본이 되고 있다. 1596년 이지가 70세가 되던 해, 유동성(劉東星, 1538~1601)[20)]은 그를 산서(山西)로 초청했다. 유동성은 당시 이부의 우시랑으로, 부친상을 당하여 집에 와 있었다. 그는 늙은 옛 친구인 이탁오를 생각하여 특히 아들 용상(자가 肖甫 또는 肖泉)을 시켜 용호로 가서 이탁오를 상당(上党)의 손님으로 모셔오게 했다. 이탁오는 나이와 쇠약해진 몸을 돌아보지 않고, 도중에 명승들을 즐기면서 마성을 떠나 산서의 상당 심수의 평상촌에 이르렀다.

평상촌은 심수로부터 100여 리 떨어졌는데, 촌락은 몇 십 집도 안 되는 아주 조용한 곳이었다. 이탁오는 종일 문을 걸어 잠그고, 책을 손에서 떼지 않아 비록 젊은 학생들이라도 따를 수 없을 만큼 아주 부지런히 연구하였다. 밤이면 유동성과 마주앉아 인생과 학문의 깊은 뜻을 탐구하며 토론했다. 유동성의 아들 용상과 조카 용건도 때때로 자리를 함께해 토론을 경청하고, 이탁오를 스승으로 삼고《대학》과《중용》의 깊은 의미에 대해 물었다, 그때의 학문 생활과《도고록》의 간행과정에 대해 이탁오는, 서문인〈도고록인(道古錄引)〉에서

> 진천(유동성)이 옛날 초에 와 있을 때, 나는 그를 처음 만나 서로 잘 알게 되었다. 또 예산(禮山)에서 독서하고 있는 동안, 나는 그를 조문한 적이 있었다. 진천은 나를 기쁘게 대해주었으므로 그곳에 머물렀다.
>
> 진천은 심수 사람으로 평상촌에 집이 있었다. 이처럼 평상촌은 심수에서 백 리쯤 되는데 마을은 수십 집이 안 되어 아주 조용하였다. 나는 조용한 곳을 좋아하여 이곳에 머물렀다. 날씨가 추워지고 밤이 길어지면서, 우리의 이야기도 길어져갔다.
>
> 때로 내가 질문하면 진천이 답하고, 그가 물으면 내가 응하기도 하였다. 상당 기간 계속했으나, 안타깝게도 이것을 아무도 기록하지 않아 스스로 탄식할 뿐이었다. 진천에게는 용상, 용건 등 두 아들이 있었는데, 열 번 가운데 한두 번은 함께 앉아서 우리들의 이야기를 듣고 또 마음으로 기뻐하였다. 그들이 물러가 들은 것 가운데 가장 중요한 것을 기록했는데, 이것은 아마도 우리가 이야기한 것 백 가운데 하나나 둘이었을 것이다. 그러나 때로 그것이 너무 많기도 하고 오랫동안 쌓아두어서 없어지기도 했다.
>
> 그것들을 다시 꺼내 보며 나도 모르게 외쳤다. 이 기록이다! 이것이 바로 우리 두 사람의 '옛 도를 밝게 해주는 실록' 즉 명등도고의 실록이다. 이런 까

닭으로 그 제목을 《명등도고록》이라 했다. 멀리 송대의 주돈이와 소옹을 이을 수 없고, 가까이는 명대의 진헌장과 왕양명을 계승할 수도 없다. 그러나 이들 네 선생들도 우리의 이 사상의 정수를 두려워할 것이고, 반드시 그것을 읽을 것인데, 이것이 곧 《명등도고록》이다.[21]

《이씨문집》이나 《이온릉집》에 두 권으로 들어 있는데, 상권은 18단(18장), 2권은 24단(24장)으로 구성되었다. 각 장에서는 한 문제를 다루었는데, 한 가지로만 계속된 질문자는 진천의 아들 용건과 조카 용상, 유진천과 마성으로부터 이탁오를 모셨던 승려 회림의 물음과 이탁오의 대답이었다. 유진천도 서문인 〈서도고록수(書道古錄首)〉에서 이렇게 썼다.

이 산중에서 가을을 지나 봄에 이르도록 매일 밤 서로 대하여 토론했다. 나의 아들 용건도 밤마다 방에 들어와 함께 《대학》과 《중용》의 대의를 질문하였다. 선생은 시끄러운 잡인들을 좋아하지 않아 오직 종일 문을 닫고 책만 읽었다. 내가 그를 볼 때마다 손에서 글씨 쓰는 붓이 떠나지 않아 비록 새로 공부하는 젊은 사람도 능히 그 부지런함을 따를 수가 없었다. 선생을 비방하는 자들은 선생의 이 같은 모습을 본 적이 없기 때문이다.

진실로 선생님을 한 번 보면 강포한 사람들이라도 칼을 버리고 엎드려 절할 것인데 어찌 비방을 참을 것이며 또 비방할 것이냐! 용상과 용건 등이 이미 선생과의 학문적 토론을 들은바 백에 둘을 기록했는데 내가 이를 인쇄하도록 명했다. 이것이 선생의 뜻이고 역시 내 뜻이기도 하며 또 용상과 용건 등의 뜻이기도 하다.[22]

이탁오 역시 서문인 〈도고록인〉에서 이렇게 자신의 뜻을 밝힌다.

그리고 이것은 바로 우리 학파[門庭] 안에 있다. 진정 우리 집안의 학문적 정통을 이은 아들과 손자임에 틀림이 없다. 그런즉 진천이 나를 여기에 머물게 한 것은 과연 헛된 일이 아니었다. 지금 평상에 있는 나도 결코 그저 가만히 머물러 있는 것은 아니다. 이에 마땅히 서문을 써서 전하며 천하 후세에 우리 두 사람과 아울러 두 아들이 헛되지 않게 시간을 함께 보냈음을 알리려 한다.[23]

이탁오는 이곳 평상에서 생활이 비교적 만족스러웠고, 유동성의 손님에 대한 호의에 대해서도 매우 고맙게 생각하였다. 특히 일반의 속된 유자들처럼 형식적으로 허리를 굽히고 친절한 체하는 것보다, 학문을 좋아하는 유동성의 실제적인 면이 이지의 마음에 들었다. 이러한 만족은 이탁오가 이곳에서 저술을 하는 데 커다란 도움이 되었다. 그때의 열띤 토론의 일부를 옮겨놓은 것이 바로 《도고록》이다. 그는 이 책에 대해 명대 양명학을 발전시킨 진헌장(1428~1500)이나 왕양명의 학문을 계승할 만하다고 자부심을 가졌다.

이러한 당시의 상황은 이탁오가 지은 〈9월 9일 평상에서〔九日坪上〕〉라는 3수의 시와 〈동짓날 반성하며 주인 노인(유진천)에게 감사하며 읊다〉 그리고 〈섣달그믐의 사찰 정황〉이라는 3수의 시 속에 잘 나타나고 있다.

9월 9일 평상에서〔九日坪上〕[24]

1

새처럼 날고 날아 곳곳에 머물다 보니
올해 구월 구일은 이곳 산서에서 보내는구나
태행산은 바로 높이 올라 보는 곳이니
국화꽃은 없어도 역시 술은 가지고 가겠네

如鳥飛飛到處栖　　今年九日在山西
太行正是登高處　　無菊亦應有酒携

2

평상에 꽃이 없어도 술 살 돈은 있으니

술에 취해 선의 세계로 도망이나 갈까
술 속의 흥취를 알지 못한다고 말한다면
높은 곳에 올라 하늘에 한번 물어나 볼까

坪上無花有酒錢　漫將沽酒醉逃禪
若言不識酒中趣　可試登高一問天

3

몸이 타향에 있어도 고향이 그립지 않더니
여기저기 한가로운 구름에 마음이 처량하기만 하다
친구가 가을날 변경의 일들을 물으면
햇볕 쬐는 평상에서 술을 찾고 있으련다

身在他鄕不望鄕　閑雲處處總凄凉
故人若問凉邊事　日射坪田索酒嘗

동짓날 스스로 반성하며, 주인 노인에게 감사하여 읊다〔至日自訟謝主翁〕[25)]

내일 아침은 일흔한 살인데 오늘은 일흔 살이구나
어른이 된 뒤 저술이 없으니 늙어서 무슨 이익이 있을까?
비록 독서에 즐거움이 있지만 잃는 것도 얻는 것도 근심이네
잃어서 걱정은 무엇인가? 지난날은 이미 헛되이 지나갔구나
얻는 것을 걱정함은 또 무엇인가? 앞으로 살 내일이 얼마 남지 않은 것이지
내 총명함이 비록 전날에 미치지 못해도 아직 정신을 해치지는 않았구나
붓이 뭉그러지고 끝이 조금 무디어졌어도 손끝은 아직 손상되지 않았다
완연한 한 서생이니 우습기도 하고 사랑스럽기도 하여라!
이 몸이 아직 죽지 않았으니 잠시 산 사람이다

참으로 다행스러운 것은 친구 유동성의 끊임없는 환대이네
나를 따르는 하인 대여섯이 배부른 지도 여러 날이네
이처럼 어진 주인 만나니 타고난 운수를 어찌 근심하겠는가!

明朝七十一　今朝是七十
長而無述焉　旣老復何益
雖有讀書樂　患失又患得
患失是伊何　去日已蹉跎
患得是伊何　來日苦無多
聰明雖不逮　精神未有害
筆禿鋒芒少　指柔龍蛇在
宛然一書生　可笑亦可愛
且將未死身　暫作不死人
所幸我劉友　供饋不停手
從者五七人　素飽爲日久
如此賢主人　何愁天數九

섣달그믐의 사찰 정황〔除夕道場卽事〕[26)]

1

여러 스님이 함께 아미타불을 부르는데
나는 하늘 끝에서 또 한 해를 보내는구나
다만 내일 아침이면 어느덧 일흔한 살
칠십 평생이 이미 지나가버린 것을 그 누가 알겠는가

衆僧齊唱阿弥陀　人在天涯歲又過
但道明朝七十一　誰知七十已蹉跎

2

평상에서 만나 의기가 서로 맞으니
지극한 사람들이 나를 위해 비로자나불에게 공양을 드리네
등을 밝히고 석탄 때는 불꽃이 태양처럼 밝으니
나그네가 어찌 저녁이 더디 간다고 근심하겠는가

坪上相逢意氣多　至人爲我飯樓那
燒燈熾炭紅如日　旅夕何愁不易過

3

흰 머리카락이 사람을 어찌할 수 없게 재촉하는데
가련하게도 그믐날 저녁 서글픈 마음을 없앨 수 없네
봄바람 열흘에 얼음이 녹은 뒤면
심수의 물결은 옛날처럼 하염없이 흐르겠구나

白髮摧人無奈何　可憐除夕不除魔
春風十日氷開後　依舊長流沁水波

〈9월 9일 평상에서〉 3수는 9월 9일 중양절에 썼다. 이탁오는 30세에 집을 떠나 70세가 되도록 40년 동안 천주에 아버지와 할아버지의 상기를 치르러 간 두 차례 말고는 고향을 떠나서 살았다. 1585년 그가 사는 곳을 마성으로 옮기고 가족을 천주로 돌려보낸 뒤, 홀로 불사(佛寺)를 집으로 하고, 친구들을 가족으로 삼고 살았다. 40년 동안 그는 남을 통해 북으로 가고 북을 통해 남으로 가면서, 수많은 비방과 박해를 받아왔다.

집을 떠나 만 리의 태행산 아래서 중양절의 좋은 계절을 만나 어찌 감상적이지 않겠는가! 이탁오는 말하기를, 새가 날고 날아 쉴 곳에 온 듯하고, 9일 산서에 와 있다고 했으니, 그는 자신을 날아다니는 새에 빗대면서, 유랑하는 생활의 슬픔을 썼다.

〈동짓날 스스로 반성하며 주인 노인에게 감사하며〉는 동짓날 주인 유동성에게 감사하여 지은 시이고, 〈섣달 그믐날 사찰의 정황〉은 즉흥시로 그 당시 유동성과 보살펴주는 이들에게 감사하고 있다.

(2) 《명등도고록》의 비판적 경전 해석

이때 이탁오는 심수(沁水)에 왕가수(왕본아)가 와서 만났다. 왕가수는 뒷날 이지의 학문과 그의 삶에 대해서 중요한 기록을 남긴 제자이다. 이때 왕가수는 이지에게 생애의 말년에 어떤 저서를 남기시겠느냐고 물었다. 이에 대해 이탁오는,

> 나는 나를 알지 못하는 사람들에게 이익을 주기 위해, 감옥에서 영광스럽게 죽어 내 삶을 성취할 것이다. 그때가 되면 내 이름이 천하에 가득 차 급속하게 활활 타오를 것이다.[27]

라고 확신을 갖고 대답했다. 따라서 뒷날 감옥에서 죽음은 피할 수 없이 예정되었다고 하겠다. 죽음으로써 도와 삶을 함께 완성하려는 이탁오의 확고한 의지였다. 이탁오의 중요한 저서인 《명등도고록》은 대상으로 한 범위가 매우 넓었지만, 특히 《대학》과 《중용》을 위주로 하였다. 해우(海虞)의 고대소(顧大韶)가 교정하여 간행한 《이씨문집》 또는 《이온릉집》 제18권과 제19권에 들어 있는데, 전 책은 상권이 18단(18장), 하권이 24단(24장)으로 구성되었다.

각 장마다 하나의 문제를 매우 심도 있게 문답을 통해 토론했으며, 이 문답에는 용건과 용상이 자주 참여했고 진천도 함께 있었다. 지불원에서 이지를 모셨던 스님 회림의 질문과 설명도 있으며, 이지가 주로 대답하였다. 따라서 이는 제자들과 학문을 함께 토론한 점에서 공자의 《논어》와 같은 성격을 갖는다고 할 수 있다. 그리고 이지의 만년의 사상을 이해하는데 가장 중요한 책 가운데 하나이다. 이 《도고록》은 이지의 저서 가운데 가장 온건한 편이다. 이지는 그때 경자건(耿子健)에게 편지를 썼다.

유동성의 아들 초천(용상)이 나에게 와서 《도고록》 두 책을 주면서 읽어보고 고쳐달라고 했다. 나도 이 두 책을 초약후에게 보낼까 보내지 말까 하다가 결국 보내지 않았다. 나는 스스로 시험하기를 어떻게 할 것이냐? 아울러 《장서》 속에 넣을 것인가 하다가 매객생을 기다려 사람들로 하여금 베껴 내게 해서 8월 동안에 초약후에게 다시 정정하도록 일부를 맡겼다. 설사 그가 출간해주지 않아도 천세 만세에 스스로 출간하는 사람이 있을 것이다. 무릇 나는 이 책이 곧 만세를 평화롭게 다스리는 책이 되어 황제의 경연에서 읽혀지고, 과거장에서도 진사들을 위해 읽혀지리라고 생각한다.28)

이 《명등도고록》에 대해 이탁오는 천세 만세에 전해지고, 만세의 평화와 세상을 다스리는 길이 그 안에 있다고 자부하였다. 도와 사람의 관계에 대해 아래와 같이 말했다.

도는 본래 사람에게서 멀지 않으나, 사람이 도를 멀리 하는 까닭에 도라고 할 수가 없는 것이다. 사람을 알 수 있으면 그것이 도이니, 도는 곧 사람이어서 사람 바깥에 도가 없고 도 바깥에 또한 사람이 없는 것이다. 그러므로 군자는 사람으로서 사람을 다스리니 감히 자기 자신으로서 사람을 다스리는 것이 아니어서 사람이 본래 스스로 다스리는 것을 말한다. 그러므로 사람이 능히 스스로를 다스리므로 다른 사람을 기다려 스스로의 행동을 규제할 필요가 없는 것이다.

만약 법으로 금지하고자 한다면 이는 스스로 다스림을 할 수 없는 것이니, 그를 쳐서 복종시켜야만 하기 때문에, 이는 도끼자루(막대기)로 막대기를 치는 것과 같다. 비록 가깝지만 먼 것이니 어찌 능히 이를 다스리며 어찌 족히 도로 삼을 것이냐?29)

도의 개념을 아주 정확하고 훌륭하게 요약한 것이다. 도는 사람들과 함께하기 때문에 사람이 곧 도이고 도가 곧 사람이라고 한 것이다. 이것은 그가 《장서》 속에서 사람에게 도가 있음은, 땅에 물이 있는 것과 같다고 한 비유와 일치한다. 도의 개념에 대해 이탁오는 아주 쉽게 보통의 일상적 언어로 설명하고 있다.

즉, 그는 도와 사람은 긴밀하게 연결되어 있다고 보았으니, 사람이 곧 도이며, 도가 곧 사람으로서 사람 바깥에 도가 없으며, 도 바깥에 사람이 없다고 하였다. 또 정치를 하는 이들은 사람들의 자유에 맡겨야지, 모든 것을 강력한 법대로만 할 수는 없다는 것이다.

다음으로 《명등도고록》에서 이탁오는 확실하게 봉건계급에 반대하고 평등사상을 여실히 보여주고 있다. 그는 이 책에서 유가경전인 《중용》 가운데 존덕성(尊德性), 도학문(道學問), 솔선 등의 이론에 관해 사람들이 평등해야 한다고 결론지었다. 그는 인간의 성품이 아주 존귀하다고 생각하여 다음과 같이 주장했다.

> 너희들은 '덕성'을 존중하는 사람들이 별다른 사람이라고 하지 말아라. 그들이 하는 것은 일반 민중도 할 수 있는 것이다. 사람은 다만 성품대로 하면 되는 것이지, 성인이 하는 것을 지나치게 높게 생각하지 말아야 한다. 요·순과 길거리의 사람은 같으며 성인과 보통사람도 똑같은 것이다.[30)]

이는 세상사람들이 모두 평등하며 특히 성인이라고 해서 높거나 별다르지 않다는 것을 지적한 것이다. 특히 그는 인간이 지니고 있는 본성대로 하면 된다는 극히 반전통적인 평등사상을 강조하면서, 그는 일반 백성과 평범한 부부가 성인에 견주어 결코 못하지 않다는 것을 아래와 같이 말했다.

> 세상사람들은 다만 백성과 평범한 부부들이 불초(不肖)하고 불가능한 것만 알 뿐, 어찌 성인의 불가능함에 대해서 알겠는가? … 이에 내 분명히 말하거니와 성인에게 가능한 것은 일반 부부나 불초에게도 가능한 것이니, 세상의 부부를 열등하다고 낮추어 보지 말 것이다. … 평범한 부부에게 가능한 것이 비록 성인에게 불가능한 것도 있으니, 성인이라고 해서 모두 높이 보지 말아야 할 것이다.[31)]

이는 공자·맹자 등 성인을 무조건 높이 보려고 하는 당시 사회에서 얼마나 놀라운 주장인가? 사회평등사상의 기초적인 생각인 것이다. 그는 성인과 보통사람이 평등하다는 사상에서 출발하여 '백성의 일상어〔邇言〕가 바로 선(善)'이라는 정치성이 있는 주장을 아래와 같이 되풀이하였다.

> 순 임금은 자기 자신에게 묻기를 좋아했고 살피기를 좋아했으니, 이를 잘 살피는 것은 살피는 자 또한 그에 아주 가까워진다는 말이다. … 오직 거리와 마을에서 쓰이는 속되고 다듬어지지 않은 말로, 지극히 속되고 낮아서 매우 얕고 가까워 위층에 있는 사람들이 알지 못하는데, 군자는 듣기를 좋아하지 않지만, 순 임금만은 홀로 이를 기꺼이 살폈다.
>
> 이런 까닭으로 백성들이 숨어서 아무 말도 들리지 않게 한 적이 없으며, 거짓으로 불을 밝히지 않은 적도 없어 백성이 좋아하는 것과 싫어하는 것이 모두 환하게 드러나 있으니, 이것이 백성 가운데 있는 것이고 이른바 선이라는 것이다.
>
> 이른바 말을 잘한다는 것은 백성들의 가까운 말속에 있어야 하는 것인즉, 그 가까운 말이라는 것을 어찌 살펴보지 않을 수 있겠는가! 살핀다는 것은 물어보는 데 그치지 않는 것이니 잘 살핀다는 것은 물어보는 것을 좋아하는 데서 그치는 것이 아니다. 그런즉 성인의 가까운 말을 잘 듣는다는 것이 이런 뜻이다. 무릇 오직 가까운 말을 선으로 삼은즉 가깝지 않은 말은 반드시 선하지 않은 것이 된다. 그것은 왜인가? 백성 가운데 있지 않고, 백성이 바라는 뜻을 모르고, 백성이 좋아하지 않는 까닭이다. 요즘 사람들이 이른바 백성을 좀먹는 악을 방지하지 못한다는 뜻이다.[32)]

그는 또 사회공동체의 구성원으로서 고귀한 후왕이나 서민에 이르기까지 모두가 평등하게 그들의 고유한 구실을 하고 있다고 강조하였다. 즉, '하나에 이르는 도'에는 제후나 보통사람이 모두 같다는 것이다. 따라서 귀천을 강조하지 말고, 귀한 자는 스스로 낮추고 천한 자는 스스로를 높여서 서로의 공동체적 구실을 분담하고 사회의 조화를 이루어야 한다는 것이다.

제후나 국왕〔侯王〕들은 하나에 이르는 도가 보통사람들과 같다는 것을 알지 못한다. 그러므로 스스로를 높인다. 높은 사람은 반드시 딛고 있는 터를 낮추어야 하고, 귀한 사람은 반드시 그의 본을 천하게 해야 하는데, 왜일까?[33)]

위의 노자에 대한 이탁오의 해석에서 제후나 국왕들과 서인의 평등뿐만 아니라, 인간사회의 구성원으로서 개인의 고유한 소임이 아주 잘 표현되어 있다. 이처럼 서로 다른 구성원들에 의해 인간 사회는 하나의 사회란 공동체를 구성하게 된다는 것이다.

이렇듯 성인과 일반인의 귀하고 천함에 대해 말하면서, 이탁오는 이러한 하나에 이르는 길은 사회에서 서로 지위나 출생이 다르다 해도 누구나 그 나름대로 위치에서 주어진 소임을 함으로써 사회가 잘 운영된다고 생각하였다. 그는 이를 차에 견주어 어떤 사람은 바퀴의 구실을 하고 어떤 사람은 차의 축(軸)과 같은 구실을 하며, 어떤 사람은 짐칸의 구실을 함으로써 사회가 구성이 되지만, 덜 중요하고 더 중요한 곳이 없듯이 우리 사회의 구성과 구실 역시 그와 같이 서로 보완해서 하나를 이룩할 수 있다는 것이다.

이는 이탁오가 노자의 사상으로부터 이끌어온 것이며 아주 훌륭한 사회 평등사상의 한 모습이다. 그는 본질적으로 인간의 덕과 성품에 대해서 매우 긍정적으로 평가하였으니 이는 불교와도 관계되는 사상이다. 《명등도고록》은 이탁오의 공자와 송대 이학을 반대하는 투쟁적 정신을 반영하고 있다. 이에 그 누구이건 인간의 본성이 대단히 중요하다는 면을 계속 강조한 것이다. 한편 그는 《도고록》에서 유가들의 부귀관을 비판하여 성인이라도 그것을 싫어하지 않았음을 아래와 같이 강조하였다.

성인이 비록 '부귀를 보아도 뜬구름처럼 여긴다'고 했지만, 그것을 얻었을 때에는 역시 본디 가졌던 것처럼 잘 유지했다. 그리고 '그 부귀를 도로써 얻은 것이 아니면 그곳에서 살지 않겠다'고 하였다. 그러나 그 또한 '부귀라는 것은 모든 사람들이 갖고 싶어하는 바이다'라고 하였다.

… 이제 살펴보건대 공자가 노나라의 재상이 된 기간은 겨우 석 달에 지나

지 않았으니 얼마나 짧은가! 그러나 여러 가지 훌륭한 옷을 입었으니, 지극한 부귀를 누렸던 것이다. 추위를 막는 갖옷이 딱 한 벌이면 족했는데, 홀갖옷의 꾸밈새도 역시 한 벌 정도가 아니었으니 무릇 《논어》의 〈향당편(鄕黨篇)〉에 씌어진 것 또한 거의 이와 같다.

그러므로 성인이 부귀를 원하지 않는 일은 일찍이 없었던 것이며, 꼭 구해야 할 것이 못된다는 것도 역시 지나치지 않았던가?[34)]

부귀는 인간 모두가 원하는 것으로, 성인도 결코 그것을 반대하지 않았다고 말한다. 그는 성인 공자의 노나라 재상 시절의 생활을 들어 이를 강조하였다. 그는 또한 성인도 중용의 도를 반드시 잘 지키는 사람만을 성인으로 한 적은 없다면서 경전의 절대성에 대해서 신랄한 비판을 가하였다. 이 《도고록》이란 저서를 통틀어서 유교의 전통적 해석도 있지만, 나름대로 독특한 해석을 함으로써 봉건사상에 대해 비판하고 자유발전의 사상을 나타내고 있다. 특히 봉건시대의 사회계층에 반대하면서 평등사상을 주장한 것은 획기적이었다. 이러한 그의 사상은 뒷날 확실히 사람들에게 커다란 영향을 미치게 된다.

이탁오가 71세이던 1597년, 초횡은 그에게 용호로 돌아오도록 편지를 썼다. 그러나 이탁오는 이를 거절하였다. 왜냐하면 이미 마성의 지불원에서 자신을 해치려고 하는 음모가 있었음을 알았기 때문이다. 그는 초횡에게 쓴 편지에서 이렇게 말하고 있다.

나를 죽이려는 사람이 있는데 형께서 잘 타일러 그것을 그만두게 하셨다고 들었습니다. 그 은덕에 감사합니다. 그러나 이 아우는 이 드넓은 중국 안에 살면서도 나를 알아주는 반쪽의 인간도 얻지 못한다면, 오히려 국경을 넘어 오랑캐 땅에서 돌아다니다가 백골을 묻는 것만 같지 못합니다. 형은 왜 나더러 다시 용호로 돌아오라고 권하십니까? 용호는 내가 죽을 곳이 아닙니다. 나보다 나은 좋은 친구가 있고, 진정으로 나를 아는 사람이 있으면, 그곳이 바로 내가 죽을 곳입니다.

> … 그러한 친구를 얻지 못하고 죽는다면, 차라리 감옥에서 죽거나 전쟁터에서 죽는 것이 좋을 터인데, 형은 왜 나를 구하려 하십니까? 죽어서 오히려 협객의 기골을 지녔다는 평판을 듣고, 열사의 명성을 얻게 된다면, 그것을 어찌 용호의 평범한 죽음에 비교하겠습니까?[35)]

그는 이미 죽음을 초월한 사람이었으니 감옥에서 죽는 것도, 전쟁터에서 죽는 것도 결코 두려워하지 않았다. 그에게 가해지는 박해에 대해 이단을 자처하면서 자기의 죽음은 협골의 향기나 열사의 이름으로 후세에 남기를 바랐던 것이다. 죽음의 자유로운 선택을 준비하고 있었다. 그리고 그 예상은 불행하게도 그대로 들어맞았다.

3) 병법서 《손자참동(孫子參同)》

(1) 대동의 순무 매국정(梅國楨)[36)]에게 머물다

71세인 1597년(만력 25), 순무(巡撫)인 매국정의 초청을 받아 유동성과 작별하고 대동으로 갔다. 그가 심수를 떠나 대동으로 가던 길에 황토고원의 독특한 풍경을 보며 〈진양의 옛일을 되돌아보며〔晋陽懷古〕〉[37)]라는 시를 지었다.

그는 태원의 안문관(雁門關)을 지나면서 〈안문을 지나면서〔過雁門〕〉 2수를 지었다. 이지는 다시 상간하(桑間河)에 이르러 〈상간하를 건너며〔渡間河〕〉라는 시를 짓고 대동에 이르면서, 〈처음 운중에 이르러〔初至雲中〕〉의 7언4구를 지었다.

처음 대동에 도착하니 아름다운 경치를 비롯하여 그에게는 모두가 새로웠다. 대동에서 생활 역시 매우 넉넉하고 흡족하였다. 그는 매국정과 선(禪)에 대해서 이야기하는 것 말고도 명승지를 관람하였다. 《분서》에는 〈건루의 저녁 풍경〔乾樓晩眺〕〉이라는 시 3수가 보이는데 이것은 이 해 7월 15일 중원절 건루를 유람하면서 지은 것이다. 이때 매우 특색 있는 〈손님의 노래〔客吟〕〉[38] 시 4수를 지었다.

1

어제 아침은 평상의 손님이더니
오늘 저녁은 운중의 나그네일세
여행하는 날들은 같지 않으나
객은 꿈이 오히려 서로 같기를 바란다

昨朝坪上客　今宵雲中旅
旅懷日不同　客夢黐相似

2

젊어서 고향(의 우물)을 떠나니
돌아가려 해도 함께할 것이 없네
바로 기러기(자연)와 친한 노인인데
또 변방의 늙은이가 되었네

少小離鄉井　欲歸無與同
正是狎鷗老　又作塞上翁

3

고향은 어느 곳이어야 하는가?
여름이 무덥더니 가을은 서늘하네
서늘함과 무더움이 때에 따라 변하듯
어디가 일찍이 고향이어야 하는가!

故鄕何處是　夏熱又秋凉
凉炎隨時變　何曾是故鄕

4

뗏목에 올라 하늘에 물으려 하나
다만 북두칠성과 견우성은 부딪칠까 두렵구나
뗏목에 올라 바다에 뜨려 하니
또 교룡이 크게 울어 앞을 가로막네

乘槎欲問天　只怕沖斗牛
乘槎欲浮海　又道蛟龍吼

이 해 8월 일본의 침략군이 조선의 전라도를 다시 쳐들어와 수도로 진격하니(정유재란) 병부상서 형개(邢玠, 1540~1612)[39]가 친히 조선의 수도 한양으로 가서 진을 치고 머물러 인심이 비로소 안정되었다. 형개는 정유재란 때 양호(楊鎬), 마귀(麻貴) 등의 장군을 거느리고, 1596년 조선에 왔다가 난이 끝난 1599년에 명으로 돌아갔는데 "군문 형개가 글을 보내 수군의 빠른 진군을 가상히 여긴다"[40]고 격려했다는 내용이 충무공 이순신의 《난중일기》에도 보인다.

《분서》 안에는 5언4구의 〈변방의 노래〔塞上吟〕〉가 보인다. 그런데 이는 《속분서》 안에 앞에서 본 5언절구인 〈손님의 노래〔客吟〕〉의 제4수로 들어 있다. 그리고 이 〈변방의 노래〉라는 시의 제목 아래 '당시 왜(구)가 침입했다는 경보가 있었다〔時有倭警〕'는 네 자의 부제가 있다. 이 시의 앞 3수는 그가 고향을 생각하며 읊었고, 끝의 수는 이탁오 자신에게나 나라의 출구가 없어 보이는 절박한 상황을 고민하며 읊은 것이다.

이때 그는 대동에서 〈회림을 곡한다〉의 4수를 썼다. 회림은 용호의 지불원에서부터 이지를 따르던 젊은 스님으로 아침저녁으로 격의 없이 만나는 사이였다. 《분서》에서 그에 관한 기록을 보면, 매우 총명하며 학문을 좋아했고, 이지와 학술을 토론하였다. 따라서 둘 사이의 대화가 그에 따라 많이 기록 정리되었다. 이지가 스승이 곧 친구며 친구가 곧 스승이라고 한 것이나, 《충의수호전》의 앞 권에 회림의 〈이탁오 비평 수호전 술어〉라는 글이 있는 것 등으로 보아 이탁오를 잘 이해했을 뿐만 아니라 문장 또한 매우 훌륭하였다. 따라서 회림은 그의 시종이며 친구이고 스승이었으며, 아울러 젊은 제자였고 또 학문과 저술의 조수였다. 이러한 회림의 갑작스러운 죽음에 대해 이탁오는 매우 슬퍼하며 그를 위한 시를 남겼다.

회림을 곡한다〔哭會林〕41)

1

남쪽에서 온 소식을 차마 들을 수 없어
창자가 끊어지고 (호남성) 용퇴 땅의 날이 저물어가는구나
그날 비록 병이 나서 떠나갔지만
온 편지는 이미 작은 글씨의 문장이었다

南來消息不敢聞　　腸斷龍堆日暮雲
當日雖然扶病去　　來書已是細成文

2

나이가 젊고 재주가 자랑할 만했는데
잠시 보지 못한 사이 하늘 끝으로 가버렸구나
어찌 나를 버리고 먼저 돌아가
초나라의 구름처럼 흩어지고 노을처럼 되어버렸는가!

年少才情亦可夸　　暫時不見卽天涯
何當棄我先歸去　　化作楚雲散作霞

3

꿈속에 서로 만나 아직도 할말이 많은데
종전에 병이 들어 돌아간 것을 내가 잊었구나

온몸이 모두 바람과 불을 따라 흩어진 다음에도
보낸 편지는 가을옷 보내달란 부탁이었다

夢中相見語依依　忘却從前抱病歸
四大皆隨風火散　去書猶囑寄秋衣

4

나는 만년 몸이 대동에 있으면서
오늘 젊어서 죽은 너를 통곡한다
삶과 죽음을 초월한 우정이 하늘처럼 컸으니
실 같은 붓끝으로 어찌 이를 다 쓰겠는가!

年在桑榆身大同　吾今哭子非龍種
交情生死天來大　絲竹安能寫此中

(2) 병법 연구와 《손자참동》 출간

대동에 있는 동안, 이지는 《장서》의 일부와 함께 《손자참동(孫子參同)》 13편을 수정하였다. 그는 〈노인행서(老人行敍)〉에서, "그러므로 나는 그곳 상서의 심수에서 《도고록》 42장을 썼고, 운중에 이르러서는 《손자참동》 13편을 썼으며, 《장서》의 〈세기〉 8권과 〈열전〉 60권을 썼으며, 변방〔塞上〕에서 나는 또 이를 수정하였다"고 했다. 《손자참동》은 이지가 손자의 병서인 《손자》를 평하고 주를 단 것이다.

《손자》는 중국 고대의 병서로 군사사상(軍事思想)의 중요한 책이며 송대에 이르러서는 군사 저작의 '무경칠서(武經七書)' 가운데 그 첫 번째다. 역대의 적지 않은 사람들이 그에 대해 주를 달았다. 삼국시대의 조조가 단 주는 최초의 것이었을 뿐 아니라, 가장 특색 있는 것이다. 조조는 손무(孫武)의 군사사상을 매우 긍정하였으며, 아울러 진·한 이래 전쟁의 실례와 자기의 실전경험을 근거로 보충하여 뒷날 사람들도 중요하게 여졌다.

이탁오의 《손자참동》은 《손자》 13편을 인용하였다. 각 편마다 위나라 조조가 《손자》에 대해 주석을 단 것을 제외하고, 거기다가 《오자》《육도》《사마법(司馬法)》《황석공삼략(黃石公三略)》《위료자(尉繚子)》《이위공문대(李尉公問對)》 등 병서와 관계 있는 논술들을 참고로 붙였다. 동시에 이지는 서문을 썼고, 평과 주를 달아 손자의 군사사상 인식에 대한 주장을 밝혔다.

책은 모두 세 권인데, 상권은 제1 〈시계(始計)〉, 제2 〈작전〉, 중권은 제3 〈모공(謀攻)〉, 제4 〈군형〉, 제5 〈병세〉, 하권은 제6 〈허실〉, 제7 〈군사〉, 제8 〈구변(九變)〉, 제9 〈행군〉, 제10 〈지형〉, 제11 〈구지(九地)〉, 제12 〈화공〉, 제13 〈용간(用間)〉으로 구성되었다.

책의 앞에는 편찬자로서 매국정과 이탁오가 저마다 〈손자참동서〉를 썼다. 그런데 《손자참동》에는 "이탁오가 말하기를"로 시작되는 총평이 상권에 6곳, 중권에 7곳, 하권에 9곳 들어 있고, 이탁오의 〈참고〉는 상권에 2곳, 중권에 3곳, 하권에 3곳 들어 있다. 특히 몽계 장오(蒙溪 張鏊)의 〈무경칠서서문〉을 비판한 이탁오의 장문의 〈손자참동서〉는 이탁오의 군사사상을 이해하는 데 좋은 자료가 된다. 매국정은 〈손자참동서〉에서 다음과 같이 높이 평가하였다.

병법의 대가, 손무(자)

> 고금의 병법은 수십 수백 편이 있었는데, 전해지는 가장 유명한 것이 일곱으로 그 가운데서 《손자》가 으뜸이다. … 그런데 내 친구 이선생(이탁오)이 선(禪)에 깊이 빠졌으면서도, 또 병법에서 《손자》를 특히 뽑아내어 주를 달아 위나라 무제의 것을 취해 육경으로서 각 편 뒤에 붙였다. 이는 다 그 의미를 주어서 병가(兵家)를 모두 모아놓은 것 같으니, 손자의 병법에 대해 기막힌 해석이 이루

어졌다고 할 것이다.[42)]

장군으로서 매국정이, "군대는 선과 같아 극도로 쓰면 바닷물로 먹을 갈아도 모자랄 정도이며, 정수를 연구하면 한마디〔一言〕로도 남는다"고 한 것은 흥미롭다. 그리고 이탁오가 '선'에 깊은 식견이 있음을 지적하였으니 군사의 이론과 선의 연계는 매우 흔치 않은 일이다.

이탁오가 말하건대, 몽계(夢溪) 선생의 이 말은 진실로 무에 관한 일〔武事〕의 중요함을 이해한 것이다. 그러나 문과 무를 둘로 따로 본 잘못에서 벗어날 수는 없었다. 세상을 잘 다스리는 데는 문을 숭상하고 어지러운 세상을 다스리는 데는 무로 한다면, 잘 다스려지는 시기와 어지러운 시기를 둘로 나누는 것으로, 주의 태공(太公)은 문의 계통을 계승하지 못했고, 공자는 군사에 관한 일을 도모한 적이 없었다는 것이 된다.

무릇 공자가 군사에 관한 일을 배운 적은 없지만, 그렇다고 송사리 같은 유자들을 책망할 수야 있겠는가? 또 세속의 유자들 가운데 곽영공(郭令公, 郭子儀, 697～781)이나 제갈무후 같은 이가 참으로 적으니 어찌 오직 나만이겠는가? 내 능히 경학에 통하고 4·6체의 글을 쓰니, 가히 명사라 할 수 있어 유자로서 부끄러움이 없다. 저 춘추시대의 오기나 서한의 회음후〔韓信〕 등은 재능은 있으나 행할 곳이 없었으니, 또 하물며 모두 내가 번거롭고 못나서 그렇지 않겠는가?

그러므로 내가 말한다면, "인의(仁義)의 근원은 하나"이고, "음양(陽陰)은 서로 돕는다"고 하는 것은 확실한 논리다. 무릇 세상에는 인이 있고 의가 없던 적이 없는데, 어찌 양만 있고 음이 없겠는가? 양만으로는 생명체를 낳을 수 없고, 음만으로는 이룰 수 없으니, 문은 양을 가리키고 무는 음을 가리킨다고 한다면, 무를 이룰 수 없을 뿐 아니라, 문도 이룰 수 없는 것이다.

그러므로 나는 일찍이 이를 사람의 몸에 비유했는데, 사람의 몸에 손과 발이 있는 것은 모두 몸을 받들고 보호하기 위함이다. 그러므로 눈이 보고 싶은 것, 귀가 듣고 싶은 것, 혀가 맛보고 싶은 것, 몸이 편안하고 싶은 것은 손발이 없이는 아무것도 이룰 수 없는 것이다. 그러므로 우리의 몸에 손발이 없다면, 물을 마시려 해도, 밥을 먹으려 해도, 옷을 입으려 해도, 먼 곳을 가려 해도 무엇으로 이를 행할 것인가? 내가 몸을 높이려 해도 누구와 더불어 절하여 공손히 할 것이며, 내 몸을 사랑하려 해도 누구와 더불어 분주히 일하겠는가? 이는 문을 쓰는 것이며, 이는 손과 발이다.

일단 밖에서 우리 몸에 모욕(도전)이 있는데, 발을 헛디뎌 나를 넘어뜨리려 하여, 이를 능히 대적할 수 없다고 생각한다면 발은 스스로 달아날 것이고, 능히 대적할 수 있다고 생각한다면 발은 서로 그에 대응할 것이다. 혹 누가 나를 때리는데 능히 대적할 수 없다고 생각한다면 스스로 손을 들어 이를 막을 것이고, 대적할 수 있다고 생각한다면 스스로 손으로 받아쳐버릴 것이다. 이것이 무(武)를 쓰는 것으로 손과 발이 다른 것이 아니다.

그런즉 유자들이 문(文)에는 능하지만 무(武)에는 능하지 않다고 스스로 말하는 것이 이치에 맞겠는가? 이미 무에 능하지 못한데, 또 문에는 능하다고 하는 것이 또 어찌 이치에 맞겠는가? 그러므로 그들은 역시 그저 밖의 것을 보고들은 것〔견문〕으로부터 얻은 데 불과하거나, 지난날의 현인들로부터 빌려와 도움을 받을 뿐이다. 이는 스스로 마비되어 스스로를 알지 못하는 것이며, 이는 다른 사람을 기다린 뒤에 기거와 음식을 할 수 있으면서, 굳이 자기 자신을 '무능하다〔不肖〕'고 낮추는 것을 나는 믿지 않는다.

무릇 삶을 보위해주는 사물은 하늘이 주었는데, 어찌 곧바로 사람에게서 그렇게 되겠는가? 비록 금수라 하더라도 이와 같을 뿐이다. 이, 어금니, 손톱, 발톱, 뿔 등은 다 각각 쓰임에 적합하여 조금도 없을 수 없다. 오직 정신이 마비되어 어질지 못한 자들만은 문과 무를 다 없애버리고, 사람들에게 합당할 수 없는 것이 확실하다. 이는 다 사람을 기다린 뒤에 그 삶을 연장하는 자로서, 문을 쓰는 것도 없는데 하물며 무를 쓰겠는가?

그런즉 유자들이 스스로 문(文)에는 능하지만 무(武)에는 능하지 않다고 말하는 것이 이치에 맞겠는가? 이미 무에 능하지 못한데, 문에는 능하다고 하는 것이 어찌 이치에 맞겠는가? 그러므로 그들은 그저 밖의 것을 보고 들어서〔見聞〕 얻은 데 불과하거나, 지난날의 현인들로부터 빌려와 도움을 받을 뿐이다.

> 이는 마비되어 자신을 알지 못하는 것이며, 또한 다른 사람을 기다린 뒤에 먹고 잘 수 있으면서, 굳이 자기 자신을 "무능하다〔不肖〕"고 낮추는 것을 나는 믿지 않는다.
>
> 나는 오직 칠서와 육경이 하나로 합쳐져 그것으로 천하만세를 가르치지 못하는 것을 한탄할 뿐이다. 그런 까닭에 《손무자》를 읽고 위의 무제(조조)의 주를 그 핵심으로 하면서 또 육서를 참고하여 그 변화를 다 적용시켜 각 편의 뒤에 저술들을 다시 논하는 까닭이다. 이 저서에 대해 깊이 감탄하는 바이다.43)

이탁오는 '문'과 '무'가 '인'과 '의'나, '음'과 '양'처럼 따로 분리할 수 없는 일체임을 강조하고 유자들이 이를 분리하고 특히 문을 강조하고 무를 경시했음을 비판한다. 그는 인체의 여러 구성 부분의 기능과 구실을 비교하면서 알기 쉽게 '무'의 중요성을 설명해주고 있다. 특히 무경의 '칠서'와 유교의 '육경'이 합쳐져 천하만민의 교화를 위한 교재가 되기를 희망하였다. 우리는 병법서인 이 《손자참동》을 보면서, 이탁오의 사상을 공허한 이론에만 치우쳤다고 주장한 당시 지식인이나 후세 비판자들의 비난이 얼마나 사실에 맞지 않는가를 실감할 수 있다.

《손자참동》은 네 부분인데 첫 번째가 《손자》의 원문이며, 두 번째가 《손자》의 원주(原注)이고, 세 번째가 이지의 〈총평〉이며, 네 번째가 〈참고〉이다. 여기서 매국정이 서문에서, 《손자참동》에서야말로 손자의 저서가 신통한 해석을 얻었다고 한 것은 매우 의미 있는 이야기다. 《손자》는 군사가 바로 정치에 크게 의지하고 있음을 보여준다고 이지는 주장하고 있다. 이탁오는 병서인 《손자》를 긍정하고, 군사와 정치와의 관계 등을 중요시하였다. 이 《손자》는 소박한 유물주의적 군사사상이 들어 있다고 뒷날 평가되기도 하였다. 한편 《손자》는 소박한 변증법사상이 들어 있으며, 오늘날까지도 군사사상에서 매우 중요한 의미가 있는 저서이다.

제1편 〈처음의 계략〔始計〕〉에서 도(道)와 하늘, 땅, 장군, 법을 중요시하였다. 손무가 말한 도는 백성과 정부가 같은 뜻을 갖도록 하는 것이기 때문

에, 죽음을 같이하고 삶을 같이하며 위태로움을 두려워하지 않는다는 것을 이탁오 역시 높이 평가하였다. 한편 도는 현인을 얻고 백성을 사랑하는 것보다 더 우선하는 것이 없다고 한 점을 강조하고 있다. 《손자》는 전쟁에 관한 책이면서도 전쟁을 반대하였는데, 이탁오는 비록 천하가 아무리 넓어도 전쟁을 좋아하는 것은 나라를 망치는 것이라고 매우 예리하게 평가하고 있다.

다음으로 이탁오는 독특한 군사사상을 발휘하고 있다. 이 점에 대해 현대 중국에서는 이탁오가 유물주의적 군사사상을 가졌다고 평가하고 있다. 즉, 그는 인간의 일을 매우 중시하여 천명을 부정하며, 반대로 기후, 지형, 물자, 인력 등 자연조건과 물질조건을 중요시하였다.

한편 통치자의 능력에 대해서도, 임금이 못나면 국가가 위태롭고 백성이 혼란에 빠지고, 임금이 현명하면 국가가 안정되고 백성이 잘 통치된다고 정치적 능력을 평가하였다. 천명에 반대하고 구성원의 인간을 중요시한 그는 우리에게 너무 유명한 "나를 알고 상대를 알면 백 번 싸워도 위태롭지 않다"는 손자의 병법을 긍정하고 있다. 한편 그는 전쟁에서는 항상 위기에 대처해야 한다고 강조하였다. 그렇기 때문에 천하가 비록 편안하다 해도 전쟁을 잊고 있으면 위태로워진다고 하였다. 항상 준비를 철저히 하면 근심이 없다는 경고를 잊지 않고 있다.

끝으로 그는 소박한 변증법적 사상을 보여주고 있다. 예를 들어, 《손자》에서는 싸움은 승리를 귀하게 여기고, 오래 끄는 것을 피해야 한다고 말한다. 〈허와 실〉편에서 '군대는 항상 같은 세력이 아니며 물은 똑같은 형태가 아니다. 그러므로 적의 변화에 따라 승리를 얻는 자를 신이라고 한다'고 한 점을 크게 부각시키고 있다.

《손자》의 병법 가운데 군사 영역에 나타나는 극복해야 할 모순으로, 적과 나, 병력의 많고 적음, 강함과 약함, 공격과 방어, 진격과 후퇴, 이기고 패함, 허와 실, 용기와 겁, 고요함과 움직임, 통치와 혼란, 편안함과 힘듦 등 모순·상반되는 요인들을 이탁오는 분석 평가하였다. 이에 대해 이탁오의 변증법적 사상을 논의하기도 한다. 한편 이탁오는 군대란 일정한 세력이 형성되는 것이 아니고, 또한 똑같은 용도로 쓰이는 것도 아니라고 평론하기도 했다.

이탁오는 《손자참동》 서문에서 일반 유자들이 문(文)을 숭상하고 무(武)를 경시하여 이른바 선비와 군자가 이것을 나누어버렸다고 말하였다. 즉, 유자들은 오로지 글만 습득하고 장군들은 오로지 무만 쓰게 하여 이것이 두 가지 길이 된 것이다. 비록 유자들 가운데 군대를 아는 사람이 있더라도 그들 역시 전쟁에 발탁되지는 않았다며, 문을 존중하고 무를 경시하는 당시 사회의 풍조를 비판하였다.

그는 이 책을 통틀어 손무는 최고의 성인이고 신이며, 천하 만세에도 다시 그 이상의 사람이 없을 것이라고 높이 평가하였다. 그러나 유자들은 무에 관한 서적을 선비의 것으로 여기지 않고 버려두어 읽지 않았다. 드디어 문무 두 가지 길이 되어 따로 《무경》을 만들어 오른쪽은 문이요, 왼쪽은 무를 만들어버린 것이다. 그러므로 좌이면서 좌이고, 또 그것이 좌로써 경시되었다고 당시의 전통과 세태를 꼬집었다.

이탁오는 대동에서 매국정을 작별하고 북경으로 가면서[44] 〈새벽길에 동쪽으로 출정하는 장사들을 만나 매중승에게 붙여〔曉行逢征東將士却寄梅中丞〕〉[45]라는 시를 지었다.

봉화 오르는 서쪽은 여러 장수들이 주둔하는 진영
밥 짓는 차가운 연기가 새벽녘 집집마다 가득하다
변방의 용맹한 자제들 지위를 뽐내지만
험난한 요새를 지키는 장군들은 일찍이 문을 닫았다
바닷가 풍랑(조선의 전쟁)은 어느 해에나 잠잠해질까?
능력 있는 장수(매국정)는 단위에 올라 헛되이 황은에 절만하고 있구나
염파(廉頗)와 이목(李牧)[46] 같은 훌륭한 장수가 지금 운중에 있는데
자리를 옮겨 어찌 지존(황제)을 뵈올 수 있을까?

烽火城西百將屯　　寒烟曉炊萬家村

雄邊子弟誇雕轎　絶塞將軍早閉門
傍海何年知浪靜　登壇空自拜君恩
雲中今有眞頗牧　安得移來覲至尊

이처럼 그는 손자의 병법을 평가하고 해석하면서 군사사상에도 많은 관심을 갖고 연구했을 뿐만 아니라, 매국정과 같이 유능한 인재를 군무에 투입시켜야 한다는 바람을 이 시에서 나타내고 있다.

이탁오는《손자참동》속에서 독특한 조직 형식으로 병가의 기본이론들을 집중적으로 연구했으며, 평론과 해석으로 손자의 사상을 일반 사람들이 더욱 읽을 수 있도록 했던 것이다. 이탁오가 병법이나 군사사상 면에도 적지 않게 공헌하여 군사이론가로서도 평가되고 있는 것은 참으로 놀라운 일이다.

자유이념의 실현, 《장서》의 역사세계

(71～73세, 1597～1599)

1. 감추어둘 책, 《장서》의 출간

1599년 이탁오가 73세 되던 해 7월, 그의 최대 역작으로 역사인물 평가서인 《장서》가 초횡의 주도로 남경에서 출간되었다. 《분서》와 함께 책이름이 독특한 《장서》에 대해 이탁오 자신은 서문에서,

> 이 책은 감출 책 《장서(藏書)》인데, 아래위로 수천 년의 시비(표준)를 우리의 맨눈으로는 제대로 볼 수가 없다. 그런 까닭에 이 책을 감추어두려고 한다. 즉, 깊은 산속에 숨겨두었다가 마땅히 (이 책의 가치를 알아줄) 후세의 양웅(揚雄, B.C.53～A.D.18) 같은 위대한 학자[47]를 기다리겠다는 말이다.[48]

라고 책의 이름을 정한 배경을 비장하고 엄숙하게 설명하고 있다. 《장서》는 이지의 저서 가운데 가장 방대하고 역사책의 형식을 갖추었으며, 그 내용이 가장 격렬하여 뒷날 박해를 받는 직접적인 원인이 되었다. 이 책에는 그의 가까운 친구들인 초횡, 유동성, 매국정, 축세록, 경정력 등의 서문이 들어 있고, 그의 서문은 서술목표를 뚜렷하게 밝히고 있다. 유교에 대한 선전포고처럼 투쟁의 의지와 자신감이 넘치는 천하의 명문이다. 〈초의원(초횡)에게 답하는 글〉에서 이탁오는 《장서》에 대해 이렇게 쓰고 있다.

> 편지를 받고 나서 《이씨장서》 1부를 사람을 시켜서 보내드립니다. 최근까지 세 가지 책을 썼는데, 그 가운데 이 책은 수천 년 역사의 시비를 논한 것으로, 거론된 사람이 8백 명을 넘나들고 분량도 많아서, 따져보니 2천 쪽이 훨씬

넘습니다. … 이름을 《장서(藏書)》라고 하여 마땅히 깊이 감춰두어야 하겠지만, 이 책이 그래도 조금은 마음에 들어 나를 잘 아는 사람〔知音〕과 한번 토론해보고 싶어서 이렇게 보내드립니다. 이 책에서 사람들의 잘잘못을 논한 것이 많은데, 모두 타당하다고 할 수는 없습니다. 하지만 그것은 《진서(晉書)》《당서》《송사》의 잘못이지 내 책임은 아닙니다.

한대의 대학자, 양웅

나는 위·진 시대 사람들이 남달리 멋있는 점이 아주 많았음에도, 일단 그릇된(더러운) 붓을 거치자 도리어 그 멋이 드러나지 않았다고 생각합니다. 진정 영웅다운 사람을 나약한 인간으로 그려놓고, 진정 풍류가 뛰어나고, 세상에 이름을 드날린 사람을 저속한 인물로 그려놓고, 실제로는 명성만 얻고 아무것도 제대로 못했던 사람을 뛰어나고 위대하게 그려놓았으면서도 당당하게 으쓱으쓱 자랑하도록 만들었습니다. 정말 가소로운 일이 아니겠습니까! 이로 말미암아 범엽(范曄, 398~446)이란 사람이 오히려 인걸이며, 그가 지은 《후한서》가 볼 만한 책이라는 것을 알겠습니다.

이 책의 내용이 모두 타당하다고 생각하는 것은 아닙니다만, 그 시비 판단이 이전 사람과는 다르다는 것을 자부할 수 있으니, 절대 다른 세속 인물에게 보여주어서는 안 됩니다. 형께서 자세히 한번 읽어보시고 만약 해가 없다고 생각하시면, 앞에 몇 마디 해제를 붙여 본디 뜻을 살펴 편찬해주시기 바랍니다. 혹시라도 다른 사람이 단 반 마디 글자라도 그 사이에 끼워 넣는 것을 원하지 않습니다. 왜냐구요? 지금 세상에서 이탁오를 이해하는 사람이 아직 없다고 생각하기 때문입니다. 그러나 이 또한 형께서 짐작하여 하실 일입니다.

이 아우는 이제 먼 곳에 있으니, 멀리서 형세를 살피기 어렵습니다. 다만 사람들의 노여움을 사는 지경에 이르지 않고, 또한 이 책을 욕되게 하는 지경에 이르지 않게 해준다면, 나를 아껴주는 것입니다. 중간에 잘못되고 틀린 것이 아주 많습니다. 자세히 한번 살펴보아야 합니다. 그러나 논저 같은 것은 고

감추라는 책, 역사인물 평가서《장서》(중화서국, 1959)

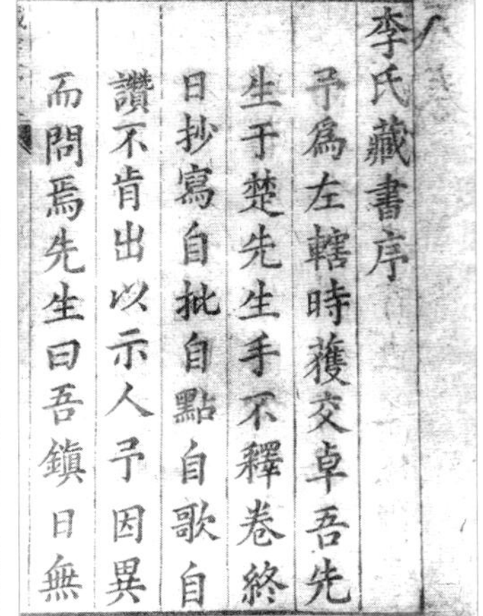
李氏藏書序
予爲左轄時獲交卓吾先
生于楚先生手不釋卷終
日抄寫自批自點自歌自
讃不肯出以示人予因異
而問焉先生曰吾鎮日無

《장서》의 본문

> 치면 안 됩니다. 이는 나의 온갖 정성과 정신과 관계된 것이요, 모든 생각을 공정하게 그대로 전하는 책으로 그 옳고 그름을 함부로 말할 수 없습니다.[49]

그는 중국 수천 년 역사의 시비를 논한 저서라고 스스로 자부하고 있다. 저서의 내용이 모두 옳다고는 할 수 없어도, 전대의 사람들과는 다른 차별성을 강조하면서 저서의 중요성과 역사가로서 책임과 각오와 희망을 분명히 밝히고 있다.

《장서》는 〈세기〉 9권과 〈열전〉 59권으로 구분되는데, 특히 인물의 전기인 〈열전〉에 큰 비중을 두고 있다. 그런데 《장서》《속장서》 두 저서의 서술은 주제별 또는 역사 사실에 대한 집중적 기술이 아니고, 역사적 인물에 대한 기술과 인물평의 형식을 갖추고 있다. 〈열전〉은 대신, 명신, 유신, 무신, 적신(賊臣), 친신(親臣), 근신, 외신으로 나누고, 그 아래 다시 각 문(門)으로 세분되어 있는데, 이 분류에서 당시의 통념에 어긋나는 예가 많았다.

《속장서》는 개국제신, 개국명신, 개국공신, 손국공신(遜國功臣), 정난공신(靖難功臣), 내각보신(內閣輔臣), 훈봉명신(勳封名臣), 경제명신, 청정명신, 이학명신, 충절명신, 효의명신, 문학명신, 군현명신(群縣名臣) 등으로 분류

했으니 이 두 저서에서 대신열전을 다루고 있음을 알 수 있다. 원중도는 《장서》에 대해,

> 공은 평소에 저술을 좋아하지 않았다. 처음에 경공(경정향)과 변론했던 말들을 대부분 기록자가 썼으므로, 결국 그것들이 합쳐져 《분서》가 되었다.
>
> 뒤에 성현의 깊은 뜻을 해석하여 《설서》를 지었다. 마지막으로 공이 전에 조목조목 해석했던 역사기술을 초횡 등이 남경에서 간행했는데, 이 책이 《장서》이다.
>
> 공은 책 읽는 가운데에도 특히 역사 읽기를 좋아해서, 옛 사람들의 업적에서 오묘함을 밝히는 데 특히 뛰어났다. 그는 세상사람들이 말하는 안정과 위험 그리고 통치와 혼란의 낌새는 숨쉬는 것보다 빠르고, 가는 실이나 낟알보다도 잘아서 알기 어렵다고 생각했다.
>
> … 당시 세상의 속된 유자들이 역사인물에 대해 모두 세상의 법도로써 앞선 사람의 것을 접하고 뒷사람에게 그림자와 소리를 전하고, 구경꾼이 여러 사람의 견해를 좇아가듯 하며 사람들의 머리에 깊이 박혀 전해오는 것을 더 이상 깨뜨리지 못하게 되었다. 그러나 이지의 《장서》는 위아래로 수천 년 동안 별다른 표준을 끌어내어, 옛날에 칭찬했던 대군자라도 때에 따라서 그의 잘못된 점을 공박하였고, 반대로 소인으로서 별 볼일 없는 사람이라도 때에 따라서는 그의 장점을 덮어두지 않고 밝혀냈다.
>
> 그러므로 그의 뜻이 헛된 글을 내쫓고 실용을 구하며, 껍데기를 버리고 마음의 핵심을 보며, 헛된 이치를 버리고 인정을 바로 찾았다. 그런즉 잘못을 고치려는 욕심이 지나쳐 중요함과 가벼움이 한쪽으로 치우치기도 했지만, 그의 비판과 반박, 해학이나 냉소적인 표현에 구애받지 않고 자세히 읽으면, 그 핵심을 때리며 적중한 내용들은 세상의 도리와 인심에 커다란 보탬이 된다. 그럼에도 사람들이 그가 명교에 죄를 짓고, 성인을 모욕하고 도를 배반했다고 하는 것은 너무 지나쳤다.
>
> 예전에 사마천이나 반고도 저마다 그들의 독자적인 의견으로 역사를 서술하였다. 사마천은 황제와 노자의 학문을 앞에 두고 육경을 뒤로 했으며, 처사

를 물리고 협객들을 추켜세우니, 당시에는 그의 이런 행위가 비난을 받았다. 반고 또한 수절을 배척하고 정직함을 멸시하였다.

후세에 이 두 역사가의 폐단을 살펴서 그 의견들을 도태시키고 하나하나 깨끗하고 올바름으로 돌이킨다고 했지만, 이들의 책은 마치 해나 달이 하늘에 걸린 것처럼 여전히 추앙을 받고 있는 상황이다. 하지만 당나라나 송나라 때의 역사서를 읽으면 미처 한 편이 끝나기도 전에 벌써 늘어지게 하품부터 나온다.

… 이는 대체 무엇 때문인가? 이는 바로 사마천이나 반고가 저마다의 독자적인 견해로 내뿜는 밝고 정교한 빛〔精光〕을 깔아뭉개 없애버릴 수 없기 때문이 아니겠는가?[50)]

라고 하여, 《장서》에서 이지가, 앞사람들의 평가를 답습하여 뒷사람에게 전하는 유자들의 관례를 과감히 깨뜨리고, 다른 시비의 표준을 세워 많이 뒤바꾸었음을 지적하였다. 즉, 역사서술도 독창적인 역사관을 가져야 하고 아울러 핵심적인 요점을 보여주며 흥미를 유발시켜야 함을 강조한다. 한편 하품이 나올 정도로 지루한 역사서를 비판한 것은 역사의 대중화나 흥미를 강조하는 현대의 역사교육이나 역사서술에도 훌륭한 교훈이 되는 것이다. 따라서 이지의 평가는 거짓을 버리고 실제를 찾았고, 인간의 마음의 핵심을 꿰뚫었고, 소박한 인정, 즉 휴머니즘을 추구한 것이다.

원중도는 비판으로 가득 찬 《장서》의 성격에 대해,

무릇 육경이나 유가의 책들은 기름지고 맛있는 음식과도 같다. 세상의 좁쌀이나 고기를 지나치게 많이 먹으면 체해서 뱃속이 더부룩해 소화가 안 된다. 그러므로 의사가 약초인 대황(大黃)이나 콩 같은 촉두(蜀豆)로써 체한 오물을 배설시키고 나면, 환자는 비장이나 위가 회복되어 병이 완쾌된다.[51)]

고 《장서》의 성격과 구실을 평가했다. 참으로 멋있는 비유이다. 이는 유학의 가르침을 과도하게 섭취해 치료하기 힘든 소화불량에 걸린 사회와 지식인들에 대한 조소이며 아울러 하나의 훌륭한 치료법을 제시해주는 것이기도 하다.

2. 백만 천만 인의 적과 맞서듯이

그러면 이지는 과연 역사가였는가?

물론 그는 사마천(司馬遷, B.C. 149~90)이나, 반고(班固, 32~92) 등 중국 역대의 유명한 사가들처럼 일찍이 역사서술을 위한 교육이나 훈련의 기회를 갖지 못했으며, 아울러 사관(史官)의 직업에 종사하여 정통의 사서를 쓴 적도 없다. 그러므로 그에게 역사서술에 대한 직업적인 사명감은 없었다.

그러나 관직을 버리고 죽을 때까지 20여 년 동안 매우 자유로운 처지에서 스스로 사명감을 가지고 역사를 읽고 서술했다. 역사와 역사인물의 평가서인 《장서》 68권과 《속장서》 27권은 물론이고, 위서의 논란이 있기는 했으나 그의 저서로서 확인된 역사서인 《사강평요》 36권이 있다. 그 밖에도 《분서》 권5의 〈독사〉나 《속분서》 권5의 〈독사휘〉 등 역사에 관한 책을 남겼다. 뿐만 아니라 이지는 그 밖의 《분서》 속의 서신이나 특히 권3과 권4의 〈잡술〉은 물론 그가 지불원에서 쓴 첫 저서인 《초담집》 속에서도 역사와 연결될 수 있는 것은 그 수를 알 수 없을 정도로 많다. 그가 "육경이 모두 역사"라고 한 것은 그가 역사의 범위를 매우 포괄적이고 광범위하게 생각하였음을 말해준다.

육경이 모두 역사라는 이탁오의 주장대로 역사관이나 역사사상이 들어 있는 유교 경전인 《대학》과 《중용》을 해석한 《도고록》이나 《역경》을 재해석한 《구정역인》 등은 모두 그에게 역사책의 성격을 갖는다. 그러므로 그 안에서 우리는 역시 그의 역사관이나 역사사상을 찾을 수 있다. 유·불·도 삼교합일에서 보아 그의 《노자해》와 《장자해》 역시 역사에서 제외되지 않는다.

한편 육경 말고도 제자백가의 서책에 모두 관심을 가졌으므로 《손자참동》이야말로 아주 귀중한 그의 역사관을 포함하고 있다. 문과 무의 구분을 부정하는 것이나, 유가의 무를 경시하는 풍조를 비판한 데서 우리는 그의 중요한 역사관을 발견하게 된다.

이처럼 이지는 많은 역사책을 남겼을 뿐만 아니라, 독특한 관점으로 역사이론이나, 역사서술 등에서 두드러지게 공헌했으므로 우리는 그를 역사가로 부르는 데 주저할 필요가 없다. 청대의 역사가로서 방대한 《사고전서》의 편찬을 주관한 기윤(1724~1805)이 이지의 《장서》에 대해,

> 이 책은 공자를 배격하고, 별도의 (높이고 낮추는 기준인) 포폄(褒貶)을 세워, 무릇 먼 옛날부터 전해오는 선과 악의 자리를 바꾸지 않은 것이 없었다.[52]

고 한 것은 역사가로서 이탁오의 평가를 극단적으로 단죄한 것이지만, 거꾸로 탁월한 역사가로서 이탁오의 위치를 인정한 것이기도 하다.

그가 살았던 명 왕조는 몽고족의 지배를 벗어나 특히 "전제정치가 더욱 심각해졌다"[53]고 일반적으로 평가된다. 태조 주원장(朱元璋, 1368~1398)이 명을 개국한 이래 '명 초 문자(文字)의 화〔獄〕'나 '호람(胡藍)의 옥(獄)' 등으로 호유용(胡惟庸, 14세기), 이선장(李善長, 1314~1390), 남옥(藍玉, 14세기) 등 많은 공신, 문인들이 참혹한 화를 당하였다.[54] 그뒤 역사에 대한 흥취가 일어나지 않아 관방의 사학뿐이었으며, 사학은 일반적으로 크게 부진하여 "명의 일대에는 실록은 있어도 국사는 없었다"[55]고 할 정도였다.

그러나 "개인이 역사를 다루는 풍조는 매우 성해서 '역사'의 개념, 특히 사관(史觀) 방면에 시대를 긋는 창조적 업적"[56]이 있었는데, 그 가운데 저명한 인물로서 이탁오를 우선 거론했다. 이는 그가 유교적 전통과 전제적 명 왕조의 침체된 역사학 분위기에 새로운 혁신의 폭풍을 불러 일으켰음을 말해주는 것이다.

이지는 《장서》의 서문에서 우선 시비의 문제를 아주 예리하고 명백하게 분석하면서, 공자의 시비를 시비의 유일한 표준으로 삼아서는 안 된다는 점을 특별히 강조하였다. 그는 시비 표준의 불변성을 부정하고, 때에 따라

서 밤과 낮이 바뀌듯이 바뀌어야 한다고 주장한다. 특히 고정된 공자의 시비 표준이 절대성을 가졌던 1,100여 년 중국의 역사에는 올바른 시비의 표준이 사실상 없었다고 비판한다. 그는 다른 글에서 "지금 공자가 다시 태어나도, 시비를 어떻게 해야 할지를 모를 터이므로, 그의 시비를 움직일 수 없는 시비로 해서는 안 된다"고 못박았다.

둘째로 역사의 서술이나 평가에서 역사가 자신의 독자성을 매우 중히 여겼다. 따라서 이지는 공자의 《춘추(春秋)》를 높이 평가한 것도 공자는 "일찍이 옛 성인을 시비의 표준으로 한 적이 없었다"[57]는 독자성 때문이라고 말한다. 그러므로 유교적 전통사가들이 낡은 옛말을 모방하거나 지난날의 자취를 따라가기만 하는 것을 비난하여, 역사인물비평서인 《장서》의 독자들에게 "공자의 정해진 본(本)으로 상과 벌을 행하지만 않으면 좋겠다"[58]고 전통적 역사평가로부터의 해방을 강력히 주장하였다. 여러 대의 왕통을 비판하여 "남의 발자취나 따라가는 사람들은 모두 어린아이들일 것이니, 앞선 사람들로부터 힘입어서 미래를 계획하는 사람들은 대인(大人)의 일이 못된다"[59]고 하여 전통적 형식이나 선입관에 따르는 것을 배격하였다.

물론 이 경우 역사관의 주관성과 객관성의 합리적인 배합이 어느 정도 이루어져야 하는가 하는 역사관의 중요한 본질적인 문제가 제기된다. 그러나 그 당시 상황에서 형식과 전통 그리고 선입관을 벗어나서 역사가가 자기 나름대로 역사를 위한 작업에 임해야 한다고 주장했던 점은 매우 중요하다.

글을 쓰고 있는 이지

셋째로 그의 역사서술은 타협의 여지가 없이 매우 비장하고 격분된 어사(語辭)로 아주 명쾌하게 구사되고 있다. 그의 문장은 우리의 가려운 곳을 시원하게 해주기도 하고, 아픈 곳을 정확하

게 어루만져주기도 한다. 그의 역사에 대한 관념과 서술 동기는 다음 글에서 더욱 명쾌해진다.

> 산중은 한적하고 벗이 없어 때때로 역사책을 펼쳐보면서 그 책 속의 인물을 만난 것 같은 기분으로 스스로의 쾌락을 얻었을 뿐, 널리 배워 과거를 지향하는 데 뜻을 둔 것은 아니다. 고대로부터 지금까지 그 많은 원한과 그릇됨을 누구와 더불어 밝혀낼 것인가! 그러므로 역사책을 읽을 때에는 실로 천 사람 만 사람과 대적하는 것처럼 한다.[60]

이 글은 역사에 임하는 이탁오의 비장한 자세와 투철한 정신을 잘 보여주고 있어 오늘날에도 우리의 심금을 울려주기에 충분하다. 한편 자신의 사명감이나 그 시대를 고민하며 새로운 시대를 갈망하는 한 위대한 사상가로서, 역사가로서 그의 간절한 소망을 읽을 수 있다.

그는 학문 또는 어떤 중요한 일을 성취하는 마음의 상태를 "이른바 작자는 느낌이 있어 흥이 일어나고 뜻〔志〕이 자기 자신을 억누를 수 없음〔不容已〕으로 표현했다. 혹은 정(情)이 (너무) 격해서 말〔詞〕이 부드러워질 수 없음을 말한다"[61]고 하여 작품을 쓰는 작가의 마음을 아주 인상적으로 잘 표현해주고 있다.

넷째로 그가 구사하는 언어나 문장은 직선적이고 조소적이면서도 예리하다. 몇 가지 예를 보면, 공자가 《논어》에서 "밥은 정갈한 것을 싫어하지 않았으며 회는 잘게 썬 것을 싫어하지 않았고, 술은 많이 마시되 어지러움에 이르지는 않았다"며 그것만이 성인의 다른 점이라고 비꼬았다.[62]

공자가 없었더라면 이 세상이 암흑이었을 것이라는 송대 유학자들의 주장에 대하여, "하늘이 공자를 내지 않았다면 옛날부터 오늘날까지 그 오랜 시간이 그저 긴 밤이었을 뿐이란 말인가!"[63]라고 한 것 등은 그 대표적인 실례 가운데 하나이다. 한편 이지는 당대 고종의 황후였던 측천무후가 "남편 고종보다는 열 배나 낫고, 아들 중종보다는 일만 배나 낫다"[64]고 하며 통속적인 표현을 통해 상대의 허점을 기막히게 찌르고 있으니, 그의 문장은 당시 독자들에게 커다란 흥미와 관심을 불러일으키기에 충분하였다.

그러한 문체에서 문제뿐 아니라 학문적이고 도학적인 부조리에 대한 신랄한 공격은 체면과 점잖음을 유지해야 하는 유교의 관료 지식인들을 실제 이상으로 격분시켰을 것임에 틀림없다. 이런 점에서, 이지는 뒷날 5·4신문화운동 때 중국의 전통에 대해 예리하게 조소하며 비판했던 노신(魯迅, 1881～1936)의 선구자라고 불리기도 한다.

3. 역사학과 역사서술을 위해

1) 육경이 모두 역사가 된다

'육경이 모두 역사'라는 이 '육경개사설(六經皆史說)'은 이미 맹자 때부터 계속 논의되어왔으니 수나라의 왕통(王通, 583～616), 북송의 구양수(歐陽修, 1007～1072), 명대의 송렴(宋濂, 1310～1381), 왕양명(1472～1529) 등을 거쳐 청대의 장학성(章學誠, 1738～1801)에 이르러 "특히 그 뜻을 천(명)하여 더욱 정(밀)해졌다."[65] (따라서) 옛날 사람들은 사(史)를 떠나서 이(理)를 말한 적은 없으니, 육경은 모두 선왕의 정치적 법전이다"[66]라고 말한다.

이 '육경개사설'은 경전을 중시하는 학자들로부터 오해와 반감을 초래하는 경우가 흔히 있었다. 왜냐하면 그들 경학자들은 '경(經)'은 모든 저술보다 높은 단계에 있는 것으로서 이것을 '역사'로 보는 것은 어딘가 경의 권위를 낮추고 더럽히는 것이라고 생각하며, 성인이 세운 말씀을 후세의 문인들의 책인 '역사'와 같은 위치에 놓는 데 불만을 갖기 때문이다. 이지는 말한다.

> 경(전)과 (역)사는 (본래) 같은 것이다. 역사이면서 경건함이 없으면, (이는) 지저분한 역사〔穢史〕가 되니 어찌 그것으로 경계의 거울〔戒鑑〕을 삼을 것인가? (반대로) 경(전)이면서 (역)사성을 갖지 않는다면 단순한 이야기〔白話〕가 될

뿐이니 어찌 사실을 빛내겠는가? 《춘추》는 하나의 경서이면서, 춘추라는 한 시대의 역사인 것이다. (따라서) 《시경》《서경》은 당요와 우순의 두 임금, 하의 우왕, 은의 탕왕, 주의 문왕 등 3왕 이래의 역사(서)이다.

그러므로 《역경》도 역시 경서로서 사람들에게 그것이 어디로부터 왔으며, 역사가 출발해 끊이지 않은 것을 보여준다. 따라서 도의 올바른 도(道)됨은 여러 번 바뀌어 변화가 비상하므로, 반드시 하나에만 집착해서는 안 된다. 그러므로 나는 육경이 모두 역사라고 해도 옳다고 말한다."[67]

경전과 역사가 서로 겉과 안〔표리〕을 이룬다는 이지의 〈육경개사설〉에 따르면, 역사가 경계의 거울이 되는 의미를 갖지 못하면 진정한 역사가 될 수 없으며, 반대로 경계함과 모범〔戒鑑〕적 성격만 강하고 사실이 없으면 진정한 경전을 이룰 수 없다는 것이다. 더 나아가 모든 경서는 모든 시대의 역사이며 다른 시대의 서적들이 모두 마땅히 역사로 보아야 한다는 것이다. 그가 생각하는 역사와 역사책의 광범위함을 잘 알 수 있다.

여기서 〈육경개사설〉의 이해를 위해서 청대 장학성의 관점을 비교해보자. 장학성은 "나의 소견으로는 천지간에 가득 찬 저작의 숲을 모두 사학으로 생각한다. 육경이란 특히 성인들이 이 여섯 종류의 역사로서 훈계를 하려 했을 뿐이니 자(子), 집(集), 제가(諸家)는 그 원천이 모두 역사에서 나온다"[68]고 하였다.

장학성이 말한 천지간에 꽉 찬 저작의 숲이 모두 역사라는 것은, 위에서 본 이지의 관점과 비슷하다. 이지에 따르면 거울과 사실을 빛내는 목적은 역사적 사실, 역사적 평가, 사관의 상호배합에 있으며 역사의 연구가 완전한 아름다움에 도달하는 단계이다. 따라서 판단의 옳고 그름과 잘잘못의 바뀜, 경·사는 서로 호응해야 한다는 것이다. 명대에는 또 야사〔稗史〕 등이 성행하고 잘못 쓰거나〔曲筆〕, 불필요한 서술, 옛일을 빌어 현재를 풍자하는 수법이나 옳은 것 같으면서 옳지 못한 것이 많았기 때문에, 이지는 육경개사의 중요성을 강조하였던 것이다. 즉, 단편적 역사책이라도 소홀히 해서는 안 된다는 의미이기도 하다.

"이 때문에 이지 혹은 장학성이 없이는 명·청의 사학연구는 어떤 의의를 가질 수 없으며, 또한 새로운 이론의 건립은 없었을 것이다"[69]라고 조영양도 이탁오의 〈육경개사설〉을 높이 평가한다. 조영양은 시대와 전통적 형식에 거역하고, 또는 은밀하게 공개적이 아닌 모든 값있는 역사성의 서술을 중요시하는 것이 이지의 〈육경개사설〉로 나타난 것이라고 말한다.

2) 역사는 순환한다

역사가 순환하면서 전진한다는 주제는 중국이나 서양에서도 옛날부터 자주 논의되었다. 중국에서 추연(鄒衍)은 오행사상에서 "천지가 갈라져 생겨난 이래 오덕(五德)이 바뀌어지고, 시대의 통치는 그때마다 올바름을 가져 때에 맞게 적응해왔다"[70]고 하였다. 맹자 역시 "천하가 생겨난 지 오랫동안 나라가 한 번 잘 다스려지면 한 번은 혼란에 빠졌음"[71]을 지적하였다.

《사기》의 〈평준서(平準書)〉에서도 "이로써 사물이 성하게 되면 쇠하여지고, 때가 극에 이르면 다시 바뀌어져 한 번 질박하고 나면 한 번은 다시 개화 번영하여 문약해지니 처음과 끝이 항상 변화하였다"[72]고 한 구절이 있다. 훨씬 뒤 송대의 주희도 "기운이 종래 한 번 성하고 또 한 번 쇠하였으며 한 번 쇠하면 또 한 번 성했다. 무릇 한 번 잘 다스려지면 한 번은 혼란에 빠지고, 한 번 혼란에 빠지면 또 한 번은 잘 다스려진다"[73]고 하였다.

위에서 우리는 중국의 순환사관에서 오덕(행)의 순환, 일치와 일란(一治一亂), 성함과 쇠함의 순환, 한 번 질박함과 한 번 화려함〔一質一文〕의 순환이 자주 논의되었음을 보았다.

이것은 서양의 근대문명 비판사가인 독일의 슈펭글러(O. Spengler)가 유명한 저서인 《서구의 몰락》에서 문명의 유기체적인 순환의 사관을 전개하고 있는 것이나, 토인비(A. J. Toynbee) 역시 《역사의 한 연구》에서 비슷한 '문명사관'을 다루고 있는 것들과도 흥미 있는 대조가 된다.[74] 이지 역시 '한 번 잘 다스려지면, 한 번은 혼란에 빠진다'는 순환의 역사관을 주장한다.

한 번 잘 다스려지면, 한 번 혼란에 빠지는 것이 순환(循環)이다. 전국시대 이래 몇 번이나 혼란과 통치가 뒤바뀌었는지 우리는 잘 모른다. 바로 혼란할 때 사람들은 그 생명만이라도 보존하면 다행으로 여긴다. 그러나 다행히 정치가 잘 되면, 사람들은 배가 불러 만족하면서 그 전에 어렵고 조잡하게 살던 것을 다시 알지 못하여, 편안하게 잠을 자면서 (지난 날) 들판에서 고생스럽게 자던 것을 알지 못한다.

이것은 사람의 생활이 극히 질박(質朴)하고, 극히 거칠어서〔粗野〕번화(繁華)해지지 않았을 때를 이야기하는 것이지, 사람들이 번화해지지 않은 상태를 좋아해서가 아니며, 그 당시 형세는 그렇게 되지 않을 수가 없는 것이다. 그러나 자손에 이르러서는 달라진다. 귀로는 전쟁터의 쇠북소리를 듣지 않고 발로는 전쟁의 진영을 밟지 않아, 오직 편안하고 배부름에 익숙해져 그 형세는 극히 번잡해지지 않을 수 없는 것이다.

이른바 그 시작은 간이(簡易)하지만 시간이 가면서 반드시 커지게 된다. 비록 신성한 군주가 위에 있어서 반대로 형세를 질박함과 거칠음으로 돌리려 해도 불가능한 것이다. 그러나 번잡함이 극에 달하면, 천하에는 다시 혼란이 일어나고 영웅들이 함께 태어나 다툼이 그치지 않아 비록 성인이라도 그 형세를 따를 뿐이다.

유자들은 충(忠)과 질박함과 화려함〔文〕을 같이 말하지만,[75] 그것이 무엇인지 제대로 알지 못한다. 또 충으로써 질을 바꾸고, 질로써 문을 구하지만, 이것은 아주 근거가 없는 것이다. 무릇 이 세상에서 살아가는 데, 오직 거칠음〔질〕과 화려함〔문〕 두 요인이 있을 뿐이다. 이 양자가 생겨나는 것은 통치와 혼란에서 비롯된다.

질박함은 혼란의 끝으로부터 통치의 시작이며, 그 중심이 피할 수 없이 질(質)이 되는 것이지 교만해서가 아니다. 그것들이 자꾸 쌓이면 결국 문(文)으로 가게 되는 것이며, 통치가 극에 달하면 혼란의 징조가 나타난다. 이것은 그 중심이 변화하지 않을 수 없는 것이니, 이것이 모두 충(忠)이다.

진(秦)나라 때 문이 극에 달하여, 천하가 드디어 혼란에 빠져 한(漢) 왕조가 일어났다. 한나라 초기에는 천자라 하더라도 말 네 필이 끄는 수레를 탈 수

> 없을 정도로 재정이 어려워서, 비록 질박하지 않으려 해도 그렇게 될 수밖에 없었다. 그러나 국가의 창고에 재화나 곡식이 쌓여 썩어가니 자연스럽게 무제(武帝)가 유위(有爲)한 대업을 열었던 것이다.
>
> 그러므로 한 고조의 신성함은 요임금 이후 최고였으며, 한 무제의 유순함은 주 문왕(文王)이 유리에 갇힌 뒤로 최고였다. 서초의 항우(項羽)가 황제 때의 반란자인 치우(蚩禹)을 계승하여 패권을 잡으려 했지만 실패했고, 무제가 황제(黃帝)를 이어 국토를 넓힌 것도 모두 천고의 대성인이었으니, 가벼이 논할 수는 없는 것이다.
>
> 여러 영웅들이 아직 죽지 않으면, '화'와 '난'이 그치지 않아 여전히 심한 어지러움이 떠나지 않고 신성한 군주가 일어나지 않는다. 한 번 번화하면 한 번 질박하고, 한 번 잘 다스려지면 한 번은 혼란에 빠지는 원리가 바로 여기에 보이는 것이다.[76]

한 번 잘 다스려지면 한 번 혼란에 빠진〔순환〕다고 전제하고 한 번 배부르게 되면 족하여 어려울 때를 생각 못한다. 이는 극히 질박하고 극히 거칠어 번화함이 없는〔無文〕 시기로, 사람들이 그것을 좋아하는 것이 아니라 그럴 수밖에 없는 것이라고 한다. 그러나 일단 편안하고 배부르게 되면 극히 문약(文弱)에 이르지 않을 수 없으니 "그의 시작은 간(소)하나 결국은 반드시 커져, (번잡해지니) 비록 신성한 군주가 위에 있더라도 질(質)과 야(野)로 되돌리는 것은 불가능하다. 그러나 문이 심해지면 천하의 난이 다시 일어나며 영웅들도 함께 (곳곳에서) 생겨나 서로 싸우게 된다"고 하고 있다.

그러한 문, 질 그리고 통치와 혼란의 본질에 대해서 "무릇 이 세상에 오직 질과 문 둘만 있을 뿐이고, 이 둘은 원래 통치와 혼란에서 생겨난다. 즉, 혼란의 끝은 통치의 시작이며, 통치의 극은 혼란의 (징)조이다"라고 해석한다. 이지의 주장에 따르면 "무릇 진(왕조) 때는 그의 문이 극에 이르렀다. 그러므로 천하는 드디어 크게 어지러워져 한 왕조가 일어났다. 이탁오에 따르면 역사의 순환은 통치 · 혼란과 문 · 질에 연결되며 이러한 순환은 특히 숙명적이라고 한다. 즉, 아무리 능력 있는 사람이 있어도 그러한 흐름을 되돌릴 수는 없다는 것이다.

그의 '역사순환론'은 독창적인 것은 아니고 전통적인 논의들을 그 나름대로 해석하고 정리해본 것이다. 그리고 이러한 그의 사상은 하나의 문명비판론이며 역사철학이다.

3) 성인과 경전의 절대적 권위를 부정

(1) 성인의 신성한 권위를 부정

이탁오는 정치적 독재자에 따른 피해는 그 당대에 국한되지만, 이른바 성인이란 사람들에 따른 피해는 무한히 계속된다고 매우 신랄하게 그 권위를 부정하였다. 양기원의 제자였던 여영녕과 오세정(吳世征)이 이탁오에게서 배우던 때 씌어진 《영경문답(永慶問答)》에서, 이지의 냉소적인 성인 비판의 한 단면을 엿볼 수 있다.

> 탁오가 한 친구를 보면서 묻기를 "당신은 성인(聖人)이 되고 싶으시오?" 하니, 그 친구가 깜짝 놀라 겸손하게 사양하는 태도를 보였다. 그러자 탁오가 말하기를 "성인이라고 해서 별다른 것은 아닙니다. 많은 보통사람들이 공허한 말들을 많이 하는데, 다만 성인들은 공허한 말을 하지 않을 뿐이오"라고 하였다. 이를 듣고 친구가 스스로 반성했다.[77)]

여기서 이탁오가 가장 쉽고 예리하게 핵심을 찌르는 짧은 표현은, 그 당시 사회에서 매우 높고 귀하게 존경받던 성인의 신성한 위엄을 냉소적으로 평가절하한 것이다. 가장 평범하고 가장 쉬운 일이지만, 그것이 바로 성인의 길이고 인간의 참된 길임을 말한 것이다. 따라서 그는 역사비판에서 우상숭배를 반대함으로써 공자가 모든 시대의 영원한 스승의 모범인 '만세사표'로 여겨지는 풍조를 배격하고, 종래의 교과서처럼 굳어진 정설들을 부정하고 있다.

감히 《사서》를 평한다는 《사서평(四書評)》에서, 이탁오는 《논어》의 〈향당편〉에 나오는 공자의 술 마시는 양에 대해 매우 우스꽝스럽게 비판하였다. 즉, 공자는 "술을 아무리 많이 마셔도 정신을 잃지 않는다"는 데 대해, "흥! 대성인 공자도 술 마시는 것 말고는 세상의 보통사람들과 아무것도 다르지 않군!"이라고 하였다. 학문적인 비판은 아니지만 성인에 대한 일반 지식인들의 태도와는 너무 다르지 않은가?

하기야 이탁오는 앞에서도 나왔듯이, 이미 12세 때 서당에서 글을 배우면서, 지은 〈노농노포론〉이란 글에서, 《논어》에 나오는 농사짓는 방법을 물은 번지에 대한 공자의 비판을 조소하면서 공자를 감히 '구을기(丘乙己)'라고 하여 '공 아무개' 정도로 대성인 공자를 비하시켰다. 경정향과 논쟁에서도,

> 무릇 하늘이 한 사람을 세상에 나게 하면, 스스로 그 한 사람의 쓰일 곳이 있게 마련인데, 공자에게서 가르침을 받은 뒤에 그 자격(쓰일 곳)이 생기는 것은 아니다. 만약 반드시 공자의 인정을 받아야 한다면, 먼 옛날 공자가 없던 때에는 제대로 된 사람이 없었단 말인가? 78)

라고 신랄하게 힐난하였다.

특히 〈유해를 찬양하는 글〉에서도, "이 세상에 공자가 나지 않았다면, 그 긴 시간 동안 우리는 암흑 속에 있었을 것"이라는 한 유자의 말에 대해, "그렇다면 공자 출생 이전의 옛 시대에는 대낮에도 어두워서 촛불을 밝히고 다녀야 했겠다"고 예리하게 비꼬아 공격하였다. 특히 이탁오가 《장서》의 서문에서 "오직 공자의 정해진 본으로 세상의 시비에 대한 상과 벌을 하지만 않았으면 좋겠다"고 한 것은 공자의 절대적 권위에 대한 단호하고 근원적인 부정이었다.

이지는 공자의 학설을 성공적으로 계승 발전시킨 유교의 둘째 자리의 성인 맹자에 대해서도,

> 맹씨(맹자)의 학문은 그 큰 것을 인식하여, 참으로 공자의 집에 올라 그로부

> 터 옷과 밥을 받았으니, 성인 공자의 존함을 계승했다는 데 전혀 의심이 없다. … 그러나 그는 모든 다른 학설을 배제하고 공자의 학설 한 가지만을 고집하였으니, 그것은 죽은 말〔言〕로써 사람을 살려내고자 하는 환상일 뿐이다.[79]

라고 핵심을 찔렀다. 이지는 사람의 생동하는 여러 가지 모습들, 즉 기쁘고 즐기는 것, 재능을《장서》에서 천차만별로 다루었는데 그런 것들은 모두 그 성품대로 하는 것으로 오직 자유발전에 맡겼다고 생각하였다. 그럼에도 맹자는 다른 여러 가지 학설을 모두 배척하고 공자의 시비로서 자신의 시비를 삼음으로써 하나의 학설을 고집했는데, 이는 바로 공자가 그처럼 주장했던 도를 해쳤다는 것이다. 즉, 하나에 집착하는 것을 미워함은 그것이 바로 도를 해치기 때문이라고 꼬집었다.

맹자가 일찍이 왕도와 패도의 문제를 들어 고대의 세 왕인 하나라 우왕, 상나라 탕왕, 주나라 문왕이 왕도이며, 춘추 시기의 다섯 패자는 패도를 추구해서, 곧 삼왕의 죄인이라고 했다.[80] 다섯 패자(霸者)란 제(齊) 환공(桓公), 진(晉) 문공(文公), 진(秦) 목공(穆公), 초(楚) 장왕(莊王), 송(宋) 양공(襄公)이었는데, 송의 양공을 제외하면 나머지 네 사람은 모두 정치가였다. 그러나 맹자는 다섯 패자의 정치를 가리켜 주 삼왕의 왕도정치에 대한 죄인이라고 불렀는데, 이지는 이를 가리켜, "그 잘못이 너무 심하다"고 비판하였다. 이지는 춘추시대의 역사적 추세를 예로 들어 왕도를 존중하고 패도를 천시했던 맹자의 역사관을 비판한 것이다.

유가의 아성, 성선설의 맹자

이탁오의 전통에 대한 공격은 공자와 유교 전반에 걸쳤지만, 특히 성리학과 성리학자들에 대해 매우 격렬하였다. 이탁오는 특히 미워한 성리학자들을 통틀어 그들의 가식적 면모를 공격하여 말하기를,

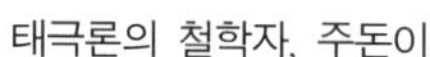

태극론의 철학자, 주돈이

송대 이의 철학자, 정이

송대 기의 철학자, 장재

> 지금의 주돈이(周敦頤, 1017~1073)[81], 정이(程頤, 1033~1107)[82], 장재(張載, 1020~1076)[83], 주희(1130~1200)[84]를 강하는 자들은 쳐죽여도 마땅합니다.
>
> 그들은 주돈이와 정이와 장재와 주자를 내세우지만, 모두 입으로는 도덕을 떠들면서도 마음은 높은 관직에 있고, 뜻은 큰 부자가 되는 데 있습니다. 그런데 그들은 이미 높은 관직과 큰 부자가 되었기 때문에 인의(仁義)를 강의하면서 태연자약할 뿐입니다. 또 그들은 큰소리로 다른 사람들에게, "나는 세상의 풍속을 엄하게 하려고 한다"고 떠들어댑니다. 그러므로 그들이 떠드는 세상의 풍속을 망가뜨리고〔敗〕 상(傷)하게 하는 자로서, 주돈이 · 정이 · 장재와 주희보다 더 심한 사람은 없으니, 이런 까닭으로 그들을 더욱 신뢰하지 않습니다.[85]

라고 송대의 성리학자들에 대한 전반적인 비판을 퍼부었다. 점잖은 학자다운 비판이 아닌 원색적이고 놀랍도록 극렬한 비판이었다. 사실상 세속적 지식인들에 대한 총체적이고 부정적 평가이기도 했다.

송대의 주희가 《사서》에 주를 달면서, 대학의 친(親)자를 신(新)자로 고쳤거나 새로운 그의 생각을 추가한 것에 대해 그럴 필요가 없었다고 비판하였다. 공자에 버금가는 커다란 권위를 가졌던, 성리학을 대성한 주희에 대해 그처럼 위대한 사람이면 왜 바람 앞의 촛불처럼 위기에 처했던 남송을 구하지 못했느냐고 반문한다.

(2) 도통과 경전의 신성한 권위를 부정

도학이란 도의의 학문, 유가의 학문, 도가의 학문 등 여러 의미가 있으나 이 경우는 송의 이학을 말한다. 그러나 앞에서 본 공자의 시비표준의 정통적 지위를 부정한 것처럼 특히 송대 이래 확립된 성리학의 형식화를 신랄하게 비난하였다.

송대의 유가들이 '도'는 "먼 옛날의 황제로부터 요·순을 거쳐 주공과 공자·맹자에 와서 그 이어짐이 끊어졌다가 이를 송대의 정이나 주희가 다시 이었다"고 했는데, 이러한 도통론(道統論)[86]에 대해 이지는 〈덕업을 쌓은 유교 신하들의 전기 총목차 앞에 논한다〉는 글에서,

> 도(道)가 사람에게 있는 것은 물이 땅에 있는 것과 같다. 마찬가지로 사람에게서 도를 구하는 것은 땅을 파서 물을 구하는 것과 같다. 그러므로 물 없는 땅이 없고 도를 갖지 않은 사람도 없는 것은 명백하다. 그런데 흐르지 않는 물이 있고 전해지지 않는 도가 있단 말인가!
>
> 땅을 파는 사람들을 보면, 어떤 사람은 우물을 파다가 버리고 가고, 어떤 사람은 더럽거나 짠물을 스스로 달게 여겨 참다가, 끝끝내 단 샘물을 보지 못하고 그만두는 사람도 있다. 그러나 땅을 파서 좋은 샘을 얻는 사람들도 역시 많은 것이다.
>
> 그들이 맹자가 죽은 뒤 그 도의 맥이 끊어졌다고 하는 것은 참으로 잘못되었다. 오직 이 말이 나온 뒤 송나라 학자들은 곧바로 주돈이, 장재, 정이, 주희 등 송대 학자들이 끊어진 맹자의 도를 이었다고 했다.
>
> 그러면 진으로부터 한을 거쳐 당에 이르러서 송에 이르는 중간에 진(晋) 아래 오대(五代)에 이르는 무려 천수백 년 동안은 땅이 다하고 샘이 없어서 사람은 말라 죽은 지 오랜 셈이 되는 것이다.
>
> 만약 사람이 다하고 도가 없었다고 한다면 사람의 도는 없어졌을 것이지,

어찌 오랫동안 계속되어올 수 있었을 것인가, 마침내 다 없어져 볼 수 없었고 혼돈으로 듣지를 못했으니, 곧바로 송을 기다려서 개벽이 된 뒤에야 가능했을 것이다.

그런데도 송 왕실은 전혀 떨치지 못하고, 마치 숨이 끊어지는 사람처럼 위기에 처해 있었으니, 오히려 도가 끊어진 시기가 이때보다 더 낫지 않았는가, 그러니 스스로 높이고 깃발을 높이 들어, 그 잘못됨을 알지 못하는 것이 너무 심하지 않은가[87]

라고 하였다. 이 글은 바로 '도통론'에 대한 이탁오의 정면공격이다. 도가 사람에게 있는 것은 물이 땅에 있는 것과 같으므로, 어느 시대나 어떤 사람에게도 도는 있을 수 있지 한정된 사람들에게만 있는 것은 결코 아니라는 것이다. 더욱이 송대의 유학자들이 주장하는 도통이 끊어졌던 맹자 이후 송대 사이의 천수백 년 동안에는 중국이 가장 찬란한 문명을 일으켰던 한·당 왕조 시대가 얼마나 번영했으며, 송대 유학자들이 도통을 이었다고 생각하는 송대가 얼마나 혼돈스럽고 쇠약했던 시기냐고 역설적으로 공격을 서슴지 않는다.

따라서 이 글은 이탁오의 송대 성리학에서 주장하는 도통 그리고 유교의 천편일률적 권위에 대한 공격이며, 또 그의 합리적인 역사관을 잘 보여주는 것이기도 하다. 따라서 전통적 유가의 대표적 인물인 공자, 맹자, 동중서, 정이, 주희 등을 공격함은 물론 경전의 신성을 부정하여 감히 사서를 비평하는 《사서평》을 저술하였다. 〈동심설〉은 경전에 대한 이탁오의 비판을 아주 명백하게 보여준다. 그는 육경이나 《논어》와 《맹자》등의 경전은 사관들에 따라 지나치게 찬미되었으므로 그 태반이 성인의 말이 아닐 수도 있다고 그 권위를 평가절하하였다.[88]

문제의 본질을 시원하게 파헤친 경전비판이다. 이는 경전에 대한 의심으로서 어느 종교에나 해당될 수 있는 대주제이기도 하다. 경전의 굴레로부터 개성을 되찾아 자유로워져야 한다는 것이다.

4) 유교와 유가에 대한 전면적 부정

이지는 제자백가를 긍정하고 유가의 독존적 지위를 부정하며, 아울러 제자백가가 일의 공적을 이룩한 데 견주어 반대로 유가학파들은 썩어빠지고 쓸모없다고 비판하였다. 예를 들어 〈공명(제갈량)이 후주를 위해 신불해, 한비자, 관중의 육도(六韜)를 베끼다〔公明爲後主寫申韓管子六韜〕〉라는 글 속에서 아래와 같이 지적하고 있다.

> 또 신불해, 한비자 등은 어떠한 사람이었는가? 그들은 원래 유가와 함께 여섯 학파로 갈라졌다. 이미 여섯으로 갈라져 각자의 학파를 이루었으므로 그 학파는 저마다 일정한 학술과 반드시 일의 공적을 이룩할 능력을 가지고 있었다.
>
> … 내가 일찍이 말했거니와, 큰 공을 이루는 사람은 반드시 후환을 돌아보지 않기 때문에 이루지 못할 공이 없으니, 진의 상군(商君)이나 초의 오기(吳起)가 바로 이러한 사람들이었다. 그러나 유가는 공도 세우고 후환도 없기를 바라니, 그들은 후환을 돌아보는 마음으로는 공을 이룰 수 없음을 모르는 것인지? 나는 알 수가 없다.
>
> … 촉의 초주(譙周, 201~270)[89]나 오대의 풍도(馮道, 882~954)[90] 같은 여러 원로들은 차라리 사직을 진(晉)에게 넘겨주었다는 비방이나, 다섯 왕조를 섬겼다는 부끄러움을 감수할지언정, 잘못 없는 백성들이 날마다 도탄에 빠져 고통받는 것을 참을 수 없었다. 그들은 모두 일정한 학술을 가져 결코 시시한 사람들이 아니었다.
>
> 그들은 각각 두루 쓰임에 맞아 큰일을 이루는 데 모두 충분했던 것이다. 그러나 능력도 없이 저 시시한 사람들〔유자〕은 명분과 실리를 모두 선택하여 겸하려 하니, 그것이 가능하겠는가? 이것은 다름이 아니라 바로 명교의 굴레에서 오는 것이다. 이리하여 그들은 일을 빨리 결정 못하고 앞과 뒤를 돌아보며 좌우를 살피느라 정신이 없을 뿐이다.
>
> 자기에게 이미 일정한 학술이 없으면서, 앞날에 또 어찌 큰일의 공을 이룰 수 있겠는가? 그럼에도 또 '때에 맞춘다'는 핑계로 스스로를 미화하며, 또 지

> 난날의 낡은 말이나 흉내내고 지난 일들의 자취나 살펴 감히 반 발자국도 앞으로 못 나가는 사람들이야 말해 무엇하겠는가? 그러므로 내가 신자와 한자를 논하면서 이를 더 넓혀 이야기했다. 그래서 이 글을 읽는 사람들은 나의 말들이 모두 경전과 역사에 아직 들어 있는 것이 아니라고 하지 않았으면 다행이겠다.91)

그뿐만 아니라 이지는 더 나아가서 제자백가들은 모두 뒷날을 근심하지 않고, 크게 성공한 두려움 없는 정신을 가졌다고 하였다. 진의 상앙, 초의 오기 등은 희생을 두려워하지 않고 감히 법을 바꿔 정치를 혁신했으며, 진과 초를 부강한 나라로 만들었다고 강조하였다. 그 밖에도 절약을 중요시했던 묵자, 술(術)을 귀하게 여겼던 신자(申子), 법과 술을 함께 귀하게 여겼던 한비자, 속임수를 귀하게 여겼던 서한의 진평(陳平, ? ~B.C.178), 다양한 토론을 귀하게 여겼던 전국시대의 변설가 장의・소진 등도 모두 일정한 학술을 가졌던 사람들로서 구차하고 무능한 사람들이 결코 아니었다고 지적하였다

그는 주자가 말하는 "하늘이 곧 '이'〔天卽理〕"라는 주장을 반박하면서, 성리학자들 전반에 대해서 가장 신랄한 비판을 퍼부었다. 그는 유자들을 비속한 유자, 속된 유자, 흐릿한 유자, 유명한 유자들로 나누어,

> 비속한 유자들은 무식하고, 속된 유자들은 알맹이가 없으며, 흐릿한 유자들은 죽지 않아도 냄새가 나며, 유명한 유자들은 절개와 이름을 위해 죽었을 뿐이다.92)

라고 유가 전체에 대해서 구조적으로 그 무능함을 폭로하고 야유하였다. 얼마나 시원하면서도 독설에 가득 찬 공격인가? 속된 유자들이건, 유명하다는 유자들이건 모두를 통틀어 그들의 무능함과 가식됨을 지적하였다. 유명한 유자들은 이른바 명분만을 위해 죽어갔다는 지적이야말로 유교 비판의 핵심이고 절정이었다. 이는 유교의 윤리적 속박으로부터 자유를 요구한

것으로 이미 동양적 자유민주주의의 싹을 보여주는 것이다.

이지는 도학이 무궁한 해독과 피해를 준 거짓된 학문〔僞學〕이라고 단언하였다. 동시에 다스림에서 적당한 때를 귀히 여기고, 배움에서는 반드시 세상을 다스리는 데 중점을 두어야 한다면서, 패도와 법가 등의 정치적 업적을 긍정하고 찬양하였다. 아울러 주자학에서 매우 강조하는 "천리를 존중하고, 인욕을 멸하자"는 데 반대하여 사사로움〔私〕은 인간 욕망의 근본임을 강조하여, "옷 입고 밥 먹는 것이 곧 인륜의 물리"라고 규정하였다. 말할 필요도 없이 《장서》는 이지의 유교 공격의 가장 중요한 저서이며 아울러 그의 독특한 역사관을 반영하고 있는 저서이기도 하다.

5) 고정된 시비의 굴레를 벗겨라

인간생활에서 종교나 사회의 선과 악의 기준은 언제나 가장 중요하고 어려운 문제 가운데 하나이다. 그에 대한 객관성이 자주 분쟁의 대상이 되기 때문이다. 마찬가지로 역사적 사실이나 인물에 대한 시비의 평가 문제도 시대가 바뀜에 따라 변화하며 새로운 시대적 성격과 불가분의 관계가 있으므로 더욱 복잡하고 어려워진다. 이탁오의 사관에서 매우 중요하면서 찬반으로 엇갈려 가장 많이 논의한 것이 바로 시비에 대한 그의 태도이다.

이러한 이지의 사관은 그의 주된 저서인 《장서》에 많이 나타나는데 《분서》의 서문인 〈자서〉에는 "네 종류의 책이 있는데, 하나는 《장서》로서 상하 수천 년 동안의 시비를 맨눈으로 쉽게 볼 수 없다"[93]든가, "최근에 오면서 세 종류의 책이 있는데 오직 이 한 권의 책만이 천백 년의 시비와 관계된 것이다"[94]라고 한 데서 그러한 역사시비를 바로잡기 위해 《장서》를 저술했음을 보여주고 있다. 이탁오는, 《장서》의 〈자서〉에서 다음과 같이 쓰고 있는 것이다.

사람의 시비(是非)의 표준은 처음부터 정해진 바탕이 없다. 사람이 사람을 시비하는 것도 역시 정해진 논의가 없다. 정해진 바탕이 없으므로, 이것이 옳고 저것이 틀려서 서로 함께 존재해오면서도 서로를 해치지 않는다. 정해진 논의가 없으므로 옳은 것이 이것이고 틀린 것이 저것이어서 역시 함께 행해지면서도 서로를 방해하지 않는다.

그러므로 오늘 나의 시비표준은 나, 이탁오 한 사람의 시비표준이라고 해도 좋고, 또 천만세 대현인의 공적인 시비라고 해도 역시 옳다. 내가 천만세의 시비를 엎었다고 할 수 있고, 내가 옳지 않다고 한 것은 다시 옳지 않다 했다고 해도 좋다. 그런즉 나의 시비를 믿어도 좋은 것이다.

앞선 시대의 중간 천백여 년에 대해 나는 말하지 않겠다. 그러나 그뒤 삼대인 한·당·송이 바로 이것이다. 중간 천백여 년 동안 오직 시비가 없었다고 한다면, 어찌 사람이 시비 없이 살았단 말인가? 이들은 모두 공자의 시비를 그의 시비로 한 까닭에 시비가 있은 적이 없다고 말할 뿐이다.

그러면 나의 시비는 또 어떻게 해야 할 것인가? 무릇 시비의 다툼은 해나 때의 바뀜과 같고, 밤낮의 바뀜과 같아 하나가 아니니, 어제 옳던 것이 오늘에 틀리고 오늘 틀린 것이 뒷날에 맞을 수도 있는 것이다. 비록 공자가 오늘날 다시 태어난다 하더라도, 그 역시 시비를 어떻게 해야 할지 모를 것이다. 그런데 어찌 그의 시비표준으로써 사람들의 행동에 상과 벌을 주는 기준으로 삼을 수 있단 말인가?

늙어가면서 일이 없어 고대 역사책의 목록을 보면서 춘추시대로부터 송·원에 이르기까지 그것을 세기와 열전으로 나누어 전체의 유형별로 목차를 만들었다. 그런데 이것은 내 스스로 즐기기 위해서 만들었을 뿐이다. 그리고 그 책의 이름을 《장서》라고 했다.

《장서》란 무엇인가? 말하자면 이 책은 스스로 즐기면 좋은 것이지, 다른 사람에게 보여서는 안 되기 때문에, 책이름을 《장서》라고 한 것이다. 하지만 아주 가까운 한두 좋은 친구들이 그것을 찾아 읽는다면, 내 달리 어찌하겠는가? (막을 수는 없는 것이다) 그러나 나는 경계해서 말하기를, 읽는 것은 독자들에게 맡기는 바이지만, 다만 공자가 정해놓은 시비판단의 표준으로써 상과 벌을 행하지만 않았으면 좋겠다.[95]

이것은 확실히 유교전통과의 대결에서 가장 근본적이고 큰 싸움이었다. 관직을 그만두고 마치 '호랑이 굴에서 밥을 얻어먹듯이' 머물렀던 황안의 경정향 집에서부터 시작된 지루하고 엄청난 싸움이 거의 막바지에 이르렀음을 말해준다. 그것은 세상의 만사와 역사의 인물들에 대한 시비와 평가를 둘러싼 혈전이었다.

오랜 유교 공격의 싸움터를 돌아보면서, 이탁오는 주적을 무력화하려고 했다. 즉, 공자를 무장해제하려는 것이었다. 공자의 시비와 형감을 부정하는 것은 유교의 무조건 항복을 요구하는 것과 마찬가지였다. 이탁오는 〈경사구에게 답하는 편지〉에서 경정향의 학문하는 방법과 스스로를 견주면서 "대장군이 군사를 쓰는 것과 같이 곧바로 먼저 적의 왕을 사로잡습니다. 따라서 들이는 노력은 적지만, 얻는 효과는 큽니다"라고 하였다. 이는 그의 공격방법이다. 이탁오는 이러한 방법을 이미 12세 소년 시절부터 써왔다. 즉, 유교의 성인 공자부터 공격한 것이다 뒷날 청대의 역사가 기윤(紀昀)이 말했듯이, "먼 옛날부터 전해오는 선과 악의 자리를 모두 뒤바꾸려는" 자세였다. 그리고 그 실천은 전국시대 이래의 역사인물을 다시 새롭고 다르게 쓰려는 것이었다. 그래서 수천의 인물들이 역사의 법정에 불려나와 검사인 이탁오의 준엄한 논고를 받았다. 그는 외쳤다. "천리가 동심을 지배하는 것이 아니고, 동심이 천리를 압도한다."

그는 사람의 시비표준은 처음부터 정해진 바탕이 없으며, 사람이 다른 사람을 시비하는 것 역시 정해진 논의가 있지 않다는 대명제를 제기하고, 시비평가에서 자유로운 처지를 강조하였다. 특히 그는 맹자가 죽은 뒤 후삼대인 한·당·송의 중간 천백여 년에는 시비가 없었던 까닭은 모두 공자의 시비로써 시비를 삼았기 때문이라고 단정하였다.96)

위에서 본 시비의 객관성 문제는 이탁오 자신이 개인의 독자성을 중시하는 주관을 지니는 모순을 내포하는 것 같으면서도, 그의 공자 평가는 매우 흥미로운 의미를 갖는다. 즉, 그는 그의 저서 곳곳에서 공자와 공자의 시비를 정해진 본으로 삼는 데 반대하면서도, 공자가 《춘추》를 쓴 방법이나 정신이야말로 자신이 추구한 가장 바람직한 이상적 모범으로 삼고 있다는 것이다.

이 점이야말로 공자 그 자체보다도 공자의 학설을 어설프게 그 껍데기만 이어 받아 형식화한 유가나 세상사람들의 시비표준을 반대한 합리적 객관성을 보여주는 동시에 역사정신과 방법의 자유화였다.

4. 천고(千古)의 독보적 역사인물론

역사가의 역사평가는 역사적 사실에 대한 평가와 함께 역사를 이끌어온 인간에 대한 평가가 매우 중요하다. 이 점에서 서양의 고대사에서《플루타르크 영웅전》속에서 살아 숨쉬는 인간들의 모습은 그 시대를 생생하게 보여주는 동시에 우리를 매료시키고 있다. 동양의 역사서술에도 특히 전기 면에서 〈열전〉이 두드러지게 많고 중요하다는 것은 말할 필요도 없다. 동양 역사서술의 원조인 사마천의《사기》도 전체 130권 가운데 70권이 전기인데, 동양의 역사서술 체제를 기전체(紀傳體)라고 하는 것은 바로 이 때문이다.

이탁오가 그의《장서》나《속장서》에서 가장 관심을 갖고 또 노력을 집중시킨 것도 바로 역사 속에서 활동한 인물들이었다. 즉, 대부분이 인물들의 전기였고, 그에 대한 스스로의 직접평가 내지 암시적인 인물평이었던 것이다. 그의 사상이 독특하고 독창적이었던 것처럼 그의 역사 인물론은 당시 사람들의 상식을 초월하여 세상을 놀라게 하고 예리하고 독특하여, 많은 경우 그 사회와 지식인들로부터 강한 비판과 공격을 받기도 했다. 그의 제자이자 친구였던 유동성(1538~1601)은《장서》의 한 서문에서,

> 선생은 "내가 종일 할일이 없어 먼 옛날부터의 인물들과 벗하였다"고 했다. 그 작용은 묘한 곳이 많고, 그 마음에는 알지 못할 곳도 많았다. 내가 살펴보건대 실은 옛날의 공식적인 평가〔公案〕와 같지 않으니, 사람들에게 감히 어떻게 이야기하겠는가? 이런 까닭으로 특히 써서 이를 "감추어 무릇 천세 백세

뒤를 기다리겠다" 했다. 내 이를 듣고 의심하여 얻어 읽어보았다.

그 책은 천고의 인물들을 모두 포함하면서 많은 사람들의 형태를 감별했다. 따라서 옛날부터의 철학자, 제후, 큰 인물들은 물론 유명한 유학자, 대장군들이 그의 마음속에 깊이 새겨져 있었다. 특히 일의 공적이 아름답게 빛나고, 찬탈하거나 반역하여 도덕에 어긋나는 사람들을 드러내고 예술과 풍자, 간언에 이르기까지 실리지 않은 것이 없었다.

따라서 중간의 통치나 혼란과, 일어남과 융성이나 패배, 현명한 사람과 간사한 사람, 정절을 지킨 사람과 그를 팽개친 사람들이 그의 가슴속에서부터 점철되어 나온 기준에 따라 품계를 정하고, 구별하며 사실에 따라 바르게 썼으니 참으로 본심대로 평가를 단행하여 남의 판단기준을 따르지 않았다고 할 수 있다.[97]

고 아주 잘 지적하고 있다. 남의 판단을 무조건 따르지 않고 자기의 독자적인 생각대로 남을 의식하지 않고 인물을 자유롭게 평가했다는 것이다.

1) 동심을 추구하는 자유인

이지는 자아를 존중하며, 지나간 사람들에 의지하여 그 발자취만을 따르려 하지 않아 공자 같은 성인이라도 그 흉내만 내는 것이 아니라, 스스로의 생각대로 판단하고 실행한 사람들"[98]을 존경하였다. 한편 이탁오가 매우 존경한 사람은 이른바 뜻을 높고 멀리 두고 미친 듯이 맡은 일에 열중하는 사람〔狂者〕과 확고한 신념으로 맡은 일을 추진하는 사람〔狷者〕들이다. 그에 대해 이지는,

미친 듯이 자기 일에 열중하는 사람〔狂者〕이란 지난날의 인습을 따르지 않고, 지난 자취를 밟지 않는 식견이 높은 사람이다. 그는 이른바 봉황처럼 천 길 위를 날아 아무 새도 그를 당할 수 없으나, 다른 모든 새들도 자기와 같은

> 물류란 것을 믿지 않는다. 이런 까닭으로 그의 견식이 비록 높지만 부실하고, 부실한즉 중정(中正)의 도[99]를 얻을 수 없게 된다. 견자(狷者)란 하나의 불의를 행하지 않으면서도 천하를 얻은 자이다.

라고 하였다. 위의 글에서 볼 수 있는 것처럼 광(狂)은 뜻이 높고 행함에 거리낌이 없는 사납고 열정적인 사람이며, 견(狷)은 설사 앎에는 못미쳐도 지킴에는 남음이 있는 편협하면서 고집이 센 사람을 말한다. 중도(中道)의 사람을 얻을 수 있으면 다행이나 그것이 불가능할 경우 그 다음 단계로 광·견의 인물을 얻어 그 뜻과 절개를 통해 격려하고 억제도 함으로써 도에 나아가게 한다는 것을 말한다. 또 다른 전형적인 광·견에 대한 견해는,

> 내 이를 극단적으로 말하면 보통사람의 삶은 음(陰)을 지고〔負〕 양(陽)을 안으니〔抱〕 양이 가볍고 맑으면 곧바로 올라가 이를 얻은즉 광(狂)이다. 음이 엉겨 굳어져〔凝固〕 뭉치고 이를 얻은즉 견이다. … 지금 이를 살펴보건대 성인은 중행(中行)의 광(狂)·견(狷)이며, 군자는 크면서도 다 이루어지지 못한 성인이다.
>
> 선인(善人)이란 진취적이고 열정적인 사람〔狂士〕의 빛나는 호칭이며, 변함없는 인물〔恒者〕이란 견자(狷者)의 다른 이름이다.[100]

즉, 이지는 자기 일에 대해 확신을 갖고 두려움 없이 몰두하여 추진하는 그러한 인물들을 존경해 마지않았다. 또 그는 자기 자신을 억누를 수 없을 정도의 격정적인 의지와 추진력을 가졌던 사람들을 칭찬하여,

> 이른바 어떤 작품을 쓰거나 일을 한다는 사람은 흥이 감(感)에서 일어나고 뜻이 자기 자신을 억누를 수 없거나 혹은 정(情)이 너무 격하여 말이 완화해질 수 없는 것을 말한다.[101]

고 했다. 이 역시 위의 광견관과 일치하기도 하지만, 이는 바로 양명학의 중

심사상인 양지의 테두리 안에서 순진하여 가식이 없는 인간성으로 자기 일에 매진하는 인간이기도 하다. 동심을 잃지 않은 인물은 바로 유명한 〈동심설〉 속에서 아주 잘 나타나고 있다. 이탁오는 동심을 진심으로 보았다. 그러므로 만약 동심을 옳지 않다고 보면 진심도 옳지 않게 된다는 것이다. 또 동심이란 가식이 전혀 없고 순진한 처음 마음 곧 본심이다. 그러므로 만약 동심을 잃어버리면 이는 곧 진심을 잃는 것이니, 진심을 잃게 되면 이는 곧 참된 사람을 잃어버리는 것과 같다고 생각하였다.

동심에 바탕을 두지 않는 우리 인간의 여러 행위들, 즉 공자학파에서 강조하는 언어와 문학, 정사 등 유교의 교과과목이나 행동의 덕목들이 다 헛된 것이라고 강조하고 있는 것이다. 그러므로 동심을 잃지 않은 사람이 그가 가장 숭배하는 인물이기도 하다.

2) 윤리 도덕보다 공적을 쌓은 인물

13세기에 송과 명의 유학자들은 성리학을 이룩하였는데, 서양의 스콜라 철학처럼 커다란 권위를 형성한 성리학에 대해 이탁오는 거침없는 공격을 가하였다.

> 사실 유신들은 비록 학문을 한다는 명분을 내세우지만, 실제는 학문을 알지 못하고 이따금 학문의 길을 잃어버렸다. 그래서 남의 자취나 좇고 자신의 영역을 전혀 새로 남기지 못해 드디어 유명한 신하들의 웃음거리가 되어, 사실 그들이 국가를 다스릴 수는 없는 것이다. …
>
> 슬프다! 집이나 나라를 부탁받은 사람들은 뱃머리에 칼자국을 내는 어리석음을 되풀이하지 않도록 삼가야 한다. 유자로서 중요한 것을 위탁받은 사람들은 통치를 바라면서도 반대로 혼란만 가져온다. 세상의 참된 재능과 실학을 가진 큰 현인과 성인들은 모두 죽을 때까지 빈방에 틀어박혀 있으므로, 유자가 천하 국가를 다스려서는 안 된다는 것은 아주 확실하다.[102]

고 하면서 유가 전체에 대해서 국가 통치를 맡길 수 없는 무능한 사람들이란 평가를 내리게 된 것이다. 즉, 유신들이란 명분만 내세울 뿐 학문이 없으며, 남의 자취만 좇아 자기의 독자적 영역을 만들지 못한다고 아래와 같이 주장하였다.

> … 무릇 사람이 크게 이룩할 수 없는 것은 남의 학문이나 걸음걸이를 흉내내기 때문인데, 앞서 살았던 사람들이 이미 가버렸다는 것을 생각하지 못하고, 지나간 자취를 좇다가 그 역시 그 사람들과 함께 가버리고 말게 되는 것이다. … 지금 남의 자취를 좇는 사람들은 모두 갓난아이와 같은 이들이니, 남에게 의지해 그들에게 끌려 다니니, 이는 어른들이 할일이 아니다.[103)]

이지는 유가를 통틀어 특히 남의 자취만을 따르느라고 스스로의 업적을 남기지 못하는 사람들이라고 비판하였다.

4왕조의 12군왕과 이민족의 군주까지 섬겨 불충의 상징으로 여겨지던 오대(五代)의 풍도(馮道, 881~954)야말로, 맹자가 사직(국가)은 중요하고 군주는 덜 중요하다〔輕〕고 한 말의 뜻을 잘 알고 있었던 것이 된다. 그런데 이지의 생각에 따르면, 풍도가 군왕에 대한 충성을 여러 차례 바꾸었지만, 전쟁의 화로부터 민중의 고통을 면하게 해준 역사적 공헌을 했다는 것이다.

이지가 도학이나 오륜 또는 사회의 윤리를 비난하고 공격하여 반윤리·반사회적이라고 정죄를 받게 되지만, 도나 윤리의 본원을 반대하는 것이 아니고 그 당시에 통행하는 외형적이고 허위로 가득 찬 학문과 윤리를 배격했을 뿐이다. 따라서 그로서는 더 실제적이며 실용적인, 더 통속적인 수준에서 새롭고 참된 윤리를 생각하고 강조한 것이다. 이 점이 바로 도학에 대한 반대나 일의 공적에 대한 높은 평가로 나타나는 것이라고 하겠다.

이지는 명의 태조를 '태고 이래 최고의 황제'[104)]이며 진시황을 '옛날부터 지금까지 최고의 황제'라 평가하였다. 이탁오는 자신이 존경한 하심은(何心隱)을 죽인 당시의 재상 장거정을 비난하면서도,

성악설의 철학자, 순자

> 강릉(장거정)은 재상 가운데 영특한 호걸이다. … 장(張)은 그 실패를 논하지 않고 성취를 말하며, 남의 자취를 좇지 않고 그 마음의 근원을 좇으며 남의 잘못을 책망하지 않고 공을 높이니, 하와 장, 두 노인은 모두 나의 스승이다.105)

라고 하였다. 또 장거정에 대하여 "'머리·눈·정신이 세계의 중생을 따르는 것을 꺼리지 않는 대보살행(大菩薩行)'으로서 국가에 유익하고 민중에게 행복한 것을 곧바로 시행했다"106)고 칭찬을 아끼지 않으니, 이것은 그가 공적 평가에 공정했다고 하겠다.

맹자와는 달리 순자(荀子)에 대해서는

> 순자는 맹자(B.C. 372~289)와 같은 시대 사람으로, 재능이 있고 그의 문장〔文〕은 더욱 웅장하고 걸출하였으며 그의 학문의 쓰임으로 더욱 통달해서 우회함이 없었는데, 당시 사람들이 왜 순자를 내리깎고 맹자를 추켜세웠는지 알 수 없다.107)

면서 찬양을 아끼지 않는다.

> 잘 다스려짐은 적절한 때를 맞추는 것을 귀히 여기고, 학문은 세상을 다스려야 하니 … 선생(주자)은 그때를 당하여 반드시 기이한 꾀와 비밀스러운 계책이 있어 능히 송 왕실을 다시 일으켜 굴욕을 면하여 위험에서 안녕을, 약함에서 강함을 이룩해야 했다.108)

고 주자를 비판하고 유가를 통틀어 앞을 보고 뒤를 생각하며 좌우만 살피면서 이미 자기에게 일정한 학술이 없으니 어찌 뒷날에 반드시 일의 공적을 기대할 수 있겠느냐?[109]고 반문하였다.

이탁오의 당대 인물론은 왕양명과 그의 후계자들에 대해서는 매우 적극적이며 상세하다. 그는 양명을 평가하여 강서의 충신으로 '절강의 대인'이라 부르고

맹자의 강학도

> 옛날에도 큰 공을 세운 사람이 많지만 열흘도 안 되는 동안에 군대와 식량을 더 요청하지도 않고 반란자를 잡은 것은 오직 선생만이 할 수 있었다. … 이렇게 고금에서 세 가지 큰 공을 세웠으며 더욱이 이학(理學)에서도 성인 공자를 계승하기에 족하다.[110]

고 하였다. 그는 특히 명 말의 자유·낭만적 문학사조에 커다란 구실을 한 공안파(公安派)의 삼형제 문인 원종도·원굉도·원중도를 칭찬하여 "맏형(원종도)은 진실하고 가운데의 굉도는 영특하여 모두 천하의 명사들이다"[111]라고 평한다. 특히 흥미로운 것은 중국 최초로 북경에 가톨릭 교회를 세웠던 이탈리아 선교사 마테오 리치를 세 차례 만나고 그를 평하면서,

> 아주 훌륭한 사람이다. 속은 매우 영롱하면서도 겉은 실박(實樸)하고 많은 사람이 시끄럽게 떠들어도 그들 모두에 대해서 일일이 대응하며, 옆에서 싸워도 같이 휩쓸려 어지러워지지 않으니, 내가 만난 가운데 그와 비교할 만한 사람을 아직 보지 못하였다.[112]

고 크게 칭찬하였다. 그러므로 이탁오는 명교와는 관계없이 실용과 공리를

《사기》의 저자, 사마천

바탕으로 역사와 문화에 공적을 쌓은 사람들을 역사 속 시비평가와 어긋나더라도 높게 평가하였다. 유가나 유가의 영향을 받은 인물들을 배격하는 데 대하여 비유가적인 역사상의 많은 인물들이 이탁오의 찬양을 받았으니, 신불해(申不害)나 한비자(韓非子) 등을 가리켜 "모두 저마다 한 학파를 이루어 각각 일정한 학술로, 반드시 일의 공적을 성취했다"고 평한 것은 유가(儒家)를 "넓으나 실속이 없고, 애는 쓰지만 공이 적다"[113]고 표현한 것과 좋은 대조를 이룬다.

> 지금 보아도 상군(商君)이 진(秦)의 재상이 된 지 겨우 10년 만에 드디어 부강해지고 진은 황제의 업을 이룩했으니 (사람들이) 비록 그의 몸을 죽일 수는 있었으나 결국 그의 법(法)을 쓰지 않을 수는 없었다.[114]

면서 상앙의 부국강병책이 적당한 때에 맞는 것이었음을 강조한다. 또 서한 초에 중앙집권을 강화하기 위해 제후국을 깎아 약화시키는 삭번책(削藩策)을 시행하려다 살해된 조조(晁錯)를 애도하며, 역시 서한의 상홍량의 재정정책을 "세금을 부과하지 않고도 국가의 쓰임〔用〕이 자족하게 했으니 상홍량은 작은 인물로 평가될 수는 없다"[115]고 찬양하였다.

아울러 오대의 재상 풍도나 촉한의 초주 등이 모두 이러한 면에서 이탁오의 파격적인 평가를 받았다. 그런데 위에서 본 인물들은 대체로 법가였거나 그러한 성격의 역사적 인물들로 재정을 다스린 경제, 재능, 군주를 강화시키는 등의 부국강병책으로 공적을 세운 사람들이다. 이들은 지난 1973~1974년 사이 중국에서 전개된 '비림비공운동' 동안에 대개 법가로 찬양되었다.[116]

3) 역사인물 평가의 전형

(1) 중국역사의 아버지, 사마천

이지는 〈사학유신, 사마담 · 사마천〉에서 전한의 역사가로 《사기》를 저술하여 중국역사의 시조라 불리는 사마천을 높이 평가하여,

내가 말하거니와, 이것이 바로 반표와 반고 부자가 사마천을 책망한 말이다. 반씨[117]들은 참으로 사마천을 터무니없이 비판했다 해도 마땅할 것이다. 그들은 그러한 사실이 사마천의 역사에서 지워질 수 없이 위대한 점으로 빛날 줄을 몰랐던 것이다. 사마천의 역사가 통속적이지 않고 소략하지 않으며, 가볍게 믿지 않고 성인에게 어긋나지 않았다고 한다면, 어찌 우리는 사마천을 위대한 사람으로 보겠는가? 그랬다면 아마도 참으로 그에게서 위대한 작품을 기대할 수 없었을 것이다. 사실 사마천과 반고의 현격한 차이는 바로 여기에 있다.

이른바 어떤 작품을 만든다는 사람들은 흥취가 감정으로부터 나오고, 뜻이 자기 자신을 억누를 수 없거나, 혹은 정이 격해져서 말을 천천히 할 수가 없는 상태를 말하는 것이다. 만약 반드시 그의 시비가 모두 성인에게 합당해야 한다면, 성인은 이미 그 시비를 가지고 있는 것이니, 어찌 그것을 나에게서 기대할 수 있겠는가?

《한서》의 저자, 동한의 반고

무릇 성인을 시비의 표준으로 삼는다면, 그가 말한 바는 곧 성인의 말이지 내 마음속의 말이 아니다. 내 마음에서 나오지 않은 말이나, 도저히 억누를 수 없는 곳에서 오지 않은 말은 실로 무미건조할 뿐이다.

공자는, "말을 잘한다고 해서 반드시 덕이 있는 것은 아니다"고 했으니, 어찌 말이 그렇게 귀중하겠는가? 이것은 사마

천의 역사가 공자의 《춘추〔麟經〕》를 계승한 까닭으로, 뒷날 작품을 쓰는 사람들이 아무도 그를 따를 수 없었다.

공자가 쓴 《춘추》는 역사서인데 "쓸 것은 쓰고 깎을 것은 매정하게 깎아" 처음부터 옛 성인을 시비의 표준으로 삼지 않았다. 그러므로 비록 문학적 소양이 있는 자유(子游)·자하(子夏) 같은 공자의 제자들도 단 한 구절도 공자로부터 칭찬을 받을 수 없었던 것이다. 그의 찬양을 기다릴 수가 없었는데, 하물며 그들을 위해 전(傳)이나 주(註)를 썼겠는가?

무릇 공자의 마음은 후세 사람들이 스스로 알기를 바랐던 것이다. 알 수 없는 말에 이르러서는 처음부터 그것을 알려주어 해를 끼치지 않았고, 반드시 필요 없는 것을 더덕더덕 갖다 붙여서 한 자 한 구절 사이에 추측하도록 만들지도 않았다. 그 당시 오직 좌(左)씨만이 그 일을 바로 전해, 사람들이 그 일을 자세히 알고 그 글들을 살피게 하여, 높고 낮고 얕고 깊음을 각자가 스스로 이해하도록 했던 것이다. 그러므로 옛날 사람들이 "좌씨는 본래 경(經)을 위하여 본(本)을 만들었지만, 《좌전(左傳)》은 혼자 행해졌다"고 하는 말은 맞다.

《사기》는 사마천이 분이 복받쳐 쓴 작품이지, 후세의 시비판단을 위해서 쓴 것이 아님은 분명하다. 그것은 사마천 한 사람의 독자적 견해이므로, 반고 같은 사람이 능히 알 수 없는 것이라고 생각한다. 만약 사마천이 그의 인생을 밝게 살펴 몸을 보호〔明哲保身〕하지 못한 것을 책한다면, 두헌(竇憲)의 옥사[118]에 걸려 죽은 것은 또 누구더란 말이냐? 사마천이 황제의 얼굴을 거슬러 감히 논쟁을 벌인 것에 비교한다면 명철보신을 못한 자는 과연 누구인가?[119]

라고 하였다. 동양 역사학의 아버지로 불리는 사마천은 아버지 사마담과 함께 중국 최초의 정통사서인 《사기》를 저술하여 뒷날 중국은 물론 동양 세계에 절대적인 영향을 주었다. 그의 역사는 고대부터 당시까지를 다룬 전시대적인 역사(통사)였다.

이처럼 긴 시대를 다루다 보니 역사서술은 간략할 수밖에 없었고, 더욱이 고대로 갈수록 자료가 부족하여 뒷날 각 시대만을 서술하는 시대의 역사에 견주어 훨씬 소략한 것이 특징이다. 다른 한편 그가 살았던 전한 초까지 아직 유학이 국가의 지도적 학문과 이념으로 정착된 시기가 아니었기 때문에 유가 말고도 도가 등 여러 사상을 비교적 자유롭게 받아들였다.

그런데 《한서》를 써서 중국 시대사를 처음으로 시도했던 반표·반고는 사마천의 역사서술에 대해 간소하고 빠뜨린 것이 많으며 유교 성인의 가르침에 어긋나는 점이 많았다고 비판하였다. 특히 사마천이 이릉(李陵)의 옥사에 관계되어 무제에게 궁형을 받은 것에 대해 명철보신(明哲保身)을 하지 못했다고 비판한 바 있다.

이러한 반고 부자의 사마천 평에 대해, 이탁오는 사마천의 전기를 쓰고 나서 사마천을 매우 높이 평가하며, 동시에 반고 부자를 신랄하게 비판하고 있다. 따라서 이 〈사마천전〉 평이야말로 이탁오의 역사관을 볼 수 있는 중요한 글 가운데 하나이다.

이탁오는 반고가 비판한 사마천의 간략한 역사서술과 유교 성인의 가르침에 어긋난 점을 가리켜, 그것이야말로 사마천 역사의 위대성이라고 높이 평가하고 있다. 즉, 사마천의 역사관이 매우 자유롭고 독자적이라는 것을 말해주는 것이다. 더욱이 사마천의 역사는 이탁오가 항상 즐겨 쓰는 위대한 작품은 "분을 발하여 쓴 작품"이라는 데 가장 맞는 저서라는 것이다. 그래서 공자의 춘추를 계승할 수 있는 위대한 사서라고 찬양을 아끼지 않았다.

특히 명철보신 문제에서 반고 역시 황제의 노여움을 사 죽음을 당한 것을 말하면서 자기도 사마천을 비난할 자격이 없다고 반격하고 있다. 더구나 사마천은 친구를 위해 황제에게 간언을 서슴지 않은 점을 들어 그의 위대함을 높이 평가하였다.

그런데 이지 역시 뒷날 역사서인 《장서》를 쓴 뒤, 체포되어 옥중에서 자결하였다. 그렇다면 위대한 역사책을 쓰기 위해서 역사가는 생명을 담보로 해야 하는가? 이러한 매우 크고 어려운 질문이 뒤따른다. 아울러 역사서술의 막중한 임무와 함께 위험성이 함께 뒤얽혀 있는 것이다. 역시 자유로운 의지, 즉 역사관에 따른 역사가의 역사서술을 강조하는 것이다.

(2) 만고의 불충, 유능한 신하 풍도

4왕조의 12군왕과 거란의 이민족 군주까지 섬겼던 오대(907~960)의 인물 풍도(馮道, 881~954)는 유교의 사가들로부터 유교의 가장 중요한 정치적 덕목인 충(忠)을 어겼다고 비판받았다. 그러나 이지는 그의 공적을 찬양하여 유교 역사가들과 세상의 유학자들로부터 심한 비판을 받았다. 이지의 생각에 따르면, 풍도가 군왕에 대한 충성을 여러 차례 바꾸었지만, 그는 전쟁으로 말미암은 민중의 고통을 면하게 해준 역사적 공헌을 했다는 것이다.

> 풍도는 스스로를 오래 즐기는 노자라고 했는데, 그는 참으로 '장락노자(長樂老子)'라고 할 만하다. 일찍이 맹자가 말하기를 사직이 중요하고 군주는 그보다 가볍다고 했으니, 이 말을 믿는다면 풍도는 참으로 맹자를 잘 알았다고 할 수 있다. 오늘날의 국가인 사직의 '사(社)'는 백성을 평안하게 하는 것이며, '직(稷)'은 백성을 잘 양육하는 것을 말하는 것이니, 백성이 우선 편안히 양육되고 나서야 임금과 신하의 책임이 비로소 시작되는 것이다.
>
> 그런데 군주가 이 백성을 편안하게 먹여 살릴 수가 없을 경우, 그때에는 신하가 홀로 백성을 편안하게 먹여 살려야 하는 것이니, 여기에서 풍도의 책임이 비로소 시작되는 것이다. 지금 우리가 오대에 왕조가 서로 바뀌어가는 것을 볼 때, 왕들이 서로 몰래 뒤바뀌거나 뒤에서 은밀히 서로 빼앗고 뺏기고 있어 비록 싸움이 있기는 했으나, 성(城)을 빼앗는 큰 전쟁은 없었다.
>
> 그러므로 이 50년 동안 비록 풍도가 4성씨의 왕조를 거쳐 12임금과 아울러 거란(契丹)의 야율(耶律)씨까지 섬겼지만, 그로 말미암아 백성들은 결국 전쟁으로부터 받는 고통을 면할 수가 있었던 것이니, 풍도가 백성을 편안하게 먹여 살리는 힘이 적었다고 하겠는가?
>
> 아! 삼국시대 촉한 후주 유선의 신하였던 초주(譙周, 200~207)의 〈자기 나라를 적으로 하는 논의〔仇國之論〕〉를 보면, 후세의 사람들이 모두 사직을 편안하게 함을 기쁨으로 여기지 못했다는 것을 우리는 알 수 있다. 그러나 이 경우에도 역시 먼저 유비(劉備, 162~223)를 계승한 그의 아들 후주 유선(劉禪)

과 같은 못난 임금이 있어 더 이상 국가를 운영할 수 없거나, 혹은 오대와 같이 윤리가 땅에 떨어졌던 시대나 동한의 여러 황제들이 너무 어려서 환관과 유생들 사이에 서로 싸우며 기치를 세워 정치가 혼란에 빠졌을 때에야 허용될 수 있는 것이다. 그렇지 않다면 위에서 이야기한 초주의 〈구국지론〉은 결코 거론되어서는 안 된다.[120)]

유교의 오륜 가운데 군주에 대한 충성은 가장 중요한 국가윤리다. 그리고 신하된 사람은 군주에 대해 충성을 바꾸지 않아야 하므로 이를 가리켜 "충신은 두 임금을 섬기지 않는다"고 했다. 그런데 이탁오는 위 글에서 오대라는 혼란기에 살면서 네 왕조와 열두 임금을 섬긴 풍도라는 정치인의 절개 문제를 논하고 있다. 즉, 〈숨은 외신〔吏隱外臣〕〉의 장(章)에서 풍도의 전기에 매우 놀라운 독자적 평을 써서 커다란 논쟁을 불러 일으켰다.

이탁오는 이 글에서 오히려 그를 가리켜 "군주보다는 사직(정부)이 중요하고, 사직보다는 백성이 중요하다"는 맹자의 말을 들어 풍도가 백성을 위해 자기의 절개를 바꾸며 군왕을 섬겼다고 주장한다. 이는 정치의 업적을 어디에 중점을 두어야 하는가를 말해주는 것으로 백성이 정부나 통치자보다 중요하다는 것이다.

하지만 그는 이처럼 풍도의 시대적 사명을 칭찬하면서도, 그것은 다만 군주가 능력이 없어 올바로 국가를 다스릴 수 없을 때에 한해서 가능하다고 전제를 붙였다. 그러한 논의는 적당한 시기에나 가능한 것이지 어느 때이건 그래야 한다는 것은 아니라고 매우 명백히 주장하고 있다. 따라서 이지는 풍도라는 인물에 대한 평가를 통하여 유교사가들과는 다르게 정치인(신하)들의 나아갈 길 또는 사명을 명쾌하게 보여주었다.[121)]

(3) 측천무후와 명장 이적

명분을 반대하고 일의 공적을 중요시하는 이지의 역사인물평은 당의 명장 이적(李勣, 584~669)에 대한 평가에서도 뚜렷하게 보인다. 즉, 이지는 몸을 죽여 인을 이룬다는 아름다운 명분으로 성인의 윤리적 가르침만을 굳게 지키려던 장손무기 등을 경멸하였다. 반대로 측천무후를 도왔던 명장 이적을 논평하여 아래와 같이 썼다.

> 공자의 《논어》 〈자로(子路)〉 편에는 말 한마디로 나라를 망친다는 내용이 보인다. 《신당서》에서는 이적이 측천무후를 황후로 간택하게 한 고종에 대한 간언을 들어 후세의 사가들은 "이적의 말 한마디가 나라를 망쳤다"고 하였다.
>
> 그렇다면 이적의 말 한마디가 나라를 망쳤다는 것은 과연 무엇을 말하는가? … 여러 신하들도 역시 그것을 알지 못했다. 여러 대신들은 단지 임금의 비위를 거스르며 간언만을 충으로 생각하고, 몸을 죽여 인을 이룩한다는 아름다운 명분으로 성인의 명교를 굳게 지켜, 현인으로서 무씨의 포악한 불꽃을 오히려 늘려주고 하늘로 솟아오르도록 도와주었을 뿐이다.
>
> … 그러나 당시의 대신들이 한나라 시대의 진평(陳平, ? ~B.C.178)이나 강후(絳侯, ? ~B.C.169)처럼 모두 충성스러워 황제에게 거역할 의심이 들지 않게 했다면, 무후는 실로 총명한 군주였을 것으로, 한나라 초 고조의 황후였던 여태후에 견줄 바 아니다.
>
> 우리가 지금 과거로부터 지금까지의 통치자들을 살펴보건대, 능력 있는 사람을 측천무후만큼 알았던 사람이 있었던가? 또 그녀만큼 오로지 능력 있는 인재를 사랑하고 기르는 마음을 가졌던 사람이 있었던가? 아울러 백성을 편안하게 하는 데 무씨만큼 생각한 사람이 과연 있었던가? 이것은 참으로 만세의 공적인 모범으로부터 결코 벗어날 수 없는 문제이다. 무릇 현명한 군왕에게 귀하게 여겨져야 할 것은 능력 있는 사람을 아는 것을 가장 큰 어려움으로 하고, 능력 있는 인재를 사랑하고 기르는 것을 가장 급한 일로 해야 하는 것일 뿐이다. 지금 보건대 누〔婁師德〕, 요〔姚崇, 650~721〕, 송〔宋璟, 663~737〕 등의 모든 현명한 사람들이 측천무후의 조정에 나열되어 있어, 그 다음 개원, 즉 현종 때까지 이어졌으니 이것은 모두 임용되고도 다함이 없음을 뜻하는 것이다.
>
> 특히 양(梁, 狄人傑, 607~700)공과 같은 사람은 측천무후에게서 이례적인 대우를 받아 종신토록 변함이 없었던 것이다. 송경은 강직하고 정직하여 사악을 미워하고 여러 차례 두 장(張昌宗, 張易宗)과 원수지간이 되었으나 무씨는

중국 유일의 여황제 측천무후

역시 그들을 나무라지 않았다. 현인군자가 진실로 무씨의 마음속으로 깊이 사랑과 존경을 받았다. 그는 무씨가 고종의 일곱째 아들 여릉왕(廬陵王, 中宗)과 여덟째 아들 상왕(相王, 睿宗)을 병자처럼 유약하게 여겨 능력이 족히 있다고 기대하지 않아 뒷날에 천하를 다스릴 수 없다고 생각했던 것이다. 그런즉 측천무후는 결코 평범한 여자 군주가 아니었던 것은 확실하다.

… 한나라 시대 가의(賈誼, B.C. 200~168)의 말이 과연 옳구나! 즉, 뭇 사람들의 통치자가 된 이의 행동은 일반사람들과 달라야 하니, 일반사람들은 작은 염치를 가지고 경쟁하며 작은 행동에 대해서 긍지를 갖지만, 세상의 군주가 된 자는 오직 천하와 사직, 즉 정부의 편안함만을 중요하게 생각할 뿐이다. 이를 통해 보건대 제왕이나 공경 그리고 재상들의 책임이 참으로 크다.

만약 우리가 이적이 나라를 망쳤다고 책망한다면, 앞에서 본 진평이나 강후 같은 사람도 모두 임금의 뜻을 순수하게 따르기만 한 아첨꾼들이었으며, 적인걸도 처음부터 끝까지 혼탁한 왕조를 따라 부귀영화를 바라면서 날마다 음탕하게 노예들과 짝지었을 뿐이니, 그들은 모두 만세에 죄인이 될 것이다.[122)]

중국사에서 유일한 여황제로 거의 50년 동안 당시 세계 최대의 제국인 당 왕조 때 정치적으로 막강한 영향력을 가졌던 측천무후의 능력을 찬양하는 이탁오의 평가이다. 고종 황제가 후궁이었던 무소의(武昭儀, 뒷날 측천무후)를 황후로 삼으려 할 때 대부분의 중신들이 격렬히 반대했다. 그러나 회의에 불참했던 명장 이적은 고종에게 "그것은 폐하의 사(私)적인 일입니다"라고 해서 용기를 얻은 황제가 측천무후를 황후로 맞이했다.

그런데 이를 가리켜 뒷날의 역사가들은 이적의 말 한 마디가 나라를 망쳤다고 공자의 《논어》를 인용하면서 비판하였다. 이에 대해 이탁오는 명장 이적의 전기를 쓰면서 측천무후와 관련해 그의 뛰어난 정치적 능력을 높이 찬양하고 있다. 이것은 이탁오가 유교의 사회윤리나 또 성리학에서 매우 중요시하는 명분보다는 실제적이고 일에 공적이 큰 사람을 높이 평가한 대표적인 예이다. 이적에 대한 평가 가운데 측천무후와 관계된 부분을 뽑아 해석해보면 이탁오 사상의 중요한 면인 여성관과 유교적 명분론에 대한 비판과 함께 아주 명쾌하고 흥미롭다.

이탁오는 측천무후가 세상을 "밝게 살펴 잘 판단했다"고 정치적 능력을 높이 평가하고, 그의 남편 고종보다는 "10배 낫고, 아들 중종보다는 1만 배나 낫다"고 아주 상징적으로 비교하였다. 이 시대의 두 인물에 대한 평가는 바로 유교의 명교적 윤리로부터 벗어나 정치적 공적을 이룬 자유로운 역사 시비의 전형적인 실례이다.

(4) 명대의 대해적 임도건

명대 중기 해적 임도건(林道乾)[123]은 광동의 조주(漕州) 사람으로 복건성과 대만, 마카오 등지에서 30여 년 동안 활동하며 수천 명의 무리를 모아 정부에 대항해 쉽사리 이를 진압할 수 없었다. 그는 팽호도(澎湖島)와 대만 등지에 본영을 두고, 군대를 거느리고 당시 이미 스페인에게 점령된 루손(필리핀)의 수도 마닐라를 습격하기도 했으나 결국 성공을 거두지 못하였다. 그는 다시 대만으로 돌아와 동북 해안에서 활동하며 군대를 거느리고 농지를 개간하여 왕을 칭하기도 하였다.[124]

임도건은 천주 출신의 해적으로 복건과 광동 일대에서 재화나 물산이 풍부한 지역을 마구 노략질했다. 성과 고을의 관리는 물론 중앙에서 그를 토벌하러 파견된 사법부의 수장이나 군의 지휘관이 그에게 자주 잡혀 죽었다. 그뒤 척계광[125] 등의 작전이 성공하여 왜구를 소탕했지만, 그는 여전히 세력을 유지하였다.

임도건은 스스로를 왕이나 패권자로 불렀지만, 사람들은 그를 따르며 배신하지 않았다. 이탁오는, "만일 임도건이 군수이고, 내가 해상의 임도건이라면, 그는 화살 하나, 병사 한 사람을 소모하지 않고도 나를 잡아 죽일 것이다"[126]라고 아주 기발한 가정을 세워 임도건의 능력을 인정하였다.

이탁오가 명교에 구애받지 않고 상식을 뛰어넘어 공적을 칭찬하는 데 매우 놀라운 것은, 해적 임도건에 대해 칭찬했다는 점이다. 그는 〈위의 글을 근거로 지난 일을 기록하다〔因記往事〕〉라는 글에서 아래와 같이 주장한다.

> 그의 재주와 식견이 보통을 뛰어넘고 담력과 기상이 많은 사람을 압도하는 것은 말하지 않아도 잘 알 수 있다. 만약 임도건에게 2천 석의 녹을 받는 군수의 직책을 준다면 해상에서나 또는 다른 임도건 같은 도적이 나타나더라도 결코 멋대로는 하지 못할 것이다.
>
> … 아! 평소 일 없는 듯 편안하게 그저 얌전이나 빼고, 고개 숙이면서 하루 종일 단정히 앉아 흙으로 만든 인형과 같이 구는 사람들을 두고 잡념을 일으키지 않아 진실한 대성인, 큰 현인으로 생각한다. 그 가운데는 어느 정도 간사함을 배운 자는 양지를 강론하는 자리에 끼어들어 고관대작이 되기를 은연중 도모하기도 한다.
>
> 그러나 일단 놀랄 만한 큰일이 생기면 서로 멍하니 얼굴이나 쳐다보고 낯빛이 없어질 뿐만 아니라, 심한 경우에는 서로 책임을 떠넘겨 명철보신할 수 있다고 생각한다. 따지고 보면 국가에서 원래 이런 놈들만 골라 등용한 탓에 막상 일을 당해서는 쓸 만한 사람이 없는 것이다. 또 재주와 담력과 식견이 있는 사람들을 내치고 임용하지 않거나, 그들이 관료가 되는 길을 엄격히 제한하여 천하를 어지럽힐 인물로 간주해버리니, 이러한 상황에서 도적이 되지 않을 수 없다.
>
> 만약 국가가 그들을 등용하여 군수나 군정이나 대권을 잡은 영윤(令尹)의 벼슬을 시킬 수만 있다면 이들이 어찌 용맹한 삼십만의 군사를 감당하지 못하겠는가? 또 만약 그들을 등용하여 호랑이처럼 용맹한 무신으로 키운다면, 변방의 일은 그들에게 맡길 수 있으니, 사방의 국경을 지킬 조정의 근심은 절로 없어질 것이다. 온 세상의 시비가 뒤집힌 탓에 호걸들이 불만과 한을 품게 하고, 영웅은 쓰일 곳이 없는 슬픔을 느끼게 한다면 이는 그들이 도적이 되게 하는 것과 다름이 없다.

> 무릇 옛날부터 식견이 있다는 사람은 세상이 그를 알아주지 않고 시대가 그를 용납하지 않기 때문에, 어떤 이는 질그릇을 굽거나, 백정이나 술 파는 장사치가 되어야 했다. 그렇지 않으면 깊은 산속이나 거친 들판으로 나가 인간의 세상에서 그 종적을 감추니, 우리는 그(임도건)가 200퍼센트〔20分〕의 식견을 가졌다고 말해도 옳을 것이다.[127]

〈인기왕사〉는 임도건의 활동이 최고조에 달했던 때로부터 20년 뒤에 씌어졌다. 이탁오는 영하의 군사적 변란에 대해 조정의 부패와 무능 그리고 사람을 잘못 쓰는 것을 통감하였으므로 20년 전의 인물인 임도건을 생각했던 것이다.

이탁오는 임도건이 20분의 재능과 20분의 담력과 20분의 식견이 있다고 칭찬하면서, 이처럼 유능한 사람을 조정이 내버려두고 쓰지 않는다고 분개하였다. 만일 조정이 그를 군수(郡守)로 임용한다면, 강병 30만을 대적할 수 있다고 극찬하였다. 반란의 수괴를 임용해야 한다고 주장한 것은 실로 파격적이다. 이는 임도건의 재능을 높이 평가한 동시에 유가들의 무능을 대비시킨 것이다. 영국의 엘리자베스(1533~1603) 여왕이 해적들을 모아 영국의 막강한 해군력을 길렀던 것과 같은 지략을 같은 시기 중국의 이탁오에게서 발견할 수 있어 매우 흥미롭다.

평상시에는 팔짱만 끼고 종일 인형처럼 앉아 있던 유학자들이 고관이나 바라면서, 일단 어떤 어려운 일이 터지면 서로 얼굴만 쳐다보고 아무일도 못한다고 꼬집었다. 그러므로 이들은 "편안함을 택하고 위험함을 피하여 몸을 보존한다"는 허울 좋은 명분을 중시하는 유학자들을 공격하였다. 이것은 참으로 놀라운 발상으로 그 당시 유가들의 무능을 지적하면서, 무기력한 중국사회를 예리하게 분석한 것이다.

얼마나 기발하고 독특하며 보통사람들의 상식을 뛰어넘는 명쾌한 논리인가? 또한 이는 당시 권력을 잡은 정치인들에 대한 비판이기도 하다. 악명 높은 해적의 능력을 평가하고 그를 군수나 관리로 임명하면 국가의 이익에 커다란 도움이 될 것이라는 이지의 탁월한 견해는 그 당시뿐만 아니라 어느 시대에고 통치자들에게 귀중한 교훈을 주기에 충분하다. 그리고 종횡무진으로 거리낌 없는 그의 자유로운 사상의 폭을 상상할 수 있다.

사람의 견식에 대한 이탁오의 관점은 매우 독특하며 흥미로운데, 이것이 역사인물 평가에 아주 크게 작용하고 있다. 그는 견식의 중요성에 대하여,

> 200퍼센트〔20分〕의 견식이 있으면 100퍼센트〔10分〕의 재능도 쉽게 얻을 수 있으니, 이 200퍼센트의 견식이 있다면 50~60퍼센트의 재능만 있더라도 이를 100퍼센트로 늘릴 수 있다. 또 200퍼센트의 견식이 있으면 100퍼센트의 담력을 얻을 수도 있다. 견식이 그만큼 크기 때문에 비록 담력이 40~50퍼센트에 지나지 않아도 이를 100퍼센트까지 늘릴 수 있다.
>
> 이것은 재능과 담력이 모두 식견으로부터 나와 채워지기 때문이다. 오직 재능만 있고 담력이 없다면 겁이 많아 무슨 일에 감히 나서지 못하며, 담력만 있고 재능이 없다면 어두운 밤길에 아무렇게나 움직이는 사람에 불과할 뿐이다. 재능과 담력은 식견으로부터 나오기 때문에, 식견을 갖는 것은 세상에서 가장 어려운 일이 된다.
>
> … "스님께서는 위의 세 가지 가운데 무엇이 모자라십니까?"라고 제자인 스님 회림이 옆에서 물었다. 나는 50퍼센트(5分)의 담력과 30퍼센트의 재주, 200퍼센트의 식견이 있어 세상에 처세함에 겨우 화를 면할 수 있었다고 대답했다. 참선하고 도를 배우는 무리들 가운데서라면 나는 200퍼센트의 담력과 100퍼센트의 재능, 50퍼센트의 식견을 갖췄지만, 석가나 노자에게 견줄 수 없음은 확실하다.
>
> 그런데 글을 지어 책을 만들거나 붓을 휘둘러 사람을 놀라게 함에는 200퍼센트의 식견과 200퍼센트의 재능과 200퍼센트의 담력이 있다고 하겠다. 아! 이만하면 충분하니, 어찌 즐겁지 않겠는가?![128]

라며 식견을 가장 중요시하면서도 재능과 담력을 말하고 있는데, 자신은 이 세 가지가 모두 지나치게 많다고 자부하고 있다. 이는 그가 아무런 거리낌이나 두려움 없이 일생을 비판적이고 투쟁적으로 사는 데 바탕이 된 정

신력이다. 그리고 이것은 그가 많은 역사인물이나 당대의 인물들을 평가하는 자유로운 기준이기도 했다.

5. 만고의 시비를 뒤집은 역사관

이지는 사마천이나 반고처럼 집안에서 역사연구나 역사서술 등을 접하며 성장하지 않았다. 더욱이 많은 전통적 중국사가들처럼 역사를 서술하는 사가의 직업에 종사한 적도 없었다. 그러나 역사를 대하는 그의 태도는 비장하고 분노와 정의감에 꽉 차 있었다. 즉, 그에게는 역사서술이 직업적인 사명감이 아닌, 그가 좋아하던 "자기자신을 억제(용납)할 수 없는 내면적 욕구와 본심의 사명감"으로 출발하였다. 그래서 그는 수많은 사람을 대적하는 자세로 역사를 보겠다고 선언하였다.

그의 역사관 가운데 중요한 것은 서술체제로서 목록 설정이나 분류에 독자적인 면을 보여준다는 점이다. 이미 고대부터 자주 논의되던 '육경개사설'도 이지에게서 '경전과 역사는 서로 겉과 속을 이룬다'는 매우 명료한 개념으로 형성된다. 이것은 역사서술과 사상적 비판의 자유가 극히 제한된 당시의 상황에서 결핍된 역사에 새로운 이론과 내용을 보충해줄 수 있었다. 특히 시비가 정해지지 않았다는 논의는 역사와 역사평가의 객관성과 합리성을 강조하는 면에서 중요한 의미를 갖는다. 이것은 바로 이탁오의 순환사관과도 관계되는데 사회와 역사의 발전에 변화가 매우 중요하며 숙명적인 성격이 있음을 주장한다.

어쨌든 그가 전통과 형식에서 탈피하여 독자적인 역사평가를 강조한 것은 매우 값있는 사관이면서, 다른 한편으로는 객관적인 평가나 가치표준의 한계라는 어려운 과제를 남겨놓기도 한다. 이것은 바로 양명학에서 중요시하는 정감과 주관성의 문제가 객관적인 사회윤리와 어떻게 합리적인 공통분모를 찾아야 하는가의 문제와 관련된다. 도학에 대한 그의 태도도 바로 여기에 연결되며 시비의 겉과 속이라는 양면을 이루고 있다.

이탁오 사관의 또 다른 특징은 형식적 윤리보다는 역사적 공적에 대해 더 높은 찬양과 평가를 하고 있는 점이다. 평범한 남녀들의 일생과 동양의 유교문화권에서 외면적으로 크게 경시된 개인과 개인 소유가 바로 도이며, 참된 사회윤리라고 보았다. 이러한 그의 사관은 당시로서는 아주 놀라운 것이 아닐 수 없었다. 여기에서 선진시대의 법가사상가나 진시황의 통일사업, 진승(陳勝)·항우 등의 활약, 탁문군의 자유결혼, 풍도의 12군왕에 대한 충성이 설자리를 확보하게 된다.

《사고전서》의 편자, 청대의 기윤

이탁오는 우리 동양사회에서 왕도와 패도라는 대립되는 견해 아래 명교를 중요시하는 주자학적 전통에 대해 매우 격렬하게 비판하고 있다. 즉, 명교를 중요시하는 것보다 실제적 이익과 일의 공적을 쌓아 실용적 사회발전에 이바지해야 한다는 것을 특히 강조하고 있다. 이러한 이탁오의 역사관이나 그의 역사서를 포함한 저서들에 대해 청초의 관방 사학자인 기윤은 《흠정사고전서총목》에서 양강의 총독이 조사해서 올린 《장서》를 간단히 소개하고 전체를 혹평하여,

> 이지의 저서들은 모두 미친 듯이 혼란하고 그릇되게 어그러져 성인을 부정하고 법을 무시하였다. 이 책들은 오직 공자를 배격하고 별도의 평가기준〔褒貶〕을 세워, 먼 옛날부터 전해오는 선과 악의 판단기준을 뒤집어 바꾸지 않은 것이 없었다.
>
> 더욱이 그의 죄는 용납될 수 없어 죽어 마땅하며, 그의 책들은 불태워지고 그의 이름이 역사의 기록을 더럽혀서는 안 된다. 그럼에도 특히 이지를 두고 크게 떠들며 세상을 속임과 동시에 초횡과 같은 여러 사람들은 그를 성인으로 떠받들었다.

> 심지어 오늘에 이르러 먼 시골에서 (이지와 같은) 보잘것없는 유자〔陋儒〕들이 헛된 이름을 떨치고 있다. 이에 그를 존경하고 의심하지 않는 사람들은 그저 내버려두고 더 이상 아무 말이 없다. 그러므로 (이지와 같은) 이상한 사상을 좋아하는 사람들은 오히려 긍지를 가지기도 한다. 이러한 상황이 인심에 해를 끼칠까 두려워 나는 저서의 목차들을 남겨 그 죄상을 세상에 드러나게 하려는 것이다.[129]

라고 매우 혹독하게 썼다. 이것은 아마도 청대 관방 사학자로는 가장 격렬하게 이지를 비판한 것이며 또 죄를 규정한 것이다. 다른 한편 과격하며 시대를 초월한 이탁오의 역사관을 역설적으로 강조해주는 것이기도 하다.

그의 역사서술이나 평가는 내용이나 방법 면에서 과격한 표현과 언어를 써서 전개된다. 이 점이 보수적 지식인은 물론 당시 상당한 진보적 사상가들로부터도 필요 이상으로 비판을 받았던 중요한 원인이다. 특히 그는 역사인물론에서 동심을 잃지 않고 옛날 사람들의 자취를 따르기 거부하며 이상적 목표를 세워 생명을 아끼지 않은 강건하고 능력 있는 불굴의 인물들을 높이 평가했다.

한편 이지는 송대 이래 외부 세계와 교역이 활발하여 이슬람교 등 외래종교를 받아들였던 천주에서 나서 자라면서 유교나 중국사회에 대한 비판에 익숙해져 있었던 것이다. 또 불교의 '사람과 사람이 모두 부처이며, 사람의 마음이 곧 부처'라는 말과 도교의 '모두가 하나로 화합되는 도'로서 평등의 기반 위에 그의 역사관이 형성되었던 것이다.

한 시대와 전통을 상대로 무모할 만큼 격렬하게 투쟁했던 그는 특히 비평가로서 예리하고 독창적인 면을 많이 보여주었다. 새로운 시대에 대한 열망은 낡은 시대에 대한 역사의 비판에서 시작된다는 점에서 그는 300여 년 뒤 5·4신문화운동 시기에 이르러 크게 영향을 주었다.

한편 16세기 격변의 시기에 출간된 《장서》는 자본주의 맹아 시기의 계몽사상을 상당한 정도 반영하였다고 평가된다. 마르크스의 역사발전단계는 중화인민공화국에서 중요한 역사의 시대구분론과 연계된다. 원시공산

사회를 거쳐 노예제사회, 봉건주의사회, 자본주의사회, 사회주의사회 등으로 발전하는데, 중국에서는 자본주의 시기의 시작을 어디로 잡을 것인가 하는 데 대해 고민하지 않을 수 없었다. 이때 중국인들은 명말 청초의 시기를 "소박한 자본주의의 맹아 시기"였다고 시대를 구분하였다.

그리고 그러한 견해는 초·중·고등학교의 교과서에도 이미 정설로 굳어져 있다. 어쨌든 자본주의의 맹아시기를 그대로 인정하고, 근세사회로 오면서 개인의 영리를 위한 의지와 활동을 긍정하는 조류는 매우 중요한 것이었다. 이러한 면에서 이탁오는 중국의 전통적인 사상에 대한 비판에서도 높이 평가되었을 뿐 아니라, 자본주의 맹아 시기라는 서구의 영향을 받은 20세기 사회주의 중국의 시대사조에서도 훌륭하게 수용되어 적용될 수 있었다.

이탁오는 확실히 타고난 열정적 자유인이었다. 이러한 개성을 존중하는 자유사상에 바탕을 둔 그의 역사관 역시 매우 객관적이었으며, 아울러 합리적이었다. 이것은 전통으로부터의 것이건, 공자나 주자로부터 왔건 정해진 논의에 근거를 두지 않았다. 그의 이러한 객관적이고 자유로운 비판과 사상은 바로 그의 역사관 속에 흐르고 있다고 보아도 좋을 것이다.

시대의 사회통념을 초월한 여성관

중국에서 성리학이 국가나 사회의 정통이념으로 교조화한 것과 달리, 여성의 사회적 지위는 크게 위축되었다는 견해가 지배적이다. 이러한 견해는 명대에 자주 거론된 "여자는 재주 없는 것이 바로 덕이다"라는 말이 잘 보여주고 있다. 특히 《한서》에서 《금사》에 이르는 13개의 정사(正史) 속에 보이는 '정렬(貞烈)'의 여인이 245명인데 견주어, 《송사》에 55명, 《원사》의 187명, 《명사》에만 308명이나 된다는 점에서 더욱 뚜렷하다.[130)]

우리가 지금까지 다룬 이탁오가 바로 16세기 중국사상투쟁사에서 상징적 인물에 속한다. 만약 우리가 그 시대의 사회관뿐만 아니라 유교와 불교의 교리를 훨씬 뛰어넘는 이탁오의 여성관을 고려하지 않는다면, 이탁오의 아주 중요한 사상적 독립성의 한 면을 잃어버리게 된다. 인간의 개인적인 자유욕망에 대한 그의 견해는 특히 여성문제에서 두드러지게 나타난다. 이탁오의 여성관은 하나의 연구분야로 대단히 중요한 문제이고, 또 오늘날에도 많은 공감을 얻을 수 있는 주제이다.

사실 유교사상에 바탕을 두고 형성된 중국사회에서 구성원의 반을 차지하는 여성에 대한 불평등과 차별 등의 편견은 잘 알려진 사실이다. 여성의 능력, 결혼의 자유, 교육의 기회, 세계에서 유례를 찾을 수 없었던 여성의 전족(纏足) 등에 대한 차별이나 병폐는 이미 수없이 지적되었다. 여성관에 대한 이탁오의 중요한 논점들을 정리해보기로 하자.

1. 여성 결혼자유의 긍정

이지는 〈사마상여를 논한다〉라는 글에서 사마상여가 탁문군과 자유로이 결합한 사실을 열렬히 긍정하고 있다. 즉 전한 무제 때, 집을 뛰쳐나가 부모의 허락 없이 자유로이 결합했던 과부 탁문군을, "훌륭한 배필을 잘 선택했으며, 세상에서 가장 시집 잘 가는 방법"이라고 칭찬했다.

> 그런즉 탁문군에게 사마상여는 당대에 재능이 뛰어난 섬서성 평릉지방의 명사로 후한 때 맹광의 배필이 되었던 양홍과 비교할 수 있다. 그 당시에 탁문군이 맹광처럼 그의 아버지 탁왕손에게 자유로운 결혼을 요청했다 해도, 탁왕손은 확실히 딸의 말을 듣지 않았으리라고 나는 생각한다.
>
> 아! 세상을 제대로 볼 수 없는 도량이 좁은 소인이 어찌 세상의 큰일을 충분히 설계할 수 있을 것인가? 좋은 배필을 잃고, 훌륭한 인연을 헛되게 하는 것보다는 오히려 탁문군처럼 스스로 자기의 배필을 결정하는 것이 옳았던 것이다. 탁문군은 작은 부끄러움을 참고 커다란 인생의 계획을 세웠다고 할 수 있지 않겠는가?[131)]

사마상여의 재능을 탁왕손이 알아보지 못했으나, 그의 딸 탁문군이 오히려 자신의 뜻을 스스로 결정한 것을 칭찬하고 있다. 이를 이탁오는 후한의 유명한 부부의 전형으로 일컬어지는 맹광과 양홍의 사실과 비교하고 있다. 탁왕손 같은 소인은 조그만 일에 구애되어 큰 것을 보지 못하므로, 탁문군의 결정이 아주 현명했다는 것이다. 그리고 이 두 남녀의 결합을 《주역》을 인용하여, "같은 소리에 서로 응하고, 같은 기운에 서로 구하는" 자연스러운 현상으로 보았다. 그러므로 탁문군과 사마상여의 결혼에 대한 이탁오의 긍정은 먼 훗

사마상여와 탁문군의 결합

날까지 일반 유학자나 도덕가들에 의해 인륜을 어긴 대표적 사상으로서 자주 인용 비판되었다.

이탁오의 그러한 주장은 경정향 등 그의 논적으로부터 '여색을 좋아함〔悅色〕'과 탁문군이 집을 뛰쳐나가 부모의 허락 없이 결혼한 것도 '성품대로 따르는 것〔率性〕'이냐고 힐난을 받았다.

이지는 또 마성의 지불원에 있을 때, 아들 귀아가 용호에 빠져 죽자 그뒤에 며느리에게 개가를 권유하는 등 결혼에서 자유로운 선택을 긍정하였다.

2. 여성에게 남자와 같은 교육의 기회를

이탁오는 장문달의 탄핵문에서 기녀는 물론 사대부가의 여자들을 강학에 참여시켰다고 혹독한 비난을 받았다.

이탁오는 우선 여자들의 능력이 결코 남자에게 뒤지지 않는다고 강조하여 물의를 빚었다. 그가 마성의 지불원에 있을 때 여자들을 학문강론에 참여시켰다. 또한 여제자들과 서신을 교환했고 함께 《관음문》 같은 책을 썼으며, 그들과의 서신을 《분서》 속에 넣어 간행하기도 했다. 그는 〈여인이 도를 배우는 데 식견이 (남자보다) 못하다는 데 대한 답변서〉라는 긴 제목의 서신에서 이렇게 쓰고 있다.

> 어제 큰 가르침(편지)을 받았는데, 부인들은 식견이 짧아 도를 배우는 것을 감당할 수 없다고 하셨습니다. 정말 그럴까요! 정말 그럴까요! 대체로 여자들은 문지방 밖을 나가지 않고 집안에만 머물러 있는데 견주어, 남자는 활을 당겨 사방을 쏘듯이 밖에 나가 활동을 하니 이런 상황에서 식견의 뛰어남과 모자람을 함께 이야기할 수는 없는 것입니다. … 그러므로 내가 말하거니와 사람에는 남자와 여자가 있다고 하면 옳지만, 식견에 남자와 여자의 차이가 있다는 것이 어찌 옳겠습니까? 또 말하건대 사람의 식견에 우월함과 모자람이 있다고 하면 옳지만, 남자의 식견은 모두 우월하고 여자의 식견은 모두 열등

하다고 한다면 어찌 그것이 옳겠습니까?[132]

여성의 지적 능력을 긍정함으로써 남녀평등사상의 기초를 이루는 것으로 《초담집》과 《분서》의 〈부부론〉과 함께 중국 여성사에서 매우 중요한 위치를 차지하는 논문이다. 제목이 암시하듯이 이미 그가 칭찬한 여인에 대해 지적 능력이 낮다고 비판한 사람을 반박한 글이기도 하다.

이 세상에 여자와 남자가 있다면 옳지만, 어찌 식견에 남녀의 차이를 둘 수 있으며, 더욱이 식견이 뛰어나고 부족한 사람의 차이는 있지만, 남녀에 따라서 그것이 차이가 날 수 있는가 하는 점을 신랄하게 반문하고 있는 것이다.

이탁오는 그의 이러한 가설적인 강조를 증명하기 위해 중국역사에서 탁월한 능력을 보여주었던 여인들, 즉 주나라 초기 문왕의 어머니 읍강(邑姜)이나 당대의 기생 설도(薛濤, 768~831) 등 유능한 여인들의 예를 들고 있다. 〈부부론〉이 매우 철학적·이론적이라고 한다면 이 글은 훨씬 사회적이며 역사적인 성격을 띠고 있다. 이러한 기초 위에서 탁문군의 자유결혼에 대한 긍정, 측천무후의 정치적 능력에 대한 찬양 등이 가능해지는 것이다.

이탁오의 사회사상이나 남녀평등사상에서 반드시 읽어야 할 중요한 글 가운데 하나이다. 여성의 능력을 긍정한 것이나 또는 여성과 남성이 동등하다는 사상, 그리고 여성교육과 능력 있는 여성에 대한 찬양은 결국 이탁오의 공자 반대와 유교공격에 연계되어 1602년 그에 대한 탄핵상소문 356자 가운데 101자가 여성에 관계된 것으로 나타났다. 이것이 바로 그 당시까지 누구도 공개적으로 제기하지 못했던 여성의 능력이나 여성의 평가 그리고 교육 등에 대한 그의 대담한 도전이었다. 이러한 이탁오의 여성관을 독일의 중국학자 오토 프랑케(O. Franke)는 "몇 세기를 앞선 사상"[133]으로 평가하였다.

3. 여자의 재능을 긍정하라

앞에 든 서신에서 보듯이 여성들의 능력을 긍정하는 이탁오의 글들은 곳곳에서 발견할 수 있다. 그는 《초담집》에서 내용을 〈부부〉〈부자〉〈사우(師友)〉〈형제〉〈군신〉의 오륜관계에 따라 분류하고, 특히 〈부부〉편 4권을 맨 앞에 놓고 있다.

〈부부〉편의 내용을 보면 〈합의에 따른 결혼〉〈죽은 혼령 사이의 결혼〉〈배필을 잃음〉〈투기하는 부인〉〈재주와 식견〉〈언어〉〈문학〉〈현명한 남편〉〈현명한 부인〉〈용감한 남편〉〈속된 남편〉〈고통 속에 사는 여인들〔苦海諸媼〕〉〈불제자의 여인들〔彼岸諸媼〕〉로 구분하고 있다. 〈부부〉편을 가장 먼저 다룬 것은 아주 탁월하며, 그의 〈부부편 총론〉은 아주 훌륭한 논문이다.

이탁오는 이 〈부부〉편에서 177개의 짤막한 고사를 다루면서 그 인물과 이야기들에 대하여 자기의 다른 견해를 비평적 각주처럼 덧붙이고 있다.

여기서 볼 수 있는 이탁오의 여성관에 들어 있는 긍정적인 몇 가지 특징은, 첫째로 탁문군의 출가와 자유결혼이나 극(劇)중에서 홍불(紅佛)의 이정(李靖)과의 결합을 칭찬한 것처럼[134] 문모(文母)의 허락 없이 주준(周浚, 250~300)과 결혼한 이락수(李絡秀)를 능력 있는 여인[135]이라고 했다. 또한 부친의 원수를 찔러 죽인 조아(趙娥)와, 아버지가 해를 당한 뒤 그의 어린 동생들을 잘 보호해서 키운 이문희(李文姬) 등에 대해서

> 재주와 지혜가 참으로 다른 사람들을 크게 능가하는 여인들이었다. (그럼에도) 사람들은 어째서 여자라고 (경시하며), 세상의 아버지들도 어째서 반드시 여자이기 때문에 그들을 경시할 수 있겠는가.[136]

라고 그 여자들의 능력을 칭찬하였다. 특히 이탁오는 〈부부편〉의 〈재식론〉에서 다룬 25명의 부인을 통틀어,

> 재주와 지혜가 다른 사람을 능가하고, 식견이 아주 뛰어나 가히 한 성(城)을

지킬 만하고 그 속에 품은 마음이 믿을 만하여 부탁할 만하니 그들의 정사(政事)를 돌볼 능력은 어떻겠는가? … 그들이야말로 참된 남자로다! 참된 남자로다! … 다시 탄식하며 말하되 남자가 이에 따르지 못하리라![137]

고 말한다. 재능 있는 여인상으로서 위(魏)·서진 시대의 허윤(許允)의 부인 완씨(阮氏)는 부군 허윤이 체포되어 죽임을 당했을 때 기지를 발휘하여 위기를 모면하거나, 자신의 아이들을 잘 보호했다. 이탁오는 이를 가리켜 "한 아녀자의 몸으로 (능히 공자학파의 4과, 즉 덕행·언어·문학·정사의 재능을 갖추지 않은 것이 없는 자"[138]라고 찬양한다.

한편 중국 역대의 역사가들은 왕조의 멸망 원인을 나라 안의 근심과 나라밖에서 오는 침입[139]이라 보고, 나라 안에 근심이 생기는 중요한 요인은 요망한 여인이 군왕을 유혹하는 것이라고 흔히 생각해왔다. 이미 한대의 기록에 "하 왕조는 말희(妹喜), 은 왕조는 달기(妲己), 주 왕조는 보사(褒姒) 때문에 망했다"[140]는 내용이 보인다. 이미 《시경》에도 "현명한 남편은 성(城)을 쌓지만, 현명한 부인은 성을 무너뜨린다"[141]고 했다. 이렇게 부당하고 편파적인 여성관에 대한 이탁오의 반박은 문제의 본질을 통쾌하게 지적하고 있다. 여인의 요망한 목소리와 자태가 사람(특히 군주)을 미혹시킨다는 논의에 대해,

그러나 한의 무제(재위 B.C. 140~87)는 웅대한 재능으로 만여 리의 땅을 개척하고, 위의 무제 조조(155~220)는 영웅으로서 중원에 할거하였지만, 이들이 어찌 여인의 목소리와 아름다움을 좋아하지 않았던가? … 내 이것으로 보건대 만약 하 왕조에 말희나, 오에 서시(西施)가 없었더라도 나라가 서고 멸망하는 것은 피할 수 없었을 것이다.[142]

라고 비난하고 더 나아가서 다음과 같이 썼다.

어떤 사람이 현명하지 못하면, 비록 여자의 요망한 목소리와 자태에 빠지

> 지 않아도 나라는 망하고 가정을 망하게 하고 몸을 망하게 함이 틀림없다. 생각이 짧고 모자란 사람들이 오로지 술과 여자를 좋아하는 데만 (그 멸망의 원인을) 돌리려 함은 그 본(本)을 제대로 살리지 못하는 것이니 이는 세속의 유자들이 통치의 이치에 대해서 논의해서는 안 되는 까닭이다.[143)]

세속의 유자들이 흥망의 본질적 원인에 대하여 잘못 파악하고 있음을 예리하게 파헤친 것으로, 비슷한 논의는 다른 곳에서도 보인다. 당대 황소(黃巢, ?~884)의 난을 평정한 뒤 황제 희종(僖宗, 재위 874~888)이 희첩들의 부정을 정죄한 데 대해, 힐문한 여인의 말을 이탁오는 자신의 의견 없이 인용하고 있으니 아래와 같다.

> 당신들은 미친 듯이 흉악한 적의 반역을 맞이하여 국가의 백만대군으로도 종사를 지키지 못해 파촉(巴蜀)으로 피난했습니다. 지금 폐하는 적에게 항거하지 못한 책임을 오히려 일개 아녀자에게 돌리고 있으니, 도대체 그 지체 높은 재상과 장군들은 그동안 어디에 있었습니까?[144)]

이는 참으로 듣고 읽는 자의 폐부를 찌르는 명언이 아닐 수 없다.

사람의 재능이란 이탁오에게는 덕을 완성하는 데 없어서는 안 되는 것으로 보였다. 이 문제를 《초담집》에서는 "덕행은 빈자리이며, 언어·문학·정사는 실제 행위이다"[145)]라고 주장하고 있다. 즉, 언어·문학·정사의 재능을 통해서 덕행은 실현이 가능하다는 뜻이다.

그런데 이탁오의 이 '정사'적 재능에 관한 평가는 측천무후에 대한 기록에서 전형적으로 나타난다. 측천무후는 중국사에서 유일한 여황제이며 특히 새로운 제국을 세우려 했던 것으로도 유명하다. 이탁오는 여성의 능력 문제를 다루면서 특히 고종의 황후로서 권력을 장악했음은 물론, 당 왕조를 무너뜨리고 주(周) 왕조를 세우는 등, 7세기 중엽 세계 최대 제국인 당나라의 정치를 거의 50년 동안 지배한 무후를 가리켜 그 시대 최고의 능력 있는 군주로 평가하였다.

4. 이탁오 여성관의 역사적 공헌

이탁오는 중국에 있었던 여러 사상의 진수를 애써 흡수했으므로 그의 사상적 연원과 마찬가지로 여성관의 기원도 간단히 설명할 수는 없다. 여기에는 '본래의 성품을 따름〔率性〕'과 '양지, 자비'와 '평등, 하나에 이르는 길' 등이 모두 중요한 의미를 갖는다.

한편 그는 역대의 많은 역사책을 읽으면서 능력 있고 지혜로운 여인들에 감복하고, 그가 접할 수 있었던 여성들을 통한 체험은 그의 여성관을 형성하는 데 매우 중요한 요인이 되었을 것이다. 또 그가 태어난 천주의 풍속[146]에서 여성 활동의 능동성을 찾는 사람도 있다. 이탁오가 죽은 뒤 그의 여성관이 명·청대에 어떠한 영향을 주었는지는 확실치 않다. 그의 사상적 진가를 따지기에 앞서 저술을 읽는 것을 금지하고 없애 전파가 어려웠을 것이다. 청 초에 시적 재능이 풍부한 소녀들의 시를 모아 《수원시화(隨園詩話)》를 출판한 원매(1716~1798)도 이탁오에게서 중요한 선구를 발견했을 것이다.

중화민국 초의 저명한 문인, 임서(林紓, 1852~1924)는 당시의 진보적 사상가들이 측천무후를 성왕(聖王), 탁문군을 유명한 여자라고 한 것을 통렬히 비난하면서 원매와 이탁오를 짐승과 같다고 했다.[147] 하지만 이는 이탁오와 그의 저서가 역사 속에 영구히 묻혀버릴 수 없었음을 말해준다.

물론 이탁오가 유교사회에서 여성의 지위에 대해 비판하고 이의를 제기한 유일한 인물은 아니었다.[148] 그러나 그는 당시에 그 문제를 저서를 통해 아주 '명확한' 언어로, 또한 남녀의 공학(共學)을 통해 실천적으로 표현했던 사상가였다.

하지만 사상과 견주어볼 때 그의 부부생활은 확실히 성공적이지는 못했다. 그의 합리적 지성과 자유로운 지적탐구의 삶은 부인에게 오히려 실망과 커다란 손실을 주었다. 그의 일상생활에서 양면성과 모순성이 같이 있음을 발견하게 된다. 한편으로는 전통적 부녀상인 '현모양처'를 말하면서, 다른 한편으로는 높은 지성을 갖춘 여인상을 찬양한다. 그것은 오늘날까지도 계속되는 어머니와 그 밖의 활동영역이라는 여성의 이중적 소임에 관한 논란과도 궤도를 같이한다.

그의 여성관이 매우 진보적이었음에도 여전히 상당한 약점과 모순을 내포한다. 즉, 그는 이 문제를 아직 전반적 사회문제로서 조직적인 논의를 전개하지 못했다. 다음으로 그의 여성관이 다른 사상처럼 불교의 영향을 크게 받고 있다는 점이다. 《초담집》 〈부부론〉에서 분류한 작은 제목 가운데 〈고통의 바다 속에 사는 여러 여인들〉 〈불가의 여인들〉에서 보이듯이 불교의 '괴로움' 속에서 '피안'에 대한 동경과 같은 제한적 성격을 드러내고 있다. 이에 대해 이탁오가 현실에서 피안으로 도피하였다고 비판을 받기도 한다.

하나의, 또는 어떤 그룹의 여인상을 평가하고, 자기 철학에 접근시켜 논했으나 더 세부적이고, 더욱 전체적인 분석과 전개를 하지 못했다. 이러한 논점은 그 당시 유교사회 속에서 어쩔 수 없는 한계성을 보여주는 것이기도 하다. 즉, 이탁오가 사회의 고착된 인습에 대한 비판자 이상의 구실을 하기 어려웠다는 한계와 허약성을 드러낸다. 좀 과장된 표현일지 모르나, 이러한 상황을 후외려(侯外廬)는 "시대의 진실한 비극의 모순이며, 시대 모순의 진실한 비극"[149]이라고 평했다.

당시의 제한된 상황에서 여성문제에 대한 그의 도전이 비록 커다란 인정과 성과를 거두기 어려웠다 할지라도, 이 문제를 제기하고 이에 접근하여 널리 인지시켰다는 점에서, 그의 공헌은 결코 가볍게 평가될 수 없는 것이다. 그러므로 여성문제에 대한 이탁오의 견해와 인식은 전 생애 동안 비상히 부지런하게 도를 추구하며 도달하였던 한 열정적 철학자의 구도과정이기도 하다. 따라서 이탁오의 여성관은 그 당시 사회에 대한 비평이며 동시에 그의 철학의 중요한 일면이기도 하다.

물론 이탁오 역시 이 문제에 대해 아주 근본적이고 조직적으로 개혁을 시도할 수는 없었지만, 자신의 삶에서 여성의 교육을 실천에 옮겼고 교류를 시도했다. 또한 저서 속에서 문제점을 지적했고 고발했으며 강력한 언어로 개선을 촉구하였다. 이 점에서도 이탁오는 참으로 위대한 자유인의 선구자였다.

선교사 마테오 리치와 교류

1. 천주교 신부, 마테오 리치

지적 탐구에 관심과 욕구가 넘치고 있었던 이탁오는 멀리 서양에서 온 가톨릭 선교사 마테오 리치(Mateo Ricci, 利瑪竇, 1552~1610)[150]와 교류하였다. 마테오 리치는 선교를 위해 1582년 마카오에 들어와 중국어를 배우며 중국문화에 익숙해지려고 노력하였다. 처음에는 불교의 승복 차림에서 1594년 다시 유자의 복장으로 바꾸어 중국의 지식인들인 사대부들과 폭넓게 교류하였다. 선교를 위해 강력한 자기 주장보다는 중국문화에 적응하면서 서서히 동·서 두 세계의 접근을 시도하였다.

그는 어려운 한자와 유교의 경전을 공부하여 《사서》를 라틴어로 번역하였으니, 이것은 중국 경전이 유럽에 로마자로 옮겨진 최초였다. 그는 친구와의 관계를 쓴 《교우론(交友論)》을 1595년 한문으로 저술하여 중국 지식인들의 찬양을 받았다. 남방의 마카오 광동 지역에서부터 남경을 거쳐 북경에 이르러 황제를 직접 찾아가 서양의 시계 등 진귀한 물품을 바쳐 환심을 사 사제관과 교회 설립의 허가까지 받았다.

정력적인 선교활동을 하다가 1610년 그가 죽었을 때, 황제는 고성문(皐城門) 밖에 장지를 내려 주었다. 이때 중국에는 이미 8명의 중국인 수사(修士)를 포함해 5천여 명의 중국인 신도를 확보하였으니, 28년에 걸친 그의 활동은 당시로서는 매우 성공적이었다. 1585년 신도 겨우 20명, 1592년에는 105명, 1605년에는 1천여 명, 1615년에 5천여 명으로 늘어난 것을 보면 커다란 발전임을 알 수 있다.

그는 총명함과 끝없는 인내력을 바탕으로 중국문화에 적응하며 천주교

이탈리아 신부 마테오 리치

명 말의 실학적 정치가, 서광계

를 중국에 정착시키려 했으니, 볼프강 프랑케의 말처럼 그는 "모든 시대를 통틀어 서양과 중국 사이의 가장 저명한 문화적 중개자"로 평가될 수 있을 것이다. 이에 대해 빈센트 크로닌은 그를 가리켜 "갈릴레오가 발견한 목성의 12별보다 더 큰 의미를 지닌 또 하나의 세계를 발견했다"고 높이 찬양했다.

2. 서양 학술의 전래

마테오 리치가 당시 중국에 영향을 준 것은 선교 못지않게 수학, 천문학, 측량술, 지리학 등의 서양학문이었다. 그는 유명한 세계지도인 〈여지산해전도(輿地山海全圖)〉를 만들었고, 1603년《천주실의(天主實義)》를 저술해서 천주교를 학문적으로 동양에 접근시키는 데 기여하였다. 한편 그는 1607년《기하원본(幾何原本)》을 써서 서양의 수학을 동양에 전했다.

특히 그는《농정전서(農政全書)》 등 실용적 저서를 쓰고 정치, 군사, 학문을 통해 당시 난국을 극복하려 했던 서광계(1562~1633)나 이지조(?~1630) 등과도 교류하여 천주교도로 만들었다. 교인은 아니었지만 이탁오나

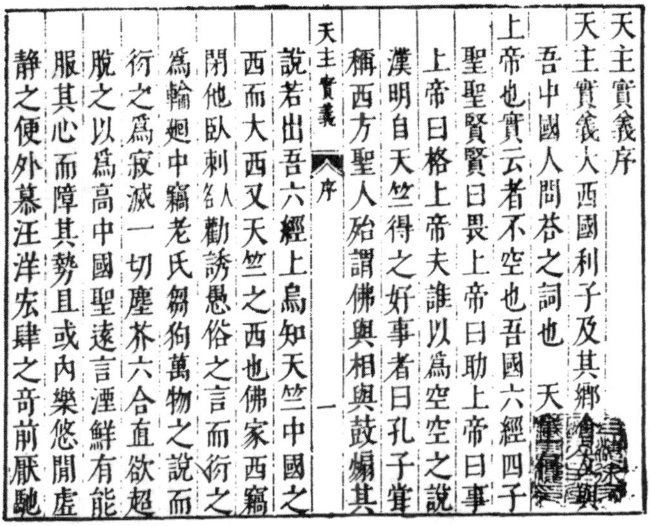

天主實義序
天主實義大西國利子及其鄉會友與
吾中國人問荅之詞也　天
上帝也實云者不空也吾國六經四子
聖聖賢賢曰畏上帝曰助上帝曰事
上帝曰格上帝夫誰以爲空空之說
漢明自天竺得之好事者曰孔子嘗
稱西方聖人殆謂佛與相與鼓煽其
天主實義　序　一
說若出吾六經上烏知天竺中國之
西而大西又天竺之西也佛家西竊
閉他臥剌名人勸誘愚俗之言而衍之
爲輪廻中竊老氏芻狗萬物之說而
衍之爲寂滅一切塵芥六合直欲超
脫之以爲高中國聖遠言湮鮮有能
服其心而障其勢且或內樂悠閒虛
靜之便外慕汪洋宏肆之奇前厭馳

마테오 리치의 《천주실의》

초횡과 같은 당대 최고의 석학들과도 친교를 맺었던 것은 또한 의미 있는 일이다. 이 때문에 당시 귀주의 총독이었던 곽자장(郭子章, 1543~1618)은 마테오 리치의 인품이나 학문과 생활태도를 가리켜 "리치는 서양 오랑캐로서가 아니라 마땅히 중국인으로 다루어져야 한다"고 말할 정도였다.

마테오 리치가 쓴 《교우론》은 전문이 3천 자에 지나지 않지만, 중요한 내용이 담겨져 있는데, 예를 들면 "내 친구는 다른 사람이 아니라 곧 내 반쪽이니, 제2의 내가 되는 것으로 마땅히 친구와 나를 함께 보아야 할 것이다. 친구와 나와의 관계는 비록 두 몸이지만, 두 몸의 안에 그 마음은 하나일 뿐이다"라고 독특한 논리를 전개하고 있다. 이 《교우론》은 재판, 삼판이 발행되어 중국의 학자들에게 상당한 영향을 주었다.

이러한 교우관에 대해, 이지는 적극적으로 호의를 표하였다. 이지가 선배인 하심은과 마찬가지로 오륜 가운데 친구관계를 가장 중요시했던 점은 앞에서 본 바와 같다. 마테오 리치가 쓴 《교우론》에 대해 당대의 대학자였던 초횡은 "서역의 리치가 '친구는 제2의 자신'이라고 했는데, 이 말은 매우 신기하고 합당하다"고 평가했다. 이탁오 역시 《교우론》을 많이 복사하여 호광의 제자들에게 읽게 해서 중국 사대부층에게 널리 알리는 데 공헌했다.

3. 마테오 리치와의 만남

마테오 리치는 1599년에서 1600년 사이에 남경에 머무르면서 초횡과 이지를 만날 수 있는 기회를 가졌다. 이지는 마테오 리치를 세 차례 만난 것으로 기술하고 있고, 마테오 리치 역시 그의 회상록에서 이지와의 만남을 비교적 상세히 쓰고 있다. 마테오 리치의 회고록에 따르면, 남경에서 이지가 참석한 세미나를 회상하면서,

> … 그의 집에는 당시 중국에서 매우 유명한 인물이 묶고 있었다. 그는 고관을 지낸 뒤 머리를 깎고 스님이 된 노학자로 명성이 컸으며, 제자들로부터 극진한 존경을 받았다. 초횡과 이탁오 이 두 학자는 내게 많은 관심을 갖고 있었으며, 특히 이탁오는 대관들이 그를 방문할 때에도 사전에 허락을 받아야 할 만큼 급이 높은 사람이었는데도 나와 친구가 되었다.
>
> … 그는 호광(湖廣)에 많은 제자들이 있었으며, 나의 《교우론》을 여러 부 복사해 제자들에게 읽게 해 그들을 통해 나의 평판은 매우 높아졌다. 그는 또 그의 문집에도 들어 있는 매우 훌륭한 두 편의 시를 두 개의 접는 부채에 자필로 써 주었다. 찬양하는 시를 써 주는 것은 중국에서 어떤 사람을 존경하여 그의 주의를 환기시키려는 예절이었다.[151]

면서 매우 긍정적으로 이탁오를 칭찬하며 서술하고 있다. 두 번째 만남은 이지가 리치를 방문하여 이루어졌다. 첫 번째의 만남에서 이지는 마테오 리치에게 호의를 느꼈고, 이러한 반응은 남경의 지식인들 사이에서 화제가 되기도 했다. 세 번째 만남은 마테오 리치가 이지를 방문함으로써 이루어졌다. 그들은 종교에 관해서 오랫동안 토론했고 이지는 리치에게 작별선물로 부채를 주었는데, 그 윗면에는 〈서양에서 온 리치씨에게 드림〔贈利西泰〕〉 이라는 제목의 시를 직접 써넣었다. 이탁오는 마테오 리치와의 만남에 대해서 다음과 같이 쓰고 있다.

공이 이서태(마테오 리치)에 대해 물었는데, 서태는 대서역인이다. 10여만 리를 지나 중국에 오게 되었는데, 처음에는 남천축(南天竺, 남인도)에 이르러 비로소 불교가 있는 것을 알았고, 다시 동쪽으로 4만여 리를 항해했다. 중국 광주의 남해에 이른 뒤 우리 대명국에 와서 그 옛날에는 요와 순, 뒤에는 주공과 공자가 있는 것을 알게 되었다. 남해의 조경(肇慶)에 20여 년 살면서 우리나라 서적 가운데 읽지 않은 것이 없고, 선배들에게 청하여 함께 한자어의 발음을 라틴어로 전하며 《사서》와 성리학에 관해서 그 대의를 해석해 이해하였다. 또 육경과 그에 대한 해석에도 두루 통하였다.

지금 그는 우리말(중국어)을 잘하며 문자를 이해하고 우리의 예를 행하니 아주 훌륭한 사람이다. 마음은 극히 영롱하며 겉으로는 매우 질박해 보인다. 수십 명이 함께 떠들어도 각각의 물음에 대해 잘 대답하며 논쟁이 일어나 시끄러워도 전혀 휩쓸림이 없었다. 내가 본 사람 가운데 그에 비길 만한 사람이 아직 없었다. 왜냐하면 많은 사람들은 지나치게 자기를 높이거나 아첨하지 않으면 총명을 드러내려 하거나 또 너무 멍텅구리 같았기 때문이다.

그러나 나는 그가 왜 이곳에 왔는지 알지 못한다. 이미 세 차례 그를 만났지만 그 까닭을 아직도 알 수 없다. 만일 그의 뜻이 자신이 배운 바로 우리의 주공과 공자의 학문을 바꾸려고 한다면, 이는 너무 어리석은 일일 것이다. 설마 그렇지야 않겠지![152]

이 편지 속에서, 이지는 마테오 리치가 중국에 도착한 뒤의 정황에 대하여, 그의 사람됨과 처세의 태도에 대해서 대략적으로 정확하게 설명하고 있다. 특히 그의 침착함과 학문적 능력에 대해 크게 존경하였다. 마테오 리치도 자신의 일기에서, "한 중국인이 말없이 나의 강론을 듣고 갔다. 그는 고수라는 것을 나는 느낄 수 있었다"고 처음 만날 때의 이탁오를 평하였다. 그러나 마테오 리치가 중국에 온 목적에 대해서 이지는 의문을 제기했다.

마테오 리치가 중국에 왔을 때, 중국은 자본주의 맹아 시기로서 이지는 바로 이 시기 사상의 한 대표자였다. 마테오 리치가 선교임무를 실현하고자 유교와의 합치를 진행시켰고, 천주교는 중국적 색채를 띠면서 과학기술을 가지고 중국의 광범한 지식층에 파고들었다. 이렇듯 복잡한 정황에서 이지의 마음속에는 마테오 리치에 대한 신임과 회의가 함께 일어났다. 마테오 리치가 가지고 온 과학기술은 당연히 이지가 추구하는 신사물(新事物)의 열정에 부합했으나, 마테오 리치는 이지의 송·명 이학에 대한 비판에는 전적으로 동조할 수 없었다. 마테오 리치가 유자들을 숭배하는 데 반해, 이지는 반(反)전통사상으로서 서로 맞지 않아 두 사람은 당연히 목적이 어긋날 수밖에 없었다. 특별히 마테오 리치는 선교를 위해 지배계층의 정치주장을 옹호했으나, 이지는 개성·평등·자유사상을 주장하고 봉건 속박과 계급제도를 반대하여 서로가 대립되었다.

위의 편지로 미루어보아 이지는 마테오 리치의 고고한 인품과 뛰어난 학식에 대해서 감탄하고 있음을 알 수 있다. 그렇지만 마테오 리치가 온 목적 즉 동양세계에 선교하려는 천주교를 이해할 수 없었던 것이다. 특히 이 경우에서 이지는 일반적인 유교 비판적 태도와는 달리 주공과 공자로 상징되는 중국의 정통적 유학을 변할 수 없는 것으로 옹호하는 문화 방어자의 자세를 보이고 있다.

4. 동·서 세계 문화 사이에 걸린 하나의 다리

1600년 봄 마테오 리치는 스페인의 제수이트 선교사 쟈크 판토쟈[153]와 함께 산동성의 제녕(濟寧)으로 가 이탁오를 방문했다. 이지는 이 만남에서, 리치에게 북경의 친구들에게 소개장을 써주었고, 마테오 리치는 감동과 우정이 넘치는 만남으로 기억했다. 마테오 리치는,

> 하루 종일 다정하게 대해주어서 세상 끝의 이교도들 사이에 있다는 느낌이 전혀 들지 않았고, 오히려 더할 나위 없이 친절하고 경건한 그리스도인들에 에워싸여 유럽에 있는 듯한 느낌이 들 정도였다.[154]

라고 회고하였다. 그리고 리치는 이지를 개종시키고 싶어했다. 그런데 본성이 매우 총명하고 중국 사정에 밝았던 마테오 리치는, 다른 한편으로 이탁오를 좋아하지 않았다. 그리고 마테오 리치는 이지의 부도덕한 행위를 비난하는 사람들 편에 섰다. 왜냐하면 중국에 가톨릭을 선교하는 데 불교나 어떤 다른 종교보다는 유학이 가장 대표적인 종교이며 학문으로서 훨씬 유리하다는 것을 그는 잘 알고 있었기 때문이다. 그래서 그는 항상 유자의 복장을 하고 유학자처럼 행세하였다. 그러나 이탁오는 '삼교합일'의 사상적 바탕 위에서 불교에도 크게 기울어져 있었다. 이 점이 마테오 리치와는 합치될 수 없는 이유였다.

비록 이 두 사람의 만남이 어떤 놀랄 만한 성과를 가져올 수 없었다 하더라도 우선 문화와 역사 그리고 생활조건이 엄청나게 다른 동·서양의 천재적인 두 사상가의 만남에 그 의미를 두지 않을 수 없다. 중국에서 크리스트교의 씨를 뿌리려던 리치는 유교 속에 천주교를 심는 천주교의 유교화 또는 천주교의 합유(合儒)로 후계자들에게 공격을 받았고, 이탁오 역시 자기가 소속된 학파나 지역을 떠나 폭넓은 교우와 지적인 활동으로 당시의 관료와 지식인들로부터 심한 비판을 불러일으켰다.

그럼에도 이탁오가 서양의 문화에 대해 관심을 갖지 않은 것은 커다란 약점이었다. 마테오 리치가 중국문화에 적응하는 능력을 높이 평가했을 뿐, 그가 중국에 온 목적에 대해서는 관심이 거의 없었다. 이는 중국문화에 대한 자존심 때문인지도 모른다. 또는 그의 연령으로 봐서 너무 늦었는지도 모른다. 안타깝게도 이것이 중국문화의 한계였고 이탁오의 한계였다. 사실 이탁오는 당시 중국에서는 매우 개방적이고 탐색적이었다 하더라도, 지리상의 대발견을 알지 못했고, 서양의 종교나 과학기술과 그 문화를 이해하지 못하였다. 이탁오는 자신이 비판하는 다른 사대부들과 마찬가지로 여전히 전통적 삼강오상과 독존적 중화의 꿈속을 헤매고 있었다. 그 점에서 밝고 넓은 눈으로 뚜렷한 목표를 추구하며 다가온 마테오 리치와는 비교가 되지 않았다.

16~17세기 명 말에는 정치기강의 해이, 사회 혼란, 농민운동의 확산, 서

민문화 대두 등 거대한 사회변동이 일어났다. 이러한 변화와 함께 사상사에서도 양명학의 좌파, 즉 태주학파의 진보적이고 반전통적인 사상이 널리 확산되었고, 특히 이탁오는 그러한 시대사조의 선봉에 있었다. 그의 사상은 유교의 정통사상 내지 그 형식적인 틀로 화석화한 사회의 윤리와 제도를 공격하였다.

최근 중국의 학자들이 이러한 사상적 조류를 명·청의 실학사조라고 부른다. 이러한 과정 없이 청 초의 경세치용적 고증학의 성립은 불가능했을 것이다. 옛것을 비판하고 새로운 것을 찾는 호기심은 이탁오로 하여금 마테오 리치에게 접근하게 하였다. 또 당시의 저명한 유학자이며, 관료였던 서광계나 이지조 같은 천주교 신자들도 마찬가지였다. 따라서 우리는 예리한 비평가이던 이탁오로부터 비교적 타협적이고, 실용적인 학문적 경향의 초횡을 거쳐 관료와 과학자이며 천주교 신자였던 서광계에 이르는 경세치용적 실학사조의 중요한 가닥을 찾을 수 있는 것이다.

사회주의 중국의 초기 역사연구에서 다섯 가지 중요한 연구 주제로 '다섯 송이의 붉은 꽃〔五朵紅花〕'[155]이 강조되면서 '자본주의 맹아론'의 시기였던 명 말에 대한 연구가 많이 이루어졌다. 이 시기에 서양 선교사들에게서 그들의 문화나 과학 또는 천주교를 받아들인 것 등은 변화를 갈구하는 중국 지식인들과 역동하는 사회의 모습을 잘 보여주는 사례였다.

따라서 이탁오와 마테오 리치의 만남은 단순한 두 사람의 상봉을 넘어서 동양과 서양의 지적인 접촉이 이루어지는 한 측면일 수도 있다. 무리하게 자기의 주장을 내세우지 않고 중국문화에 적응하려 했던 서양의 이 신부에게서 우리는 하나의 이상적이고 합리적인 문화접촉 과정을 발견하게 된다.

하나의 가설이기는 하지만, 그러한 문화접촉의 방법이 계속되었다면 19세기 중반 이래 중국에서 동·서양 사이에 있었던 비극적인 충돌은 피할 수 있었을지도 모른다. 그리고 그것은 중국과 서양인 모두에게 더 나은 세계를 형성하는 데 기여할 수 있었을지도 모른다. 이러한 문화접촉의 방법은 비단 동·서양의 문제뿐 아니라 전 세계 어느 곳에서나 해당되는 하나의 가설이 될 수 있을 것이다.

그러나 이 두 사람의 생활태도나 특이한 지적 교류는 매우 진보적이고 바람직하였다는 것을 훨씬 후세에야 사람들은 인식하게 되었다. 서로 다른 문화와 세계를 접근시키는 방법으로 택하고 행한 두 사람의 태도와 실천은 세계 문화접촉의 중요한 선구자였음을 잘 말해주는 것이다. 때문에 이 두 사람의 만남을 16세기 말, '동·서 세계 문화 사이에 걸린 하나의 다리'라고 부를 수 있다.[156]

그리고 이러한 교류와 지적인 접촉은 역시 인종이나 종교와 문화의 경계를 넘어 자유인으로서 이탁오의 선구자적 모습을 우리에게 보여준다.

주 석

1) 이지, 〈與周友山〉, 《속분서》 권1, 14～15쪽.

2) 董初蘭·孫佩苣, 《女作家詩選》, 홍콩, 1961.

3) 이지, 〈예약〉, 《분서》 권4, 183쪽.

4) 이지, 〈答以女人學道爲見短書〉, 《분서》 권2, 59쪽.

5) 錢謙益, 《牧齋初學集》, 권64, 719쪽.

6) 《麻城縣志》 권9, 691쪽.

7) 이지, 〈題繡佛精舍〉, 《분서》 권6, 229쪽.

8) 이지, 〈각기〉, 《분서》 권6. 이지의 시 〈수불정사에 부쳐〉와 〈잠깐 떠오르는 생각〉의 번역은 김혜경과 마쓰이 츠네오의 번역을 참고하였다.

9) 매국정의 조카인 梅之煥로 자는 彬父, 호는 長公이다. 마성 매국정의 조카이니 澹然의 사촌이다. 만력 32년에 진사가 되어 한림원 서길사, 이과급사중, 광동부사, 우첨도어사 등을 지냈고 군공이 컸다. 《목재초학집》, 〈매장공전〉; 《명사》 권248.

10) 이지, 〈與梅長公〉, 《속분서》 권1, 31쪽.

11) 춘추시대 衛靈公의 부인으로 매우 총명하나 不貞으로 잘 알려졌다. 《좌전》, 〈定公〉 14년; 劉向, 《열녀전》 권7, 9쪽.

12) 이지, 〈주유당에게 답함〉, 《분서》 (증보1).

13) 《분서》를 간행한 뒤 그의 가장 가까운 친우 가운데 주유당·주우산 등이 그와 결별했다.

14) 이지가 풍속을 어지럽힌다고 해서 마성의 지방관헌이 그가 오래 머물던 지불원을 파괴하였다.

15) 朱維之, 〈李贄底思想〉, 《복건문화》, 1934. 4.

16) 이지, 〈答梅瓊宇〉, 《속분서》 권1.

17) 이지, 〈與耿克念〉, 《속분서》 권1.

18) 이지, 〈여경극념〉, 《속분서》 권1.

19) 이지, 〈與周友山〉, 《속분서》 권1.

20) 유동성은 자가 子明, 호가 晉川으로 산서의 沁水 사람으로 坪上촌에 집이 있었다. 융경 연간에 진사가 되어 한림원 서길사, 병과급사중, 이부우시랑을 거쳐 공부좌시랑 겸 우첨도어사 하조의 총리와 병부상서를 지냈다. 시호는 莊靖이다. 그의 아들 용상, 조카 용건 등과 함께 이지를 도와《명등도고록》을 편집 출간하였다.《장서》와《도고록》에 서문을 썼다.《분서》와《속분서》에 이지의 서신이 여러 통 보인다.
〈명사열전〉 권78, 19쪽 ;《명사》 권223, 17쪽.

21) 이탁오,〈도고록인〉,《이씨문집》 권7.

22) 유동성,〈書道古錄首〉,《도고록》,《이지문집》 권7. 348쪽.

23) 이지,〈道古錄引〉,《이씨문집》 권7, 347쪽.

24) 이지,〈九日坪上〉,《분서》 권6.

25) 이지,〈至日自訟謝主翁〉,《분서》 권6.

26) 이지,〈除夕道場卽事〉,《분서》 권6.

27) 汪靜峰,〈汪靜峰墓碑記〉,《李溫陵外紀》 권1.

28) 이지,〈與耿子健〉,《속분서》 권1.

29) 이지,《명등도고록》 권下, 제6장.

30) 이지,《명등도고록》 권上, 제11장.

31) 이지,《명등도고록》 권下, 제3장.

32) 이지,《명등도고록》 권下, 제1장.

33) 이지,《노자해》 하편 ;《이씨문집》 제7권.

34) 이지,《도고록》 권上, 9장.

35) 이지,〈초약후에게〉,《분서》 권2.

36) 매국정은 자 克生, 호가 衡湘으로 마성 사람이다. 어려서부터 활을 잘 쏘고 용감하였으며, 만력 11년에 진사가 되었다. 벼슬이 이여송 제독의 감군 등을 거쳐 병부의 우시랑이 되고 뒤에 산서의 순무로서 군무를 총괄하였다. 이탁오와 매우 친근하였으며 특히 매담연 등 두 딸과 함께 이탁오에게서 선을 배웠다. 대동의 순무로 있을 때, 이탁오는 그곳에 머무르면서《손자참동》을 썼는데, 매국정은 그 서문을 썼다. 이지의《장서》에 서문을 썼다.

《명사》 권228 ; 원중도, 《가송재근집》 하 ; 《梅大中丞傳》

37) 이지, 〈晉陽懷古〉, 《분서》 권6.

38) 이지, 〈客吟〉, 《속분서》 권5.

39) 자가 式如 호가 崑田으로 융경시 진사를 거쳐 관직이 병부상서에 이르렀고, 정유재란 때 조선을 다녀갔다. 《명사열전》 권85, 〈邢玠〉.

40) 최두환, 《충무공이순신전집》 1권, 우석, 1999, 467쪽.

41) 이지, 〈哭會林〉, 《분서》 권6.

42) 이지, 《손자참동》 ; 장건업 주편, 《李贄文集》 7권, 북경 : 사회과학출판사, 2000, 443~551쪽.

43) 이지, 〈손자참동서〉, 장건업 주편, 《이지문집》 7권, 북경 : 사회과학출판사, 2000, 448~449쪽.

44) 이지, 〈손자참동서〉, 장건업 주편, 《이지문집》 7권, 북경 : 사회과학출판사, 2000 ; 장건업, 《이지평전》, 158~178쪽.

45) 이지, 〈曉行逢征東將士却寄梅中丞〉, 《분서》 권6.

46) 전국시대 조나라의 명장.

47) 이지, 〈덕업유신, 揚雄〉, 《장서》 권32. 양웅은 자가 子雲으로 형식적인 글〔章句〕을 좋아하지 않은 대학자였다. 《역경》을 좋아하여 쓴 《太玄經》과 《논어》의 가치를 강조한 《法言》이 유명하다. 이탁오는 《장서》에서 桓譚의 말을 빌려 그를 노자와 사마천에 견주었고, 그의 책들이 반드시 후세에 전해질 것이라고 했다.

H. A. Giles, "Yang Hsiung", *A Chinese Biographical Dictionary,* pp.904~905.

48) 이지, 〈自序〉, 《분서》.

49) 이지, 〈답초의원〉, 《분서》 권1.

50) 원중도, 〈이온릉전〉, 《분서》 권1 ; 《珂雪齋近集》, 〈文鈔〉.

51) 원중도, 〈이온릉전〉, 《분서》 권1 ; 《珂雪齋近集》, 〈文鈔〉.

52) 기윤, 〈장서〉, 《欽定四庫全書總目》 권50.

53) 蕭公權, 《중국정치사상사》, 臺北 : 中華文化出版事業委員會, 1961, 561쪽.

54) 위의 책, 580쪽.

55) 趙令揚, 〈이지의 사학〉, 《明史論集》, 홍콩 : 사학연구회, 1975, 14쪽.

56) 조영양, 위의 글, 14쪽.

57) 주유지, 〈李卓吾與新文學〉, 《복건문화》 제3권 제18기, 1935.

58) 이지, 〈세기열전총목전론〉, 《장서》 권1, 1쪽.

59) 이지, 〈王通〉, 《장서》 권32, 526쪽.

60) 이지, 〈與焦弱候〉, 《속분서》 권1.

61) 이지, 〈사마담, 사마천〉, 《장서》 권48, 692쪽.

62) "대성인! 대성인! 그 밖의 모든 것은 일반대중과 다를 바 없다." 이지, 〈논어의 향당편〉, 《사서평》, 90쪽.

63) 이지, 〈贊劉諧〉, 《분서》 권3, 130쪽.

64) 이지, 〈唐太宗才人武氏〉, 《장서》 권63, 1050쪽.

65) 金毓黻, 〈中國史學史〉, 23쪽.

66) 위의 책. 장학성의 '육경개사설'에 대해서는 전용만 〈장학성의 역사관에 대한 일고-'육경개사설'과 관련하여〉, 서강대 석사논문, 1982가 있다.

67) 이지, 〈經史相爲表裏〉, 《분서》 권5, 214쪽.

68) 김육불, 〈논육경개사〉, 《중국사학사》, 281쪽.

69) 조영양, 〈이지의 사학〉, 《명사논집》, 28쪽.

70) 풍우란 지음, 정인재 옮김, 《중국철학사》, 형설출판사, 191쪽.

71) 맹자, 〈등문공〉 하, 《맹자》.

72) 사마천, 〈평준서〉, 《사기》.

73) 주희, 《주자어류》 권1.

74) G. E. 케인즈, 이성기 옮김, 《동양과 서양의 만남(Philosophies of History)》, 대원사, 1990에서 이 문제들이 모두 다루어지고 있다.

75) 文이란 원래 번화함, 개발 등을 의미하여, 가장 質朴, 素朴한 상태에서 발전한 상태를 말한다.

76) 이지, 〈世紀總論〉, 《장서》 권1.

77) 이지, 〈永慶問答〉, 《이지문집》 권7.

78) 이지, 〈答耿中丞〉, 《분서》 권1.

79) 이지, 〈孟軻〉, 《장서》 권32.

80) 맹자, 〈고자〉 권下, 《맹자》.

81) 주돈이는 북송의 이학가로 자는 茂叔이며 호남 사람이다. 南安軍司理參軍과 판관 등을 지냈다. 廉溪에 살아 염계선생이라 하였다. 저서에 《太極圖說》《通書》 등이 있으며, 송대 성리학의 창시자로서 정이와 정호의 스승이었다. 《중국역사인물사전》, 287쪽 ; H.A. Giles, *A Chinese Biographical Dictionary,* p.164.

82) 정이의 자는 正叔이며 伊川선생으로 불렸고, 정호의 동생이다. 중산에서 낙양으로 옮겨 주돈이에게 배웠다. 학직 등을 지냈으나 학문의 전수에 힘썼다. 학문은 誠에 근본을 두어 사서인 《대학》《중용》《논어》《맹자》를 탐구하였다. 《어록》과 《문집》 등이 있다. 《송사》 권427 ; 《송원학안》 권15 · 16.

83) 장재의 자는 子厚, 섬서성의 橫渠 사람이어서 횡거선생으로 불렸다. 우주의 실체를 氣로 인식하고 사물의 음양을 통한 통일을 주장했다. 저서로 《장자전서》 등이 있다.

84) 주희는 남송의 대철학자로 자는 無晦 또는 仲晦이며, 호는 晦庵으로 별호는 紫陽이다. 휘주의 무원 사람으로 경학, 사학, 문학과 악률 그리고 자연과학에 모두 능하였다. 비각수찬과 보문각 대제 등을 지냈다. 정이 · 정호 등 선인 유학자들의 학설을 집대성하여 우주론적이고 인성론적인 중세의 유학, 즉 이학을 총정리하였다. 창주정사(滄洲精舍)를 짓고, 고정(考亭)에서 강학했으며, 거경(居敬)을 위주로 하여 뒷날 유학의 종정이 되었다. 그의 철학은 흔히 서양의 토마스 아퀴나스의 구실에 비교되기도 하는데, 그뒤 중국의 사상사에 엄청난 영향을 주었다. 매우 박학하여 경전으로서 사서(四書)의 체계를 만들었으며, 《四書集註》《시집주》《주자어류》《주자대전》《近思錄》《소학》 등이 있다.

85) 이지,〈又與焦弱候〉, 《분서》 권2.

86) 《송사》 권427, 〈도학전서〉.

87) 이지, 〈德業儒臣前論〉, 《장서》 권32.

88) 이지, 〈童心說〉, 《분서》 권3.

89) 초주는 촉한 사람으로 자는 允南으로 학문을 좋아하고 경학에 능했다. 魏의

장군 鄧艾가 쳐들어올 때, 군신회의에서 항복을 주장하였다.《五經論》등 많은 저서를 남겼다.

90) 풍도는 후주의 景威 사람으로 자는 可道로서 학문을 좋아하고 효성스러웠다. 20여 년 동안 4왕조의 10왕과 거란까지를 섬겨 뒤에 비난을 받았다. 스스로 長樂老子라 하였으며《九經》을 판각하여 국가의 경전판각의 시초였다.

91) 이지,〈孔明爲後主寫申韓管子六韜〉,《분서》권5.

92) 이지,〈與焦猗園太史〉,《속분서》권1.

93) 이지,〈자서〉,《분서》권1.

94) 이지,〈答焦猗園〉,《분서》권1.

95) 이지,〈장서세기열전총목전론〉,《장서》권1.

96) 이지,〈장서세기열전총목전론〉,《장서》권1.

97) 이지,〈劉序〉,《장서》.

98) 신용철,〈이탁오의 역사인물비평－명대 史評에의 한 공헌〉,《역사와 인간의 대응》, 고병익 선생 회갑기념논총, 한울출판사, 1984.

99) 中行은《논어》의〈子路〉에 보이는데 원문은 "子曰 不得中行而與之, 必也狂狷乎. 狂者進取, 狷者有所不爲也"라고 되어 있다. 그리고 그 注에는 "狂者 志極而行不掩, 狷者知未及而守有餘"라고 설명이 되어 있다. 이로 보아서 중도의 인물이 최상이고 그를 못 얻었을 때 狂人, 그리고 狷人을 택하게 된다고 한다.

100) 이지,〈德業儒臣, 맹가〉,《장서》권32, 521쪽.

101) 이지,〈사마천〉,《장서》권40.

102) 이지,〈世紀列傳總目後論〉,《장서》권1.

103) 이지,〈덕업유신 맹가〉·〈樂克論〉,《장서》권32.

104) 이지,〈小引〉,《속장서》권1.

105) 이지,〈答鄧明府〉,《분서》권1.

106) 이지, 원중도,《袁小修日記》권5.

107) 이지,〈德業儒臣, 荀卿〉,《장서》권32.

108) 이지,〈行業儒臣, 趙汝愚〉,《장서》권35.

109) 이지, 〈孔明爲後主寫申韓管子六韜〉, 《분서》 권5.

110) 이지, 〈왕문성〉, 《속분서》 권3.

111) 〈원중랑전〉, 《공안현지》; 용조조, 《이지연보》, 73쪽.

112) 이지, 〈與友人書〉, 《속분서》 권1.

113) 이지, 〈공명위후주사신한관자육도〉, 《분서》 권5, 224쪽.

114) 이지, 〈墨子批選序〉.

115) 이지, 〈富國名臣總論〉, 《장서》 권17.

116) 신용철, 〈중공에 있어서 이지상의 정치적 수용〉, 《경희사학》 제9·10합집, 1982.

117) 후한시대 유명한 역사가인 섬서성 安陵 반고의 집안사람들을 말한다. 그의 아버지 班彪(3~54)는 사마천의 뒤를 이어 많은 기록들을 정리하여 뒤에 그의 아들 반고의 《한서》 저술의 밑바탕을 만들었다. 그의 맏아들 班超(32~102)는 명장으로 여러 차례 흉노와 서역을 평정하여 실크로드를 보호하여 후한을 안정시켰다. 定遠候에 봉해지고, 멀리 페르시아만까지 왕래하였다.

반고는 후한의 걸출한 역사가 그리고 문학가로 아버지의 《史記後傳》을 이어 《한서》를 지어 사마천과 다른 斷代史의 체제를 새로 만들었다. 문학에도 유명하여 《兩都賦》와 《白虎通》 등이 있다. 두헌의 정치적 전횡에 연루되어 옥에서 죽었다.

班昭(惠姬)는 반고의 누이동생으로 조씨와 결혼했다가 과부가 된 뒤, 문학과 자손의 교육에 힘썼다. 특히 역사에도 출중하여 오빠 반고가 죽은 뒤, 생전에 도왔던 것처럼 그의 《한서》를 계속 완성시켰다. 많은 시와 문장들을 남겼으며, 중국 《여자사서》의 첫 번째인 《女誡》를 저술하였다. 황후를 알현하고 曺大家로 칭송된 중국사에서 유명한 여걸이다.

H.A. Giles, *A Chinese Biographical Dictionary,* pp.608~611.

118) 후한 때, 대장군 두헌의 흉노정벌에 中護軍으로 종군했으나, 전쟁에 패하여 낙양에 돌아온 뒤, 두헌과 함께 옥에 갇혔다가 그 안에서 죽은 사실을 말한다.

119) 이지, 〈사학유신 사마담 · 사마천〉, 《장서》 권40.

120) 이지, 〈吏隱名臣, 馮道〉, 《장서》 권68.

121) 도나미 마모루(礪波護) 지음, 허부문 · 임대희 옮김;《풍도의 길》, 소나무, 2003.

122) 이지, 〈이적전〉, 《장서》 권56.

123) 林道乾은 명 가정 연간의 천주 출신 해적으로 광동에서 복건성 30여 연안 지역을 30여 년 동안 약탈하였다. 척계광의 왜구 소탕이 성공하자 대만의 基隆항과 필리핀을 거쳐 멀리 말레이 반도에 해상근거지를 만들어 道乾港이라 부르며 활약하였다. 자신이 만든 대포를 시험하다 죽었다. 만사동, 《명사》 권407.

124) 溫雄飛, 〈임건도전〉, 《남양화교통사》.

125) 척계광은 자가 元敬, 호가 南塘으로 定遠 사람이다. 登州 위의 지휘첨사를 세습하고, 어려서 책읽기를 좋아하고, 경사의 대의에 밝았다. 왜구가 강서와 복건의 연안을 침범할 때, 여러 차례 이를 격파하여 공이 컸으므로 뒤에 복건총독이 되어 남방에 이름을 떨쳐 사람들이 그를 戚家軍이라고 불렀다. 소주와 평창 그리고 保定 3진의 군사관계의 업무를 총괄하였다. 시호는 武毅이다. 저서에 《紀效新書》와 《武備新書》 등이 있다.
《명사》 권212, 11쪽 ; 〈명사열전〉 권86, 30쪽 ; DMB, 220～224쪽.
Werhahn-Mees, *Ch'i Chi-kuang-Praxis der chinesichen Kriegsfuehrung* (척계광－중국적 전쟁의 수행), Muenchen : Bernard & graefe Verlag, 1980.

126) 이지. 〈因記往事〉, 《분서》 권4.

127) 이지, 〈因記往事〉, 《분서》 권4.

128) 이지, 〈二十分識〉, 《분서》 권4.

129) 기윤, 〈《장서》 68권〉, 《四庫全書總目提要》 권50, 178쪽 ; 《李溫陵集》 20권.

130) Yong-chul Shin, *Die Sozialkritik des Li Chih* (이지의 사회비평), p.39.

131) 이지, 〈詞學儒臣司馬相如〉, 《장서》 권37.

132) 이지, 〈答以女人學道爲見端書〉, 《분서》 권2, 59쪽.

133) O. Franke, "Li Tschi, Ein Beitrag zur Geschichte der Chinesischen Geisteskampfe" (이지, 중국 정신투쟁사에의 한 공헌), p.60.

134) 이지, 〈紅拂〉, 《분서》 권4, 195쪽.

135) 이지, 〈合婚〉, 《初潭集》 권1, 5～6쪽.

136) 이지, 〈合婚〉, 《初潭集》 권1, 52쪽.

137) 이지, 〈合婚〉, 《初潭集》 권1, 26쪽.

138) 이지, 〈合婚〉, 《初潭集》 권1, 26쪽.

139) 《국어》 권12, 417쪽.

140) 趙曄, 《吳越春秋》 권9, 4쪽.

141) J. Legge, *The Sihe King III,* p.561.

142) 이지, 〈賢夫〉, 《초담집》 권3, 36쪽.

143) 이지, 〈俗夫〉, 《초담집》 권4.

144) 이지, 〈苦海諸媪〉, 《초담집》 권4.

145) 이지, 〈초담집서〉, 《초담집》, 1쪽.

146) "향촌의 부인이 신을 만들고 짐을 나르는 등의 일을 남자들과 함께했다" 고 하였다. 光緒, 《泉州府志》, 권20.

147) 蔡元培, 《채원배선집》, 112쪽.

148) 《袁氏世範》을 쓴 송대의 袁采나 이지보다 조금 뒤 《閨範圖說》의 저자 呂坤(1536～1618), 청초 《隨園詩話》의 편자인 袁枚(1716～1798) 등이 있다. Yong-chul Shin, *Die Sozialkritik des Li Chih* (이지의 사회비평), pp.40～42.

149) 侯外盧, 《中國思想通史》 4(b), 북경인민출판사, 1963, 1095쪽.

150) 마테오 리치는 이탈리아의 마세라타에서 태어나 로마대학에서 법률을 공부하고, 1578년 선교를 위해 인도의 포르투갈 식민지인 고아(Goa)에 파견되었다. 1582년 포르투갈이 이미 정착해 있는 마카오에 도착한 뒤, 1583년 광동의 서쪽 肇慶을 거쳐 1610년 북경에서 죽을 때까지 30년 동안 중국에 머무르면서 선교활동을 계속 벌였다. 처음으로 북경에 천주교 교당을 세웠다. 만국지도를 통해 세상에는 5대주가 있음을 알렸고, 황제의 특별한 대우를 받았으며 북경에서 죽었다.

 《乾坤體義》 《天主實義》 《交友論》 등의 저서가 있으며, 徐光啓와 함께 《幾何原本》 등을 번역하여 천주교와 서양과학을 중국에 소개하였다.

 《明人傳記資料索引》 278～279쪽 ; DMB, pp.1137～1344 ; 신용철, 〈이탁오와 마테오 리치의 교우—16세기 동·서문화의 지적 가교〉, 《명·청사연구》 제3집, 1994.

151) W. Franke, "Li Chih", *Dictioary of Ming Biography,* pp.807～818.

152) 이지, 〈與友人書〉, 《속분서》 권1.

153) Pantoja, Jacqes de(1571~1618)는 중국 이름이 龐迪我이며 자가 順陽이었다. 1599년 마카오에 도착하여 다음해 마테오 리치와 함께 북경으로 왔다. 1611년 명조의 역법을 고치는 데 참여했고 1616년 마카오에서 죽었다.

154) Jonathan D. Spence 지음, 주원준 옮김, 《마테오 리치, 기억의 궁전 (The Memory Palace of Matheo Ricci)》, 서울 : 이산, 1999, 323쪽.

155) 사회주의 중국이 건국한 뒤 1954년 역사학잡지 《역사연구》가 발간되어, 마르크스-레닌주의의 방법을 도입하여 중국의 역사를 해석하면서 주창한 당면의 역사연구 과제였다. 마르크스주의적 역사해석 내용은 '한민족의 형성 문제' '농민전쟁 문제' '봉건적 토지소유 문제' '자본주의 맹아 문제' '중국역사의 시대구분 문제' 등 다섯 가지의 연구과제였다. 이 다섯 가지 연구과제를 일컬어 '다섯 송이의 붉은 꽃〔五朶紅花〕'이라 하였다.

156) 오토 프랑케, 〈이지와 마테오 리치〉, 〈16세기 중국사상 투쟁의 선구자 이탁오〉 ; 신용철, 〈이탁오와 마테오 리치의 만남-16세기 동·서 문화의 지적 가교〉, 《명·청사연구》 3집, 1994.

제4장

죽음으로 삶을 완성하다

나보다 나은 벗이 있고, 진정으로 나를 알아주는 사람이 있는 곳이 제가 죽을 장소입니다. 친구를 얻지 못하고 죽으면 차라리 감옥이나 전쟁터에서 죽는 것을 달게 여길 터인데, 죽더라도 협객의 기골을 지녔다는 평판을 듣고, 열사의 명예를 얻게 된다면……

《분서》, 〈여초약후〉

몸을 죽여 삶을 이루다

(74～76세, 1600～1602)

1. 세차게 몰아치는 박해의 폭풍

1) 협골의 향기와 열사의 이름을 위하여

71세 되던 1597년 이탁오는 대동에서 초횡에게 보낸 편지에서, 마성으로 돌아오라는 초횡의 권고를 거절하였다. 그는 집에서 아내의 품에서 편안하게 죽기를 거부하였으므로, 차라리 친구에게서 죽음을 택하겠다는 의지를 밝혔다. 특히 자신의 죽음을 '협객의 향기〔俠骨之香〕'와 '열사의 이름'에 비긴 것은 이미 죽는 방법에 대한 확신과 예고였다. 특히 죽는 방법에서 감옥에서 죽거나 전장에서 죽는 것, 처자의 품에서 죽는 것, 친구의 품에서 죽는 것 가운데 결국 후자 쪽에 기울어져 있었다는 것은 매우 흥미로운 일이다.

마성의 불사인 지불원에 있는 동안, 그는 진정한 불제자가 아니었다 하더라도 불교에 심취했음은 말할 나위가 없다. 또 그는 종교인이기에 앞서 사상가였기 때문에 주변에서 접촉할 수 있는 모든 종교에 관심을 가졌지만, 어느 한쪽에만 전적으로 빠져들기를 거부했던 것이다. 이 점에서 모든 종교로부터 환영을 받을 수도 있지만, 거꾸로 이 때문에 어떠한 종교에도 자유로웠고, 그 때문에 비판을 받았다.

이제 주유당이 지어준 마성의 깊은 산속 용담호 주변의 16년에 가까운 지불원 생활은 차츰 끝나가고 있었다. 그는 그곳에서 아름다운 자연을 즐겼고 불교에 심취했으며, 그곳을 찾는 불자들에게 불교를 강연하기도 했다. 그때 여제자와 만나 함께 불도를 강의한 것이 뒷날 커다란 비판의 원인이 되었다. 그의 유명한 여제자로 비난과 매도의 구실이었던 과부 매담연이나, 그 밖의 몇몇 여인들과의 서신이나 다른 방법으로 접근이 가능했던 곳도 바로 여기였다.

이렇듯 불교와 관계된 생활 말고도 이지는 그곳에서 첫 번째의 저서인 《초담집》을 출간했다. 위대한 학문과 사상의 체계가 기초를 잡고 더 발전하기 위한 도약의 무대였다. 《분서》 역시 이곳에서 출간되었다. 그의 학문이나 저술을 비롯하여 후반기 삶의 고달픔과 기쁨이 10여 년 동안 함께 담긴 곳이었다. 저서와 성리학이나 유교의 전통에 대한 공격으로 그의 이름은 대단히 높아졌지만, 동시에 그에 대한 박해는 더해졌다. 이에 따라 그는 머물던 불사가 헐리고, 그가 죽은 뒤를 위해 만들어놓은 탑이 부서지고 쫓겨나는 신세가 되고 말았다.

이지가 74세가 되던 1600년 봄 유동성은 친히 남경에 가서 이지를 만나 산동성 제녕의 근무관서인 조서(漕署)로 동행하였다. 유동성은 1598년 공부상서 겸 우부도어사로 승진되어 하천관리기구〔河漕〕를 총관하고 있었다. 73세인 1599년에 쓴 〈진천 노인의 장수를 축원하는 글의 뒤〉에서,

> 공(유진천)은 지금 잠시 회(淮) 지방에 와서 근무하고 있는데, 회가 어찌 공과 같이 능력 있는 분이 머무를 곳입니까? 그러나 공이 아니면 결국 불가하기도 합니다. 무릇 세상에 재능 있는 사람이 없는 것은 아니지만, 역시 많은 것도 아닙니다. 오직 재능 있는 사람이 많지 않기 때문에 재능 있는 사람을 보면 더욱 아끼고 사랑해야 하니, 공과 같이 능력 있는 사람이 이 회에 와서 가만히 누워 있어서야 되겠습니까?
>
> … 오늘날 이처럼 일이 많은데 장차 어찌 성스러운 군주를 보좌하며 재능 있는 사람을 택해 통치를 도모하겠습니까? 그 정사를 담당한 사람들은 모두 공을 친구로서 믿으니, 공이 결코 어렵지 않을 것이라는 점은 제가 잘 알고 있습니다. 이에 나는 공을 위해 회갑을 축하하는 것입니다.[1)]

이지는 제녕에 와서 남경에 있을 때부터 편집하던 《양명선생도학초》와

《양명선생연보》 작업을 계속하였다. 그는 〈양명선생도학초의 서문〉에서 당시의 상황에 대하여,

지금 1600년 초하루 나는 방시화, 왕본아, 마봉장(馬逢場)과 산서의 유용상과 약속하여 잠시 《주역》을 엮고 오 지방의 명공서옥(明貢書屋)을 지나갔다. 그런데 이 명공서옥에는 《왕선생전서(王先生全書)》가 이미 나와 있는데 어떻게 손을 쓸 것인가? … 이에 나는 감히 선생의 저서를 족히 공자의 뒤를 이은 것이라 단정하고, 그것이 《역》을 읽는 것으로부터 왔다는 것을 거꾸로 알게 되었다. 그러므로 《역인(易因)》의 원고를 받아 왕본아로 하여금 《왕선생전서》를 교정 수록하게 하고, 나는 전적으로 연보를 뽑는 데 매달렸다.

선생의 연보는 동진의 유명한 화가 고개지(顧愷之, 346~407)가 용의 눈에 마지막 점을 찍듯〔畵龍點睛〕 완성하였는데, 이는 다른 사람이 도저히 대신할 수 없는 것이었다. 30여 쪽을 아직 못 뽑았을 때 공부상서 유동성이 하조(河漕)의 순무로서 하천을 따라 강에 이르러 사람을 시켜 나를 영접해주었다.

나는 잠시 붓을 놓고 일어나 온 사람을 따라 비를 무릅쓰고 배에 올라 무릎을 맞대고 못다한 이야기를 하는데, 순풍이 돛을 휘날리어 이미 금산 아래에 이르렀다.

아! 오랫동안 내가 유동성을 못 보았으니, 그를 보자 매우 기뻤고 서로 책상에 종이와 붓을 꺼내 쓰면서 종일 환담해도 모자랐다. 그는 나를 위해 사람을 보내 책을 가져오게 했다. 지금의 책과 연보는 제녕에서 이루어진 것이다.[2]

이지는 자신이 편저한 《양명선생도학초》 《양명선생연보》에 대해 매우 만족하였다. 그는, "《양명선생연보》가 말할 수 없이 훌륭하여 이 책의 훌륭함은 천고의 말로서 표현할 수가 없다"[3]고 했다. 《양명선생도학초》는 왕양명의 논문, 편지, 잡저 등을 뽑은 책이다. 현재 명나라 만력 37년(1609) 봄에 출간된 8권이 있는데 그것을 나누면 〈논학서〉(16편), 〈잡저서〉(22편), 〈용장서(龍場書)〉(6편), 〈여릉서(廬陵書)〉(1편), 〈남공서(南贛書)〉(28편), 〈평호서(平濠書)〉(28편), 〈사전서(事田書)〉(15편)로 합쳐서 116편이다.

제8권이 《양명선생연보》인데 상·하로 나뉘었다. 이지는 이 책에서 양명을 숭배하고 있으며, 비록 그가 사상적으로 왕양명의 울타리를 벗어났지만, 그 역시 왕양명의 학문을 숭배하는 사람이었음이 틀림없음을 보여주고 있다. 그는 〈양명선생연보의 뒷말〉에서,

> 내가 어려서부터 고집이 세고 남에게 굽히기 싫어하는 성격으로, 도학(道學)을 믿지 않고, 도교를 믿지 않고, 불교를 믿지 않아서, 도인을 보면 미워하고, 스님을 보면 미워하고, 도학선생을 보면 가장 미워했다.
>
> 그러나 나는 생계를 위해 얼마 안 되는 급료를 받으면서, 세속과 서로 접하며 관리생활을 하지 않을 수 없었다. 하지만 공직을 위한 사무 말고는 문을 잠그고, 그저 스스로 태연하게 지냈을 뿐이다. 불행하게도 나이 마흔이 되어 친구 이봉양, 서용검의 유혹에 빠져 그들은 내게 왕용계 선생의 말을 알려주고 양명선생의 책을 보여주었는데, 이 때문에 나는 도를 얻은 참된 사람은 죽지 않고 실로 참된 부처나 참된 신선과 같다는 것을 알게 되었다. 그러므로 내 성격이 대단히 강했지만, 할 수 없이 이들을 믿게 된 것이다.
>
> 이봉양(李逢陽)은 호가 한봉(翰峰)이고 백문(白門) 사람이다. 서용검(1528~1611)은 호가 노재(魯齋)이고 난계(蘭溪) 사람이다. 이 두 사람은 어떤 사람들인가? 세상사람들의 보통 눈으로 능히 그들을 자세히 볼 수 없으니, 이러쿵저러쿵해서는 안 된다. …
>
> 만약 양명선생이 죽지 않는다는 것을 알면, 용계선생도 죽지 않고 노원·한봉 두 선생과 나도 다 죽지 않는다. 어찌 그 나이를 계산할 것인가! 같이 죽지 않는 참사람이니 비록 그것을 인쇄하지 말라 해도 인쇄하지 않을 수가 있겠는가![4)]

이때 그는 《양명선생도학초》 8권을 완성하고, 《양명선생연보》 2권을 마쳤다. 그해 가을에 원종도가 41세의 젊은 나이로 세상을 떠나니, 이탁오는 〈원대춘방을 곡한다〔哭袁大春坊〕〉는 시로 그의 죽음을 애도하였다.[5)] 제녕에서 이지는 계속 《주역》을 연구하였다. 1595년 그는 《역인(易因)》을 출

판한 뒤 계속해서 《주역》에 대한 연구를 계속하였다.

> 《주역(周易)》을 한 번 읽으면 또 한 번 깨닫는 것이 있고, 그 깨달음으로 조금씩 연구가 더 앞으로 나아갔다. 하루를 죽지 않고 이 세상에 살아있으면, 그것은 곧 하루를 더 나아갈 수 있는 이익이 되는 것이니, 결코 앞으로 나아갈 수 없는 날은 없는 것이다. 만일 앞으로 나아갈 수 없는 날이 있다면, 그것은 곧 죽은 사람이다.[6)]

라고 하면서 하루의 삶에서 그만큼 의미와 결실을 목표로 하고 있었다. 그 때 누군가가 그에게 그곳 마성에서 불교의 교리에 대한 불법을 강의하는 교주가 되어달라고 했다. 이 해에 이탁오는 제녕에 머무르다가 마성으로 돌아갔고, 초횡에게 편지를 썼다. 그는 이 문제에 대해 거절하면서 초횡에게,

> 나에게 불법을 말하는 교주(敎主)란 네 글자는 진실로 감당하기 어렵습니다. 살아서 불법을 말하지도 않았고 또한 불법을 설명할 것도 없으며, 감히 사람을 가르침으로써 내 임무를 하려고 하지 않는데, 하물며 구태여 가르치는 교주로서 책임을 맡겠습니까?
>
> 오직 아침저녁으로 책을 읽어 손에서 그들을 떼지 않고, 붓을 놓지 않아 56세부터 지금 74세까지 나날이 한결같았습니다. 문을 굳게 닫고 쓴 책이 아주 많은데, 세상사람들을 만날 겨를이 없고, 또 가서 사람들을 가르칠 시간도 없으니, 지금 이 불법을 설명하는 교주라는 네 자를 나에게 더해주는 것은 참으로 부끄럽습니다.[7)]

라고 썼던 것이다. 56세부터 74세까지 18년 동안 학문과 저술에만 몰두했던 그의 연구생활을 새삼 느낄 수 있는 글이다. 즉, 이탁오가 사람 만날 시간이 없음을 이유로 불법을 강의하는 세미나의 주관자가 되어달라는 부탁을 사양한 것이다. 그는 글 속에서 항상 남의 스승이 된다는 것을 거부하고 있는 것이다. 《천주부지》에 따르면,

이지가 드디어 마성에 이르러 용호에 지불원을 거처로 삼았다. 책을 써서 도를 말하니 듣는 자가 날로 늘어났다. 그 가운데는 벼슬아치와 여자들도 있어 역시 비단금침을 두르고 수업을 받는 사람들까지 있어, 군·읍이 온통 떠들썩했다고 했다. 이 선생의 학문이 이미 불교의 선(禪)에 깊이 빠져들어 그 행함에 잘못된 것이 많고, 화(禍)가 계속되고 있었다. 풍응경(馮應京, 1555~1606)[8]이 초의 첨사로 용호의 절, 즉 지불원을 헐고 따르는 자들을 해산시켰다.[9]

이때 풍응경이 용호의 지불원을 헐어버리고 이지의 제자들을 법의 이름으로 처리했을 것으로 보인다. 이 소식이 이지에게 전해지자 양정견(楊定見)[10]이 그를 숨겨주었는데, 마성 지방관이 현학에게 명령해 양정견의 집을 조사하게 하자, 이지는 또 다시 하남성의 황벽산 속으로 몸을 피했다. 그 결과 황안을 떠난 뒤 머물렀던 지불원이 헐렸고, 이탁오의 사후를 위한 장골탑이 불태워졌다. 이지는 주사경(周思敬)에게 쓴 편지에서 당시 용호의 지불원 상황에 대해서,

지불원은 주유당이 승려 무념(無念)에게 부탁하여 지었으며, 편액은 주유당이 친히 쓴 것입니다. 지금 머무는 그 절은 여러 존귀한 분들이 돈을 거두어 부처님께 드린 것이며, 나라를 위해 복을 빌었습니다. 지금 당신의 현에서 떠드는 사람들은 이 집에 대한 내용의 일부도 보지 못하면서, 몰래 상사로 하여금 헐어버리도록 명을 내리게 하니, 지은 사람의 현명함과 헐어버리는 사람의 못남이 어찌 이렇게 거리가 멀단 말입니까?

이름을 지불원(芝佛院)이라 한 것은, 많은 풀 가운데 가장 작은 잔디처럼, 즉 보통사람들 집의 불당과 같다는 뜻입니다. 절도 아니고 암자도 아니며 황제의 뜻〔旨〕을 청해서 지은 것도 아닙니다. 만약 부처님께 공양하는 바가 반드시 황제의 뜻을 청해야 한다면, 그것과는 관계가 없는 것이니 그렇다면 반드시 헐어버려야 하고, 이미 세상을 떠난 주유당에게 말하고, 그에게도 죄를 물어야 할 것입니다.[11]

이 서신에서 이지는 지불원의 내력을 설명하고 있다. 그의 좋은 친구 주유당이 절도 아니고 암자도 아니며, 보통사람들의 불당으로 지어준 것이라고 했다. 이 지불원이야말로 관직을 사임한 뒤 가장 오래 머무른 곳이며, 아울러 많은 연구와 중요한 저술들이 대부분 여기에서 이루어졌다.

2) 마경륜의 〈당국에 드리는 글〉

이 해 겨울, 마경륜(馬經綸)[12]은 이지가 마성에서 내쫓겼다는 소식을 듣고, 수천 리 먼 길과 쌓인 눈을 무릅쓰며, 북통주로부터 황벽산으로 가서 이지를 모셨다. 마경륜은 이지와 함께 그곳에서 《주역》을 공부했는데, 의혹이 생기는 것을 시원하게 풀고 듣지 못하던 것을 들음으로써, 40일 동안 학문에 이로움이 끝이 없었다고 했다. 1601년 이지가 75세 되던 해 초 마경륜은 황벽산에서 이탁오의 축출에 분개하여 당국에 진정서를 냈다. 그는 〈당국에 드리는 글〉에서,

> 돌아보건대 유자인 탁오는 몸을 불문에 의탁했고, 옛사람이 술로 도피하고, 낚시질에 숨듯 했습니다. 그가 마성에 머무르는 것은 당나라 시대의 이태백(705~962)이 산동에 유배된 것이나, 송대의 학자 소옹이나 사마광(司馬光, 1016~1089)이 낙양에 유배되어 머물렀던 것과 같습니다.
>
> … 그의 삶이 바람 앞에 놓인 촛불 같은 75세의 노인이니, 옛날의 대성인 공자도 이르기를 노인을 편안히 모시라 했습니다. 그런데 그가 살던 거처(지불원)를 헐어버리고, 그를 내쫓고 아울러 그가 뼈를 매장하려던 탑을 헐어버려, 죽은 뒤에도 장사지낼 곳이 없게 했으니, 어찌 옛날과 지금의 형세가 이렇게 다른 것입니까?
>
> 마성 사람들이 그를 세상을 현혹시키는 이단(異端)으로 보았고, 음란한 것을 퍼뜨린다고 거짓말을 했습니다. 진실로 그가 세상을 속이고 음란한 것을 퍼뜨렸다면, 하늘의 도가 그를 용납하지 않을 것입니다. 또 국법이 그를 내버

《자치통감》의 저자, 사마광

려두지 않을 것이고, 이 75세 노인을 죽여 나라의 풍속을 바로잡았을 것입니다. 이는 바로 호걸의 비상한 작업으로 그곳 마성 사람들은 성인의 학파와 국가의 법을 보호하는 경사로운 일을 도울 것인데, 또 어찌 의심하여 그를 내쫓는 것입니까?

더구나 75세 노인은 언제 죽을지 모릅니다. 그럼에도 마성 사람들은 오히려 늙은이의 마음을 조금도 불쌍히 여기지 않고, 두 번 세 번 거듭해서 그를 공격하여 잠시도 놔두지 않으니, 이는 역시 이 노인이 결코 세상을 현혹시킬 수 없음을 보여주는 것입니다. 진실로 그가 세상을 현혹시킨다면, 마성 사람들이 과연 그에게 현혹되었을 것인데, 어찌 군중이 일어나 그를 공격하겠습니까?

무릇 마성 사람들은 이 노인이 세상을 현혹시킬 수 없음을 알고 있으며, 이 노인이 음탕한 짓을 할 수 없다는 것을 알고 있으며, 또한 이 노인이 쇠약해졌음을 알고 있습니다. 사실 그 말에는 혐의가 적고 또한 참으면서 이 노인이 죽기만을 기다렸습니다. 그러나 오늘에 이르러 이 일에 근심을 없애려는 것은 그 뜻이 이 노인에게 있지 않은 것이 아주 명백합니다.

그들은 이 노인이 음탕한 짓을 했고 이 고장의 귀하고 이름 있는 가문을 더럽히려 했다고 했는데, 이는 스님을 내쫓고 절을 불태우려고 이 일을 더욱 퍼뜨리고 있는 것입니다. 이에 그들에게 얻어먹은 군중들은 미친개처럼 짖어대니 공적으로 논하고 공적으로 미워하는 것이 이와 같을 뿐입니다. 이는 간교한 책략이 그처럼 깊고, 그 마음가짐이 지나치게 수고로울 뿐입니다.[13)]

마경륜은 이지가 75세 노인이라 그 삶이 바람 앞에 놓인 촛불 같은데 어떻게 마성 사람을 현혹시킬 수 있느냐고 반문하면서, 아울러 지불원을 헐어버린 처사와 그를 축출하려는 음모에 대해 분개하여 항의하고 있다. 특히 75세 노인이면, 불쌍히 여기고 보호해야 할 당국과 사회의 매정함과 그들에 붙어 함께 날뛰는 미친개와 같은 민중들을 함께 공격하며, 이는 다른 음모가 있을 것이라고 지적하였다. 이처럼 그는 긴 편지를 써서 당국의 부당함을 알리려 애썼다.

마경륜은 다시 봄을 기다려 이지와 함께 호광성으로 가서 무창에 머물렀다. 이것은 의심할 바 없이 관에 시위를 하려는 의도였다. 그러나 그해 2월 마경륜은 통주로 돌아왔고, 그뒤 이지도 통주 마경륜의 집으로 갔다. 마경륜은 이탁오를 위해 특별히 가년별관(假年別館)을 지어 머물게 했다. 그 주변은 과수가 둘러 있고, 또 채소도 심었다. 이 채소밭 말고도 70~80무(畝)의 땅이 있는데 이를 경작하여 스님들의 의식 비용으로 썼다.

이에 이탁오는 "아! 죽어서 묻힐 곳이 있으니, 지하에서 그 몸이 편안하고, 살아서는 보양될 곳이 있어 향불을 무궁하게 주관할 수도 있겠다. 마씨 부자의 갸륵한 뜻이 이와 같구나"[14] 하고 만족했다.

3) 《주역》을 아홉 번 고쳐 쓴 《구정역인》

이지는 통주에 온 뒤, 손님을 맞지 않고 전에 써서 출간했던 《역인》을 고쳐 쓰는 데 온힘을 쏟았다. 그는 "악(樂)은 반드시 아홉 차례 연주한 뒤에 갖추어지고, 단(丹)은 반드시 아홉 번 바뀐 뒤 이루어지며, 《역》은 반드시 아홉 번 바르게 한 뒤에 정해진다"는 마경륜의 의견을 받아들여, 책의 옛 이름인 《역인》에 '구정(九正)' 두 자를 추가하여 《구정역인(九正易因)》으로 새로운 책의 이름을 정하였다. 《구정역인》은 모두 2권으로, 제1권에 이지의 〈구정역인의 서문〉을 시작으로 그 뒤에 〈역을 읽는 중요한 말〉에 이어 정문과 64괘를 순서대로 나누어 해설을 붙였다. 매 괘의 앞에는 괘상(卦象), 괘사(卦辭)에 이어 뒤에는 이지의 경과 전에 대한 종합해설이 따르고 뒤에 부록이 있고, 끝에는 선진에서 명 왕조의 이지 시기까지 주역에 관한 연구 성과를 넣었다.

《주역》에 매우 정통한 마경륜과 함께 밤낮으로 같이 토론하기 두 해 만에 전의 《역인》을 대부분 고쳐썼다. 따라서 1600년(만력 28)에 완성된 《역인》이 이지가 자결한 1602년(만력 30)에 다시 개정되어 완성되었으니, 그 정밀한 연구와 기술을 잘 알 수 있다. 왕본아는 이때의 상황에 대해 다음과 같이 썼다.

> 1600년 겨울 선생께서는 《주역》을 황백산에서 읽고 《역인》을 고쳤다. 이때 마경륜 선생이 통주에서 산중으로 찾아와 함께 공부하다가, 그 다음해 2월 선생은 마경륜과 함께 통주로 돌아갔다. 통주에서도 마선생과 《역》을 읽고 괘마다 천 번을 읽었다고 했다. 송나라의 대문인 소동파(蘇軾 1036~1101) 공의 말처럼 경서는 백 번을 읽어도 싫지 않아, 깊이 읽고 생각해 선생이 스스로 알게 되었다며 《역인》을 또 고쳐 썼는데, 그 이름을 《구정역인》이라 했다.
>
> 나 왕본아가 선생님을 9년 동안 쫓아다녔는데, 선생님이 단 한 해도 《역》을 읽지 않은 것을 못 보았고, 단 한 달, 단 하루 한 시각도 《역》을 읽지 않은 적이 없었다. 밥을 먹고 잠을 자는 것을 잊어버릴 정도로 부처, 노자, 공자 등 세 분 성인의 마음을 반드시 다 보고 나서 썼다.[15]

즉, 이지는 이 책을 10년 동안 공부했고, 그의 마음과 정성을 다해 9번을 고쳐서 쓴 《역인》이라는 뜻에서 《구정역인》이라고 이름을 붙였다. 그의 정력을 다 쏟은 저서였던 것이다. 그는 마지막으로 병을 얻으면서까지 책을 완성시켰다.

왕가수는 이탁오의 북통주 생활에 대해서 아래와 같이 적고 있다.

> 이선생은 마씨와 약속대로 통주에 와서 나도 함께 모시고 공부를 했다. 이선생의 머리는 유학자의 관(冠)에 스님의 깎은 머리였고, 나를 맞으면서 예로써 절을 했다. 내가 깜짝 놀라 "왜 그렇게 제게 공손하십니까?" 하고 물으니, 선생은 "내가 공자의 책을 읽을 때는 이렇게 나의 몸을 낮추지 않았다. 그러나 지금 《주역》을 보니 비로소 내 그에 미치지 못함을 알겠다. 그래서 감히 (공자에 대한) 그 예대로 하지 않는 것"이라고 했다. 내가 조금 있다가, "선생님의

> 지난 일은 시비의 소굴 속에 있는 것과 같습니다"라고 하니, 이선생은 "이것은 내 일이 아니고, 사람의 도중(道中)의 일일 뿐이다. 손이 있는데 어찌 사람을 때리지 않으며, 입이 있는데 어찌 사람을 욕하지 않겠는가?"라고 대답했다. 나는 웃으며, "여전히 옛날의 탁오 선생님이십니다"[16]라고 했다.

깎은 머리에 유자의 관을 쓰고, 《주역》을 좋아하여 왕가수에게 예로써 절하는 모습은 모두 기상천외의 행동이었다. 또 그가 《주역》에 대해 얼마나 경외하는가를 잘 보여준다. 사실 이지 자신이 "내가 《구정역인》을 마치면 죽어도 기쁘다"고 했으니, 이지와 이 책은 삶과 죽음이 함께 결합된 매우 중요한 책임을 알 수 있다. 청나라의 역사가 기윤은 《사고전서총목제요》에서 이지의 모든 책을 혹평하면서도, 이 책에 대해, "오직 이 책만은 감히 공자를 비방하지 않았고, 다른 책들에 비겨서 사회의 법도를 삼가 지켰다"고 긍정적으로 평가하였다.

그러나 이 책 속에서 이지의 소박한 유물론과 변증법적 요인, 그리고 반전통사상이 선명하게 구체적으로 표현·기술되었다고 평가된다. 특히 그는 〈건괘(乾卦)〉에서 "사람 사람이 모두 평등하고, 사람 사람이 모두 성인이 될 수 있다"는 명제를 제기하였다. 그는 또 〈몽괘(蒙卦)〉에서,

> 그 형통함에 이르면 행해지는 것은 성인도 이와 같고, 어린아이도 이와 같으니, 비록 그렇게 하지 않으려 해도, 어찌 그리 되겠는가? 그러므로 몽(蒙)과 형(亨)은 형으로서 행함이 때에 맞는 것이라고 한다. 때에 맞게 서려면 서고, 때에 맞게 가려면 간다고 말하는 것은, 곧 바로 알맞은 때에 맞추는 것으로, 성인과 어린아이가 똑같다.[17]

라고 했다. 위의 글에서 우리는 어린아이에 대한 이탁오의 교육사상이나 평등관을 볼 수 있다. 그리고 이러한 특출한 견해는 당시의 봉건적 사회의 계층제도에 반대하는 것으로, 그는 《해노》에서 후왕과 보통사람이 같다고 강조했다. 이러한 평등사상은 《명등도고록》에서 "덕성을 존중하라"고 명

확하게 주장했다. 그는 더 나아가서 천하 모든 사람의 평등을 주장하여 성인과 범인의 능력 평등을 강조하였다. 그는 계속해서 주장한다.

> 세상사람들은 일반 백성과 평범한 부부들의 불초와 불능만을 알지만, 어찌 역시 성인의 불능함을 알겠는가? .내 스스로 말하거니와, 성인에게 가능한 것은 평범한 부부들에게도 가능하니, 세상의 일반 부부들을 낮추어 보지 말아라. … 만약 보통의 부부들에게 불가능한 것을 말한다면, 비록 성인에게도 역시 반드시 불가능하므로 모든 성인을 높게 보지 말아라.[18)]

앞에서 우리는 《구정역인(九正易因)》에서 "성인과 어린아이가 다르지 않고", 《해노》에서 "후왕과 서인이 동등하며", 《명등도고록》에서 "요·순 임금과 길가는 사람이 같고, 성인과 범인이 같다"는 평등의 민주사상을 선명하게 볼 수 있었다. 이것은 《구정역인》의 매우 귀중한 반전통적 가치이다. 따라서 이러한 이지의 사상은 공자의 계급관념과는 분명한 대조를 이룬다. 따라서 청나라의 사학자 기윤이 이지의 《구정역인》이 마치 공자의 사상을 존중한 것처럼 평가한 것은 완전히 배치되는 것이라고 장건업은 지적하였다.[19)] 이때 이지는 세 종교가 모두 유교로 돌아간다는 〈삼교귀유설〉에서, 아래와 같이 단언한다.

> 유·도·불가의 배움은 하나이니, 그들 모두 처음부터 도를 듣는 데서 시작되었다. 유가는 반드시 도를 들어야 죽을 수 있다고 했다. 그래서 공자는 아침에 도를 들으면, 저녁에 죽어도 좋다고 《논어》에서 말했다.
>
> 그러므로 도를 듣지 않으면 아직 죽을 수가 없었다. 그래서 공자의 가장 우수한 제자 안회(顔回)가 돌아왔을 때, "나는 네가 죽은 줄 알았다"고 말했다. 그리고 오직 도를 듣는 것에 뜻을 두었다. 그래서 부귀를 뜬구름처럼 보고 천하를 헌신짝처럼 내버렸다. 그러나 뜬구름 같다고 하면, 그저 가볍게 본 것일 뿐이요, 헌신짝 같다고 하면 그저 천하게 본 것일 뿐이다. 그것이 해가 된다고 본 것은 결코 아니다.[20)]

이탁오는 〈삼교귀유설〉에서 계속하기를, 도가는 부귀를 더러운 똥처럼 보았고, 천하를 얻는 것을 족쇄를 채우는 것처럼 못마땅하게 생각했다고 했다. 이에 대한 석가의 생각은 더욱 심해서 부귀는 마치 범이나 표범이 함정에 빠져 있는 것과 같고, 물고기나 새가 그물에 걸려드는 것과 같다고 보았다는 것이다. 여기서 유·불·도 삼교의 학문을 하나로 보면서도 도를 듣는 것을 가장 중요하게 생각하였는데, 공자가 말한 아침에 도를 들으면 저녁에 죽어도 좋다는 것을 인용하고 있다.

이지는《구정역인》을 완성한 뒤 몸이 점점 쇠약해졌다. 그는 자신의 앞날이 얼마 남지 않은 것을 예감하고 1602년 2월 5일에 〈유언〉을 남겼다.

> 봄이 되면서 병이 많아져 급히 세상을 떠나고 싶은데, 이 글을 좋은 친구들 손에 남기게 된 것이 다행이다. 물론 이것은 대단히 어려운 일이었지만, 나에게는 가장 행복한 일이니, 너희들은 내 말을 귀중하게 여겨야 할 것이다.[21]

라고 하면서 구체적으로 자신의 장례와 관계된 묘라든지 기타 의복들에 대해서 상세히 썼다. 그리고 끝으로 이렇게 썼다.

> 주위에는 나무를 심고 묘 앞에는 비석을 하나 세우되 제목은 〈이탁오선생묘(李卓吾先生墓)〉라고 할 것이다. 글자는 4척 크기로 하고, 초횡에게 부탁해서 쓰게 하면, 그 역시 반드시 마다하지 않을 것이다.[22]

그가 이야기한 장례 의식 가운데 관이나 매장방법, 분묘 등이 특이한데, 이것은 회교도의 장례와 관계가 있는 듯하다. 따라서 이는 확실히 고향 천주에서의 생활과 가계와 관계된 것이며, 또 유자로서는 반전통사상이 아닐 수 없다. 한편 훌륭한 친구의 품에서 최후를 맞는 것이 가장 어려운 일이지만, 가장 행복한 일로 생각하고 있으니 이미 마경륜의 집에서 생을 마칠 수 있으리라고 예견한 듯하다. 인간의 오륜 가운데 스승과 친구의 관계를 가장 중요시했던 그의 마지막이 역시 그러하였다.

2. 장문달의 탄핵과 구속 그리고 자결

1) 어지러운 도로 감히 세상을 현혹하고 백성을 속였다

76세의 이탁오가 〈유언〉을 썼을 무렵, 북경에서는 그의 저서가 대학사 심일관(沈一貫, 1531~1615)[23]을 비난했다는 소문이 돌았다. 심일관은 이를 매우 불쾌하게 생각하여 이탁오의 종적을 찾고 있었다.[24] 드디어 1602년 윤2월 예과급사중(禮科給事中, 6과 가운데 예부의 의식과 제도를 살피고 고치며, 대신들을 탄핵하여 관직을 삭탈하는 등의 업무를 수행하는 예과의 7품관인 급사중) 장문달이 이지를 탄핵했다. 그런데 장문달(張問達)[25]은 경정향의 제자로 〈분서변〉을 썼던 채의중의 스승인 온순(溫純, 1539~1607)과 같은 고향 사람이었다.[26] 그 탄핵문에 따르면,

> 이지는 젊었을 때 관직에 나아갔으나, 만년에 머리를 깎고 또 최근에는 《장서》《분서》《탁오대덕》 등 책을 간행하여 국내에 유행시켜 인심을 현혹시켜 왔습니다. 여불위(呂不韋), 이원(李園)을 〈지모명신(智謀名臣)〉이라 했으며, 이사를 〈재력명신(才力名臣)〉으로, 탁문군은 가장 좋은 배필을 잘 선택했다고 했고, 〈사마광론〉으로 전한 때의 재정 정책가였던 상홍양이 한의 무제를 속였다고 한 것을 가소롭다고 했습니다. 진시황을 천고의 가장 위대한 황제〔千古一帝〕라고 했으며, 공자의 시비를 시비표준으로 삼기에 족하지 않다고 했습니다.
>
> 그의 거슬리는 행동은 하나하나 들 수 없을 정도이고, 또 크게 잘못되고 경전을 부정하였으니, 이를 훼손시키지 않을 수 없는 자입니다. 더욱 한스러운 것은 마성에 머무르면서 방자한 행동이 끊임이 없고 불량배들을 암자로 끌어들여 기녀들을 끼고 대낮에 같이 목욕을 했습니다. 사대부집의 사람들과 그들의 처나 딸들을 암자로 끌어들여 불법을 강하고, 심지어 금침을 가지고 들어오게 해 암자와 도관(道觀)에서 자는 등 그 모습은 미친 것과 같았습니다.

또 최근에는 《관음문(觀音問)》이란 책을 썼는데, 이 《관음문》이란 책에 나오는 여인들은 모두 사대부의 부인와 딸들입니다. 뒤에 나오는 어린아이들은 이 미치고 방자한 모습을 기뻐하고 서로 선동 현혹시키기에 이르렀습니다. 심지어 남의 재물을 약탈하고 강제로 남의 부인을 끌어들여 함께하는 등 금수와 같이 행동했습니다.

최근에 그의 향신 사대부들은 염불에 골몰하고 중을 떠받들어 절하며, 손에는 염주를 가지고 불교의 계율로써 방에는 묘한 상(像)들을 걸어놓고 불교에 빠져들어 공자의 가법을 존중할 줄 모르고, 불문(선교)에 빠져드는 자가 이따금 나오게 되었습니다.

최근 들으니 탁오는 또 통주에 이르렀는데, 통주는 수도 북경에서 불과 40리입니다. 혹시라도 그가 수도로 들어와 인심을 현혹시키면 마성의 폐단이 계속될 것입니다.

바라옵건대 예부에 칙령을 내려 통주의 지방관에게 이지를 고향으로 돌려보내 죄를 다스리게 하고, 북경과 남경 등 두 수도지역에 격문을 띄워 각 성은 앞으로 이지가 간행한 모든 서적을 찾아 간행된 것이든, 간행이 되지 않은 것이든 다 태워 없애버려 뒤에 화를 없게 하면 세상을 위해서 크게 다행이겠습니다.[27]

라고 했다. 이것이 황제에게 이탁오를 공적으로 탄핵한 상소의 내용이다. 그는 《장서》《분서》와 같은 인심을 현혹시키는 불온한 책을 썼으며, 특히 공자의 시비를 시비의 표준으로 삼기에 족하지 않다고 했다는 것은 가장 큰 탄핵사유였다. 특히 역사평가에서 법가의 명재상이었던 이사나 상앙, 여불위 등을 지혜와 모략이 뛰어나고 재주 있는 명신으로 평가했고, 진시황을 역사에서 가장 위대한 황제로 높이 찬양했다는 것이다.

최초의 통일황제, 진시황

이 상소문의 3분의 1에 해당되는 것은 이지의

만력 신종황제(1572~1620)

여성관계였다. 즉, 이탁오는 《관음문》을 써서 사대부집 아내나 딸들과 함께 불법을 공부하며 만남으로써 당시의 사회윤리를 어지럽혔다는 것이다. 특히 심하게는 이들과 지불원에서 목욕이나 잠자리 등 난잡한 생활을 했다는 것이다.

이러한 내용에 대해서 마경륜은 〈당국에게 쓰는 편지〉에서 그 탄핵의 내용이 옳지 않음을 반박하고 있다. 즉, 이지가 75세 노인이므로 여성과의 관계에 혼란한 문제가 있을 수 없었다는 것이다. 한편 이 문제에 대해 20세기에 들어와서도 황운미(黃雲眉)는 〈이탁오에 대한 무고의 사실을 바로 잡는다〔李卓吾事實辨正〕〉[28]라는 논문에서 이탁오를 옹호하였다.

물론 여기서 공자의 시비나 역사인물 평가 등의 문제는 대단히 복잡하고 논란을 반복할 수 있는 문제들이다. 다만 여성에 관한 문제에서는 그 어느 누구보다도 심하게 비판을 받았던 것 같다. 어사 장문달의 탄핵에 대해 만력 황제 신종은,

> 이지가 감히 어지러운 도를 주창해 세상을 어지럽히고 백성을 속였으니, 동·서·남·북·중 5성(五城)의 동창(東廠)과 금의위(錦衣衛)들로 하여금 엄중히 죄를 다스리도록 하라. 그 책이 이미 간행이 되었든 되지 않았든 소재 관서에서는 다 찾아 불태워버릴 것이며 남겨두지 말라. 만약 어떤 도당들이 그를 그릇되게 감추고 있으면, 해당된 과와 각 관청들은 이를 찾아내어 함께 죄를 다스리도록 하라[29]

는 비답을 내렸다. 이것이 그에 대한 국가권력의 공적인 처벌이고 정죄였다.

2) 나는 성인의 가르침에 충실한 참된 유자이다

황제 신종의 명에 따라 드디어 관원이 이탁오를 체포하기 위해 마경륜의 집으로 갔을 때, 당시 상황에 대해서 원중도의 기록이 매우 생생하다.

이때 체포하려는 관원 4명이 마경륜의 관저에 이르니, 이지가 마경륜에게 (누가 왔느냐고) 물었다. 마경륜이

"궁성 관아의 위사(衛士)가 왔습니다."

라고 말하자, 공은 힘들여 일어나면서 몇 걸음 걷다가 큰 소리로

"그게 모두 나 때문이다. 내게 문짝을 가지고 와라!"

드디어 그 위에 누워서 큰소리로 말하기를

"빨리 가자! 내가 죄인이다. 죄인이니 여기 더 이상 머무를 수 없다."

이에 마경륜이 함께 따라가기를 원하자, 이지가 말하기를,

"쫓겨난 신하가 도성에 들어가는 것은 법도가 아니며, 마공은 연로하신 아버지가 계시지 않은가?"

이에 마경륜이 말하기를

"조정이 선생님을 요망한 인물이라 했는데, 내가 요망한 사람을 감추어두었으니, (저도 요망한 사람이 되는 것이니) 죽어도 같이 죽을 것이고 선생님이 떠나시고 저 혼자 남아 있지는 않겠습니다."

하고 마경륜이 드디어 이지를 동행하였다.

통주의 성밖에 이르니 마경륜에게 함께 가는 것을 금한다는 명령공문이 북경에서 계속 도착했고, 그의 집안 하인 수십 명이 쫓아와 가지 말라는 부친의 명을 전하고 울면서 만류하였다. 그러나 마경륜은 이를 듣지 않고 끝내 동행하였다. 다음날 대금오(大金吾) 유수유(劉守有)가 이지를 심문하려 하자, 그를 모시는 자가 부축해서 들어와 계단 위에 누웠다.

취조관은 이지에게 묻기를,

"선생께서는 왜 그렇게 저서들을 멋대로 썼습니까?"

이지가 대답하기를,

> "죄인(나)의 저서가 아주 많지만 모두 세상에 전해지고 있습니다. 그리고 모두 다 성인의 가르침에 유익함은 있어도, 손해됨은 전혀 없소."
> 라고 하니 대금오는 (그의 굳은 의지를 돌이킬 수 없으리라 믿어) 그의 확고한 의지에 대해 웃으며, 더 이상 심문하지 않고 고향으로 되돌려 보낼 작정이었다.[30)]

이지가 체포된 뒤 옥에 갇힐 때, 이미 3개월 동안 병으로 누워 있었고, 천식이 심했으며, 정신이 혼미하기도 하였다. 밥알을 제대로 넘기기 어렵고 진맥에 이상이 있어 의사도 더 이상 손을 댈 수가 없을 만큼 위중하여 소생의 가능성이 거의 희박했던 것으로 보인다.

3) 마경륜의 항변

마경륜은 자신의 위험을 돌보지 않고 친히 이탁오를 따라갔을 뿐 아니라, 두 차례 상소를 올려 그를 변호하였다. 그 가운데 〈당국에 드리는 글〉과 〈이인야 도간을 거쳐 소사구에게 올리는 글〔與李麟野都諫轉上蕭司寇〕〉 두 글은 그의 문장이나 두 사람의 정리에 대해 매우 가치 있는 내용을 담고 있다. 그는 〈당국에 드리는 글〉에서,

> 거짓된 학문(이라고 당국이 단정하는 僞學)에 대한 금지는 오늘날에 처음 시작된 것은 아닙니다. 송조가 주자(의 학문)를, 본 명 왕조도 왕양명(의 학문)을 금하지 않았습니까? 탁오도 오늘의 세상에 태어났으니 마땅히 그렇겠지요? 그런데 오늘날의 사람으로 그 마음과 일이 오늘날의 사람과 같지 않고, 그 행동이 오늘날의 사람과 같지 않고, 그 논의가 오늘날의 사람과 같지 않고, 그 저작이 오늘날의 사람과 같지 않으니, 그는 이미 오늘날의 사람들과 스스로 달라진 것입니다. 그러니 오늘날 누가 그를 다르고 편벽하다고 여기지 않겠습니까? 이것이 실로 정세가 반드시 현재의 파국에 이르게 된 까닭으로 이상할 것도 없습니다.

이지는 이미 세상사람들과 아주 다르게 여겨졌으므로, 그를 미워하는 사람들은 그가 음탕하고 방종하다고 꾸며서 속이니, 사람들은 그가 진짜 그렇다고 믿었습니다. 한편 이지를 미워하는 사람들이 그가 사대부 집 여인들을 암자로 끌어들였다고 속여 말하니 사람들은 또한 그렇게 믿어버렸습니다.

왜냐 하면, 사람들은 마음속에서 이지를 의심하기 때문입니다. 그러므로 뱀으로 의심하면 뱀이 되는 것이고, 도둑이라고 의심하면 도독이 되고 마는 것입니다. 이것은 반드시 그렇게 되는 인간의 정(情)이고, 진실로 그렇게 되는 형세로서 이상할 것도 없습니다. 무릇 삶을 거의 다한 7, 80세 늙은이에게 음탕하고 방종하여 사대부 집 여인들을 암자로 끌어들였다는 죄를 씌우는 것은 그 역시 몹시 가소롭지 않습니까?

또 마성의 사대부집 여인이라고 하는 것은 바로 과부가 되어 수절하는, 매형상(매국정)의 딸(매담연)을 가리키는 것입니다. 그 매국정(梅國楨)으로 말하면, 장군으로 전쟁터에서 화살과 돌을 무릅쓰고 나라를 위해서 적을 토벌한 사람인데 절개 굳고 늠름하여 오늘날 보기 드문 장군입니다. 그런데 제집 딸 하나 제대로 통제를 못한다면, 집이 있어도 집을 바르게 하지 못하고, 원수가 있어도 원수도 갚지 못하며, 부끄러움이 있어도 부끄러움을 씻을 줄도 모르면서, 반드시 당신들을 기다려서 불평만을 품고 낡아빠진 소리나 하다가 비분강개해서, 당신들 보고 대신 그 처분을 해달라며 가만히 앉아 있을 사람인 것 같습니까?

역사를 평가하고 학문을 논하는 것은 같지 않으므로 이탁오가 《장서》에서 많은 인물들을 평가하여 논한 것도 그 한 사람의 역사평가일 뿐입니다. 그런즉 그것이 한쪽으로 치우쳤다고 해서 어찌 다른 것을 틀린 것으로 할 수야 있습니까? … 지금 간행된 이탁오의 저서들이 장안을 가득 채웠습니다. 그런데 이탁오가 학문을 논한 말들로서 (전의 것들과) 같음과 다름을 헤아리지 않고, 그저 포괄적으로 그가 역사를 평하여 잘못됨과 올바름을 판정했다고 보면 어찌합니까?

내가 현재 우리에게 있는 역사책들을 보니, 정통적인 사서와 다른 견해를 가진 저작들이 적지 않습니다. 송나라의 진회(秦檜, 1090~1155)는 천고의 간

제나라의 정치가, 관중

신인데, 구중심(丘仲深, 丘濬, 1418~1495)이란 사람은 그를 송나라를 다시 세운 사람이라고 찬양했습니다.

주나라의 개국공신 태공망(太公望)은 만세의 대성인인데, 당대의 왕원미(王元美, 王世貞, 1526~1599)는 그를 춘추시대 제나라 관중(管仲, ?~B.C.645)에 미치지 못한다고 했습니다. 한나라 초의 도인이었던 엄광(嚴光, 1세기경)은 한낱 실오라기로 한 나라의 보배 같은 인물인 구정(九鼎)이 되었는데, 절의를 말하는 자는 그를 반드시 으뜸으로 칭했습니다. 그러나 명나라의 태조 고 황제는 친히 논저에서 그를 "내가 천하의 죄인을 살펴보건대 죄인으로서 엄광보다 더한 놈이 없다"고 하였습니다. 아! 어찌 사람의 판단이 그렇게 다른 것이겠습니까![31]

마경륜의 이 변호는 확실히 윤리적으로나 법률적으로나 매우 논리적이며 단호하였다. 이지가 음탕하고 여인들을 끌어들였다는 문제에 대해 칠십 노인에게 불가능한 모함이라고 지적하였다. 이 문제는 이지의 친구 매국정을 공격하려는 음모라고 주장하였다. 특히 역사평가의 문제는 개인의 생각에 따라 다를 수 있는 것이라며, 중국역사에서 관중이나, 진회, 태공망, 엄광 등의 실례를 들어 반박하였다. 그는 이어서 아래와 같이 주장했다.

(사람들의) 저술에 이르러서는 저마다 견해가 있어 다 같아질 수 없으며, 왜 반드시 모두 같아야 합니까? 견해에 같고 다름이 있는 것이 바로 우리 도(道, 여기서는 유교)의 크기를 보여주는 것으로, 앞서간 현인의 모자람을 보충해줍니다. 가령 강학하는 집안(학파)이 하나같이 모두 같은 것을 옳다고 보거나, 반대로 같지 않은 것을 잘못되었다고 본다면, … 이는 학문적 논쟁을 벌인 송대의 주자와 육구연에게 같고 다름의 구분이 없다고 보는 것과 같습니다.

선생은 관직이 있어도 관직을 버렸고 집이 있어도 집을 버렸으며, 머리털이 있어도 머리털을 버렸습니다. 무릇 천성이 외로우면서 험준할 정도로 높고, 그 뜻대로 행동하여 늙으면서 더욱 마음에 맡겼으니 하지 못할 것이 어찌 있었겠습니까? 세상사람들은 한 관직을 단 엿처럼 여기고 며칠만이라도 부인과 가까이 하지 않으면 죽은 듯 생각하고, 심지어 수염을 깎고 장식하여 밖으로는 상관에게 하루라도 영리하게 보이며, 안으로는 반 시각이라도 여자의 환심을 사려는 풍습에 젖는 것은 현인들도 면하기 어려운 것입니다. 이들은 선생의 평소 행동에 비기면 부끄러운 것일까요, 아닐까요? 반대로 머리를 깎았던 선생의 구실은 어떨까요?

선생이 통주에 머무르게 된 것은 그의 뜻이 아니었습니다. 쌓인 눈을 무릅쓰고 3천 리를 달려와 황벽산을 찾은 것은, 북으로 난을 피하려 했을 뿐입니다. 지금 선생이 나이 76세입니다. 얼굴 모습이 초췌하고 신발을 끌 힘조차 없어 병이 깊고 숨이 끊어질 지경입니다. 〈유언〉을 써서 장례를 생각했으니, 이것은 그 주변 사람들이 다 아는 일이었습니다.

선생은 이미 이 세상의 일에 뜻이 없는데, 어찌 수도의 일에 뜻을 가질 수 있었겠습니까? 더구나 선생이 수도에 들어와 사대부집의 여인들을 끌어갔단 말입니까? 물론 여인들을 끌어갔다는 것이 선생을 말하는 것이 아닐 수 있지만, 그것은 모두 76세 노인이 이미 병들어 추해졌는데 가능하단 말입니까?

선생은 (유교)성인의 제자로서 유·불·도 삼교 성인을 하나로 합치는 뜻이 있고, 그것을 깊이 탐구하지 않은 적이 없습니다. 그러나 그는 종일 참배하지 않았고 밤새도록 목탁을 두드리거나, 해가 가도록 염불을 하거나, 종신토록 제사를 올리지 않아 세상의 불자들과는 달리 계율을 깨뜨리고 원망을 사게 되었으니 그것은 너무 심했습니다.

명 왕조의 기본법인 《대명률(大明律)》은 관직을 사임한 사람이나 현직 관리를 똑같이 대우했습니다. 선생은 요안현의 지부(知府)직을 사임했기 때문에 이른바 대부(大夫)에 대한 대우에 따르면 존귀한 분이라고 할 수 있습니다. 그런데 호광(湖廣)의 마성에서는 선생을 내쫓고, 북경의 통주에서는 체포했습니다. 그들은 황제의 뜻을 받들어 일하는 듯 그저 우물쭈물 모호하게 선생의 탄핵을 주청했습니다. 그런데 황제께서는 이를 잘 알지 못하여 명 왕조에는 높고 훌륭한 현인들이 줄지어 늘어섰음에도, 늙고 쇠약한 퇴임 군수(태수)로 하여금 세상에 돌아다녀도 몸 둘 땅이 없게 했습니다.

어찌 그런 욕심을 탐하는 자는 진정 공자의 가법을 친근히 하는 척하고, 선생과 같은 청렴한 관리들은 혹세무민을 했다고 해서 내쫓고 체포해서 죄를 묻는다는 말입니까! 그렇다면 선량한 관리들이 어떻게 견디어낼 수 있단 말입니까?

국내에서 선생이 출판한 책이 전에 섬서(陝西)에서 전하는데, 섬서에서 간행한《남순록》, 장로에서 간행한《용계집》, 휘주에서 간행한《삼교품》, 제녕에서 간행한《도학초》, 영평에서 간행한《도고록》, 산서에서 간행한《명등록》 등이 모두 다 선생과 서로 얼굴도 모르는 많은 사대부들이 그 책을 좋아하고 기꺼이 출판하였지만, 선생은 이를 알지 못했습니다.

또 하물며 서점의 이익을 얻으려는 사람들이 그 간행으로 오히려 돈을 벌었으니, 모두 선생의 초고를 얻어 그를 출판하지 않은 자가 없었던 것입니다. 선생의 평생 저술을 모두 합치면 사방에 전해져 간행된 것이 수십 수백 종보다 적지 않습니다. 많은 사람이 일생 동안 저술이 수십 수백 종이나 되는데, 그 많은 책의 내용 가운데 음탕하고 멋대로인 것이 국가의 검사를 받지 않았단 말입니까?

그런즉 선생의 나이가 많은 것은 고사하고, 그 책을 읽으려는 뜻을 가진 많은 소년들은 반드시 부녀자들에게 가까이 하려 하지 않았을 것이며, 부녀자들에게 가까이 하기를 즐겨했던 소년들은 반드시 그 책을 읽지 않으려는 자들이었을 것입니다.

이미 저서로 선생의 죄를 삼았는데 또한 음탕하고 방종함을 선생의 죄로 했습니다. 이미 이르기를 만년에 머리를 깎고 또 부녀자를 절로 끌어들였다 했으니, 이것은 스스로 모순되지 않습니까? 이는 참으로 웃기는 일입니다.

우러러 바라건대, 2조(祖, 태조 · 성조)와 8종(宗, 인종 · 선종 · 영종 · 대종 · 헌종 · 효종 · 무종 · 목종)의 혼령과 천지신명의 혼령 그리고 현인군자의 보호와 원로대신의 바로잡음으로 나라의 몸과 나라의 맥에 관계된 백세 만세에 확실히 전해질 것이니, 한 사람, 한 집안의 사사로운 논의가 결코 아닙니다.[32)]

이 두 통의 상소에서 마경륜은 명백한 근거를 들어 장문달의 탄핵상소가 부당함을 지적 반박하였다. 그는 이지가 "음란하고 부녀자들을 강제로 끌어들였다"는 탄핵의 그릇됨을 반박하고, "역사의 기록을 뽑아내고, 잘못 평론했다"는 데 대해서도 그 죄목의 부당함을 지적하였다. 특히 관리로서 이지는 매우 청렴하며 고상한 절개가 있어 다른 사람의 물품을 마구 취하지 않았음을 당시 탐관오리로 가득한 사회와 비교하여 높이 평가하였다. 그가 쫓겨난 호광이나 체포된 통주의 부패상을 밝혔고, 그가 쫓겨다니느라 통주에 온 것이지 그의 도를 사람들에게 퍼뜨리려는 것이 아니었다고 항변하였다.

이러한 상황임에도 "어찌 사욕을 탐하는 사람들은 공자의 가법에 가까운 참된 사람이라고 하고, 이지처럼 청렴한 관리들은 세상을 현혹시키고 백성을 속였다고 내쫓고 체포하여 죄를 주어야 하는가? 이러고서야 좋은 관리가 어찌 행세할 수 있겠는가?"라고 신랄하게 항의하였다.

사태의 진전과 사리와 논리가 매우 분명하고 훌륭한 항의서인 동시에 논문일 수도 있는 글이다. 마경륜의 이러한 직설적인 폭로와 핵심적인 질문은 당시 허위로 가득한 유자와 통치자들에 대한 시원하고 예리한 공격이었다. 그래서 마경륜이 이 글로 당시 권력자들의 간담을 서늘하게 하였다고 칭송되기도 했다.

이와 같은 마경륜의 여러 차례 근거 있는 상소 때문이었는지 체포되고 나서, 처음 한 차례 심문 뒤에 오래 지나도록 황제의 교지는 내려오지 않았다. 이지는 옥중에서 태연하게 책을 읽으면서, 장엄한 최후를 준비하고 있었다. 그는 신병과 옥중의 고통을 참으면서 〈옥중의 시〉 8수를 남겼다.

4) 죽음을 준비하다—옥중의 시, 8수

늙은 병에서 비로소 살아나다

유명한 산과 큰 골짜기를 두루 올라 다녔어도
오직 이 감옥의 담장 안에만은 들어와본 적이 없었구나
병이 든 사이 비로소 내 몸이 감옥에 있는 줄 알았으니
그동안 몇 차례나 낮과 밤을 왕래했구나!

老病始蘇

名山大壑登臨遍　　獨此垣中未入門
病間始知身在繫　　幾回白日幾黃昏

버들 꽃이 솜처럼 날리는데

달리는 말처럼 온몸이 (바람, 물, 불, 흙으로) 흩어질 터인데
어느 문을 향하여 삶과 죽음을 구해야 할까?
버들 꽃가루가 갇힌 사람의 눈으로 날아드니
이곳 감옥에도 봄이 왔음을 비로소 알겠구나

楊花飛絮

四大分離象馬奔　　求生求死向何門
楊花飛入囚人眼　　始覺冥司亦有春

중천에 뜬 밝은 달

만 리에 집이 없어 여관 마을에 드니
외로운 혼이 만 리 마지막 옥문에 갇혔네
머리를 들어 기꺼이 푸른 하늘을 쳐다보니
한 큰 둥근 빛이 없은 화분 같은 대지를 비추네

中天朗月

萬里無家寄旅村　孤魂萬里鎖窮門
擧頭喜見靑天上　一大圓光照覆盆

다행히 글을 자세히 읽기를

죽일 수도 있고 살릴 수도 있는 증삼씨의 처지처럼
황제가 만약 불쌍하고 가엽게 여긴다면 어찌 감히 죽이겠는가?
다만 바라건대 앞으로 책과 상소문을 세세히 살펴보면
반드시 반복해서 (죄 없는 나의) 실상을 알 것이다

書幸細覽

可生可殺曾參氏　上若哀矜何敢死
但願將書細細觀　必然反覆知其是

책이 사람을 그르칠 수 있다

해마다 세월이 가면서 책을 좋아하는 노예는
살아있는 세상에 끝이 없어 처녀와 같네
세상의 그 누가 책을 읽지 않겠는가마는
책의 노예는 오히려 끝내 책만 읽다가 죽어가는구나

書能誤人

年年歲歲笑書奴　生世無端同處女
世上何人不讀書　書奴却以讀書死

늙어도 이룬 것 없음을 한탄한다

붉은 해가 창에 가득 비쳐도 아직 일어나지 않으니
분주하게 꿈속에서 지기를 만나려고 하네
스스로 생각함이 게으르고 혼란한 늙은이가 무엇을 이루겠는가

옛것을 살피고 책을 보면서 성현(황제)의 뜻을 기다린다

老恨無成
紅日滿窓猶未起　紛紛睡夢爲知己
自思懶散老何成　照舊觀書候聖旨

멋진 사나이가 아니다
뜻 있는 선비는 구렁텅에 떨어짐을 잊지 않으며
용사는 머리를 잃어버릴 것을 잊지 않는다
내 지금 죽지 않으면 다시 언제를 기다릴 것인가
원컨대 이 한 목숨 황천으로 돌아가련다

不是好漢
志士不忘在溝壑　勇士不忘喪其元
我今不死更何待　願將一命歸黃泉

남쪽으로 돌아가 어머니를 방문하도록 왕정보를 보내면서 쓰는 시와 그 서문

정유(丁酉, 1597)년 내가 서산 극락정사에 갔을 때 정보가 다시 경사로 와서 서로 만났다. 금년이 임인(壬寅, 1602)년으로 6년이 지났으니 노모를 생각해서 나는 너를 고향으로 가게 했다. 지금 내가 병이 심하여 여기에 몇 마디를 적는다. 만약 네가 (내 생전에) 다시 돌아올 수 있으면 세상에서 다시 나를 볼 것이므로 다행인데, 만약 내 생전에 돌아오지 못한다면 어찌 다시 나를 볼 수 있겠는가? 그러므로 여기에 내가 친히 글을 써서 이 탁오가 길게 세상에 있어 죽지 않았음을 네게 알려 학문의 증표로 삼도록 하겠다.

세상에는 한 사람도 도를 배울 수 없는 사람이 없고, 반대로 또한 한 사람도 도를 배울 수 있는 사람이 없다. 왜 그런가? 그것은 다른 사람을 너무 중히 여기고 자기 자신을 지나치도록 무정하게 대하기 때문이다. 다른 사람을 너무

중히 여기는 까닭에 종일 자리를 돌며 보살피며 무슨 차질이 있을까 두려워하며, 자신을 너무 소홀히 대한다. 그러나 너는 지난 6년을 한마음으로 밖을 나돌지 않으면서 마치 처녀처럼 처신해서 (지금) 거의 도의 경지에 이른 것 같다. (계속) 힘써주길 바란다! 힘써주길 바란다!

대나무 지팡이에 의지해 배타는 너를 전송하니
6년을 서로 함께 지냈는데 어찌 유랑하는가
이번에 좋은 옷 입고 가서 부모를 기쁘게 하고
다시 돌아오면 이미 오는 가을이 되겠다

扶送子一登舟六　　載相從豈浪遊
此去綵衣歡膝下　　重來必定是新秋[33)]

이 시를 통해 그가 체포되어 올 때 건강이 아주 나빠 혼수상태였음을 알 수 있다. 그러나 그는 결코 죽음을 두려워하지 않았다. 특히 일생 동안 쉬지 않고 책을 읽었던 그 자신을 가리켜 책의 노예라 하면서, 역시 책의 노예는 책을 읽으면서 죽어간다는 느낌은 운명적이며 비장하다. 책 읽는 학자의 즐거움과 고난을 함께 안고 있음을 절감하고 있었다. 어려움과 노쇠함에 처한 그로서는 이제 한 목숨이 죽기에 적당한 시기임을 느끼고 있었다. 이미 죽음을 준비하고 있었던 것이다.

옥중에서 남쪽 고향으로 돌아간 왕정보를 생각하며[34)]

아! 너는 어찌 그렇게 슬피 우는가!
서로 의지하며 9년을 더할 수 없이 좋게 지냈구나
(전에 3년을 계속하여 함께 9년이 된다)
아이가 아닌데 왜 아이처럼 울면서 가는가!
오랫동안 서로 관계하여 깊이 생각되는구나

삶과 죽음이 갈려도 서로 정을 주고받을 수 있겠지
떠도는 혼이 되어도 나는 꼭 그때 있으마
거칠게 우거진 풀밭 속 내 무덤이 어디인지 알아도
내 무덤에 술을 따르며 닭을 구워 요란하게 조상하지 말아라

繫中憶汪鼎甫南還
嗟子胡然泣涕洟 相依九載不勝奇
非兒轉哭兒何去 久係應添係永思

生死交情爾可訂 游魂變化我須時
纍纍荒草知何處 絮酒炙雞勿用之

이미 죽음을 결심한 이탁오는 9년 동안 자신을 따르며 생활과 학문을 함께했던 왕본아(왕정보)를 생각하며, 다시 만날 수 없음을 예감하고 그에게 마지막 시를 남겼다. 그리고 그에 덧붙여 서문을 추가하여 학문의 지표로 삼게 했다. 이것이 그의 마지막 글이었다.

5) 스스로 최후를 결정하다

이때 당국이 그를 고향인 천주로 돌려보내려고 했다. 이 말을 들은 이탁오는, "내 나이 지금 76세인데 여기서 죽을 뿐이지, 어찌 고향으로 돌아간단 말인가?" 3월 15일 그는 심부름하는 사람들을 불러 머리를 깎게 하고, 그 칼을 빼앗아 스스로 목을 찌르니 숨이 이틀 동안 끊어지지 않았다. 모시는 사람이 이지에게,

"아프지 않습니까?"

라고 물으니 그는 손바닥에다가 손가락으로 글씨를 써서

"아프지 않다."

고 대답했다. 그는 또

"왜 스스로 목숨을 끊으려고 하십니까?"

라고 묻자

"칠십 늙은이가 무엇을 더 바랄 것이 있겠소"

하며 드디어 기운이 끊어지니, 때는 3월 16일 밤 12시였다.

투쟁적인 대사상가 이탁오의 장엄한 최후였다. 이틀 동안의 심한 고통의 몸부림 속에서, 박해로 항상 쫓기던 15년 동안의 고통으로부터, 아니 삶의 고해로부터 탈출한 것이다.

자결하는 이지

마경륜은 이탁오의 〈유언〉을 상세히 대조하면서 통주의 북문 밖에서 장례를 지냈다.[35]

이탁오의 죽음에 대한 견해는 매우 비장하고 독특하였다. 그는 또 〈죽음의 다섯 가지 방법〉으로,

> 사람의 (훌륭한) 죽음에는 다섯 가지 방법이 있는데, 전국시대 굴평(屈平, B.C. 332~295)의 죽음[36] 등이 바로 천하 제일의 죽는 방법이다. 그 다음은 전쟁터에서 (용감하게) 죽는 것이고, 그 다음은 다른 사람에게 굴복하지 않으면서 (의롭게) 죽는 법이다. 이 역시 모두 열렬한 장부의 죽음으로 범상한 일은 아니다. 그 다음은 충성을 다하다가 모함을 받아 초의 오자서(吳子胥)나 서한 초의 조조(鼂錯)처럼 죽는 것이다. 그 다음은 공을 이뤄 이름을 남겼으나 진의 상앙이나 초나라의 오기처럼 죽는 것이다.
>
> … 그러므로 지혜로운 사람은 어떻게 죽어야 하는지를 이 다섯 가지 방법 가운데서 잘 선택해야 한다. … 방에 누워 처자식의 옆에서 죽어가는 것은 천하에 흔해 빠진 세속의 평범한 사람들의 습관으로 훌륭한 죽음의 방법은 아니다.

… 대장부가 세상에 태어남은 원래 까닭이 없는 것이 아닌데, 그 죽음에도 어찌 까닭이 없어서야 되겠는가? 태어날 때 까닭이 있었던 것처럼 죽음에도 반드시 무엇인가를 해놓아야 한다.

(그러면 나는) 장차 어떻게 죽어야 할까? 내가 그를 위해 죽을 만큼 나를 알아주는 사람은 없으니, 나는 앞으로 나의 진정한 값어치를 알아주지 못하는 사람에게 나의 분노를 내보이면서 죽을 것이다.[37]

그가 도달한 도를 실천하면서 당시의 주자학적 관료나 학자들의 박해를 두려움 없이 감수하면서 죽어갔다. 이 점에서 이지는 볼프강 프랑케의 평가처럼, 확실히 "지적 독립을 위한 순교자"였다. 생전에 세 차례 이상 이지를 만나 교류했던 서양 선교사 마테오 리치는,

이지는 옥에 갇혀 적들의 웃음거리가 된 자신을 보면서 형부 관리의 손에 죽는 것만은 피해야겠다고 생각했다. 아니 그 이상으로 원했던 것은 제자들이나 적들에게 자신이 죽음을 두려워하지 않는다는 것을 보여주는 것이었다. 그래서 이지는 스스로 목숨을 끊어 적들의 음모에 종지부를 찍었다.[38]

고 하였다. 그의 죽음은 의협심 강한 '협골의 향기'이며, '열사의 명성'이었다. 끊임없는 박해와 싸우면서 자신의 도를 이룩했다고 할 수 있지 않은가! 공자는 일찍이 "아침에 도를 들으면, 저녁에 죽어도 좋다"고 했다.

그런데 중국역사에서 유교와 공자를 가장 신랄하게 비판한 이지가 공자의 간절한 소망처럼 죽었으니, 이 얼마나 역설적인가! 그러므로 이탁오야말로 자기의 몸을 죽여 인(仁)을 이룩한 것이다. 그리고 삶의 마지막 순간에도 죽음으로써 그의 자유의지를 실천하였다.

3. 정죄(비판)와 찬양이 엇갈린 평가

1) 정통관료와 유학자들의 이탁오 매도

(1) 신종 황제의 비답과 조치

장문달의 탄핵상소에 대해 신종 황제의 칙령으로 이지를 체포하여 감옥에 넣은 뒤, 그의 모든 저서를 불태워 없애버렸다. 더욱이 신종은 이지의 글들이 과거에 영향을 주지 않도록 금지시켰다. 이지가 죽은 지 16년 뒤인 1618년(만력 46)에도 고염무나 주국정 등은, "비록 황제의 엄한 지시로 이탁오의 저서를 금했으나, 그의 책이 세상사람들에게 퍼져 여전히 전해지고 있다"고 했다. 심지어 당시 지식인들이 《사서》의 기본 경전도 읽지 않으면서, 오히려 이탁오의 《분서》와 《장서》 등을 한 권씩 끼고 다니면서 신기한 보물처럼 여겼다고 개탄하였다.

일반의 독서인뿐 아니라 사대부의 유교 지식인들까지 이탁오의 저서를 크게 좋아했음을 알 수 있다. 이러한 이탁오에 대한 명 왕조의 공식적인 정죄에 대해 명말 청초의 대학자인 고염무는 이탁오에 대한 탄핵사실을 기술한 뒤,

> 이지는 체포되자 죄를 두려워하여 먹지 않고 죽었다. 내가 생각해보니 먼 옛날부터 소인으로서 거리낌 없이 감히 성인에 반역한 사람으로서 이지보다 심한 자가 없었다. 비록 그처럼 황제의 엄한 명을 받들어 이지의 저서들을 금했지만, 그의 책이 세상사람들에게 퍼져 다니는 것은 예전과 마찬가지였다.[39]

고 했으며, 이탁오가 죽은 지 23년 만인 1625년 천계(희종) 5년(1625) 9월 사천성의 도어사 왕아량(王雅量)은 상소에서,

> 황제의 명을 받들어 괴이하고 경전에 맞지 않는 이지의 모든 저서들을 태워버리고, 지방의 구석구석까지 유통과 판매를 금지시켰다. 그러나 많은 사대

부들은 여전히 그의 책을 즐겨 읽고 보관하여 오늘에 이르기까지 없어지지 않았다.[40)]

고 당시의 상황을 상세히 쓰고 있다. 이처럼 이탁오의 저서들은 거의 명 왕조의 멸망 시기까지 금지와 출판이 계속 숨바꼭질하고 있었다.

(2) 명말 청초 학자들의 매도

명 정부에서 편찬한 역사서인 《신종실록》과 함께 위에서 본 대로 고염무(1613~1682)[41)]는 그의 《일지록(日知錄)》에서 이지를 매우 혹독하게 비판하면서, 아울러 같은 책의 〈과거시험장에서 금지해야 할 규약〉에서도,

만력 30년(1602) 3월 예부상서 풍기(1558~1603)가 황제에게 '요즈음 황제께서 도급사중 장문달의 상소를 받아들여 이지의 혹세무민하는 죄를 바로잡으려고 그가 쓴 모든 저서를 불태우고, 그의 잘못을 밝혔습니다.'[42)]

라고 이탁오를 정죄하고 그의 사상을 배격하고 있다. 유명한 사상가 황종희(1610~1695)[43)] 역시 명대의 유학자들에 대해 쓴 그의 《명유학안》에서 이탁오를 거론조차 하지 않았고, 《명사》에 독자적인 열전이 없음은 물론 〈경정향전〉에서,

이지는 요안의 지부로 재임하는 가운데 어느 날 갑자기 머리를 깎고 관복을 입은 채 불당에 앉아서 나오지 않으니, 상관이 영을 받아 해임시켰다. 황안에 머무르면서 날마다 선비들을 끌어들여 학문을 강의했는데, 거기에는 부녀자들도 있었으며 오로지 불교를 존숭하여 공자와 맹자를 비하하며 모욕했다. 뒤에 통주에서 돌아다닐 때, 급사중 장문달에게 탄핵받아 옥중에서 죽었다.[44)]

고 비평하였다. 유자로서 머리를 깎은 것이나, 불교를 숭상한 것이나 부녀

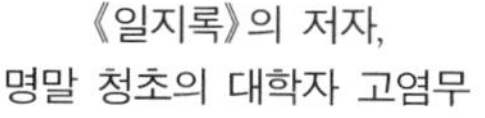

《일지록》의 저자,
명말 청초의 대학자 고염무

《명유학안》의 저자,
명말 청초의 대학자 황종희

〈독통감론〉의 저자,
명말 청초의 대학자 왕부지

자를 포함한 강학이 지탄의 대상이었으며, 공자와 맹자 등 유교의 성인을 비하하며 모욕한 것이 크게 비판받았다. 명말 청초의 또 다른 대사상가인 왕부지(王夫之, 1619~1692)[45]도, "근세의 이지나 종성(鍾惺, 1574~1624)[46]과 같은 부류의 사람들은 천하를 잘못된 음지로 이끌어, 사람들로 하여금 무더운 여름에 두꺼운 겨울옷을 입는 화를 당하게 하였다. 이 화가 어찌 홍수의 화보다 심하고, 맹수의 화보다 더 혹독하지 않겠는가?"[47]라든가, "근세에는 〈천백년안(千百年眼)〉, 종성의 〈사회(史懷)〉 등의 저서가 사람들에게 전해져 세상을 우롱했는데, 그 가운데서도 이지가 쓴 《장서》의 해가 가장 심하였다"[48]고 신랄하게 비판하였다.

명말 청초의 이들 3인의 대사상가가 이탁오를 모두 비판한 것은, 우선 동림학파 계열의 정치적 입장을 계승했기 때문이기도 했고, 명 말의 사회적 혼란은 도덕의식을 높여 극복해야 했다고 생각하였다. 이탁오보다 뒤에 살았고 명 왕조의 멸망을 체험한 이들은 사회적인 개혁으로서 자유나 비판보다는 멸망의 원인을 탐구하는 것이 가장 중요하고 시급하였다.

이 점에서 그들은 이탁오에 비기어 융통성이 적은 불행한 세대였다고 할 수 있다. 따라서 이탁오의 그러한 자유로운 행동과 비판적 사상은 그들에게 중요하거나 시급하지도 않았고, 오히려 잊을 수 없는 한(恨)인 왕조 멸망의

청 초의 대편찬서 《사고전서》

한 원인으로도 생각되었기 때문이다. 그러나 지금의 사회주의 중국은 이탁오를 황종희, 고염무, 왕부지와 함께 높이 평가하고 있고, 북경의 역사박물관에 4인의 초상화 액자가 연대순으로 나란히 걸려 있다.

청대에 태어나서 중국사상의 대편찬사업으로 《사고전서》의 편찬을 주도한 역사가 기윤은 《흠정사고전서총목》에서 《이온릉집》 20권, 《삼이인집》 22권, 《초담집》 12권, 《독승암집》 20권, 《의료》 7권, 《장서》 68권, 《속장서》 27권, 《구정역인》 등 이지의 저서들을 모두 비판하였다.

> 이지는 성인을 부정하고 법을 무시하며 감히 이단을 자처하였다. 비록 그가 고향으로 되돌려 보내져 죄를 받을까 두려워하여 요망한 말들을 퍼뜨리며 스스로 목을 찔러 죽었으나, 초횡 등의 추종자들은 그를 더욱 높이 받들어 올리니 세상사람들이 그 말을 듣고 따랐다. 이에 시골학교의 어리석은 유자들은 한데 어울려 오늘에 이르러 인심과 풍속에 해가 되고 있다.
>
> 그러므로 이지를 죽이고 책을 불태워 그 목차만을 남겨, 그 명교의 죄와 백성을 속인 그릇된 학설을 바르게 밝히려 한다. 그렇게 함으로써 많은 무식한 사람들이 이탁오의 허황된 이름으로 받는 두려움과 망령된 말로 사람을 현혹시키는 데 빠지지 않게 하려는 것이다. 그러면 세상사람들은 어려움 속에서도 그들의 의로움을 지켜 더욱 빛나게 할 것이다.[49)]

이렇듯 이지의 저서들은 청 초의 금서목록에 편입되어 그뒤 3세기 동안 공식적으로 햇빛을 볼 수 없었다. 따라서 서양 세력과 문화가 중국에 밀려들던 5·4신문화운동 때까지 이지와 그의 사상은 사람들에게 거의 잊혀져 있었다.

2) 그 당시 진보적 지식인의 이탁오 평가

(1) 초횡의 평가 – 성인의 뒷자리

초횡은 학문적으로 이탁오와 가장 가까웠던 지기로 대표적 저서인《분서》와《속분서》그리고《장서》와《속장서》등에 모두 서문을 썼다. 그는《분서》의 서문에서,

> 굉보(이지)는 말을 거침없이 쏟아내고, 눈은 세상을 텅 빈 듯이 거리낌 없이 볼 정도로 긍지가 높았다. 분격함이 지나치게 심해 사람들의 마음을 거슬리는 데 대해 전혀 개의하지 않았다.

고 이탁오의 성격을 평하였다. 또《장서》의 서문에서,

> 나는 세상의 학자들이 속된 흐름에 빠져 엉겨버려 듣고 본 것에 미혹되거나, 다른 사람들의 말이 귀에 익숙해지지 않으면 믿으려 하지 않았다. 그러나 선생은 옛날과 지금의 역사를 아주 잘 헤아려 가슴속에서 독자적인 견해가 나왔으므로, 그의 법규들이 개방적이 아닌 것이 없었다.

고 칭찬하였다. 이어서 그는,

> 나는 선생의 이 저서가 당연히 전해지고 오래가서 학자들의 귀에 익숙해져 그들의 저울이나 거울처럼 삶의 표준이 될 것이라고 믿는다. 또한 모범으로 여겨져 뒷날의 학자들에게 당연히 의심이 없게 되리라고 생각한다. 능히 신장(腎臟)을 척결하고 낡은 둥우리와 절구를 다 뒤집어 선생의 시비로서 기존의 시비를 대신하게 될 것이다. 이로써 우리는 선생을 기꺼이 아침저녁으로 다시 만나게 될 것이다.

라고 극도의 찬사를 아끼지 않고 있다. 특히 그는 이탁오를 성인에 가까운

사람이라고 다음과 같이 평가하였다.

> 탁오는 인격이 고매하고 정숙하며, 정결하고 크고 빛나며, 높고 근엄하여 쉽게 가까이 할 수 없다. 그 말을 들으면 냉랭한 것 같고 티끌과 흙이 한꺼번에 섞여 있어 일반 민중인지 성현인지를 의심하게 된다. 의심하는 자들은 황홀하고 믿을 수 없는 자들은 아주 확고하다. 비록 그가 아직 성인은 아니지만 광인(狂人)에 견줄 수 있으며, 성인의 두 번째 자리에 앉을 만하다.[50)]

초횡이 이탁오를 성인과 비교한 것은 그의 행적이나 사상으로 보아 실로 커다란 의미가 있다. 이로써 이탁오에 대한 평가는 성인과 유교의 이단자로 극단적인 대조를 이루면서 그가 살아있는 동안부터 20세기가 될 때까지 시비 논란이 계속되었다.

(2) 마경륜과 매국정의 평가

마경륜은 자신의 위험을 돌보지 않고 구속되는 이탁오를 친히 따라갔을 뿐 아니라, 여러 차례 상소를 올려 그를 변호하였다. 그 가운데 〈당국에 드리는 글〉과 〈이인야 도간을 거쳐 소사구에게 올리는 글〉의 두 글은 앞에서 나온 대로 3천여 자나 되는 문장으로 두 사람 사이의 우의나 이탁오의 당시 실생활에 대해 매우 가치 있는 내용을 담고 있다. 동시에 당시 사람이 이탁오에 대해 내린 평가 가운데서 가장 훌륭한 평가이다.

새로운 학문을 '거짓된 학문〔僞學〕'으로 비판하는 시비는 그 시대만의 문제가 아니라 송대의 주희나 명대의 왕양명도 겪은 것이라고 이탁오의 학문을 우선 긍정한다. 그러나 그가 당시에 비난을 받게 된 까닭은 그의 생각, 행동, 논의와 저술들이 그 시대의 사람들과 같지 않았다는 것이다.

특히 이탁오가 사대부집 부녀자를 끌어들였다든가 음탕하고 편벽하다는 비난을 단호히 부정한다. 이미 칠십을 넘은 노쇠한 그에게 그것은 가소로운 일이라고 일축한다. 그러므로 그가 통주에 온 것도 마성에서 쫓겨났기 때문이지, 수도의 인심을 현혹시키려는 의도와는 무관하다고 반박한다. 특히 당국이 이탁오를 탄압하는 것은 퇴직한 관리를 현임 관리처럼 대우해야 하는 〈대명률〉에도 어긋나고, 공자의 가법에도 맞지 않는다고 비판하였다.

장문달은 《장서》에 있는 역사서술에 대해 가장 혹독하게 탄핵했는데, 이에 대해 마경륜은 역사의 기준은 모두 같을 필요가 없다고 이탁오처럼 명백한 주장을 폈다. 그리고 이것은 학문의 논리를 통해 옳고 그름을 판정해야지, 그 시대나 앞선 사람과 같은가 다른가 하는 기준을 적용해서는 안 된다는 것이다. 그리고 태공망, 관중, 엄광, 진회 등에 대한 서로 다른 평가를 예로 들었다.

마경륜은, 이탁오의 저술에 대한 시비에 대해서도 사람마다 다른 견해를 갖는데, 그것이 바로 도의 크기여서 앞선 사람들의 부족한 점을 보충해주는 것이라고 긍정한다. 참으로 훌륭한 객관적인 역사평가이다. 저술의 출판을 비판한 것에 대해서도, 저자도 모르게 서점들이 돈을 벌려고 다투어 출간한 것인데, 당국은 그동안 검사를 하지 않았느냐고 반문한다.

결론적으로 그는 이탁오의 학문이, "위로는 공자와 맹자의 마음을 전하는 기운을 열어주고, 아래로는 (송대의) 주돈이와 소옹, (명대의) 진헌장과 왕양명의 적통을 이은 학자"[51]라고 매우 높이 평가하면서 결론을 내렸다. 그는 이탁오의 사상이나 저술의 평가에 대해 "진실로 국체 그리고 국맥과 관계되어 백세 만세에 확실하게 전해져야 하는 것으로 한 몸, 한 학파의 사사로운 논의가 결코 아니다"[52]라고 최고의 찬사를 아끼지 않았다.

매국정은 앞에서 본 대로 유명한 무인으로 그의 과부된 딸 매담연과 며느리까지 모든 가족이 이탁오에게서 불도, 즉 선학을 배웠다. 이탁오가 마성에서 축출된 뒤 그의 임지인 대동에서 머무는 동안 이탁오와 함께 《손자참동》의 병법서를 썼다. 그는 《장서》와 《손자참동》에 모두 서문을 썼으며, 이탁오를 영웅호걸로 평가하였다. 매국정은,

> "부처의 키가 한 자라면, 마귀의 키는 한 길(열 자)이나 된다"는 옛사람이 말한 취지는 사람들에게 부처가 있으면 마귀도 있음을 알게 하는 데 있다. 마

치 형체가 있으면 그림자가 있고 소리가 있으면 메아리가 뒤따르듯이 서로 떨어질 수 없는 관계이다.

… 세상에는 불성이 없는 마귀들만 득실거릴 뿐, 마성(魔性)이 없는 부처는 일찍이 존재한 적이 없다. … 예부터 영웅호걸이 공을 한 번 세우거나 지조 한 번 지키는 데도 치욕을 무릅써야 일을 성취시킬 수 있는데, 이처럼 큰일을 성취하려는 경우야 말해 무엇하겠는가?[53)]

라고 단언하였다. 그러므로 이탁오가 당한 박해와 고난은 불가피한 시련이라고 생각하였다. 그는 《장서》의 서문에서,

내 친구 대머리 이선생은 호걸의 선비다. 그때 일반의 통속적 선비들이 글을 쓴다고 했지만, 앞서간 사람들의 걸음걸이나 끈을 찾아 성명(性命)의 찌꺼기(도학·유학)나 떠들고 있었다. 그러나 오직 이 한 대머리 노인만이 그 학문적 논의의 참맛을 알았으니 (당시의) 누가 이를 좇아 믿었겠는가?

그러므로 관직이 (요안의) 군수인 지부(知府)에 이르렀으나 스스로 이를 사임했다. 그는 한대 이래 금·원에 이르는 군신과 명사들의 사적을 사진 찍듯이 기록하고 분류해서 품계를 정했는데, 모두를 자기 뜻대로 잘라 고대로부터 전해오는 유자의 시비에 반드시 합치시키려 하지 않았다.[54)]

고 칭찬을 아끼지 않았다. 한편 이탁오는 선(禪)에 깊은 식견이 있었으며 손자의 병법에 대해 자신의 뜻을 밝혔는데, 이를 두고 매국정은 "가히 병가의 사상을 집대성하여 병서 《손자》에 대해 아주 훌륭하게 해석했다"고 평가했다.[55)]

당시의 저명한 학자였던 축세록(祝世祿, 1539~1610)[56)]도 이탁오가 고금 인물의 변화와 통치 그리고 혼란의 원인을 환하게 밝혀 숨길 수 없게 했다고 다음과 같이 두 글에서 쓰고 있다.

선생의 책을 읽으면 반드시 훌륭한 통치자와 참된 유자가 될 것이다. 그리

고 이미 훌륭한 정치를 하는 참된 유자가 된 사람들은 선생을 가리켜 성인에 어긋나지 않았다고 하게 될 것이다. 이것이 바로 선생의 역사적 사명이라고 해도 좋다.57) …

그의 이론은 앞사람들이 갖지 않았던 데서 많이 나왔다. 그러므로 낡은 학설이나 옛 견해를 가진 사람들은 이를 듣고 노하지 않으면 비웃거나, 비웃지 않으면 놀라서 도망쳤다. 하지만 바로 그 속에 영원히 없어지지 않을 고귀한 식견이 들어 있었다.58)

이들 대학자들의 공통적인 의견은 이 책이 고금의 역사와 평화로운 통치나 혼란의 원인을 정확히 서술하였으며 후세에 전해져 큰 영향을 줄 것이라고 예언하였다. 아울러 매우 독창적인 견해란 점도 높이 평가하였다. 이 책을 읽으면 훌륭한 통치자와 참된 유자가 될 것이라고 한 점은 매우 역설적으로 들릴 수도 있다. 왜냐하면 이탁오가 구속된 뒤, 심문관에게 대답한 것도 그와 같지만 탄핵의 이유는 그와 반대였다. 따라서 이것은 이탁오 평가의 핵심문제이기도 하다.

(3) 원중도와 탕현조의 숭배

이지가 죽은 뒤, 명 말부터 14인이 그에 대해 전기를 썼지만, 원중도의 〈이온릉전〉이 시기적으로 가장 앞서고 상세하며 훌륭하다. 문인으로서 이탁오를 따랐던 공안의 원씨 삼형제 가운데 원중도는 〈이온릉전〉에서,

어떤 사람들은 나에게 묻는다. “당신이 이지에게서 배우지 않았습니까?” 내가 말하기를 “내 비록 그분을 좋아했지만 배우지는 않았다”고 하였다. 그의 사람됨이 내가 배울 수 없는 것이 다섯 가지가 있었고, 배우기를 원치 않는 것이 세 가지가 있었다.

공(이탁오)은 선비로서 관직을 지냈으면서도 청렴하고 절개가 늠름하였으나, 우리 같은 사람들은 그저 남이 주는 대로 받아먹어 그 절개가 보통사람들과 다를 바 없었으니, 이것이 첫째로 배울 수 없는 것이다. 이선생은 젊은 여

자의 방에는 들어가지도 않았고, 어여쁜 소녀의 침상에는 올라가지 않았는데, 우리 같은 무리들은 끊임없이 정욕을 불태워 첩이나 여자를 가까이 하는 일이 끊이지 않았으니, 이것이 두 번째 내가 배울 수 없는 점이다.

이선생은 도의 지극한 경지에 깊이 들어가 그 큰 것을 보았지만, 우리 같은 무리들은 고지식하게 문자만 지키고 있어 그의 깊은 뜻을 깨닫지 못했으니, 이것이 세 번째 배울 수 없는 점이다. 이 선생은 어려서부터 늙을 때까지 오직 책 읽는 것만을 좋아했지만, 우리 같은 무리들은 세속의 인연에 골몰하여 책을 가까이 하지 않았으니, 이것이 네 번째 배울 수 없는 점이다. 이 선생은 곧은 기개와 강한 절조로 남에게 굽히지 않았는데, 우리 같은 무리들은 겁이 많고 담력이 약하여 남들을 좇아가면서 굽실거리고 우러러보았으니, 이것이 다섯 번째 배울 수 없는 것이다.

이 선생은 강하게 기(氣)를 부리기를 좋아하고 은인과 원수를 거리낌 없이 만들고 마음속에 옳지 않은 생각이 있으면, 곧바로 붓을 휘둘러 써내려갔으니, 이것이 내가 배우기를 원치 않는 첫 번째이다. 이미 벼슬을 버리고 떠났으면 마땅히 산으로 들어가 자취를 감추어야 하거늘, 인간 세상을 배회하면서 그의 이름이 드러남에 따라 화가 항상 뒤따랐으니, 이것이 내가 배우기를 원치 않는 두 번째이다. 그는 대승을 중요시하고 계율을 우습게 여기며 자질구레한 행실에 구애받지 않고 감정에 맡기어 입에서 나오는 그대로 말하며 마치 칼을 멋대로 휘두르는 것과 같았으니, 이것은 내가 배우기를 원치 않는 세 번째이다.

배울 수 없는 것은 아마 죽을 때까지 배울 수 없을 것이고, 배우기를 원치 않는 것은 결코 배우지 않을 것이다. 그러므로 비록 그분을 좋아하기는 했지만 배우지는 않았다고 말한다.[59]

고 이탁오와의 관계와 그의 특징을 아주 예리하게 기술하였다. 원중도의 이 글 속에서 이탁오의 삶의 모습을 생생하게 볼 수 있는 것이다. 그리고 그 당시 평범하게 사회윤리에 맞추어서 살아가는 사람들의 모습이 아니라, 독특하고 꿋꿋하며 고고하게, 즉 자유로운 개성에 따른 생활방식 때문에 남과 조화하기 힘든 모습을 확실하게 찾아낼 수 있는 것이다.

명 말의 유명한 문인이며 독특한 사상가였던 탕현조(湯顯祖, 1550~1615)[60]는 이렇게 썼다.

> 이지는 일찍이 책으로 세상을 훈계하고, 세상을 다스리고, 세상을 놀래고, 세상에 응하고, 세상에 전하여 세상에서는 그를 대머리 화상(스님), 또는 대머리 보살이라고도 불렀다. 보살은 중생을 널리 구제하고 자비로운 마음으로 세상을 구하는 것인데, 가까이서 자세히 보면 사실 이선생 저서의 뜻을 제대로 본 것은 아니다. 세상은 이씨의 저서들 이름을 빌린 것들이 많으니, 참으로 그의 손으로부터 나온 것은 《장서》《분서》《설서》 등이다.
>
> 그런데 《장서》는 다 감추어지지 않았고, 《분서》는 다 태워지지 않았고, 《설서》는 다 말해지지 않아 경전·역사·문집으로 갖추어지지 않은 것이 없었다. 그러나 세상사람들은 이선생의 저서를 떠들면서도 전체 가운데 몇 구절만을 말하고 있다. 그래서 《장서》는 세상에 전해졌으나 아직 세상을 구제하지 못했고, 《분서》는 세상을 경계했으나 아직 세상에 응하지 못했으며, 《설서》는 세상을 가르쳤으나, 아직 전하지 못하였다. …
>
> 그래서 이 노인에 대한 질문에 나는, "세상에 전해져야 옳고, 세상을 구제해야 옳고, 세상을 다스려야 옳고, 세상에 응해야 옳고, 세상을 가르쳐야 옳으므로 세상을 놀라게 하는 것 역시 못할 것이 없다"고 반드시 말하겠다.[61]

축세록(祝世祿)은 《장서》의 서문에서,

> 선생의 책을 읽을 수 있으면, 반드시 훌륭한 통치가 있을 것이고, 반드시 참된 유자가 될 것이다. 이미 잘 통치한 뒤에 참된 유자가 되면, 비록 선생의 시비가 성인에 어긋난다고 하더라도 선생이 한 일은 역시 옳은 것이다.[62]

라고 찬사를 아끼지 않았다.

3) 이탁오 묘비와 조상하는 글들

(1) 묘비들

이지가 죽은 뒤 마경륜은 통주의 북문 밖 자신의 장원에 있는 영복사(迎福寺) 옆에 이지의 〈유언〉에 맞추어 장례를 치렀다. 무덤의 높이는 〈유언〉에 따라 한 길(10척)로 하고 주변에는 1백여 그루의 백양나무를 심었다. 이곳은 북경에서 대략 40리 되는 곳이다.

이탁오의 묘 앞에는 두 기의 비석이 있는데, 하나는 〈이탁오선생묘〉로 남경의 초횡이 쓴 것이다. 또 하나는 〈탁오노자비〉인데, 제자인 왕가수가 쓴 것으로 비에는 성명과 고향이 없고 다만 '탁오노자'라고 썼을 뿐이다. 그러나 이 두 기의 비에 새겨져 있는 내용은 이지가 죽은 지 10년과 8년 뒤에 씌어졌다.

현재 북경 통현 이지의 묘 앞에 있는 비의 앞면에 〈이탁오선생묘〉, 뒷면에 1616년 첨진광의 〈이탁오 비의 기록〉과 〈이탁오 선생묘를 조상하는 7율 2수〉가 새겨져 있다. 그러나 이 비문들은 마모가 매우 심하다. 〈이탁오 비의 기록〉에는,

> 아! 이것이 명대 이탁오 선생의 묘이다. 선생은 마시어(馬侍御, 경륜)와 죽음을 함께할 만큼 대단히 좋은 친구였고, 그에게 머무르기 위해 통주에 왔었다. 이탁오가 체포되었을 때 치욕으로 더 이상 버틸 수가 없어 스스로 목을 찔러 삶을 마감했다. 그뒤 마시어는 그의 유해를 수습해 장례를 지냈다.
>
> 지금 그의 무덤은 백양나무 숲 속에 쓸쓸히 남아 있다. 아! 세상의 친구가 없어진 지 오래되었구나! "그분이 살아있을 때는 내가 그분을 봉양할 책임이 있었는데, 돌아간 뒤에도 그분의 장례를 치를 책임이 있구나!"라고 했으니, 마시어 같은 사람은 천고에 변할 수 없는 친구의 도를 결코 버리지 않았다. 마시어는 조정에 대해서도 이탁오를 변호하는 올바른 소리를 하며 천하를 감동시켰다. 따라서 천하가 그를 바라보며 떨었다!
>
> 스승과 친구 사이에서 선생은 홀로 삶을 마쳤으니, 선생을 이해할 만하다.

내가 선생을 모신 지 몇 해 동안 선생은 나를 작은 친구로 대해주었다. 지금 내가 선생의 묘를 다시 찾아 이 묘비석이 아직 잡초와 함께 있음을 발견하였다.

마경륜 시어가 이미 세상을 떠나 이 묘를 더 이상 손질할 수 없음을 한탄하면서, 그의 맏아들 건순(健順)과 함께 나는 초횡〔太史氏〕으로부터 비문의 원본을 보여달라고 하니, 건순은 눈물을 흘리며, "내가 못나서 돌아가신 아버님의 의리를 감히 잊었습니다"라고 말했다. 뒤이어 우리는 탁본을 하고 그 원본을 만들어 돌에 새겨 세웠다. 때는 만력 1612년(임자년) 2월 ○○일이었다.

아! 아득히 먼 훗날, 선생의 학문과 행동을 존경하고, 그가 어떠했는지를 깊이 생각하려는 사람에게 이 비는 없어질 수 없는 훌륭한 자료가 될 것이다.

선생의 이름은 지이고, 고향은 온릉이다. 시어의 이름은 마경륜이고 봉양(鳳陽) 사람이며, 나는 신안(新安)의 첨진광(詹軫光)이다.[63]

중화민국 15년인 1926년 11월에 통주의 행정장관인 장효량(張斅良)이 기록하여 세웠다.

왕가수가 쓴 〈탁오노자묘비〉는 만력 경술년(1610)에 세워졌는데, 그 비문에는,

나와 공안의 원씨 삼형제들이 일찍이 탁오 선생으로부터 도를 배웠다. 1610년(경술년) 봄 내가 세관의 관리 직책을 끝낸 뒤, 원중랑이 매장과(梅掌科), 소시어(蘇侍御) 등 여러 동지들과 함께 와서 들의 절에서 놀고 탁본하면서 지난날을 돌이켜보고 슬퍼했다.

북경 통주 밖 마씨의 장원에 있는 선생의 묘가 외롭고 황폐하여 풀이 무성해 오래되니, 구분하기도 어려워져 어떻게 할 것인가! 나는 말하기를, 그가 실은 고향에 가는 것을 가볍게 여기고, 우리 초의 사람들로서도 여기에서 함께하지 못했으니, 지금 누가 선생의 적막함을 위로하겠는가! 바로 우리 초 사람이 이 일을 사양할 수는 없을 것이다. 원중랑에게 글을 쓰는 것을 맡기고, 나

와 위의 두 공은 비용을 거두어 비석을 세우기로 했다. 그러나 얼마 안 되어 원중랑이 세상을 떠난즉, 내가 그 일을 사양할 수 없게 되었다.[64]

이를 통해서 1610년 왕가수가 관리로서 직책을 끝낸 뒤 원굉도 등과 통주 이탁오 묘를 조상하고 나서, 묘비를 세우는 과정을 알 수 있다.

첨진광과 왕가수는 비문과 시로써 이지를 칭송하였고, 《분서》가 태워지지 않고 《장서》가 감추어지지 않았다고 찬미하며, 특히 이지가 죽은 뒤 아직 흩어지지 않은 '협골의 향기'를 회상하고, 이지에 대한 당국의 박해를 신랄하게 비판하였다.

(2) 조상(弔喪)하는 시들[65]

탁오 선생을 조상함[66] (주여등)
반은 영리하고 반은 멍청했는데
하늘과 땅을 어지럽혀 담기가 거칠다
세상사람들이 다투어 죽이려 했으며
눈썹과 머리털이 감옥 속에서 낭자했네
천하에 이름을 드날린 이탁오가
죽어서는 백골이 황도에 버려졌구나
지나는 사람들이 길거리에서 그를 알아보지 못하니
이 노인을 찾아와 볼 면목이 없구나

弔卓吾先生 (周汝登)
半成伶俐半糊塗　惑亂乾坤膽氣粗
惹得世人爭欲殺　眉毛狼藉在囹圄
天下聞名李卓吾　死余白骨暴皇都
行人莫向街頭認　面目由來此老無

탁오선생 묘를 조상함[67] (승진정)

황폐한 숲 속에 까마귀 울고 개가 짖으니
나뭇잎 떨어지고 풀이 말라 달밤이 차구나
외로운 무덤에 세 번 절하나 한마디 말이 없어
그저 손뼉을 치며 푸른 하늘에 곡할 뿐이네

백 년 변함없는 삶과 죽음의 굴을 밟아 부수며
천고 시비의 소굴을 뒤집어엎었구나
그저 그런 맨눈으로 누가 그것을 알 것이며
그 평범한 눈도 오늘날 몇이나 된단 말인가!

弔卓吾先生墓 (釋眞程)

鴉鳴犬吠荒草裏　木落草枯寒月邊
三拜孤墳無一語　只應拍手哭蒼天
踏破百年生死窟　倒翻千古是非窠
區區肉眼誰能識　肉眼于今世幾多

노인 탁오를 한탄함[68] (탕현조)

스스로 정밀한 영혼이 기꺼이 집을 나와
승려의 머리로 어찌 황도를 향했단 말인가
알고 가르치며 웃고 춤추며 칼날 속으로 들어왔으니
잔뜩 취한 하늘에는 비와 빗방울과 꽃잎만 떨어지는구나

嘆卓老 (湯顯祖)

自是精靈愛出家　鉢頭何必向京華
知教笑舞臨刀杖　爛醉諸天雨雜花

4) 이탁오 사상의 도도한 흐름

이지는 중국사상사에서 어떠한 위치를 차지하는 것일까?

중국사상사에 적지 않은 진보사상가들이 있지만, 이지처럼 명확하게 공자의 시비를 시비로 할 수 없다는 점을 공개적으로 주장한 사람은 없었다. 공자에 대해 그처럼 불경스럽게, 또 유교의 역대 중요한 인물들에 대해 혹독한 비판을 가한 사람이 없으니, 역시 이는 중국사상사에서 특히 돌출한 인물이었다.

이지는 특히 명 왕조 시대에서 사상적인 통치의 지위에 있었던 성리학에 대해서 예리한 비판을 가했고 도학의 허구성을 지적하였으며, 그로 말미암아 형성되어온 사회 인습을 지적하고 문제삼았던 것이다. 즉, 이것은 왕본아가 말한 것처럼, 당시 사회에 상당히 큰 계몽적 영향을 주었다.

이지는 어느 한 스승만을 따르지 않았고, 자신의 학파를 만들지도 않았으며, 남의 스승이 되고자 하지도 않았다. 이러한 점에서 그는 사상적으로 매우 자유로웠다. 당시 만날 수 있는 모든 종교와 사상을 애써 받아들였으나, 모든 학파로부터 배격을 당하거나 박해를 받았다. 그는 자유로운 사상가였지, 결코 하나의 도에 집착하는 종교인이 아니었기 때문이다.

청 말의 대사상가, 대진

그러나 명 말의 과격한 스님인 자백달관의 표현처럼, “그는 하고 싶은 대로” 하면서 살았기 때문에, 그의 사상과 행동은 뒷날 그를 따르는 숭배자들에게는 물론, 그를 공개적으로 비판한 학자들에게도 눈을 뜨고 올바로 듣게 하는 계몽작용으로 상당한 영향을 주어 계승되었다.

이지가 죽은 지 8년 뒤 태어난 황종희는 군주전제에 대해 비판했는데, 이는 이탁오가 봉건적 압박사상을 반대한 데서 영향을 받았다. 황종희는 군주전제 제도야말로 천하의 큰 해독이라고 하면서, 천자가 옳다고 하는 것이 반드시 옳은 것일 수 없으며, 천자가 옳지 않다고 하는 것이 반드시 옳지 않을 수는 없으니, 천자 역시 스스로 시비를 할 수 없어 공적인 시비는 학교에서 배워야 한다[69]고 주장했다. 이러한 사상이야말로 《장서》의 〈세기열전총목전론〉에서 명백하게 이탁오가 주장했던, "공자의 시비로써 시비를 삼지 말라"는 문제를 더 한층 발전시킨 것이라고 볼 수 있다.

한편 명말 청초의 왕부지도 천리를 보존하고 욕심을 버리라는 이학가들의 주장에 대해 욕심이 곧 천리이니 욕심을 떠나서 별다른 리가 있을 수 없다고 했다. 그는 더 나아가서 음식과 남녀의 욕심은 모든 사람들이 다 함께 가지고 있는 것이라고 했으니, 이는 이탁오가 "옷 입고 밥 먹는 것이 인륜의 물리이며, 그것을 제외하면 인륜의 물리란 없다"고 한 것을 계승하였다고 볼 수 있다. 물론 왕부지가 이지에 대해 어리석고 지저분하며 망령된 사람이라는 식으로 비판을 가했지만, 그는 의심 없이 이탁오의 영향을 받은 것이다.

한편 청조의 대학자인 대진(戴震, 1723~1777) 역시 이지와 왕부지의 영향을 이어받아 송대 이학가의 천리를 보존하고 인욕을 제거한다는 주장을 공격하였다. 그 역시 춥고 배고픈 것은 근심하고 원망하며 음식과 남녀는 항상 우리 마음속에 가지고 있는 생각인데, 이들을 인욕이라 할 수 있겠냐고 한 점도 이탁오 사상의 영향을 계승한 것으로 보인다.

한편 청대의 위대한 현실주의 작가인 조설근(曹雪芹, ?~1763)의 《홍루몽》도 사회사상과 창작 면에서 이지에게 깊은 영향을 받았다. 조설근이 이 작품 속에서 연애와 혼인의 비극 등 봉건제도의 죄악

무술정변의 급진적 사상가, 담사동

을 지적한 것은 이탁오가 부모의 동의 없이 출가하여 자유결혼을 한 전한 때의 탁문군을 찬양한 것과 거의 같다.

한편 1890년 무술변법 시기의 개량주의적 학자와 혁명가로서 유명했던 담사동(譚嗣同, 1865~1898) 역시 이학가들이 천리를 보존하고 욕심을 버리라고 하는 데 대해 공격했다. 그는 세속의 작은 유자들이 천리를 선으로 하고 인욕을 악으로 했는데, 인욕이 없으면 오히려 천리를 얻을 수 없다는 것을 알지 못한다고 했다. 따라서 이러한 논의도 위에서 본 바와 같이 그 사상의 연원을 이미 이탁오에게서 발견할 수 있다. 이에 대해 장건업은, "이지는 중국사에서 중요한 지위를 차지한다"고 평가했다.[70)]

물론 이러한 이탁오 사상의 계승과 수용은 공식적으로나 공개적으로는 불가능하였다. 중국의 사상은 명 말로 오면서 양명학에 대한 비판과 더 주자학적인 방향으로 보수화하는데, 이는 동림학파의 이탁오 사상에 대한 비판에서 잘 나타난다. 더구나 그러한 사상은 명 왕조의 멸망과 청 왕조의 교체로 한족의 학자들이나 만주족의 관료에게서 환영받을 수 없었다. 명말 청초의 유명한 3대학자인 고염무, 황종희, 왕부지가 모두 이탁오를 공격한 것은 바로 그 때문이었다.

하지만 시대적인 사상의 흐름을 완전히 거부할 수 없어 이탁오 사상은 수용되었지만 변형되고 굴절되어 전개되었다. 이탁오와 아주 가까웠던 초횡의 학문적 경향이 청 초 고증학의 학풍조성에 중요한 다리〔가교〕의 구실을 한 것이 바로 그러한 시대적 조류의 한 실례였다.

그러나 이탁오를 맹렬히 비난했던 사상가들도 그의 정신적 유산을 자신들의 지적 성장을 위한 양분으로 수용하였다. 이것은 위에서 본 고염무, 황종희, 왕부지 등뿐만 아니라, 그뒤 청나라의 고증학자들에게도 마찬가지였다. 더 나아가 16세기에 생산된 이 탈봉건적인 사상은 역사적 시간과 공간을 초월하여 현대로 확장 진행되었다. 다른 것을 포용하고 다른 가치를 인정하며, 다양성을 존중하고, 문화적 상대성을 긍정하는 등의 자유롭고 합리적인 역사시비와 평가의식이 바로 이탁오 사상의 생명력이었다.

20세기를 다시 살다

1. 20세기의 첫 공화국시대

1) '공자의 상점을 때려 부수려던' 사상가 오우

5·4신문화운동 시기에 정치·사회적 비판과 투쟁의 영웅이 진독수(陳獨秀, 1879~1942)였고 문학혁명의 기수가 호적(胡適)이었다면, 유교를 비판하는 사상투쟁의 깃발을 든 것은 오우(吳虞, 1871~1949)였다. 그는 '공자의 상점을 타도하라〔打孔家店〕'고 외치며 그 선구자를 역사 속에서 찾아내 1915년 9월 《진보잡지》 에 〈명이탁오별전(明李卓吾別傳)〉을 발표하였다.

이탁오는 명 말의 과격한 유교비판자였으나, 지난 3세기 동안 그 이름이 거의 잊혀져 있었다. 오우는 〈명이탁오별전〉을 발표함으로써 역사의 망각 속에서 죽은 지 313년 만에 그를 다시 찾아내 사람들에게 소개하였다. 북경 근처 통주의 서해자(西海子) 공원에 있는 그의 묘는 다시 손질되었고, 그의 저서들도 새로이 출판됨으로써 중국은 물론 일본과 서양으로 널리 알려졌다. 오우는 명 말의 이탁오를 앞세워 20세기에 공자의 공격에 불을 붙인 것이다. 오우는 유교를 비판하여,

5·4운동의 영웅, 진독수

> 무릇 유자들은 우리나라(중국)의 성인에 대해 고금의 대성인으로 여겨 그에 대해 절대로 다툴 수 없고, 틀리다고 해서도 안 되었

다. 마치 종교의 유파에 매혹된 것처럼 나와 같지 않은 사람은 이를 거의 이단으로 여기고, 나와 근본이 다르면 이를 잘못된 학설이라고 지탄했다.

"그릇된 학설을 잠재우고, 이단을 배제하라"는 잘못된 견해가 사람들의 마음속에 깊이 들어가 언덕을 쌓듯이 스스로를 봉쇄해 마음을 깊이 닫고 굳게 항거하여, 앉아서 가로막고 스스로 잠가버리면서, 올바른 학문이라고 스스로 그에 빠져 참된 유자라고 자부하였다. 그러면서도 그들은 그들이 잘못되고 치우치며 빗나가고 그릇됨을 깨닫지 못하여 나라를 그르치고 백성에게 재앙을 주어 그 화의 무서움이 홍수와 맹수의 위해보다 백 배 이상이나 되었다. … 이것으로 보면 유교의 영향은 나라를 망치고 인간의 종자를 망친 바 실로 크다.

라고 유교를 신랄하게 비판한다. 그는 이탁오의 반유교 투쟁에 대하여, 한대의 왕충(王充)이 〈공자에게 묻는다〔問孔〕〉를 쓴 뒤, 2천 년 동안 공자를 직접 배척한 사람은 오직 이탁오 선생뿐이었다고 극찬하였다.

오우가 이탁오를 소개한 뒤, 중국이나 일본에서는 그에 대한 관심과 연구가 홍수처럼 일었고 특히, 중화인민공화국에 이르러 최고조에 달했다. 오우의 저서인 《오우문록》의 서문에서 당대의 석학이었으며, 문학혁명의 기수였던 호적(胡適, 1891~1962)은 오우를 가리켜, "맨손으로 공자의 상점을 때려 부수려 한 사천성의 노영웅"이라고 중국 청소년들에게 소개하였다. 유교비판과 혁명사상으로 충만한 오우를 자리매김한 매우 적절한 글이다.

타도 공가점의 사상가, 오우

오우 선생은 중국 사상계의 도로 청소부와 같다. 중국의 사회역사에서 그는 끝없이 긴 거리에 서서 눈에도, 입에도, 코에도, 목덜미에도 모두가 저 사람들을 뒤덮고 있는 공자의 찌꺼기를 받아들일 수 없었으며, 저 무수한 행인들이 공자 찌꺼기의 먼지 속에서 서로 충돌하여 머리가 깨지

문학혁명의 기수, 호적

고, 다리가 부러지는 것을 차마 볼 수 없었던 것이다. 이 때문에 그는 분이 치밀어 한 사람의 청소부가 되었다.

그리하여 항상 고생스러운 한 통의 물을 지고서 한 바가지, 한 바가지씩 공자 찌꺼기로 먼지가 자욱한 중국사회의 큰길에 물을 뿌렸다. 그가 뿌린 물은 품삯도 안 받고 때로는 공자의 먼지에 익숙해진 사람들에 의해 발길로 차이고 욕을 먹었다.

… 그는 돈도 받지 못했고, 이러한 공자 찌꺼기의 맛좋은 음식을 인정하지도 않고, 물을 져다가 대로 위에 뿌려 행인을 방해한다고 하여 책망을 받기도 했다. 공자를 높이 숭배하는 많은 사람들은 항상 그에게 돌을 던졌다. 저들 공자 찌꺼기에 맛있는 음식을 먹는 늙은이들은 울면서 그가 물을 뿌리는 것과 거리를 청소하는 것을 금지시켜달라고 요구하였다. 그러나 그는 조금도 개의하지 않고 여전히 길을 청소하는 일을 계속하였다.

… 오선생은 이러한 방법으로 연구한 결과, 공자의 도가 여러 가지 예교, 법률, 제도, 풍속에 근거한 것을 증명하였다. 그리하여 그는 "이 예법 제도 모두가 '사람을 잡아먹는 예교〔吃人與禮敎〕'이며, 사람을 함정에 빠뜨리는 법률 제도"라는 것을 증명했다.

… 어째서 '사람을 잡아먹는 예교'가 모두 다른 간판을 걸지 않고, 공(孔)선생의 간판만을 걸었는가? 바로 2천 년 동안 '사람을 잡아먹은 예교'의 법제는 모두 공자의 간판을 걸었기 때문이다.

나는 지금 중국 소년 여러분에게 '맨손으로 공자학파의 상점을 부셔버리려고 한 사천성의 노 영웅 오우 선생'을 소개하는 바이다.[71]

5·4신문화운동 때 문학혁명의 영웅으로 유명한 호적의 오우에 대한 평

가는 아주 인상적이면서 강렬하여 문제의 핵심을 찔렀다. 이것이 바로 유교를 공격하던 중국 근현대사상사의 유명한 개념이고 그 시대의 상징적인 사상적 조류였다. 황절(黃節, 1874~1935)도 이탁오에 대해,

> 특히 이탁오를 탄핵하고 정죄했던 장문달이나 왕아량의 이름들은 이탁오 때문에 오히려 후세에 알려졌으니, 참으로 역설적이다. 바로 공자가 소정묘(小正卯)를 죽이고, 맹자가 양자와 묵자를 배척하고, 전한의 동중서가 유교 이외의 여러 학파를 축출하고, 당대 한유(韓愈, 768~824)가 불교를 배척하여 무너질 수 없이 굳건한 요새처럼 세상에 대한 유교의 표준을 만들었던 것이다.[72]

라고 비교하였다. 이탁오를 탄핵한 장문달이나 왕아량이 역설적으로 이탁오 때문에 그 이름이 후세에 전해졌다고 야유를 보냈다. 소정묘에 대한 공자, 양자와 묵자에 대한 맹자, 여러 학파에 대한 동중서, 불교에 대한 한유처럼, 이탁오를 탄압하고 비판하며 탄핵한 사람들이 범한 역사적인 잘못을 지적하였다.

2) 전통사상 속에서 찾아낸 반전통의 진주

중화민국 초, 이지 연구의 선구였던 용조조(容肇祖)는 아래와 같이 썼다.

> 이지의 사상은 매우 자유분방하며, 개성이 강한 적성주의(適性主義)였다. 그의 태도는 대단히 비판적이었으며, 그의 사상은 총체적으로 왕수인과 왕기, 왕간 등의 학파로부터 나왔다. … 그는 옛 성현의 모든 사상과 우상을 타파하여 자유평등 사상에 이르렀다. 또 그는 개성 자연주의와 적성주의 사상가로서 비평 면에서 적지 않은 새롭고 독창적인 견해를 보여주었다.[73]

사회주의 중국이 성립되던 시기에 오택(吳澤)은 도전적인 제목의 저서인

《유교반도이탁오(儒教叛徒李卓吾)》에서 결론적으로,

> 그의 저서에서는 육경과 《논어》《맹자》를 배격하고 유학과 명교의 전제독단주의를 애써 반대하였다. 이것은 다른 사람들이 감히 말하지 못하는 것을 말한 것이고, 사람들이 이야기하지 못하는 것을 이야기한 것이니, 이름은 전국에 떨치고 사상계를 격하게 들끓게 했으며 봉건통치의 사상적 아성을 뒤흔들었다.
>
> … 필경 그는 요망한 사람이었을까? 반도였을까? 아니면 성인의 가르침〔聖教〕에 충실한 것이었을까? 성현이었을까? 아니면 결국 누가 '유자'인가? 누가 '성현'인가? 누가 '유자'에 해당될 수 있으며 누가 '성현'으로 불려질 수 있을까? 이러한 역사의 공적인 심판을 저자는 독자 여러분들에게 제기하니 독자들께서는 좀 공개적으로 판단해주시기 바란다.[74)]

고 하여, 이탁오가 성현인가 반역자인가 독자들에게 엄정한 평가를 구하였다. 중화민국 초의 문인 주유지는 이탁오는 중국 근대 남방문화의 결정이며, 그의 사상은 복잡한 "문화접촉의 산물"이라고 불렀다. 특히 그는 이탁오의 독립적 창의사상과 외래문화의 흡수능력, 그리고 모험정신 등을 높이 평가하였다.

그는 특히 이탁오의 신문학에 대한 공헌을 높이 평가하여, 명 말의 원중도에 이어 청초의 김성탄으로 이어지고, 다시 중화민국 초의 주작인(周作人, 1885~1966) 등에게 계승되었다고 주장한다. 더욱이 그의 사상은 5·4 신문화운동기의 혁신적 사상가였던 진독수, 호적과 오우 등에게 계승되었다는 것이다. 그는 아울러 해방사상과 사상의 다양성 등을 가리켜 바로 현대사상의 요인이라고 지적하였다. 이지의 교육사상과 여성관 등은 현대사회에도 손색이 없는 것이라고 칭찬하였다. 주유지는 이탁오를 고대 그리스의 소크라테스에 비교하면서,

> 나는 지금 너무나 조용한 방 안 등불 아래 앉아 (그 옛날의 현인으로서 독

> 약을 마셔야 했던 그리스의 소크라테스를 조상하듯) 마치 아테네 교외의 아크로폴리스 산 위의 고목이나 애기나 섬에서 들려오는 성난 파도소리를 듣고 있는 것처럼, 북경 교외인 통주의 성박 이탁오의 무덤을 둘러싸고 있는 수백 그루의 백양나무 숲이 바람으로 풍자하는 슬픈 노래를 듣고 있다.[75]

고 참으로 감상적으로 평가하였다. 노신의 동생이며 《신문학강화》로 유명한 주작인(周作人)은 〈초담집을 읽고〉란 글에서,

> 나는 중국사상계의 현명한 세 사람을 꼽는데, 한 사람은 한대의 왕충(王充, 27~97)이며, 또 한 사람은 명대의 이지이고, 다른 한 사람은 유정섭(兪正燮, 1775~1840)이다. 전현동(錢玄同, 1887~1939)도 이에 동의하였다. 우리들은 국가가 쇠망하는 시기에 살면서, 오히려 옛날의 위인을 찾으려 하여, 이탁오나 유정섭 등을 자주 논의함은 그들이 우리의 좋은 친구로 여겨지기 때문이다.[76]

5·4신문화운동 시기의 혁신적 사상가들이 이탁오를 그 시대를 극복하는 데 사상적으로 좋은 친구로 여겼다. 이는 이탁오의 사상이 시대를 초월하여 300여 년 뒤의 사람들과 동시대의 사람처럼 느껴졌음을 보여주는 것이다. 또 반대의 입장에서 5·4신문화운동 당시 유명한 문인, 임서(林紓, 1892~1924)가 북경대학 채원배(蔡元培, 1868~1940) 교장에게 공개적으로 보낸 편지에서, "학생들 가운데서 누가 능히 (금수와 같은 행위를 한) 이탁오의 이름을 댈 수 있겠느냐?"[77]며, 진독수나 호적 등 당시 북경대학의 혁신적 교수들을 '신도덕자'들이라고 공격한 데서 이탁오가 그동안 거의 잊혀진 이름이었음을 미루어 알 수 있다.

1916년 오우가 잡지 《신청년》에 〈명이탁오별전〉을 발표한 뒤부터, 이지에 대한 연구는 당시 사상적으로 보수와 혁신이 뒤얽혀 찬양과 공격이 서로 되풀이되는 가운데 커다란 진전을 보였다. 1932년 황운미(黃雲眉)는 〈이탁오에 관한 사실을 올바르게 분별한다〉는 논문[78]에서 이탁오의 삭발과

북경대학 교장, 채원배

남녀혼합 등에 대한 탄핵을 무고로 보고 그를 변호하고 있으며, 1934년 혜문보(嵇文甫)는 좌파왕학[79]으로 보았는데, 이것은 그뒤 중국에서도 자주 인용되고, 또한 반론도 있었다.[80]

어쨌든 1949년 중국 성립까지의 이지에 대한 평가는 고염무나 임서의 주장에서 본 것처럼 봉건적 전통에 바탕을 둔 비판과 반박이 주류였다. 변화와 혁신을 갈구하던 새로운 시대 분위기에서, 공자와 맹자의 정통유학의 권위와 그 형식화한 사상이나 윤리에 저항한 투철한 자유·해방·평등의 선구자라는 데 일치하였다.

2. 사회주의 중국의 위대한 사상적 선구자

1) 반봉건적 자유사상의 선구

한 세기의 분열과 혼란을 극복하고 1949년 수립된 중국의 공산정권은 강력한 중앙집권적 체제뿐 아니라, 새로운 정치적 방향을 설정하였다. 따라서 유물사관에 바탕을 둔 마르크스주의와 모택동 사상에 이르기까지 중국 전통의 사상적 유산을 어떻게 구체적으로 계승할 것인가라는 어려운 문제에 맞닥뜨리게 되었다.

이에 따라 신 중국의 사학분야에서는 범문란(范文瀾, 1892~1967), 후외려(侯外廬), 여진우(呂振羽), 유대년(劉大年), 전백찬(翦伯贊) 등의 지도적 학자들에 따라서 현대적으로 역사를 해석하려는, "현재를 중히 여기고, 과거를 가볍게 여기는〔厚今薄古〕" 원칙이 크게 강조되었다. 이러한 정치적·학문적 분

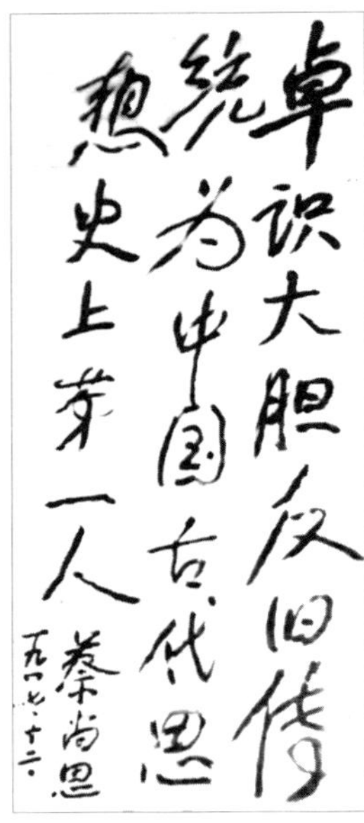

채상사가 이탁오를 찬양한 글 "탁월한 학식으로 대담하게 구전통을 반대한 중국 고대사상사의 제1인"

위기에 맞는 역사인물 평가 문제의 하나로서 이지에 대한 연구도 설명될 수 있다.

1937년 중・일전쟁 가운데 용조조는《이탁오평전》을 썼고, 1957년 이전의 연구와는 달리 사회주의 중국의 반봉건적 사상과 시민의 처지에서 이탁오를 평가하기 시작했다. 융조조가 저술한《이지연보(李贄年譜)》는 이탁오 연구에 대한 기본적인 안내서가 되었다. 그는 이 책에서, 이지를 "350년 전 풍부한 전투적 성격을 가진 반봉건주의 계몽운동의 선구"[81]라고 찬양하였다.

같은 해 저술된 주겸지(朱謙之)의《이지, 16세기 중국 반봉건사상의 선구자》에서, "정치에서 반봉건 통치계급의 반도(叛徒)"[82]와 "소극적 반통치사상 … 강렬한 비판정신"[83]의 생애를 강조하여, 이지는 그 시대의 불평등이나 인민의 불행을 참을 수 없어 분개하여 일어나 하나의 실행자가 되려고 하여, 미치광이가 되기도 하고, 백 가지 천 가지의 어려움 속에서도 봉건통치자에게 용감하게 반항하며 희생되었다고 평가하였다.

다음 1959년 후외려와 구한생(邱漢生)은,

> 그의 사회평등설, 개성자유설과 개성해방설을 볼 수 있으며, 그의 계몽적 인도주의사상도 아주 쉽게 이해할 수 있다. 또한 우리들은 그의 문학평론에서 아주 쉽게 근대식 자연주의사상과 독특한 역사인물평과 미신을 타파하는 독창적 견해를 이해할 수 있다.[84]

고 썼다.

특히 섭국경(葉國慶)은 1958년에 지금까지 알려지지 않았던 이지의 선조들 사적을 집안의 족보에서 찾아내,〈이지의 선조들에 대한 고찰〉이란 논문에서 아랍 지역까지 진출한 조상들의 해상활동 그리고 회교와의 관계 등을 밝혔다. 또한 "명대의 탁월한 이 사상가의 선조들은 동남연해지구의 사회경제발전의 반영"이라고 이지를 상업경제와 중국 자본주의의 맹아시기와 연관시키고 있다.

近代思想解
放的先驱
李卓吾祠堂
福州 范兆琪敬题
一九八七年十二月

이지기념사 안에 있는, 이탁오를 찬양한 글. "근대사상 해방의 선구"

《중국철학사》를 쓴 유명한 철학자로서 자신의 저서에서 이탁오에 대해 단 한 줄도 쓰지 않았던 풍우란(馮友蘭)은 1962년 〈이지로부터 이야기하며—중국철학사 가운데 유물주의와 유심주의가 서로 바뀌어가는 하나의 예증〉이란 긴 논문에서, "유심주의가 유물주의로 전환하는 실례"라고 새롭고 의미 있게 평가하였다.[85] 이러한 논문들이나 저서를 통해서 비교적 많은 지면과 관심이 그에게 주어졌음을 알 수 있다. 반도학·반전통의 투사로서 이지를 평가하며 그의 선조의 해상활동을 특히 중요시하여 명 말 중국에서 사회경제사적인 반영이라 한 것은 의미 있다.

"공자의 상점을 쳐부수자"고 외치던 5·4신문화운동 이전, 이탁오만큼 중국역사에서 지배적 이념이던 유교나 그 대표적 인물인 공자를 격렬하게 비판한 사람은 없을 것이다. 그리고 그가 살았던 명 말이나, 그가 죽은 뒤 오늘날까지 그의 사상이 반봉건적이고 반도학적이었다는 데 대해서는 이론의 여지가 없다. 사회주의 중국에서도 이 유교비판은 중화민국의 5·4신문화운동 시기와 다를 바 없었다. 물론 뒷날 1970년대 초의 인민을 대상으로 한 공자 비판운동으로 대중화한 것

신이학의 대철학자, 풍우란

은 새로운 국면이었다.

당시 이지를 평가한 대부분의 사람들은 이지가 유교 전반에 대한 공격과 함께, 중국에서 '최고의 성인이자 앞선 스승' '모든 시대 스승의 표상' 공자를 반대한 점을 추켜세웠다. 또한 송대의 정이·주희 등 성리학자들에 대한 조소와 비판, 당대의 한유 이래 송대에 와서 강조된 도통론[86]의 부정, 사직(정부)·군주(통치자)보다 백성에 대한 평가를 우위에 둔, 오대의 풍도를 높이 본 점 등을 높이 평가하였다.

2) 유물론적 사상

전통사상의 총 정리나 새로운 시대 이념인 유물주의적 요소를 중국철학에서 찾아보려는 노력이 있었다. 그 일환으로 이지의 사상도 그 연구 대상이 되었다. 1957년 주겸지는 이지가 "소박한 유물론적 관점"[87]을 갖고 있다고 지적하고, 1959년 후외려, 구한성은 〈이지의 진보사상〉에서 "인도주의, 자연주의와 서로 연결된 불확실한 유물주의"의 요인을 논하였는데, 이 주장은 바로 뒤에 나온 대저 《중국사상통사》에서도 되풀이되고 있다. 이 저서에서는 왕양명에 대하여 43쪽을 쓴 데 견주어 이지에게는 65쪽이나 할애하고 있어 매우 주목할 만하다.

풍우란은 이지의 사상이 왕양명의 사상과 유사한 듯하나 서로 다르며, 왕양명의 사상이 사회적으로 반동적인데 견주어 이지의 사상은 "진보적"[88]이라고 전제하였다. 또한 왕양명의 사상은 이지에 와서 하나의 발전을 했지만, 그 발전의 내용은 "반대편으로 돌아가"[89] 오히려 대립적인 면을 형성했다고 주장한다.

따라서 풍우란은 이지가 정주학자들의 "천리를 보존하고, 인욕을 없애버리는 것"과 남녀차별을 반대, 농민혁명에 대한 동정, 개인해방사상, 독립적 사고 등을 지적하여 유심주의체계나 왕양명 학파의 영향을 완전히 벗어날 수는 없었으나 "일정한 정도 유물주의적 요소를 갖고 있었다"[90]고 논하였다.

풍우란은 이지가 "본원을 밝게 하는 것"이 "산하대지"며 또 "본지풍광(本地風光)"이라고 한 것을 들어 왕양명의 "양지"나 "영명(靈明)"에 견주었다. 왕양명은 "본원을 밝게 하는 것"을 주로 하였으나, 이지는 "산하대지"를 주로 하였으므로, 이러한 전변(轉變)이 곧 "유심주의가 유물주의로 향하는 변화"[91]라고, 평하였다.

또 이지가 《초담집》의 〈부부론〉에서 "무릇 처음 사람이 날 때 오직 음양의 이기(二氣)가 있었고, 남녀의 두 생명〔二命〕만 있었으니 이른바 '일(一)'과 '이(理)'란 없었다. 어찌 태극이 있었는가? 이른바 '일(一)'이란 것은 과연 어떤 물건이며, 이른바 '이'란 것은 어디 있으며, '태극'이란 어느 곳을 가리키는가?"[92]라고 한 것을 들어 풍우란은 "이것이 유물주의적인 요소이며 진보적 사회사상과 서로 연계된 것"[93]이라고 말한다. 그는 끝으로 왕양명의 주관적 유심주의와 불교의 선종과의 관계를 논하며 선종 가운데는 '범신론적 경향'이 있음을 지적하고, "이지 역시 바로 범신론의 교량에서부터 유물주의로 가는 경향"[94]을 가졌음을 상기시켰다.

그러나 이러한 시도는 정치적인 목표와 밀접히 관계되었고, 이지가 왕양명의 사상체계를 크게 벗어나지 못한 점이나 선종과의 관련을 통찰할 때 상당한 무리가 있는 것으로 설득력을 갖기 어렵다. 따라서 '이탁오를 유물론자의 상(像)으로 만들려는 시도'는 그리 성공하지 못했다.

3) 자유낭만적 문학사상의 선구

(1) 자유낭만적 문학

명대 후기의 문학사조도 양명학의 좌파라고 불리는 '태주학파'와 깊은 관련이 있었다. 당시 문학의 복고적 경향이 심해 이들에 대해 반복고주의 문학개량운동의 선구가 된 원종도·원굉도·원중도 삼형제는 자유롭고 낭만적인 문학의 공안파를 주도하였다. 인간 성품의 존귀함과 자유로움을 주장한 이들의 성령설(性靈說)은 이탁오에게서 커다란 사상적 영향을 받았다.

그들은 자주 이지를 방문하여 학문과 인생을 논하면서 스승으로 섬겼고, 원중도는 뒤에 전통시대에서 가장 중요한 전기인 〈이온릉전〉을 썼으며, 이지 또한 저서에서 이들에 대한 시, 또는 칭찬 등을 남겼다.

다음으로 이지의 문학적 공헌은 비평가로서 《세설신어(世說新語)》에 비점(비평)을 덧붙인 《이탁오비점세설신어보》 20권이나 《충의수호전서》 등 방점을 찍어 평하는 평점 소설 등이 있으며, 문학이론으로 〈동심설〉은 너무 잘 알려진 글이다. 이지는 이 글에서 "천하의 훌륭한 글은 동심에서 나오지 않은 것이 없다"[95]고 선언하고 "시는 왜 반드시 옛 것들을 골라 뽑은 《고선》이어야 하고, 문은 왜 반드시 선진(先秦)의 것이어야 하는가?"라고 자문하면서 전기, 원본, 잡극, 《서상곡》, 《수호전》 등을 "고금 최고의 문장"이라고 찬양하였던 것이다. 따라서 그는 원씨 삼형제뿐 아니라, 문학이론과 비평을 통해서, 또는 뒷날 김성탄(金聖嘆, ?~1661)에 영향을 주어 중국문학사상에 크게 공헌하였다고 평가되고 있다.

(2) 《수호전》 비판운동과 이지 비판

1974~1975년 중국에서는 '비림비공운동'에 이어 《수호전》 비판운동이 대중적으로 전개되었다. 이지는 일찍이 《수호전》을 동심문학의 최고 작품으로 보아 육경, 《논어》 《맹자》에 비긴 바 있고,[96] 중국에서도 1975년 《수호전》 비판운동 시기에 이 소설이 농민의 반항운동인 농민혁명과 연관시켜 높이 평가되었을 때, 이지도 이와 함께 칭찬받았다.

그런데 이 소설은 봉건왕조체제의 옹호와 투항주의노선으로 1975년에 다시 비판되었다. 물론 이것은 다분히 수정주의적 정치노선을 공격하기 위한 것이었다. 그러나 모택동의, "《수호전》은 투항을 잘 표현했기 때문에 좋다. 그것은 (곧) 부정적인 실례를 통해서 전 인민에게 투항(의 본질)을 인식케 하는 하나의 교훈이다"라는 말에 뒤이어 대중적인 비판이 크게 일어났다. 따라서 이 《수호전》의 주인공 송강(松江)은 봉건왕조에 굴복해서 항복한 농민혁명가인 "투항한 기의자(起義者)"[97] 또는 "농민기의에 대한 반혁명가"[98]로 비판되었다.

그런데 《수호전》은 명대(말)에 정리 완성된 것으로 오늘날도 《이지비점수호전》 《이탁오비평수호전전》 1백 권 등이 중국과 일본에서 발견되고 있다.[99] 비평가들은 이지가 송강이 황제에게 투항한 것을 '충의'라 한 데 대해, "그들의 지배적 지위를 가난한 농민의 기의에 대해서 모든 수단으로 방어하려 한 지주계급의 사상가"[100]로서 이지야말로 '농민기의의 적'이라 하였다.

20세기 초 전통적 비판으로부터 그의 명예가 회복되어 찬양된 이래 그에 대한 최초의 신랄한 비판일 것이다. 그러나 '4인방(四人幇)'이 실각한 뒤 이 《수호전》 비판운동도 다시 부정되자 그에 대한 비난도 당연히 더 이상 계속되지 않았다.

그런데 이지와 관련하여 또 다른 면에서 거론된 것이 있다. 그의 저서에 대한 것으로서 앞서 비림비공운동 동안 출판된 《사강평요》나 《사서평》의 위작과 그 출판의 동기가 문제되었다. 즉, 《광명일보》의 〈《사강평요》의 출판과 4인방의 더러운 속셈〉[101]이란 글에서, 이 저서의 위작 가능성과 진시황과 측천무후에 대한 찬양으로 특히 강청(江靑)은 서둘러서 이를 출판함으로서 "옛일을 인용해 현재를 풍자하는" 그들의 정치목표를 성취시키려 했다는 것이다. 그런데 최근 천주 문물관리위원회에서는 《사강평요》가 위작이 아니라고 다시 확인했다.

이러한 이지에 대한 비난들은 《수호전》의 경우를 제외하면 그에 대한 직접적인 공격이 아니고, 당시 '4인방'이나 그 적대자들이 서로 정치적인 면에서 공격하기 위한 간접적 비판의 성격을 띠었다. 즉, 그의 중요사상에 대한 근본적인 부정이나 비판은 아니었다. 그러나 4인방이 실각한 뒤 당시의 역사평가가 '영사사학(影射史學)'이라 비판되면서, 그들이 이지를 공격했던 것은 설득력과 의미를 잃게 되었다.

위작의 논란이 있는 《사강평요》
(중화서국, 1975)

4) '비림비공운동'에서 이탁오

중국에서 '또 다른 문화혁명'[102] 또는 '문화혁명의 마지막 단계'[103]라고 평가되기도 한 임표(林彪, 1908~1971)와 공자에 대한 비판운동〔비림비공운동〕이 제10차 중국공산당대회가 열렸던 1973년 8월부터 1974년 말까지 전국적으로 격렬히 전개되었다.《인민일보》《광명일보》 등 중국의 대표적인 일간지는 물론《홍기》《학습과 비판》《문물》 또는 각 대학의 신문이나 선전용 소책자 등을 통해서 학자나 지식인들뿐 아니라 노동자 농민에까지 이르는 대중운동이었다.

문화대혁명 뒤 한때 국방부장을 지내고 모택동(毛澤東, 1893~1976)의 후계자로까지 지목되었던 임표에 대한 공격은 현실정치 상황에서 충분히 이해될 수 있지만, 공자와 유교에 대한 공격은 당시 중국 밖의 많은 사람들에게 비상한 관심과 의문을 갖게 하였다. 이러한 공자와 유교에 대한 공격은 이미 태평천국운동(1850~1864) 이래 1919년 5·4신문화운동을 거쳐 중국 초기에도 계속된 '한 세기의 논쟁'[104]의 성격을 갖는다. 마찬가지로 금세기 초에 시작된 이지에 대한 '근대적 평가'도 이 비판운동 가운데 대중교육의 성격을 띠고 전개되었으므로 그 어느 때보다도 긍정적이고 찬양이 함께 따랐다.

(1) 법가를 존경하고 유가를 반대한 사상가

사회주의 중국의 성립 이전이나 그 초기에 이지의 반공자, 반유교사상은 늘 지적·강조되었고 실제로 그것은 그의 사상 가운데 가장 중요한 면이다. 그런데 이 시기에 오면 사상 처음으로 법가를 존경한 사상가이거나 법가사상가로 찬양되었다. 그러나 법가를 존경하거나 또는 법가사상도 역시 반유가사상과 양면을 이루는 것으로 파악되고 있어 밀접한 관계를 갖는다. 그런데 이 기간 동안에는 중국 수천 년의 사상사 유가와 법가의 투쟁사로 설정된 이른바 '유법사관(儒法史觀)'에 그 특징이 있다. 이러한 시도로 북경사대(北京師大)의 경사(慶思)는,

요녕성 경극단의 비공운동

산동성 곡부의 비공운동

> 장기간의 중국 봉건사회에서 법가를 존경하고 공자를 반대하거나, 공자를 존경하며 법가를 반대하는 두 종류의 사상은 격렬한 투쟁을 계속해왔다. 그런데 공자 존경과 법가 반대의 사상적 조류는 반동, 암흑 정치세력의 이익을 대표하나, 법가 존경과 공자 반대는 곧 혁명계급과 진보사상가가 복고적 사상에 반대하는 무기가 되었음을 투쟁의 역사는 증명한다.[105]

고 주장했다. 따라서 역사에서 매우 긍정적인 활동은 법가에 따라서, 부정적인 구실은 유가에 따른 것으로 파악하려는 무리한 시도였다.

진시황(秦始皇)에 대한 평가는 이 존법(尊法)이나 법가사상에 대한 찬양과 함께 가장 상징적인 대중운동이었다. 기원전 221년 전국시대의 혼란을 극복하고 중국을 통일한 진의 시황제가 매우 높이 평가되었다. 그런데 이지의 존법사상의 특징은 진시황을 고도로 찬양한 점이라고 지적된다. 즉, 진시황의 역사적 공적에 대해,

> 진시황은 중국 봉건사회 초기 지주계급의 걸출한 정치가로서 '현재를 중시하고 과거를 가볍게 여기는〔厚今薄古〕' 사조의 전문가로서 역사 발전의 추세에 적응하여 중국역사에서 최초의 통일된 중앙집권적 봉건국가를 창립했으며 법가를 숭상하고 유가를 반대[106] …

라고 평가한 것으로 보인다.

> 그러나 진시황은 역사에서 유가들에 따라서 자주 앞선 성인의 도를 멸하고, 제왕의 제도를 고쳤으며, 성인의 책을 없애고 불태우며 선비를 묻어 죽였다.[107]

는 비난을 받고 있는데, 이에 대해 이지는 "참된 영웅을 유약한 인물로 그려낸 것"[108]을 분개하여 옛날부터 죄인으로 잘못 멸시된 진시황을 "역사에서 가장 훌륭한 황제"[109]라고 정열적으로 찬양했다는 것이다. 진시황에 대

한 숭배나 이지의 법가사상적인 요소로서 그의 저서인《사강평요(史綱評要)》가운데 책을 태우고 선비를 묻어 죽인 '분서갱유(焚書坑儒)'에 대해서 "전국시대 이후 형세가 이 정도까지 이르러야 했다"고 한 것은 크게 찬양되었다. 진시황에 대해서, "시황이 세상에 나고 이사가 재상이 되어 하늘이 무너지고 땅이 꺼지는 세상의 뒤집힘을 가져왔다"는 점이 자주 강조되었다. 이 시기에 진시황에 대한 평가는 그가 법가사상에 바탕을 둔 정치를 했고, 또 법가를 많이 등용시켰다는 데 초점을 맞추려 하였다.

그러면 이지의 사상 가운데 어떤 요소 때문에 이 시기에 그는 '명대의 저명한 법가대표'[110]라고 불리게 되었는가? 이것은 매우 중요한 논점임에도 널리 찬양된 만큼 깊이 연구되지 못하였다. 그에 대한 가장 중요한 논리적 근거를 인성론에서 찾으려 한다. 즉, 송·명의 도학에서 크게 내세운 "모든 사람의 마음은 원래 착하다"라는 인식론과 관련해서 "천리를 존중하며, 사람의 욕심을 없애는 것"에 대해, 이지는 "모든 사람은 사사로운 욕심을 갖는다"는 주장으로 맞섰으니, 이는 곧 맹자에서 비롯된 송대와 명대 유가들의 성선설을 부정하고, 순자에서 비롯된 법가들의 성악설(性惡說)과 일치된다는 것이다.[111]

(2) 법가 찬양자 이탁오

이탁오는 이회(李悝, B.C. 445~395), 오기(?~B.C.338) 등을 "학문은 실용을 위해 힘써야 한다"는 목표를 가장 잘 수행한 인물로 보고, 순자(B.C. 313~238)를 맹자보다 높이 평가하여, "그(순자의 학설)의 쓰임이 더욱 통달하여 우회적이 아니었는데, 당시에는 어째서 순자를 누르고 오로지 맹자만을 추켜 올렸는지 모르겠다"[112]고 칭찬하였다. 한편 진의 재상 상앙(商鞅, ?~B.C.338)에 대해서도, "상군(商君)이 진의 재상으로 겨우 10년 만에 드디어 부강해져서 진으로 하여금 황제의 업을 이루게 했으니, 비록 그들이 상앙의 몸을 죽일 수 있었으나, 결국 그의 법은 폐할 수 없었다"[113]고 격찬하였다. 경사는 이탁오의 사상을 전반적으로 평가하여,

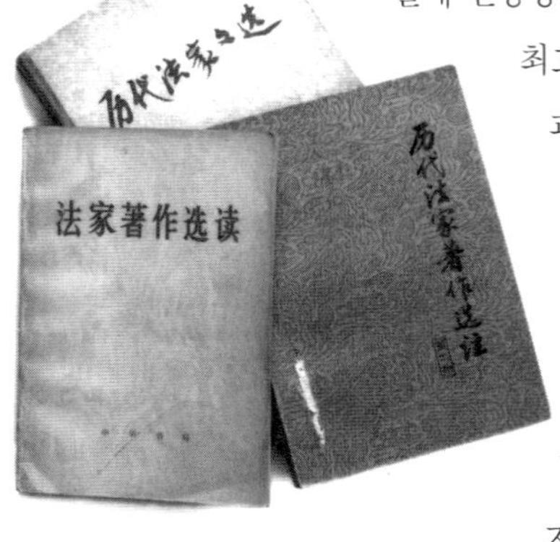

유가 비판 법가 찬양의 저서들

> 2천여 년에 걸친 유교와 법가의 투쟁의 역사에서 명대 말에 반동통치계급으로부터 홍수와 맹수처럼 여겨졌고, 최고의 이단이었던 이지는 선명한 법가 존중과 공자 반대의 경향을 가진 진보사상가였다.[114)]

고 썼다. 멀리 370여 년 전, 봉건사회에서 이지는 능히 선명한 법가 존중과 공자 반대정신으로 성리학자들의 썩어빠짐과 반동을 심각하게 폭로하였고, 공자로 시비의 표준을 삼는 데 대해 맹렬하게 반대하였다. 그는 아울러 역사에서 진시황과 법가의 긍정적 작용과 그 지위에 대해 고도로 찬양했다. 또 진시황 때의 재상 이사(李斯, ?~B.C.208)를 "때와 군주를 잘 알고 있었던 명신"이라 평가하여 이사의 강력한 군현제 주장에 대해서, 아래와 같이 단호하게 말한다.

> 이들은 모두 시대의 운에 순응하는 호걸들이며, 시기를 알고 처신하는 대신이니 성인이 다시 나도 그것을 바꿀 수는 없다.[115)]

《장서》에는 "재주와 능력을 갖춘 명신"에 넣었다. 한대 이후의 정치가들인 조조(晁錯, B.C. 200~154)나 상홍양(B.C. 152~80), 삼국시대의 조조(155~220)나 당대 유종원(柳宗元, 773~819)의 〈봉건론〉이나 송대 왕안석(王安石, 1021~1086)의 신법 등을 모두 법가정치로 보고 긍정적으로 평가했다. 이지는 유가들을 가리켜, "자기들이 이미 일정한 학술이 없으니, 어찌 뒷날에 큰 공이 있겠는가?"[116)]라고 했다. 이에 견주어 법가 인물 전반에 대해서는, "각각 일정한 학술이 있어 각각 반드시 일의 공을 이룰 것이다"[117)]라고 했다. 그 사상의 적극성과 긍정적 요인을 대조적으로 여실히 볼 수 있다고 평가하였다.

그러나 이탁오에 대한 이러한 평가들은 대부분 그의 많은 글 가운데 어느 한 부분만을 뽑아 지나치게 강조하거나 정치적인 목표를 겨냥해 너무나 획일적인 성격을 띠고 있다. 그리고 이렇게 중국의 사상사를 '유가와 법가의 투쟁사'로 보려는 '유법사관'은 4인방이 실각한 뒤 중국의 역사를 잘못 해석한 "과거 역사의 실례로 현실을 빗대어 비판하는 영사사학(影射史學)"118)이라고 다시 격렬히 비판되었다.

송대의 신법 개혁가, 왕안석

한편 이러한 평가는 1850년 태평천국운동 이후 5·4신문화운동 시기를 거쳐 사회주의 중국 수립에 이르기까지 계속된 공자 반대운동이 그 극에 달한 것으로 볼 수도 있을 것이다. 중국에서 이지를 찬양한 시도가 중국역사에서 처음 있었던 것은 아니나, 대중(교육)운동의 성격을 띠고 전개되었다는 점과, '법가 존경 내지 법가사상가'의 평가는 '이지에 대한 평가의 새로운 한 장(章)'으로서 그 의의가 있다.

(3) 사회주의 중국의《장서》출판의 의미

사회주의 중국에서《장서》와《속장서》를 출판하면서

> 《장서》의 집필과 출판은 완전히 명 왕조 말 대지주 계급과 공자를 존경하고 법가를 반대하는 투쟁 가운데 생산된 것이다. 이지가 살았던 16세기 중국은 봉건사회의 생산방식이 이미 해체되기 시작하여 봉건사회 내부에서 상품경제의 발전이 일어나 자본주의의 싹이 이미 트고 있을 때였다.
>
> … 송대 이래 봉건통치사상의 도학은 비길 데 없는 권위로 정이·정호와 주자는 공자·맹자 다음으로 높여져 유교의 단에 모셔졌다. 그러므로 송과 명 왕조의 도학의 반동적 본질을 폭로하고 공자·맹자의 사상이 갖는 신성한 권위를 비판하여 당시 사상계에서 선진사상가의 전투적 임무를 완성했던 것이

> 다. 이지의 《장서》는 바로 이러한 한 시대의 요구를 반영한 저작이다.
>
> …《장서》의 모든 권(卷)에서, 이지는 유교를 반대하고 법가를 존경하는 선명한 관점으로 공자의 시비를 모든 시비표준으로 하는 데 반대하였다. 그러므로 이지는 한대 이후 천여 년 동안 "공자의 시비로 시비를 했으므로 사실상 시비가 없었다"고 비판했다. 그는 역사인물을 거듭 새롭게 평가하여 "천만세의 시비를 뒤집어엎는다"고 유가의 전통관념에 대한 전쟁을 선언했다.
>
> 아울러 이지는 6국을 통일한 진시황을 "역사 이래 최고의 황제〔千古一帝〕"라 찬양하고, 역사에서 위대한 공적을 세운 저명한 지보(至寶)적 법가사상가로서 이사, 관중, 상앙, 한비자, 상홍양, 유종원 등을 재능과 국가를 부유하게 한 명신으로 높이 평가하였다.
>
> 이와 달리 〈도통(道統)〉과 〈정심성의(正心誠意)〉를 추구하며 "공자 없이는 한 걸음도 앞으로 나아갈 수 없는" 복고적 유가들을 가리켜 "무궁한 해독을 끼치는" 사람들로서 "참으로 천하 국가를 다스려서는 안 된다"고 단언하였다.[119)]

고 이지의 《장서》가 사회주의 중국에서 출판하는 의의를 강조했다.

3. 중국 밖의 이탁오 사상

1) 한국의 이탁오 사상

(1) 허균과 이탁오의 사상적 만남

한반도는 중국과 지리적으로 가깝고, 유사 이래 문화적으로 커다란 영향을 받았다. 그렇다면 이탁오가 남긴 16세기 당시 조선에 대한 기록이 있었을까? 반대로 조선의 학자나 지식인들이 그로부터 어떠한 영향을 받았는가? 《속분서》 가운데 친구 매국정이 중국의 서부 변방에서 일어난 변란을 진압하는 데 대해 주의한 것을 기록으로 남겼는데, 그 책에 뒷말을 썼다.

여기에서 우리나라에 관한 문제가 간접적으로 논의되고 있다.

이탁오는 임진왜란 때 조선을 돕기 위해 왔던 명나라 장군 이여송(李如松, ?~1598)의 아버지인 이성량을 크게 칭찬하고 있다. 이성량(李成梁)은 원래 선조가 조선의 평안도 강계에서 중국으로 귀화한 사람으로 군사적으로 큰공을 세웠으며 특히 요동지방에서 활약이 두드러졌다. 한편 이탁오는 운남의 지부로 있을 때 고양겸을 알게 되었다. 고양겸(顧養謙, 1537~1604)은 능히 (조선에 침입한) 왜를 제압할 수 있다는 여론을 일으켰다. 고양겸은 곧 병부의 시랑으로 계(薊)와 요동의 여러 군사적 업무를 총감독하였으며, 조선경략(朝鮮經略)이란 중책도 겸하였다.[120] 이탁오는 그에게 아래와 같은 편지를 썼다.

> 지금 형세를 보면 왜군이 부산에 집결하여 진을 치고 있는데, 그들은 10년이나 힘을 합쳐 국력을 기르고 10년 동안 군대를 훈련하여 편안히 앉아서도 조선을 제압할 수 있다고 스스로 떠든다고 합니다. 그런데 오늘날 우리 명은 조선을 돕느라고 중원과 변방이 다 텅 비어 있습니다. 바닷길과 육로를 이용해 전쟁을 위한 사람과 물자를 운송하고 있지만, 8년(7년의 잘못)이 지나도록 아직도 전쟁은 끝나지 않았습니다.[121]

70세가 넘은 노인이 멀리 조선의 전쟁과 관계된 당시 명 왕조의 어려운 실상에 대해서 관심이 있었음을 알 수 있다. 특히 유능한 장군과 특별한 전략이 필요함을 역설하고 있다. 그런 점에서 이성량의 맏아들 이여송이 조선에 파견되어 평양성을 회복하고 왜군의 사기를 꺾어놓은 것은 전쟁의 형세를 뒤집는 결정적 계기가 되었다. 이 점에서 이탁오는 간접적으로 조선의 임진왜란에 대해 공헌했다고 할 수 있다.

여기서 특기할 만한 사실은 바로 임진왜란이 끝나고 전쟁의 피해로 사회가 혼란할 때, 혁신적 사상을 주장하며 《홍길동전》을 쓰고 반역으로 몰려 죽은 허균과 이탁오의 문제이다. 우리나라 최초의 한글 소설인 《홍길동전》을 쓴 허균(許筠, 1569~1618)은 화담 서경덕(花潭 徐敬德, 1489~1546)의 문인이었던 아버지 허엽(許曄, 1517~1580)과 후취인 어머니 강릉 김씨 사이에서 태어났다. 그의 형 허봉(許篈, 1551~1588)과 누이 허난설헌(許蘭雪軒, 1563~1589)도 그 당시 모두 문장으로 이름을 떨친 수재들이었다.

허균은 임진왜란 때의 유명한 재상 서애 유성룡(西厓 柳成龍, 1542~1607)에게서 배우는 등 유교 교육을 받아 관직을 지내면서도 염불과 참선 등으로 불교를 믿어 비판을 받기도 했으며, 중국에서 천주교의 기도문과 지도를 들여오기도 했다. 그는 유교뿐 아니라 당시 그가 접할 수 있었던 불교, 도교 등 모든 사상에 깊은 관심을 가졌다. 실패한 정치적인 경력보다 역사에 커다란 발자취를 남긴 것은 소설 《홍길동전》이다. 당시의 사회적 부조리와 남녀의 심한 차별, 그리고 하층민의 고통 등에 대해 허균은 소설을 통해 사회변혁을 호소했던 것이다.

《홍길동전》의 주인공은 사회주의 중국에서 '농민봉기'의 성격으로 파악하는 《삼국지연의》나 《수호전》의 영향을 받아 만들어진 것으로 보인다. 한편 이 저작에는 조선사회의 커다란 병폐였던 남성들의 축첩과 적자와 서자를 차별하는 사회적 모순을 지적하려는 의도가 숨어 있다. 어쨌든 그가 매일 접하고 있는 현실 문제를 소설의 주제로 삼았다는 것은 대단히 용기 있는 일이며, 혁명적이라고 할 수 있다.

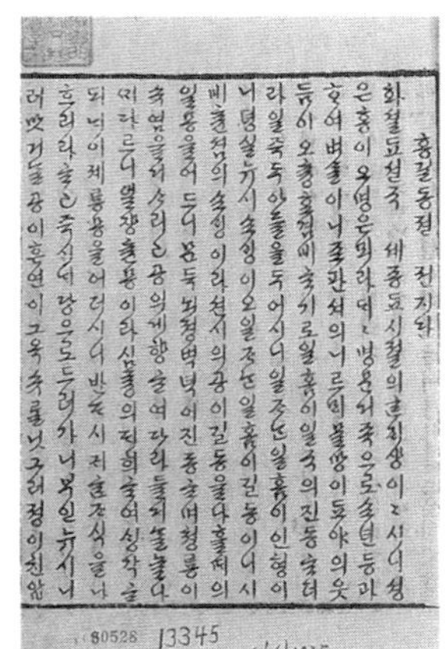
홍길동전

《홍길동전》의 표지와 본문

이처럼 반유교적이고 혁명적이었던 허균은 당시 명나라로부터 사상적 영향을 크게 받았다고 여겨진다. 바로 명나라의 사상가인 이탁오의 영향이었다. 이탁오는 경서와 역사서, 문학과 종교에 이르기까지 엄청난 저서를 출간하여 당시 중국에서 유행하고 있었다. 그런데 허균은 외교 문서를 맡아보는 종사관으로 세 차례 중국을 여행하게 되었는데, 그가 첫 번째로 중국에 갔던 1597년(선조 37)은 이탁오가 아직 살아있을 때였다.

이가원 교수는 "허균은 한국의 이지"로 생각할 수 있다고 주장하였다. 이가원은 이탁오가 양명학의 좌파인 것처럼, 허균은 이퇴계 등 조선 정통 유학의 좌파로 보아야 할 것이라며, 《유교반도(儒教叛徒) 허균》[122]을 출간하였다. 이탁오와 허균은 34년 동안 같은 시대에 살았고, 허균은 17세 때 북경에 가서 서양과 베트남에 관해 들었으며, 천주교를 접했고 지도를 얻어 가지고 돌아왔다.

허균의 가장 중요한 저서로서 우리나라의 대표적 한글 소설인 《홍길동전》이 불의에 대항할 정의로운 싸움과, 내면적으로 차별을 받는 여성의 문제를 다루었던 것은 아마도 이탁오의 영향이 아니었을까. 1602년 76세로 이탁오가 탄핵을 받아 옥중에서 자결했을 때, 그에 대한 죄상 가운데 매우 중요한 부분이 바로 시대를 뛰어넘는 진보적 여성관이나 여성들과의 교류와 남녀공학에 있었던 것이다. 이러한 점에서 볼 때, 허균도 유교적 사회제도의 축첩제도와 적자와 서자의 차별 문제에서 부당한 대우를 받는 여성의 억울함을 고발하여 사회화하였다고 볼 수 있다. 또 최근 《허균평전》을 쓴 허경진도 이탁오와 허균의 관계에 대해,

> 지금 전하는 허균의 문집 《성소부부고(惺所覆瓿藁)》에는 이탁오에 관한 글이나 책을 인용한 부분이 없다. 이는 허균이 처음 문집을 엮었던 1611년까지는 이탁오의 책을 읽지 않았다는 증거이기도 하다. 그러나 허균이 죽던 해에 엮은 《한정록(閑情錄)》 권13에는 이탁오의 책이 한 구절 인용되어 있다.
>
> 이 구절 밑에는 《이씨분서》라는 출전이 밝혀져 있는데, 그가 유교반도로 몰려서 죽었으므로 이름을 감추고 '이씨'라고만 밝힌 듯하다. 허균의 경우에

> 도 그가 역적으로 죽은 뒤에는 이름을 제대로 기록하지 못하고 '균(筠)'이라고만 기록했으니, 이들은 죽은 뒤에도 성리학 사회로부터 같은 대우를 받았다.
>
> 허균은 이탁오의 책을 처음으로 우리나라에 소개했으며, 그가 꿈꾸었던 자유로운 세계를 이 땅에 건설하려고 했다. 그렇지만 자신도 유교반도의 길을 걷다가, 이탁오와 같이 결국 역적으로 몰려 죽고 말았다.[123]

고 하면서 이가원에 이어 이탁오와 허균 두 사람의 사상적 연계성을 논증하고 있다. 명 말의 중국이 왕조 쇠망의 징조가 뚜렷해지고, 조선이 임진왜란으로 사회적 혼란과 병폐가 극심했던 시기에 이탁오와 허균 두 사람은 각기 중국과 조선에 살았다. 그들은 무너져가는 왕조의 혼란을 극복하고 사회를 변화시키려 하여 그 병폐의 원인을 허위와 형식으로 가득한 주자학의 전통과 사회적 인습으로 보고 그를 타파하려 하였다.

따라서 이들은 유교의 형식과 불필요한 전통을 가차 없이 공격하면서 개혁을 통한 새로운 세계를 갈망했던 것이다. 그러므로 이러한 비판과 공격은 당시 사회를 지배하던 권력층이나 유학자들로부터는 사회를 파괴하는 반역자로 보일 수밖에 없었다.

이탁오와 허균은 16세기 말 17세기 초 중국과 한반도라는 유교문화의 전형적인 국가에서 유교전통을 반대하여 싸웠으므로 유교의 파괴자 또는 반역자로 정죄되었다. 그러나 바로 이 때문에 그들은 모두 유교와 사회의 진정한 개혁을 추구하며 투쟁했던 해방 유학자였으며, 역사에서 보기 드물게 시대를 앞서간 독특한 반항적 사상가였다.

(2) 20세기 후반의 이탁오 연구

① 동양사개설 속의 이탁오 서술

1990년대 이전 우리나라에서 출간된 개설서에서 이탁오에 관한 서술을 살펴보자. 해방 뒤 중요한 동양사개설서가 두 책 있었는데, 1955년에 출판된 채희순의 《동양사개론》에는 이탁오를 직접 거론하지 않았다. 그러나 같

은 해에 출간된 조좌호의 《동양사대관》에서는,

> 양명의 문하에는 많은 인재가 배출되어 각각 믿는 바에 따라 스승의 학설을 계승 발전시켰다. 그 중에서도 왕기, 안균, 하심은, 이탁오 등의 양명학 좌파는 양명의 양지학설을 극단으로 추진시켜 인심의 자유 자율을 강조하는 나머지, 학문연구를 경시하고, 분방하고 교만 과격〔奔放矯激〕의 폐단을 자아내어 드디어 명교의 윤리에 대하여 반항의 기세를 보였다. 특히 이탁오와 같은 자는 다만 양지만 있으면, 주색과 광태를 부리더라도 성인이 되는 데 지장이 없다고 극언하였다. 이것이 이른바 명말 유학의 횡류(橫流)인데[124) …

이는 16, 17세기 중국의 정통적 관료지식인들이 이탁오를 비판하고 정죄한 그대로였다. 그뒤 우리나라의 동양사개론에서는 이탁오에 관해 거의 다루지 않았다. 비록 이탁오에 대해 다루었다 해도, '주색(酒色)과 광태(狂態)'를 부렸다고 하거나 전통적 가치관에 반기를 들고, '심학(心學)의 횡류(橫流)를 이루었다'고 매우 부정적으로 썼다.

중화민국의 5·4신문화운동 시기에 일어났던 이탁오에 관한 연구 열기나 사회주의 중국의 연구성과와 평가는커녕, 일본과 미국 등의 놀랄 만한 연구성과에도 우리는 영향을 받지 못하였다. 그러나 이 시기 윤남한, 고병익, 황원구 교수 등이 이탁오를 소개하기 시작했다. 오상훈 교수가 〈이탁오의 교우관과 사생관〉을, 필자가 〈중공에 있어서 이지상의 정치적 수용관〉과 〈이지의 사회비평〉 그리고 〈이지의 역사관 시론〉 등을 발표하였다.

1990년대 들어서도 동양사개설에서 이탁오 서술은 커다란 변화가 일어나지 않았다. 중국대륙에서 문화혁명이나 비림비공 등 유교 비판과 이탁오 찬양의 물결이 지나가고 나서도 변화가 일어나지 않았던 것이다. 위에서 본 '주색과 광태'나 '심학의 횡류' 식 평가가 되풀이되거나, '공소한 이론의 희롱'으로 실제와 거리가 멀었다고 비판되었다.

다만 1993년에 출간된 저자의 《동양의 역사와 문화》에서 양명학의 태주학파에 대해서 다음과 같이 썼다.

> 이지는 아주 독특하고 이단시된 사상가였는데 유교·불교·도교 등을 연구하여 그의 합치점에서 진리를 찾았다. 그는 인간의 순진한 자연 상태인 동심에 의한 사고와 행동을 최선으로 생각하여 기성의 유교적 권위와 사회의 관습에 대하여 무비판적으로 맹종하는 학자나 정치가의 명교의 윤리를 기탄 없이 비판하였다.
>
> 이들은 양지학설을 극단으로 해석하고 인심의 자유와 자율을 지나치게 강조하여 수양을 위한 공부와 경서의 학습에 소홀히 하였다는 비판을 받기도 하였다. 어쨌든 이지의 반전통사상과 비판은 당시의 정치·사상·문화 그리고 남녀평등사상에 광범위하게 영향을 미쳤다. 이후 그는 5·4운동 시기나 사회주의 중국에서도 반봉건·반전통사상의 선구자로 높이 평가되었다.[125]

아마도 우리나라에서 출간된 동양사개설서 가운데 유일하게 이탁오를 긍정적으로 평가했을 것이다.

② 서양언어로 번역된 개설서

우리말로 된 개설서가 매우 부족한 상황에서 1964년경, 미국의 존 페어뱅크(John K. Fairbank)와 에드윈 라이샤워(Edwin Reischauer)의 저서인 《East asia the great tradition》이 전해종, 고병익 등이 옮겨 《동양문화사》라는 이름으로 나왔다. 이 책 속에서는 이탁오에 대해 직접적으로 서술하지 않았다. 그와는 대조적으로 1985년 이동윤이 번역한 프랑스 자크 제르네(Jacques Gernet)의 《동양사통론》에서는 그 어느 저서보다도 이탁오에 관해 긍정적으로 많이 서술하고 있다. 그는 〈중국의 르네상스 문화〉에서 이지를 우선 "실천적 지식과 육체적인 활동의 중요성을 주장하여 구태의연한 지식계급의 전통에 저항한 사람"[126]이라고 평가하였다.

제르네는 1550년에서 1644년 사이를 '중국의 르네상스'라고 부르면서, 분열된 왕수인 사상의 좌파지지자들(왕간, 왕기, 나여방) 가운데 이지를 가장 전형적으로 자발성과 저항정신을 가졌다고 평가하였다. 특히 '반관례주의자'로서 이지를 보고, 가정적으로 이슬람교의 영향을 받아 상업과 외국을 이해했으며, 자유분방하여 절대적 권위를 갖는 경전을 비판했고, 이탈리아의 선교사 마테오 리치와 교류하면서, 마테오 리치의 저서인 《천주실의》나 《교우론》을 중국의 지식인에게 소개했다고 지적한다.

또 이탁오는 통속문학의 애호가로서 당시의 대표적 소설이었던 《수호전》이나 《삼국지연의》 등을 주석하여, 뒷날 공안파의 원씨 삼형제에게 영향을 주어 단순하고 직접적인 회화체 언어로써 고루한 옛글을 무조건 모방하는 풍조를 반대했다고 평가한다.

더구나 나라를 어지럽힌 해적의 우두머리를 칭찬하며 조정의 왜구 방어 정책, 상업과 인구 문제의 부적절함, 정부군의 무능과 민병의 유능함 등을 서슴없이 주장 비판하였다. 16세기 말에 두드러지게 나타난, "도시의 비약적 발달과 독창성, 그리고 전통의 모순을 훌륭하게 비판했던 지식인"[127]이라고 칭찬하면서 "17세기 초반의 위기에도 이탁오에 비길 만한 어떠한 인물도 출현하지 않았다"고 아주 상세하게 그의 사상과 공헌을 서술하였다.

그는 계속해서 유교적 지식인으로서 불교에 기울었던 이탁오와 마테오 리치의 관계를 지적하고 김성탄의 문학에 끼친 영향도 아울러 기술하고 있다.[128] 내가 아는 전 세계의 어느 개설서보다 이탁오에 관해 가장 상세하며 객관적이고 호의적으로 썼다고 하겠다. 한편 이러한 중국사학자들의 무관심 내지 부정적 견해와는 달리, 문학 전공자인 이가원은 1959년 《중국문학사조사》에서,

> 이지는 명 말을 대표할 만한 일대 사상가였는데, 그의 사상은 극히 높고 확트여〔高邁 開脫〕 일체의 속박에서 해방을 얻었으니, 그는 벌써 16세기 당시에 남녀의 공학을 주장하되 여자의 재능과 지혜가 남자에 미치지 않음을 설명하였으며, 탁문군의 개가문제를 찬미하였고, 또 육경, 《논어》 《맹자》에 대해 논급하였으되, "어리석은 학생들과 멍텅구리 제자들이 스승의 학설을 기억하되, 머리는 있으나, 꼬리는 없으며, 뒷부분은 얻었으나 앞부분을 잃어버려 그의 소견에 따라 책에 써놓았다"고 하였고, 문학에서는 자연과 또는 진실한 내용과 고인의 것을 답습하지 않아야 함을 주장하는 동시에 《서상》 《수호》 《비

> 파》 등 소설 · 희곡을 높이 평가(찬상)하였던 것이다.[129)]

라고 했으니, 이는 당시 우리 학계의 상황으로 보아 매우 정확하고 객관적이며 아울러 전향적으로 파악하고 기술하였다고 하겠다. 그는 이어서,

> 이지의 사상은 왕수인으로부터 발단되었으나, 각 학파를 종합하여 집대성하였으니, 그의 학문에는 일정한 스승이 없었으며, 문호의 의견에 구애치 않고, 각 가(家)의 의견을 호흡함에 노력하여 포함성이 극히 커서 일체의 작은 구애에 초탈하였던 것이다. 그의 열광적인 인기는 이로 보아서 짐작할 수 있거니와, 아울러 20세기 전후의 신문화운동 동안에도 그의 정신이 핏줄 속에 뛰놀았으니, 중국의 5 · 4운동 동안의 진독수 · 오우 등은 모두 이지를 사숙하였던 것이다.[130)]

라고 썼다. 아주 훌륭한 평가로 뒷날 이탁오와 허균을 비교하여 연구할 바탕을 여기서 이미 마련하고 있었다. 위에서 본 것처럼 한국의 동양사개설 속의 이탁오에 관한 서술은 무시되었거나 대부분 부정적으로 서술되었다. 20세기를 넘기는 시점에서 출간된 개설서에서도 마찬가지였다. 사실 필자의 《동양의 역사와 문화》 말고는 전혀 발견할 수 없었던 것은 놀라운 일이다.

그와는 대조적으로 프랑스의 쟈크 제르네는 앞에서 본 대로 자신의 《중국사통론》에서 어느 저서보다도 상세하고 객관적으로 평가하고 서술하였음은 특기할 만한 일이다. 독일의 개설서에서도 긍정적인 기술을 발견하게 되면서, 나는 무엇이 이러한 차이를 가져왔는가에 대해서 생각해보지 않을 수 없었다.

그것은 우리 학계의 한계이기도 한데, 아마도 학문의 객관화가 어렵기 때문일 것이다. 어느 중국인의 말처럼 한국이 중국보다 더 유교적이기 때문일지도 모른다. 기성의 고정관념 틀에서 벗어나기 위해서는 상당한 시간이 필요했던 우리 역사의 중력은 아직도 그 힘을 잃지 않은 것일까? 특히 성리학의 전통이 동양의 어느 유교국가보다 더 확고한 때문일 수도 있다.

(3) 이탁오 연구의 활성화

① 이탁오 연구의 시대구분

20세기 후반 한국에서 이탁오 연구는 대체로 세 시기로 나눌 수 있겠다. 첫 번째 시기로 1970년대 말까지는 탐색기였다. 대륙이나 일본에서 연구를 통해 관심은 있었으나, 자료나 분위기에 접근하기 어려웠던 때였다. 불행한 일제시대와 이어지는 이 시기에 이탁오에 관한 관심은 극소수의 학자 말고는 거의 없었다. 또 아직 우리나라의 모든 학문적 정착이 매우 부진한 시기이기도 했다. 문학계나 철학계에서 이지는 유교와 윤리를 부정한 미치광이로 거의 인식되고 있었다. 이것은 과거의 전통적 정죄(定罪)를 그대로 답습하는 것이었다. 《명사》에도 독립된 열전(列傳)이 들어 있지 않아 접근이 어려웠고, 접근 가능한 자료들이 대부분 그를 심하게 비판 부정하고 있었기 때문이기도 했다.

그에 대한 본격적인 연구는 중국이나 일본, 서양 등 외국과의 학문적 교류가 활발해지기 시작한 1980년대 이후부터 이루어졌다. 중국의 문화대혁명이나 '비림비공운동'의 영향이 그때야 우리에게 뒤늦게 밀어닥쳐 현대 중국의 정치나 혁명의 열기가 학문에 크게 영향을 미쳤다. 그러므로 한국은 중국에서 가장 가까우면서도 이탁오에 관한 연구가 아주 부진한 나라였다. 그러나 이때부터 한국에서는 이탁오에 관한 연구가 활발히 펼쳐지고 있다. 이 시기는 중국이 혁명의 격동적인 조류에 휩싸였던 것처럼, 한국이 민주화의 열기 속에서 사회주의 중국의 정치·문화적 영향을 크게 받기 시작했다.

2000년 이후의 시기는 매우 짧은 기간이나 이제 그에 대해 객관적이고 학문적인 연구가 가능하게 된 시기다. 중국도 문화대혁명의 후유증을 씻어버리고 새로운 사회를 건설하는 데 박차를 가하기 시작하는 시기다. 따라서 이제 정치성에서 벗어나 차분히 그의 참된 가치와 모습을 찾아볼 수 있는 때가 된 것이다.

② 탐색과 소개의 시기

1970년대 중국 등 해외 학술교류가 활발해지면서 동양사학계에서도 황원구, 고병익, 윤남한 등이 이탁오를 우리 학계에 소개하기 시작했다. 윤남한은 《조선의 양명학연구》를 통해 이탁오에 관해 커다란 관심을 가지면서 1970년대 후반 이탁오의 《도고록》의 일부를 번역하였고,[131] 《허균문선》을 통해 허균과 이탁오의 관계를 확신하면서 확증을 찾으려했다. 그의 《도고록》 초역(抄譯)은 우리나라 최초로 연구 소개된 업적이었다. 1998년 홍승직은 《분서》를 초역하였는데, 이는 윤남한에 이어 두 번째의 중요한 번역이었다.

고병익은 〈유교의 이단자 이탁오(1527~1602)〉[132]에서 유교의 이단자로서 이지의 사상을 언급하고 있는데, 여기에서는 이지의 비판정신이 적용된 대상인 역사상의 인물들을 주로 열거하면서 세속을 뛰어넘어 합리주의와 개성을 존중하는 견해나 역사평론에 기여한 것들을 서술하였다.

황원구는 〈정통과 이단—중국 사상의 저류〉[133]에서 그 시대의 정신사를 파악하려는 문제의식에서 권위의 상징인 정통과 저항의 기치인 이단의 대립과 갈등이야말로 중국의 전통을 살펴보는 데 지나쳐버릴 수 없다고 하였다. 그러한 이단자로서 후한 시대의 왕충(王充, 27~104), 당대의 사학자 유지기(劉知幾, 661~721), 이지 등을 대표로 들고 있다. 이것은 시론적인 글이지만 한국에서 일반 학술잡지를 통해 이지를 언급한 초기의 글이다. 그는 또 1980년 '중국의 고전'을 소개한 가운데 이지의 《장서》와 《속장서》를 소개하고 있다.

③ 이탁오 연구의 활성화 시기

사회주의 중국과의 국교정상화를 앞두고 학술교류가 차츰 가능해지면서 이탁오는 우리에게 가깝게 다가왔다. 특히 이 시기는 군사정부에 대한 반항과 민주화의 열기가 고조된 때여서 이탁오와 같은 반항적이고 공격적인 인물이 두드러지게 보이던 때이기도 했다.

사실 한국의 이탁오에 관한 연구는 필자가 학위논문을 썼던 1970년대 말 이전까지는 호기심 속에서 탐색하던 시기였다. 그러나 필자가 석·박사학위논문을 쓴 뒤 우리나라에서도 철학과 문학, 역사나 여성사 분야에서 적지 않은 논문들이 나왔으므로 이것은 중국과 마찬가지로 이탁오 연구에서 가장 활발한 시기였다고 할 수 있다.

신용철의 이탁오 관계 학위논문

필자가 이탁오에 관심을 갖게 된 것은 독일에 유학하던 1970년대 초였다.[134] 당시 우리나라에서는 이탁오는 그리 알려져 있지 그리 사상가였기에 필자는 석사학위 논문으로 '문화혁명의 마지막 장' 또는 '또 다른 문화혁명'이라고 할 수 있는 '비림비공운동' 시기 이탁오에 관한 중국 내의 평가를 다루었다. 그 제목은 〈비림비공운동 시기 중국 언론에 있어서 이지와 그의 철학〉이었다. 1982년 저자는 박사학위논문으로 〈이지의 사회비평—그의 여성관〉[135]을 독일어로 출간하였다.

필자가 여성문제에 관심을 가졌던 것은 역사·철학 등 큰 주제에 견주어 우리 시대의 가장 중요한 사회사적인 연구목표가 될 수 있다고 생각했기 때문이다.

이 논문은 1984년 〈이지의 사회비평〉[136]으로 《동양사학연구》에 요약 발표되었다. 우리나라에서 이탁오 연구는 이 시기부터 여러 분야에서 활발해졌다. 우선 철학이나 사상사에서 시도되었고 특히 문학 분야에서 가장 활발하였다. 그리고 이 시기에는 이미 국내에서는 물론 타이완이나 대륙 그리고 서양에서 이탁오에 관한 글로 학위를 받기 시작했다.

그런데 그의 역사관 또는 역사학에 관한 연구는 매우 중요함에도 가장 적게 연구되었다.[137] 역사학 분야에서 필자는 〈이지의 역사관 시론〉과 〈이탁오의 역사인물비평〉 등을 썼고, 오금성이 홍콩대학 조영양의 〈이지의 사론(史論)〉을 번역하였고, 안명자는 〈이지의 사학에 대한 고

김경일의 저서
《공자가 죽어야 나라가 산다》

찰〉을 썼다.138)

방대한 자료의 정리와 분석은 물론 대중에 대한 흥미가 덜 매력적이기 때문일 것이다. 2004년 6월에 출간된 김혜경의 《분서》 완역은 이지에 대해 관심을 갖는 학자들에게는 물론 명대의 역사 연구자들에게 커다란 공헌이 될 것이다. 이어서 2005년 홍승직의 《이탁오 평전》 번역은 한국에서 이탁오 연구의 지평을 더욱 넓혀주었다. 국내 이탁오 연구의 새로운 전기가 될 것으로 믿는다. 국내의 연구상황과 그의 내용 그리고 문제점이나 우리와의 관계 등에 대해서는 더 집중적이고 폭넓은 연구가 있어야 할 것이다.139)

사실 우리의 역사에서는 단 한번도 중국에서처럼 유교에 대해 대대적으로 비판한 적이 없었다. 우리가 잘 아는 대로 2000년의 문턱에서 김경일 교수는, 《공자가 죽어야 나라가 산다》140)를 쓴 뒤, 유림의 집중적인 공격을 받았다. 유생들은 상명대학의 총장을 방문해 해임을 요구했고, 그 내용을 크게 다룬 일간신문의 편집국장들 역시 유림의 항의를 받았다.

최근 한국에 주재하는 중국대사관의 한 여직원이 우리나라의 신문에 투고한 글 가운데서, "한국이 중국보다 더 유교적"이라고 한 것이나, 바로 2003년 7월 주한중국대사관의 이빈(李濱) 대사가 "한국이 중국보다 더 사회주의적"이란 평은, 우리 문화가 전형적으로 유교적이면서도 중국에 크게 접근하고 있음을 아주 잘 실감케 해준다.

그러므로 위의 몇 가지 실례들은 아직도 이탁오가 우리에게 필요할 수도 있다는 반증이 아닐까? 비록 성균관이 "중국에서도 잊어버린 대성전(大成殿)의 제례의식을, 우리는 아직도 여전히 잘 보존하고 있다"고 외치고 있을지라도 말이다.

2) 일본의 이탁오상—근대화 정신

정주학의 이단으로 등장한 양명학은 동쪽 바다 건너 일본에서 크게 성하였다. 특히 '이단 가운데 으뜸'이라고 중국에서 비판받던 이탁오는 19세기 초, 일본의 열혈적 우국지사 요시다 쇼인의 사랑과 존경을 받았다. 일본의 메이지유신 시기의 선각자이며 우국지사였던 요시다 쇼인(吉田松陰, 1830~1859)은 마음속으로 이탁오의 사람됨과 사상을 깊이 존경하고 그 행적을 따랐다. 이탁오의 사상과 정신은 그의 혈맥 속에서 고동쳤고, 그 때문에 그처럼 짧지만 열정적인 삶에 중요한 모범과 격려가 되었다.

1933년 출판된 히로세 유타카(廣瀨豊)의 《요시다 쇼인의 연구》에서는 2장을 〈이탁오의 학업〉, 3장을 〈이탁오의 사적〉으로 하였다.

다른 한편 이탁오가 일본의 메이지유신과 중국의 신문화에 영향을 주었다는 점에서 서로 밀접한 관계가 있는 것이다.[141] 요시다 쇼인은 이름이 노리가타(矩方), 또는 도라지로(寅次郎)로서 호가 쇼인이다. 그는 무사의 가정에서 태어나 어려서부터 무사로서 교양과 학식을 지닌 우국지사였고 열정적인 경세사상가였으며 동시에 실천을 강조한 혁명가이기도 했다. 그 당시 군함과 대포의 위력 앞에 강제로 미국에게 굴복하는 일본의 무력한 모습을 보고 분개하였으며, 서양학문에 관심을 갖고 중국어도 배웠다. 그는 21세 때 《전습록》을 통하여 양명학을 열심히 배웠고, 특히 좌파인 태주학파의 사상에 심취하였다. 그는 또 불법적인 밀항을 시도하다 1854년 옥에 갇혔고, 2년 동안 감옥 안에서 500여 권의 책을 읽고, 죄수들과 벌인 독서회의 강의록인 《강맹여화(講孟餘話)》를 출간하였다.

1855년 감옥에서 나온 쇼인은 독서회를 계속하니 청년들이 모여들었다. 그는 외숙부가 경영하던 쇼카 손주쿠(松下村塾)에서 《무교전서(武教全書)》 등을 강의했는데, 제자들 가운데는 뒷날 메이지유신 때 활약하고, 조선침략 등 대륙진출에 공이 커 '동양의 비스마르크'라고 불린 유명한 정치가 이토 히로부미(伊藤博文)도 있었다. 1858년 쇼인은 일·미통상조약에 반대해 그를 주도한 인물들을 암살하려다 체포되어 1859년 30세의 젊은 나이로 사

일본 근대의 선각자, 요시다 쇼인

형을 받았다.

그가 죽은 지 10년도 못 되어 일본은 1868년 메이지유신의 대개혁으로 아시아를 벗어나 세계국가로 발전하는 전기를 만들었다. 그로부터 15년 뒤 그의 덕과 위업을 추앙하는 쇼인신사(松陰神社)가 세워지고 1909년에는 50주년 기일 행사도 가졌다. 쇼인은 1852년부터 이탁오의 사상에 접하기 시작했는데, 《분서》《장서》《속장서》 등을 읽고 매우 기뻐하며, "탁오선생은 한 시대의 특출한 남아이며, 그의 말은 자주 나의 마음과 잘 맞는다"고 감탄하였다. 그는 이탁오의 책을 아주 귀한 보물처럼 여겼으며, 《분서》를 아주 상세히 읽고, 초록을 만들어 일일이 평을 하였다. 특히 그는 이탁오의 죽음에 관한 문제, 교우 문제, 위인호걸열사와 불교에 관한 사적들을 모두 좋아했다. 이탁오를 스승으로 모신 그는 1859년 7월 중순 다카스기 신사쿠(高杉晉作)에게 보낸 편지에서 아래와 같이 썼다.

> 선생께서 제게 장부는 어떻게 죽어야 하는지를 물었습니다. 나는 작년 겨울 이후 죽음이란 한 글자를 깊이 생각하며 크게 찾았습니다. 여기에는 《이씨(탁오)분서》의 공이 많습니다. 그의 말이 아주 훌륭한데, 이를 요약하면 좋아하는 죽음인가, 싫어하는 죽음인가의 문제는 도(道)를 얻어 마음이 모두 편안하면, 이것이 곧 죽을 곳입니다. 세상에는 몸이 죽으면서 마음도 죽는 사람이 있고, 몸이 죽어도 혼이 사는 사람도 있습니다. 마음이 죽으면 삶이 더 이상 이익됨이 없으며, 혼이 살아 있다면, 죽어도 손해될 것이 없습니다.[142]

위의 글에서 우리는 요시다 쇼인이 죽는 순간까지 이탁오를 얼마나 존경하고 스승으로 따르려 했는가를 잘 알 수 있다. 그리고 그의 삶과 사상이 뒷날 일본의 근대화에 크게 기여했다는 점에서 이탁오의 사상은 죽고 나서 200여 년 뒤 일본에까지 영향을 주었다고 하겠다.[143]

스즈키 도라오(鈴木虎雄)는 북경 근처 통현에 있는 서해자 공원에서 이탁오의 묘를 찾아내고, 그의 연보를 상세히 고증하여 일본의 이탁오 연구자들에게 크게 공헌하였음은 물론 중국의 연구열도 자극하였다. 1934년 스즈키 도라오는 《이탁오 연보》를 써서 일본에서 이탁오 연구의 기반을 마련했다. 1949년 시마다 겐지(島田虔次)는 〈중국에서 근대사유의 좌절〉을 썼다. 그리고 야마시타 류지(山下龍二)는 〈근세와 근대 왕학 좌파의 평가에 대하여〉(1953), 〈명 말 반유교 사상의 원류〉(1951) 등으로 이탁오 연구의 지평을 넓혔다. 특히 '근대'란 개념을 둘러싸고 여러 차례 논쟁을 벌이기도 하였다.

일본의 학자들은 서양과 비교하면서 동양문화의 큰 틀 속에서 중국의 사상과 문화의 흐름이나 변화의 실상을 파악하려 하였다. 이에 주자학에서 양명학으로 넘어오는 과정의 여러 문제들, 중국의 당시 사회상 등에 대해 광범위하게 관심을 가졌다. 독서열이 매우 높은 일반의 독자를 위해서도 《분서》가 완역되고, 《장서》 역시 부분적으로 번역되었다. 그리고 이러한 이탁오의 사상이 일본 속에서 어떻게 관계를 가지며 적용될 수 있는가에 관심을 가졌다. 그래서 일본이 세계가 인정하는 동양학 연구의 중심이듯이 이탁오 연구 역시 그 양이나 수준에서 놀라울 정도로 커다란 성과를 거두었다.[144)]

매우 흥미로운 시도는 특히 1993년 이학인(李學仁)이 쓰고, 히사마쓰 후미오(久松文雄)가 그린 만화 《삼몽전(三夢傳)》의 매우 기발한 착상이다. 도쿠가와 이에야스와 조선의 이순신, 중국의 이지 세 사람의 영웅이 꿈꾸며 활약하는 16세기의 동아시아가 《삼몽전》의 무대이다. 학술적인 저서는 아니지만 우리에게는 어렵다고 느껴지는 사상사를 만화를 통해서 독자의 곁으로 끌어내려는 흥미로운 시도이다.[145)]

조선의 이순신 장군이나 일본의 도쿠가와 이에야스(德川家康)에 대해서는 이해하기 어렵지 않으나, 중국에서 이탁오를 선택한 것은 확실히 놀랍고 참신한 발상이다. 16세기 동아시아의 평화를 위한 구상과 꿈이란 정신적 세계를 생각한 것은, 확실히 작가의 매우 놀라운 창의력을 보여준다. 도요토

일본의 만화《삼몽전》

미 히데요시가 벌인 7년 전쟁의 혼란을 수습하고 일본을 도쿠가와 바쿠후로 안정시키는 도쿠가와 이에야스의 평화에 대한 꿈이 가장 찬란한 시대적 성과이다.

그러나 조국을 붕괴 직전에서 필사적으로 막아내는 조선의 수군제독 이순신의 평화와 안정을 위한 눈물겨운 역사를 일본의 시대와 비교할 수 있다. 죽으면서 지키고, 지키면서 죽어간 영웅의 꿈이 비통 속에서 찬란하다. 이 점에서 이순신의 꿈은 절박한 생사의 현실이었고, 도쿠가와 이에야스의 꿈은 그래도 여유와 자신 있는 구체적인 꿈이었다. 그러나 이탁오의 꿈은 가장 비현실적이고 구체성이 없으며 추상적이어서 그 세기에 실현할 수 없을 만큼 너무 어렵고 컸다. 그러므로 정치가 이에야스의 꿈과 수군제독 이순신의 꿈은 곧바로 이루어졌지만 이탁오의 꿈은 3세기를 훨씬 지나서야 가능했다. 그리고 이순신이나 이탁오는 그들의 적 앞에서 두려움 없이 싸우다 가장 빛나는 죽음을 택하였다.

이 바람직한 16세기의 꿈은 아무도 거역할 수 없는 동아시아의 안정을 위한 모두의 꿈이기도 하다. 그리고 유럽연합(Europe Union)과 같이 역사에 얽힌 사슬을 끊는 자유와 평화의 바람직한 미래의 설계이기도 하다.

3) 서양문화권에 비친 이탁오상(李卓吾像)－동양사상의 성격 탐구

서양문화권에서 이탁오에 대한 관심은 1931년 흄멜(A. W. Hummel)에서 시작되었다. 그는 〈이지(명)에 관한 필기〉 〈비정통적 학자와 순교자〉를 미국회도서관 연보에 썼다. 그러나 이는 매우 간략한 3~4쪽의 소개 정도였다.[146] 시기적으로 20세기 초 중화민국 시대 오우 등이 이탁오를 발견하고 새로운 평가를 한 뒤에야 가능했음은 말할 필요도 없다. 유럽과 미국을 가릴 것 없이 비유교권에서 이지에 대해 가장 먼저 큰 관심을 가졌던 학자는 독일의 유명한 중국학자, 오토 프랑케[147]였다. 1938년 4월 프랑케는 〈16세기 중국 사상투쟁사에 한 공헌〉과 1939년 2월 〈이지와 마테오 리치〉를 발표하였다.

그는 첫 논문에서, 중국사에서 송대 이래 주자학이 관학으로서의 도그마가 형식화하고 경직된 채로 서구의 세력과 문화에 충격을 받았지만, '7세기부터 18세기까지 유교사상의 획일화는 아무런 투쟁과 저항 없이 진행된 것은 결코 아니다'라고 전제하였다. 그러면서 16세기 명대 말 유교의 융통성 없는 경직성에 반대한 이지에 대해,

> 그 당시 이러한 극단적 과격사상의 대표적 사상가였으며, 민중 속에서 열광적인 지지를 받았으나, 죽은 뒤 오랫동안 잊혀졌다가, 최근 중국에서 새로이 각광을 받는 사람에 대해 우리는 지금 살펴보려고 한다.

고 소개하고 나서,

> 신중국, 즉 중화민국에 와서야 7세기나 계속된 (유교의 사상적) 속박이 지금 그 해방된 척도(고리)를 통해, 과거를 비판적으로 숙고하며 새로운 정신으로 미래를 건설하고 있다. 이러한 사회적 환경에서 이지와 그의 열혈적인 저술들은 과거의 암흑에서 다시 광명을 찾았고, 그의 귀중한 저서들은 아마도 머지않아 곧 새로운 평가를 받게 될 것이다.[148]

라고 하면서 더 많은 연구와 올바른 평가를 예상하고 기대하였다. 두 번째 논문인 〈이지와 마테오 리치〉에서 그는 이렇게 썼다.

> 이지와 마테오 리치의 교우는 우리가 본 대로 정신적 접근이나 혹은 어떠한 충돌도 없었다. 남경이나 제녕의 만남도 친절한 예의와 우정의 교류였고, 어떠한 가시적인 성과는 없었다. 그러한 성과가 가능해지기 위해서는 이탁오가 더 오래 살았어야 했다. 그러나 외국의 선교사와 학자가 공개적으로 만났다는 것은 당시로서는 드문 일이었다.[149)]

특히 프랑케의 아들로서 전후 1960, 70년대 독일의 저명한 중국학자였던 볼프강 프랑케는 아버지의 연구를 이어 북경 교외의 통현에 있는 이탁오의 묘를 찾고, 1985년 〈이지의 묘〉란 논문을 홍콩대학의 역사잡지, 《명청사집간(明淸史集刊)》에 실었다. 이 글에서 특히 마경륜에 대해 커다란 관심을 가졌고, 초횡이 쓴 묘비인 〈이탁오선생묘〉와 탁본 사진 3장을 함께 실었다. 이처럼 독일의 프랑케 부자는 독일과 유럽에서 이탁오에 관한 연구의 개척자로서 매우 크게 공헌하였다.[150)]

그뒤 1981년 필자는 하이델베르크 대학의 중국학과에서 〈이지의 사회비평〉으로 학위를 받았는데, 이것은 이탁오에 관한 한 한국인으로서 최초의 학위일 것이다. 1984년 빌프레드 슈파르(Wilfred Spaar)가 보쿰 대학에서, 《이지의 비판철학과 중화인민공화국에서 정치적 수용》으로 역시 현대 중국의 이탁오 평가를 다루었다. 그에 조금 앞서 스위스의 제네바에서 장 프랑소와 빌레터(Jean François Billeter)의 학위논문 《이지—정죄 받은 철학자》가 1979년 출간되었다. 아주 훌륭한 논문으로 양명학, 하심은의 사상, 경정향과의 논쟁을 깊이 있게 다루면서 이지의 불교사상에도 관심을 기울여 연구하였다.[151)]

미국의 중국학자 윌리엄 테오도르 드 베리(Wm. Theodore de Bary)는 이지의 사상을 명 말 사상 속의 개인주의와 휴머니즘 속에서 찾으려 했다. 그는 우선 서양의 영향을 받은 근대적 의미의 휴머니즘보다 중국 전통사상

서양의 이탁오 관계 학위논문들

속에서 개념을 찾고자 했고, 그를 위해 명 말의 사상을 연구하였다. 그는 양명학파의 왕양명과 왕간, 하심은 등을 연구하면서 이탁오에 이르러 그를 '최고의 개인주의'라고 불렀다. 그는 다음과 같이 이탁오를 정의했다.

> 명 말 개인주의사상의 흐름은 중국의 역사에서 가장 큰 이단과 우상 파괴자로 비난과 갈채를 동시에 받았던 이지에 와서 최고조에 이르렀다. 그는 어떤 경우든 중국 사상과 문학에서 가장 찬란하고 복잡한 인물의 하나였다.

이어서 그는 이지가 주장하는 순진함과 지식을 그의 〈동심설〉을 통해 높이 평가하였다. 그러나 그는 휴머니즘 면에서 이지가 실패한 것으로 보았다. 또 중국철학사에서 유심주의자와 전제적 성격을 가진 사람으로도 평가하였다. 이지의 개인주의는 상당히 제한적이고 중국에서는 항상 중간계층이 허약하였다는 점을 지적하고 있다. 즉, 이지의 개인주의는 찬성하지 않는 전통적 형태로부터 온 사상이며 불교와 도교의 영향이 함께 있어 부정적인 개인주의적 요소가 크다는 것이다. 그는 결론적으로,

> 그것은 예를 들면 개인주의와 개성주의의 유교적 형태는 결국 개인주의의

> 근대 서양 형태보다는 사회주의 사회로 더 잘 받아들여질 수 있다는 것은 상상 못할 일이 아니다. … 개인주의적 사상의 다양성을 가졌던 명 시대의 경험은 아마도 어느 정도 관련성을 아직도 증명해줄지 모른다. 그러므로 그에 관해 우리는 더 깊고 광범위하게 연구할 가치가 있다.[152)]

라고 하였다. 이것은 독일에서 오토 프랑케 교수가 이지에 대해 평가한 뒤로 아마도 서양인으로서는 가장 깊이 있는 연구와 비평이 될 것이다. 1973년 청(E. Cheang)은 학위논문으로 〈비평가로서의 이지－명대 지성사의 한 장〉을 발표하였다. 그는 중국 지성사에서 이지처럼 강력한 성격의 활력 있는 비판을 한 사람은 없다고 전제하고, 이지는 전통에 대한 도전자였다고 말한다.

청은 물론 이지가 전통을 공격했지만 전통을 파괴하거나 그에 대체할 힘은 가지고 있지 못했다고 평가한다. 한편 그는 앞서 드 베리가 제기했던 개인주의의 문제에 대해서도 논하고 있다. 그는 의심 없이 이지가 하나의 개인주의자였다고 말한다. 그는 한편 "이지는 충분히 역설적으로 유교 전통에 대한 도전자였다. 그는 유교적 전통의 정황 안에서 반전통주의자였다. 이지의 개인주의에 대한 이러한 견해는 부정적 개인주의로는 다 설명되지 않는다"고 하였다.

그는 계속해서 "무엇보다도 그는 원칙적으로 비평가의 한 사람이었다. 그리고 최고의 용기를 가진 최고의 비평가로서 적대자들에 대해 강력히 대결했던 비평가라는 말이 추가되어야 한다"고 하였다. 그는 결론에서 "한 열정적인 비평가"라고 부르면서 이지의 저서와 활동을 들어 그의 비판력을 높이 평가하였다. 그는 이지를 비평가로 보면서 사회·철학·문학적 비평가로서 지위를 부여하고 있다.[153)]

이지에 대한 연구성과와 특히 현대 중국에서 나온 업적들을 정리한 것은 1980년 찬(H. L. Chan)의 《현대중국 역사학에서 이지, 1527~1602》였다. 사회주의 중국에서 그에 대한 연구들, 즉 생애와 저작들이 소개되었다. 그는 이 책에서 3장으로 나누어 첫 장에서 이지의 가계와 생애에 대한 새로운 발견들을 소개하였다. 제2장에서 이지의 학문과 그의 저작들에 대한 새로운 발견들을 다루었다. 제3장에서는 위서의 논란이 있는 역사서인 《사강평요》에 대해 주로 다루고 있다.

모트(F. W. Mote)는 위 책을 추천하는 글에서, "문명의 역사비평가로서 찬의 구실은 중국 과거의 위대한 인물들을 재평가하는 애정 어린 지적 활동"이라고 칭찬하였다. 계속해서, "이탁오는 생애와 문학에서 개인주의와 자유낭만주의의 챔피언으로, 여성의 권리를 옹호한 사람이며, 정통학파의 적, 대중문학의 선구자로, 유교에 대해 용기 있는 반항자로 보였다"고 규정하였다.[154)]

찬은 서문에서, "현 20세기 이념적·정치적 파동의 한복판에서 역사상의 평가나 사상의 해석을 둘러싼 대립의 범위나 강도에서 명대 후기의 반경전(反經傳)의 학자이며 철학자인 이지에 필적하는 지식인은 실로 봉건중국에는 거의 없었다"고 평가하였다. 그는 이어서, "20세기 초 봉건제국의 붕괴 이후에야, 중국의 지식인들이 이지의 생활과 지적 발전에 대한 공헌을 이해하고 찬양할 수 있었다"[155)]고 지적하였다.

서양에서 이탁오 연구는 중국의 사상과 문화에 관한 호기심이나 기본 사상인 유교에 대한 관심에서 주로 비판과 공격에 대하여 탐구하였다. 이 점에서 거시적이기도 하고, 아울러 서양 문화와 비교하여 연계성을 찾으려는 노력으로 보인다.

주 석

1) 이지, 〈서진천옹수권후〉, 《분서》 권2.

2) 이지, 《양명선생도학초》 권1.

3) 이지, 〈양정보〉, 《속분서》 권1.

4) 이지, 《양명선생도학초》 권8에 붙인 〈양명선생연보후어〉

5) 이지, 〈哭袁大春坊〉, 《속분서》 권5.

6) 이지, 〈양명선생연보〉, 《양명선생도학초》 권8・9.

7) 이지, 〈여초약후〉, 《속분서》 권1.

8) 풍응경은 자가 可大, 호가 慕岡으로 盱眙 사람이다. 만력 20년 진사에 합격하고 호부 주사, 호광 첨사를 거쳐 상사와 불화하여 체포되었다가 석방된 뒤 관직을 버렸다. 저서로는 《月令廣義》《經世實用》 등이 있다.
《명사》 권237, 7쪽 ; 《명사열전》 권86, 3쪽 ; 《명유학안》 권24, 17쪽.

9) 《泉州府志》, 〈泉州府志文苑傳〉.

10) 양정견의 자는 鳳里이고 마성 사람이다. 황안과 마성 그리고 용호에서 함께 자주 어울리던 몇 사람 가운데 하나이다. 중간에서 경정향과 이지의 화해를 시도하기도 했으며, 지불원과 그의 유골탑을 건립하였다. 이지가 죽은 뒤, 이지가 비점한 《楊升庵集》과 《수호전》에 〈小引〉을 쓰고, 《충의 수호전》을 간행하였다.

11) 이지, 〈우여초약후〉, 《속분서》 권1.

12) 馬經綸은 자가 主一 또는 誠所이며, 순천의 통주 사람이다. 마경륜은 1589년(만력 17) 진사가 되었으며, 肥城의 지현을 거쳐 뒤에 어사가 되었다. 그러나 1595년 겨울 병부의 일로 신종에게 미움을 사 관직과 봉급이 깎이는 억울함을 당하여 상소한 적이 있었다.
이에 대해 황제는 하늘을 공경하지 않고 조상을 공경하지 않으며, 정치에 부지런하지 않고, 그릇되게 했다고 하여 벌을 주었다. 마경륜은 이에 대해 황제에게 항소했으나, 노여움을 사 결국 평민으로 배척되었다. 이로 말미암아 마경륜은 통주에 돌아와 문을 닫고 십여 년 학문에 전념하였다. 그의 문인들이 聞道先生의 시호를 사사로이 드렸고, 학문이 널리 알려졌다. 그는

《易》에 능했고 만년의 이탁오에게 가장 믿음직한 의지할 곳이었으니, 바로 이탁오가 이미 자주 말하던 "자기를 알아주는 친구가 있는 죽을 곳"이었다. 이탁오를 위해 위험을 무릅쓰고 당국에 변호, 항의하였다. 이 항의하는 진정서는 이탁오의 결백함과 당국의 부당함 그리고 이탁오의 역사관 등을 포함한 3천여 자의 훌륭한 문장이었다. 이탁오가 옥중에서 자결한 뒤, 장례도 맡아서 치렀다. 죽은 뒤에 문인들이 넘치고 그의 학문이 널리 알려졌다.
《명사》 권234, 12쪽 ;《明人傳記資料索引》(이후 색인) 415쪽 ; W. Franke, "Li Zhi's Tomb", *Department of chinese University, Bulletin of Ming-Qing Studies, vol. 1,* pp.191～203.

13) 마경륜, 〈與當道書〉, 《李溫陵外紀》 권4, (明 潘曾紘 편), 266~268쪽.

14) 이지, 〈書遺言後〉, 《속분서》 권4, 95～96쪽.

15) 왕본아,〈卓吾先生告文〉, 《李卓吾先生遺書附錄》 권3.

16) 왕가수, 〈탁오노자묘비〉, 《畿輔通志》 권166.

17) 이지, 《구정역인》 권上 ; 〈蒙〉의 해설, 《이지문집》 제7권.

18) 이지, 《도고록》 권下 제3장 ; 《이씨문집》 제7권.

19) 장건업, 〈李贄與《九正易因》〉, 《중국철학사》, 1988. 1. 1~9쪽.

20) 이지, 〈三教歸儒說〉, 《續焚書》 권2.

21) 이지, 〈이탁오선생유서〉, 《속분서》 권4.

22) 이지, 〈이탁오선생유서〉, 《속분서》 권4

23) 심일관의 자는 肩吾, 호는 龍江으로 절강성 사람이다. 1568년 진사를 거쳐 여러 관직을 지낸 뒤 호부상서와 13년 동안 무영전 대학사였다. 시호는 文恭으로 《莊子通》 《經史宏辭》 등 많은 저서를 남겼다.
《명사》 권218, 9쪽 ; 《색인》 168쪽 ; Shen I-kuan, DMB, pp.1179～1182.

24) 沈德符, 《萬曆野獲編》 권27.

25) 장문달은 자가 德允이고 涇陽 만력 11년의 진사로서 공과급사중에서 예과급사중이 되었다. 뒤에 좌도어사와 이부상서가 되었다. 태자보를 거쳐 관직을 떠났다.
《명사》 권241, 3쪽 ; 《명사열전》 권91, 3쪽.

26) 《명사》 권216, 〈채의중전〉

27) 《明神宗實錄》 권369.

28) 황운미, 〈李卓吾事實辨正〉, 《금릉학보》, 1932.

29) 《명신종실록》 권369.

30) 원중도, 〈이온릉전〉, 《분서》 권1.

31) 마경륜, 〈啓當道書〉, 《李溫陵外記》 권4.

32) 마경륜, 〈與李麟野都諫轉上肖司寇〉, 《이온릉외기》 권4.

33) 이지, 〈繫中八絕〉, 《속분서》 권5.

34) 이지, 〈繫中憶汪鼎甫南還〉, 《속분서》 권5.

35) 원중도,〈이온릉전〉, 《분서》 권1.

36) 屈平(原)은 초나라의 귀족으로 懷王의 장관이었다. 견문이 넓고, 기억력이 좋아 통치의 도리에 밝고 문장이 뛰어났다. 그러나 지위가 같은 靳向의 무고로 자리에서 밀려났다. 이에 분개한 그는 유명한 작품인 〈離騷〉를 지어 뒤에 남방문학의 대표작이 되었다. 그는 회왕에게 다시 秦에게 속지 말 것을 간하였으나 받아들여지지 않고, 회왕은 진의 포로로 죽었다. 그의 뒤를 이어 맏아들 頃襄이 왕위에 올랐으나, 무고를 받은 굴원은 다시 강남으로 내쫓겼다. 이때 지은 〈漁父辭〉는 인간이 어떻게 살아야 하는가에 대해 절실하게 고민하는 모습을 보여준다. 자기 나라인 초를 사랑하고 초의 밝은 앞날을 빌며 살던 그는 결국 汨羅水에 빠져 죽었다.

후세에 중국인들은 이 음력 5월 5일을 단오로 기념하고 龍船의 축제를 벌이며 종려나무의 떡을 해먹는다. 굴원의 불행한 정치적 업적보다는 고대 양자강 유역의 문학을 대표하는 楚辭가 〈이소〉와 〈九歌〉 〈天問〉 등으로 황하 유역의 《詩經》으로 대표되는 북방문학과 함께 두 주류를 이루었다. 서한 초의 賈誼와 사마천 등이 그를 매우 높이 평가하였다.

사마천, 〈屈平賈生列傳〉, 《史記》 ; H. Giles, *Chue Yuean,* pp.200~201.

37) 이지, 〈五死篇〉, 《분서》 권4, 163~164쪽.

38) Fonti Ricciane, *Storia dell' Introduzone del Christianesimo in Cina, 2/106.*

39) 顧炎武, 〈李贄〉, 《日知錄》 권18.

40) 고염무, 〈李贄〉, 《日知錄》 권18.

41) 고염무는 자가 寧人, 호가 亭林으로 崑山 사람이다. 학자로서 명이 망하매

벼슬을 사양하고 학문에만 전심하면서 명 왕조의 회복을 기대했다. 명말 청초의 유명한 학자로서 벼슬을 사양하고 오직 학문에만 전력하였다. 명이 망하자 음식을 먹지 않고 죽었다. 청 초 고증학의 선구로 일컬어진다. 저서에 《日知錄》《군국이병서(郡國利病書)》 등 다수가 있다.
《색인》, 952쪽., *Eminent Chinese Ch'ing Period* (ECCP), p.421.

42) 고염무, 〈科場禁約〉, 《日知錄》 권18.

43) 황종희는 청 초의 저명한 학자로서 자가 太中이며 호가 南雷인데, 梨洲선생이라고도 불렸으며, 절강의 余姚 사람이다. 아버지는 명 말의 동림학파의 중요한 지도자로서 위충현에게 잡혀 죽었다. 復社를 조직하여 청과 싸우다 실패하였다. 명이 망한 뒤, 은거하면서 오직 학문에만 전념하였다. 이지에 대해서는 비판적인 태도를 견지했다. 《宋元學案》《明儒學案》《明夷待訪錄》 등 많은 저서가 있다. ECCP, pp.351~154.

44) 《명사》 권221, 〈열전〉 109, '耿定向'.

45) 왕부지는 청 초의 대사상가로 자가 而農이며 호가 姜齋로서 호남성의 衡陽 사람으로 만년에 船山선생이라 했다. 명이 망하자 군대를 일으켜 청과 싸웠으나 실패하고 南明의 桂王과 협력하였다. 뒤에 은거하여 학문과 저술에만 전념하였다. 그는 40년 동안 천문, 역법, 수학, 지리, 경학, 역사, 문학 등에 모두 커다란 성과를 거두었다. 저서로는 《船山全集》 324권 등이 있다. 이지에 대해서는 매우 비판적이었다. ECCP, pp.817~819.

46) 鍾惺은 자가 伯敬 호가 退谷으로 竟陵 사람이다. 만력 때의 진사로 관직이 복건의 제학 첨사에 이르렀다. 성격이 엄격 냉정하며 역사를 읽고 그의 뜻대로 붓을 휘둘러 《史懷》를 썼다. 《毛詩解》와 《名媛詩歸》 등의 저서가 있다.
《명사》 권288, 13쪽.

47) 王夫之, 〈敍論〉3, 《讀通鑑論》 권말.
稽文甫, 〈王船山과 李卓吾〉, 《王船山學術論叢》, 홍콩 : 崇文書店, 1973, 68~74쪽.

48) 왕부지, 〈俟解〉, 《독통감론》.

49) 기윤, 〈《李溫陵集》 二十卷〉, 《欽定四庫全書總目》 권178, 集部.

50) 오우, 〈明李卓吾別傳〉, 《吳虞文錄》, 상해아동도서관, 1922, 45쪽 ; 초횡, 〈분서서〉, 《분서》.

51) 馬經綸, 〈與當道書〉, 《李溫陵外紀》 권4, 265쪽.

52) 마경륜, 〈與李麟野都諫轉上籲司寇〉, 《이온릉외기》 권4, 276쪽.

53) 매국정, 〈與李卓老〉, 《李溫陵外紀》 권4(명 潘曾紘 편), 台北 : 偉文圖書出版社, 1977.

54) 매국정, 〈梅序〉, 《장서》 권1.

55) 매국정, 〈孫子參同叙〉, 《이지문집》 권7, 447쪽.

56) 축세록은 자가 延之, 호는 無功이며 반양 사람으로 만력 연간에 진사로서 남과 급사를 거쳐 尙寶司卿을 지냈다. 경정향의 문인으로 태주학파에 속하며 저서로서 《祝子小言》《環碧齋尺牘》 등이 있다. 이지의 《장서》에 서문을 썼다.

57) 축세록, 〈祝序〉, 《장서》.

58) 축세록, 〈與游麻城〉, 《이지연구참고자료》 제2집, 하문대학역사계, 33~34쪽.

59) 원중도, 〈이온릉전〉, 《분서》 권1.

60) 탕현조는 자가 義仍, 호는 若士로 臨川이다. 만력 11년 진사를 거쳐 예부주사와 지현 등을 지냈다. 성격이 곧아 불의에 항거하여 자주 항의의 소를 올려 탄핵을 받아 귀양을 가거나 관직을 박탈당하였다. 詞曲에 능하여 〈紫釵〉〈還魂〉〈南柯〉〈邯鄲〉 등의 저작이 유명하다.
《명사》 권230, 7쪽 ; 《색인》 629쪽.

61) 탕현조, 〈李氏全書總序〉, 《이지연구참고자료》 제2집, 하문대학 역사계, 109~110쪽.

62) 축세록, 〈축서〉, 《장서》.

63) 장건업, 〈이탁오비기〉, 《이지평전》, 250쪽.

64) 《畿輔通志》 권166, 〈고적〉 13 〈능묘〉 2 ; 《李溫陵外紀》.

65) 태주학파의 周汝登(1547~1629), 유명한 극작가 湯顯祖(1550~1616), 절강성 烏程의 승 眞程, 회계의 陳治安, 절강성 平湖의 陳啓浤, 유명한 화가이자 서예가 王鐸(1592~1652), 복건성 동안의 池顯方과 于奕正 등 이지의 친구와 존경하는 학자들이 그의 죽음과 묘에 대해 시를 남겼다.

66) 劉侗, 于奕正, 《帝京景物略》 권8, 《畿輔名迹》.

67) 劉侗, 于奕正, 《帝京景物略》 권8, 《畿輔名迹》.

68) 탕현조, 〈玉茗堂詩之十〉, 《湯顯祖集》 권15.

69) 황종희, 〈학교〉, 《明夷待芳錄》.

70) 장건업, 〈이지는 중국사상사에 중요한 지위〉, 《이지평전》, 259~262쪽.

71) 호적, 〈오우문록서〉, 《오우문록》, 상해아동도서관, 1922, 1~7쪽.

72) 오우, 〈명이탁오별전〉, 《오우집》, 사천인민출판사, 1985, 81쪽.

73) 용조조, 《李贄評傳》, 대만 : 商務印書館, 人人文庫2036, 1973, 69~100쪽.

74) 吳澤, 《儒教叛徒李卓吾》, 상해 : 華夏出版社, 1949, 3쪽.

75) 朱維之, 〈李卓吾與新文學〉, 《福建文化》 제3권 18기, 1935.

76) 주작인, 〈讀初潭集〉, 《藥堂雜文》, 북경 : 신민인서관, 1944, 122쪽.

77) 林舒, 〈임금남이 채원배에게 보내는 편지〉, 《蔡元培選集》, 홍콩 : 문학출판사, 108쪽.

78) 黃雲眉, 〈李卓吾事實辨正〉, 《金陵學報》 2-1, 59~79쪽.

79) 稽文甫, 〈李卓吾與王學左派〉, 《河南大學學報》 1-2, 1~8쪽.

80) 일본에서 시마다 겐지(島田虔次)의 《근대사유의 좌절》에 대해 야마시다 류지(山下龍二)의 《명말 반유교사상의 원류》가 나오고, 다시 시마다 겐지의 《왕학좌파론 비판의 비판》에 대해 야마시다 류지는 《시마다 씨의 비판을 읽고》를 발표해 논전을 벌였다.

81) 용조조, 《李贄年報》, 북경 : 생활 · 독서 · 신지 삼련서점, 1957, 1쪽.

82) 朱兼之, 《李贄, 十六世紀 中國反封建思想的 先驅者》, 武漢, 1957, 2쪽.

83) 위의 책, 4쪽.

84) 侯外廬, 邱漢生, 〈李贄的 進步思想〉, 《歷史研究》 No.7, 1599.

85) 馮友蘭, 〈從李贄說起一中國哲學史中唯物主義和唯心主義互相轉化的一個例證〉(이하 한 예증), 《中國哲學史論文集》, 상해인민출판사, 1962. 2, 393~410쪽.

86) 당의 한유가 그의 유명한 〈原道〉에서 (유학의) 도통을 논하여, 도는 요 · 순 · 우 · 탕 · 문 · 무 · 주공 · 공자가 이어 전하다 맹자가 계승했는데, 그가 죽은 뒤 전통이 끊어졌다고 하였다. 그런데 주희는 〈大學章句序〉에서 하남의 이정(정호 · 정이)씨가 이를 이었다고 주장하고 있다.

87) 주겸지, 《이지, 16세기 중국반봉건사상의 선구자》, 무한, 1957, 53쪽.

88) 풍우란, 〈한 예증〉.

89) 풍우란, 위의 글, 397쪽.

90) 풍우란, 위의 글, 402쪽.

91) 풍우란, 위의 글, 404쪽.

92) 이지, 〈부부편총론〉, 《초담집》 권1, 1쪽. (같은 글이 〈부부편〉의 제목으로 《분서》 권3에도 들어 있다)

93) 풍우란, 〈한 예증〉, 405쪽.

94) 풍우란, 위의 글, 409쪽.

95) 이지, 〈동심설〉, 《분서》 권3, 99쪽.

96) 이지, 〈동심설〉, 《분서》 권3, 99쪽.

97) 靳岱同, 〈이지와 수호〉, 《역사연구》, 1976, 6, 72~84쪽. 종래의 농민항쟁이나 봉기를 사회주의 중국에서 농민기의라고 하는데 그 뜻을 살리기 위해 그대로 쓴다.

98) 근대동, 〈이지와 수호〉, 《역사연구》, 1976, 6.

99) 陳錦釗, 〈李贄批點水滸傳考〉, 《李贄之文論》, 대북, 1974, 74~82쪽.

100) 근대동, 〈이지와 수호〉, 《역사연구》, 1976, 6, 72~76쪽.

101) 《光明日報》, 1977. 8. 17.

102) M. Goldmann, "Chins's anti-Confucian Canmpaign, 1973~1974", *The China Quarterly* 63, 1975, p.459.

103) J. Schickel, 《Konfuzius: Materialien zu einer Jahrhundert-Debatte》, Frankfurt a. M : Insel taschenbuch 87, 1976, p.2.

104) J. Schickel, Konfuzius, 위의 책.

105) 慶思, 〈李贄的尊法反孔思想〉, 《文物》, 1974, 5, 21쪽.

106) 경사, 〈尊法反儒的思想家李贄〉, 《人民日報》, 1974, 6, 13쪽.

107) 경사, 〈이지의 존법 반공사상〉, 《문물》, 1974, 5, 24쪽.

108) 이지, 〈초의원에 답한다〉, 《분서》 권1, 8쪽.

109) 이지, 〈장서세기열전총목〉, 《장서》, 3쪽.

110) 包遵信, 〈明代著名法家代表李贄〉, 《문물》, 1974, 6, 25쪽.

111) 위의 글.

112) 이지, 〈德業儒臣 荀卿〉, 《장서》 권22, 519쪽.

113) 경사, 〈이지의 존법반공사상〉, 《문물》, 1974, 5, 25쪽. 이 글은 이지의 《묵자비선》에서 인용.

114) 경사, 〈이지의 존법반공사상〉, 《문물》, 1974. 5, 21~48쪽.

115) 이지, 〈始皇帝〉, 《史綱評要》 권4, 89쪽.

116) 이지, 〈공명이 후주를 위하여 신 · 한 · 관 · 육도를 씀〉, 《분서》 권5, 225쪽.

117) 위의 글.

118) 민두기, 〈중국에 있어서의 역사동력논쟁〉, 《현대 중국과 중국 현대사》, 지식산업사, 1981, 7쪽 참고.

119) 中華書局 編輯部, 〈《藏書》, 《續藏書》再版說明〉, 北京 : 中華書局, 1974.

120) 國立中央圖書館, 《明人傳記資料索引》, 臺北, 1965 ; 《明史》 권320, 〈열전〉 208, '外國傳' 가운데 '朝鮮條'에서 고양겸을 經略으로 삼았다는 기사가 보인다.

121) 이지, 〈復顧沖菴翁書〉, 《분서》 권2. 77쪽.

122) 李家源, 《儒教叛徒 許筠》, 연세대출판부, 2000.

123) 허경진, 《허균평전》, 돌베개, 2002, 341쪽.

124) 曺佐鎬, 《東洋史大觀》, 서울 : 제일문화사, 1955, 454쪽.

125) 申龍澈, 《東洋의 歷史와 文化》, 서울 : 탐구당, 1993, 278쪽.

126) 자크 제르네 지음, 이동윤 옮김, 《東洋史通論》, 서울 : 법문사, 1985, 289쪽.

127) 위의 책, 385~86쪽.

128) 위의 책, 396, 433쪽.

129) 李家源, 《中國文學思潮史》, 일조각, 1959, 215쪽.

130) 이가원, 《중국문학사조사》, 서울 : 일조각, 1959, 186~229쪽.

131) 尹南漢, 〈道古錄〉, 《世界의 大思想》 30, 서울 : 휘문출판사, 1974, 491~528쪽.

132) 高柄翊, 〈儒教의 異端者〉, 《아시아의 歷史像》, 서울대출판부, 1969, 63, 67쪽.

133) 黃元九, 《中國 思想의 源流》, 연세대출판부, 1976.

134) 신용철, 〈이탁오와 30년〉, 《明淸史硏究》 제18집, 12~17쪽.

135) Yong-chul Shin, *Die Sozialkritik des Li Chih(1527~1602) — am Beispiel seiner Einstellung zur Frau,* Europäische Hochschulschriften 27, Frankfrut am Main · Bern : Peter Lang, 1982.

136) 신용철, 〈李贄의 社會批評〉, 《東洋史學硏究》 제19집, 1984.

137) 저자는 이탁오에 관해 독일 하이델베르크 대학 중국학과에서 1977년 석사학위를, 같은 대학에서 1981년 박사학위를 받고 한국에 돌아온 뒤, 〈이탁오의 역사관 시론〉을 비롯하여 12편의 논문을 학술지에, 〈책을 읽으면서 글자를 모른다〉 등 13편의 신문기사와 에세이를 문예지 등에 발표하였다.

138) 신용철, 〈명 · 청사상사의 성과와 과제 — 이탁오의 사상 연구를 중심으로〉, 《명 · 청사 연구》 제19집, 명 · 청사학회, 2003. 10. 65~92쪽.

139) 위의 글.

140) 김경일, 《공자가 죽어야 나라가 산다》, 서울 : 바다출판사, 1999.

141) 朱謙之, 〈吉田松陰〉, 《日本的古學及陽明學》 1, 上海 : 人民出版社, 1962, 374~382쪽.

142) 주유지, 〈이탁오의 성격, 이탁오와 신문학, 이탁오의 사상〉, 《복건문화》 제3권 18기, 1935.

143) 주겸지, 〈吉田松陰〉, 《日本的古學及陽明學》, 상해이민, 1962, 375~382쪽 ; 金孝善 등, 〈吉田松陰〉, 《東洋敎育古傳의 理解》, 梨大出版部, 1986, 280~300쪽 ; 廣瀨豊, 《吉田松陰의 연구》, 동경, 1944, 182~165쪽.

144) 시마다 겐지는 1967년 《주자학과 양명학》이란 저서를 통해 이탁오 연구를 더욱 진전시켰다. 오카다 다케히코(岡田武彦)는 《양명학과 명말의 유학》이란 큰 저서에서 이탁오를 깊이 다루고, 미조구치 유조(溝口雄三)는 1971년 〈명말을 살았던 이탁오〉를 발표하였다. 마쓰이 츠네오(增井經夫)는 1969년 《명대 이단의 서》로서 이탁오의 《분서》와 《속분서》를 주 없이 번역하였다. 1971년 이리야 요시타카(入矢義高)는 중국고전문학대계 55로서 《근세수필집》에서 이지의 《분서》를 초역하였다. 같은 해 고토 모토미(後藤基巳)와 야마노이 유(山井湧)는 같은 중국고전문학대계 57로서 《명말 청초의 정

치평론집》 가운데서 이탁오의 《장서》 史論을 번역하였다.

145) 이학인 지음, 히사마쓰 후미오 그림, 《三夢傳》, 東京 : 新潮社, 1989.

146) A. W. Hummel, "Notes on Li Chih (Ming)" "unorthodox Scholar and martyr", in Annual Reports of the Liberatian of Congress, 1931. 2, pp.190~193.

147) 오토 프랑케(Otto Franke, 1863~1946)는 독일 제1세대의 저명한 중국학자로서 1888년부터 1901년까지 통역관과 주중독일영사관 근무를 거쳐 베를린 대학과 함부르크 대학의 교수로 중국역사에 관해 많은 업적을 남겼다. 그는 《유교의 교조화(도그마)의 역사에 관한 연구》에서 동중서의 《春秋繁露》를 통하여 전한의 무제 때 유교가 官學化하여 국가의 이념이 되는 과정을 연구하였다. 그는 5권의 방대한 저서인 《중국제국사(Geschichte der chinesischen Reiches)》를 남겼는데 원대까지 다루었다.

그의 아들 볼프강 프랑케(Wolfgang Franke, 1912~) 역시 아버지에 이어 중국사의 대가로서 명대 이후 근현대에 이르는 중국의 혁명사에도 관심을 가졌고, 함부르크 대학 교수로서 《중국혁명의 한 세기》 《중국과 서양》 《명사자료색인》 《중국수서》 등 많은 학술적 업적을 남겼다. 그의 부인 프랑케 후(Franke Hu) 역시 중국학자로서 활동하고 있다.

148) Otto Franke, "Li Tschi－Ein Beitrag zur Geschichte der chinesischen Geisteskaempfe im.16. Jahrhundert (이지－16세기 중국정신투쟁사의 한 공헌)", *Abhandlungen der Preussischen Akademie der Wissenschaften,* Berlin, 1938, pp.1~61 ; "Li Tschi und Matteo Ricci (이지와 마테오 리치)", 같은 잡지, 1939, pp.1~24.

149) Otto, Franke, "Li Tschi und Matteo Ricci", 위의 잡지 1939, pp.1~24.

150) Wolfgang Franke, 〈Li Zhi's Tomb (이지의 묘)〉, 《明·淸史集刊》 제1권, 홍콩대학출판부, 1985. pp.191~221.

151) Jean François Billeter, *Li Zhi philosophe maudit (1527~1602),* Librairie Droz · Genève · Paris, 1979.

152) W. M. Theodore de Bary, "Individualism and Humanitarianism in Late Ming Thought", *Self and Society in Ming Thought,* Columbia Univ. Press, NewYork and London, 1970, p.225.

153) Eng-chew, Cheang, "Li Chi as a Critic : A Chapter of the Ming Intellectual

History", University of Washington, 1973.

154) Frederick W. Mote, Forewood, *Li Chih 1527-1602 in Contemporary Chinese Historiography,* New York : M.E. Sharpe, Inc. 1980..

155) 위의 책, 서문.

마무리하며

- 이탁오는 열정의 자유인이었다 -

1. 사상적 저항과 대세속화의 시대

12세기 송대 중국에서 주희와 그의 학파들이 형성한 유교의 교조주의는 다음 세기에서도 그 경직성을 잃지 않고 계속되었다. 국가적 지원을 받는 정통적 중국의 스콜라 철학이 되었는데, 뒤를 이은 원 · 명 · 청 왕조에서 이 유학체계에 대한 비판이나 새로운 발전은 다른 사상과 세계관이라고 억압과 박해를 받았다. 그러므로 이 유교의 교리와 형태는 19세기 서구의 문화적 충격이 밀어닥칠 때까지 그대로 계속되었다.

그러나 17세기에 서양학문이 중국에 밀려들어올 때까지 유교의 사상적인 획일화가 아무런 저항과 모순 없이 계속된 것만은 아니었다. 이러한 사상적 흐름의 가장 과격한 대표적인 학자가 바로 이탁오이다. 유교의 시조인 공자와 성리학을 집대성한 주희를 존경하고 숭배하는 사람들로 가득 찬 시대에, 그는 유교와 유자들을 비판하고 내리 깎았으니 매우 드물게 보이는 용기 있는 선구자였다.

16세기 중국은 서양이 중세의 신학체계에서 벗어나듯 주자학의 신성한 권위에서 벗어나 세속화(世俗化)란 시대의 사조에 휩싸였다. 즉, 절대적인 영향력을 가졌던 주자의 계승자들은 성리학의 형이상학으로 '이(理)'를 중시하여, "천리를 보존하고, 사람의 욕심을 버리라!"고 요구하였다. 이처럼 종교적 피안을 강조한 사회적 분위기에 대해 비판이 일어나기 시작하였다.

이러한 중세적 질서에 대한 반항으로 차안(此岸)의 현실생활을 중시하는 세속화의 경향이 시대의 조류였다. 즉, 인간의 욕망을 긍정하여 세속의 권

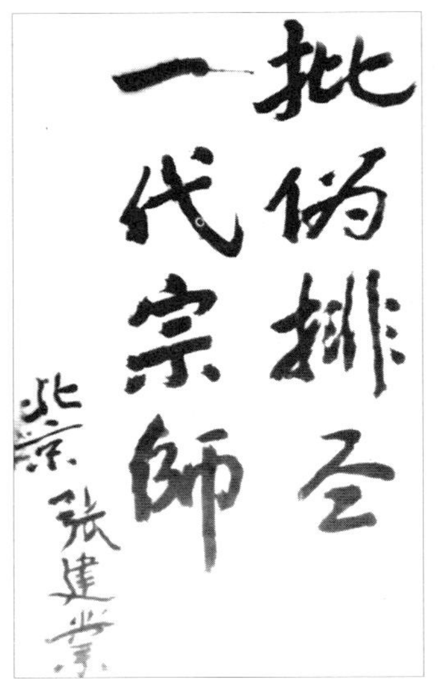

이지연구회 회장 장건업이 쓴 "거짓을 비판하고 성인을 배척한 일대종사"

력, 문학과 예술, 교육과 경제활동 등에서 세속화 또는 서민화가 급속히 진행되고 있었다. 감정의 개성화로 인간성의 자연스러움과 욕망을 중시하게 되어 선과 악, 존귀함과 비천함 등의 가치관, 미의식, 질서 감각 등에 커다란 변화가 일어났다.

이탁오는 이러한 시대감각을 대변하는 사상가였다. 기성의 세계관이 무너지고 가치관의 재편이 절박한 시대에 그에게 맡겨진 사명이기도 했다. 그리고 시대에 반항하는 싸움을 위해 목숨까지 걸어야 했다. 그의 〈동심설〉은 인간의 정·욕을 인정하는 세속화의 위대한 선언이기도 했다. 기성의 가치와 종교와 유교경전의 절대적 권위를 거부하는 문학이론이며 동시에 철학이고 역사관이었다.

그가 자결한 뒤, 초횡·매국정·왕본아 등 당대의 많은 지식인들은 그의 사상이 미래에 부활되리라 예언했고, 이탁오 자신도 그렇게 믿었다. 그뒤 300년의 시간적 거리를 뛰어넘어 그의 사상은 20세기 초 5·4신문화운동에서 다시 살아나 중국철학사에 합류하였다. 그리고 그의 사상은 역사적 전환기에 군주권의 변화, 개인의 소유권, 문화적 리얼리즘으로 계승되었다. 그의 반교조적이고 풀뿌리 기질이 합쳐진 과격한 사상은 그 시대의 권력자와 지식인들에게는 미치광이로 멸시되었지만, 20세기에 이르러서 그는 '일대의 종사(一代宗師)'나 '중화의 영걸(中華英傑)'[1]로 평가되고 있다.

2. 이탁오가 도달하려던 목표

이탁오는 진사시험을 위한 최고 교육과정을 이수하지 못한 것처럼, 그에게는 일정한 스승이 없었으므로, 그는 누구에게서나 그리고 어디에서나 폭넓게 배우려고 하였다. 그러나 이러한 교육과정의 약점은 관직에서 훌륭하게 보충되었다. 하남성 교유로서 5년 동안 학교의 운영과 교과과정을 경험할 시간을 가졌다. 특히 북경과 남경의 국자감 박사와 예부의 사무시절에는 중국의 남과 북에서 고등교육의 구조와 학습환경을 익히고 문제점을 체험할 수 있었으며, 예부에서는 교육행정의 여러 경험으로 교육관과 문제점의 비판을 위한 토대가 마련되었다고 하겠다.

관직에 머물러 교육을 떠났을 때는 형부의 원외랑과 운남성의 지부 시기였는데, 이때에도 남경에서 학문을 강의하거나 여러 학자들과 활발하게 교류하였다. 특히 운남의 요안에서는 지방의 행정장관으로서 능력을 발휘하고 경험을 쌓는 중요한 시기였으며, 이곳에서도 강학을 장려하는 등 학문을 게을리 하지 않았다.

따라서 그가 비록 동남 해안의 항구도시에서 태어나 성장했지만, 이처럼 북경과 남경 등 정치와 문물 그리고 학문의 중심도시에서 사회적・학문적 분위기를 호흡할 수 있었던 것은 커다란 행운이었다. 이탁오는 갈구하던 학문을 여기서 만났고, 평생 동안의 많은 스승과 지기를 알게 된 것도 바로 이 시기였다.

전통적인 관념으로 보아 중국의 성현들이 목표로 했던 것은 물론 도(道)였다. 이탁오도 마찬가지였다. 참된 삶의 길인 도에 이르기 위해, 그는 배고픈 사람이 음식을 찾듯, 공자와 석가나 노자의 도를 구별하지 않는 삼교합일의 태도를 취했고, 더 나아가서 제자백가의 사상을 모두 받아들였으며, 마테오 리치와 만나 서양의 천주교에도 접근하였다.

당시 국가와 사회의 지도이념인 송대의 성리학에 대한 반대에서 이지의 사상은 출발한다. 양자강 유역에서 활발했던 개인해방운동으로서 왕양명의 '양지'는 이지 사상의 가장 중요한 출발점이다. 인간의 밑바탕 마음인 양지에 도달하는 '치양지(致良知)'는 일생 동안의 중심사상이었다. 그런데 그는 이를 '동심(童心)'이라 부르면서, 밖으로부터 듣고 보는 것까지도 절연하는 지극히 '순진한 어린아이의 마음'을 최고의 도달점으로 삼았다.

이러한 동심을 바탕으로 인간의 덕성(德性)은 무엇과도 비교할 수 없을 만큼 지극히 존귀한 것으로 규정하고, 마음속의 진심에서 우러나와 '도저히 억누를 수 없는〔不容已〕' 마음을 아주 귀하게 여겼다. 예수가 《신약성서》의 〈마태복음〉에서 어린아이를 "하늘나라에서 가장 위대한 사람"이라고 찬양한 것과도 서로 통하는 것이다. 일체 외부의 방해를 받지 않는 마음인 동심은 곧 인간이 지닌 최고상태의 개체적 자유였다. 이 점에서 이탁오는 어쩌면 자유를 세계사의 정신과 목표로 생각했던 독일의 유명한 철학자 헤겔(1770~1831) 사상의 선구라고 볼 수도 있다.

그러면 그가 도달한 도, 즉 인간 개체의 '동심'을 어떻게 우리의 삶에서 실현할 수 있는가? 이는 양명학에서 말하는 양지와 실행의 합일이란 과정으로 곧 '양지의 현성(現成)'이었다. 이의 실현을 위해서 그는 장애가 되는 모든 대상과 싸워야 했다. '천리를 존중하고 인욕을 없앤다〔存天理 滅人慾〕'는 성리학에 반대하며, 개인〔私〕과 이익〔利〕 그리고 욕망〔慾〕을 긍정하였다.

관직을 사임한 뒤 22년 동안에 걸친 학문연구와 저술활동에서 그가 보여준 투쟁적인 삶은 바로 모두 이 개성의 자유를 실험하고 실현하려는 과정이었다. 이에 장애가 되는 형식적인 유교의 전통과 유가들이 투쟁 대상이었음은 물론이다. 50세 이전의 삶을 회고하면서 스스로 "한 마리 개였다"고 뼈아프게 반성한 뒤의 생활이 바로 그랬다. 그러나 세상과 지식인들은 개처럼 사는 것보다 전통과 명교의 노예로 살지 않는 자유인으로서 이탁오를 용납하지 않았다. 그것이 이탁오의 고난이었고, 비극적인 만년이었다.

이탁오는 성인 공자는 물론 맹자나 송대의 주자 등 유교의 대사상가들을 무차별 공격하고 경전의 신성함을 부정하였다. 유교와 전통에 대한 비평은 그의 모든 저서 속에 가득하지만 특히 《분서》와 《장서》 속에서 더욱 격렬하다. 《분서》에서는 주고받은 서신이 많아 마치 전쟁터에서 맞붙어 백병전으로, 혹은 기관총이나 직사포를 쏘아대듯이 직접적이고 격렬한 느낌을 독자들에게 전해준다. 그와는 대조적으로 《장서》에서는 전국시대 이래 수천 명의 역사인물에 대해 나름대로의 기준으로 분류하고 서술하고 공격하며 단죄하는 곡사포 또는 장거리포의 사격처럼 싸웠다. 즉 천년시비에 대한 냉엄한 역사의 법정이었다.

당시 사회의 시비표준으로서 보편적 가치였던 공자의 기준을 부정하고 있어 커다란 파란을 일으켰고, 뒷날 그의 운명을 재촉했다. 시비는 밤과 낮이 바뀌듯, 해와 달이 바뀌듯 항상 변하여 병에 따라 약을 쓰는 것처럼 공자의 고정된 시비를 배격하고 있는 것이다. 그러므로 그의 "시비를 위한 저울이나 거울이 되는 기준"의 자유로운 길을 열었다.

이탁오는 이 점에서 확실히 중국역사에서 최고의 유교비평가였을 뿐 아니라 역사비평가이기도 하다. 어떤 전제조건, 즉 객관적 비평에 지장을 주는 장애를, "천만의 적과 대결하듯" 과감하게 제거하려던 그의 용기와 역사관은, '중국역사에서 미증유의 과격한 사학이론'으로 높이 평가된다. 한편 울분을 폭발시키는 저술이나 비판의 천부적 재능과 의욕을 가졌던 이탁오에게서 우리는 시원하고 아름다운 동양적 비판의 정수를 찾을 수 있다.

존재하는 현상인 논제〔These〕와 그에 대해 끊임없이 일어나는 모순, 그리고 반대의 논제〔Antithese〕, 다시 생기는 모순과, 이들을 종합한 합의 논제〔Synthese〕로 새로이 상승해서 발전해간다는 헤겔의 변증법을 굳이 거론하지 않아도, 이 현상에 대한 비판의 과정은 개혁과 발전을 위해 반드시 거쳐야 하는 필요한 단계였다. 그래서 중국인들도 고대부터, '막지 않으면 흐르지 않고, 정지시키지 않으면 가지 않고, 부수지 않으면 새로 세워지지 않는다〔不塞不流, 不止不行, 不破不立〕'고 했다. 그래서 우리는 이탁오를 '비판의 영웅' 또는 '비판의 성인'이라고 할 만하다.

3. 시비의 바다, 난치병의 수술과 비판의 미학

그의 큰 주제인 옳고 그름〔시비〕과 저울과 거울〔형감〕의 문제는, 바로 최대 저서이며 문제작으로 《분서》와 함께 자신의 명성과 생명을 걸었던 역사인물의 평가서인 《장서》에서 보석처럼 빛난다. 그래서 이탁오 자신도 이 책을, "내 정신과 심술이 깊이 관계된 것이며, 재판관의 문서들처럼 모두 그대로 전해져야 하는 책"이라고 스스로 높이 평가하였다. 아울러 시비(의 표준)라는 대주제에 대하여, "그런즉, 오늘의 시비는 나 이탁오 한 사람의 시비라 해도 좋고, 천만세 대현인, 대인의 시비라 해도 역시 옳다. 또 내가 천만세의 시비를 뒤집었다고 해도 되고, 내가 틀리다고 한 것을 다시 아니라고 해도 역시 옳다"고 자신 있게 단언하였다.

더 나아가서 그는 "시비는 해가 바뀌고 밤낮이 바뀌듯이 항상 변화해야 하는데, 공자의 시비로 모두 시비를 삼기 때문에 중국에는 참다운 시비가 없었다"고 하면서, "공자의 정해진 본(기준)으로 상과 벌을 행하지만 않았으면 좋겠다"고 아주 명백하고 단호하게 못을 박았다. 그는 사람의 시비는 처음부터 정해진 논의가 없으며, 정해진 바탕도 없다고 생각하였다. 그래서 오늘 옳은 것이 내일 옳지 않고, 어제 옳던 것이 오늘에는 맞지 않는다고 강조하였다.

이러한 큰 전제에 도달하기 위해서는 어떠한 선입관이나 장애 없이 자유로워야 했다. 그가 특히 강조한 〈동심설〉은 이러한 자유상태의 극치인 것이다. 그리고 그는 《장서》에 대해, "산속에 감추었다가, 뒷날 (이 책을 제대로 평가할 수 있는) 양웅 같은 대학자를 기다려야 한다"면서, "정신이 얽힌 책이며, 천백 년의 시비와 연관되었다"고 확실하게 말하였다.

장문달은 이지를 탄핵한 상소문에서, 공자의 가법(家法)을 어겼으며, 공자의 시비를 부정했고, 감히 어지러운 도로 민중을 속였다고 그를 비난하였다. 명말 청초의 대학자였던 고염무 역시, "소인으로서 기탄 없이 감히 성인에 반역한 사람으로 이탁오보다 더한 자 없었다"고 혹평하였다. 《사고전서》를 편찬한 기윤 역시, "먼 옛날부터 전해오는 선과 악의 자리를 뒤바꿔놓지 않은 것이 없었다"고 준엄하게 정죄하였다.

이와 달리 이탁오를 잘 아는 초횡은 이 저서에 대해, 옛날과 지금의 평가를 규정했고 오로지 가슴속의 품은 뜻이 내솟지 않은 것이 없어 반드시 후세에 오래오래 전해져서 학자들의 귀에 익숙해질 것이며, 또 이로써 저울과 거울이 되고, 본보기로 빛날 것이라고 극찬하였다.

이탁오의 친구 유동성도, 천백세 뒤 황제와의 학문토론장인 경연(經筵)

에서 교재로 이용될 것이며, 과거시험장에서 선비를 뽑는 시험문제가 될 것은 의심할 여지가 없다고 예언하였다. 탕현조는 세상을 가르치고 경계하며, 다스리고 구제하며, 전해져 세상에 적응할 것이라고 했다.

1) 공자와 유교비판

이탁오의 비평은 전한(前漢) 이래 국가의 이념이 되어버린 유학에 특히 집중되었다. 당시 사회와 유학의 고질병 같은 여러 모순들에 대해 거침없는 비평과 예리한 수술을 가하였다. 아울러 유학의 경전인 육경의 신성불가침에 대해 의문을 제기하고, '동심'으로 씌어진《삼국지》나《수호전》이 결코 경전의 가치에 떨어지지 않는다고 그 우수함을 높이 평가하면서 경전의 태반이 거짓일 수도 있다"고 경전의 신성함을 부정하였다.

특히 공자의 도가 맹자를 거쳐 동중서와 정이·주희로 이어진다는 도통론을 비판하여, "땅을 파면 물이 있듯이, 모든 사람에게 도가 있는 것"이라고, 도의 정통성을 단호하게 부정하였다. 유학 전반에 대해 비속한 유자는 알맹이가 없으며, 속된 유자는 무식하고, 멍청한 유자는 죽지 않아도 냄새가 나며, 이른바 유명하다는 유자는 명분을 위해 죽어 없어졌다고 비판하고 나서, 그러한 유자들에게 나라의 통치를 맡길 수 없으며, 통치자의 폭정은 당대에 끝나지만, 도학(특히 송대의 성리학)의 해로움은 천 년을 간다고 경고하였다.

2) 역사에 임하는 자세

그의 비평은 역사에 집중되었다. 서양이나 이슬람 세계에 견주어 종교성이 약한 중국에서 정통성과 계승성의 차원에서 다분히 종교적인 기능을 맡고 있는 것이 역사였다. 그는, 경전과 역사는 하나로서 역사는 경전다워야

지저분하지 않고, 경전은 역사다워야 백화(白話)를 면한다며, 육경이 모두 역사라는 주제를 제기하여 뒷날 청대의 사학가 장학성의 선구가 되었다.

이러한 역사관으로 이탁오는 일천만 인의 적과 대결하듯이 역사를 쓰겠다고 선언하고, 사마천의 역사서술을 울분을 발하여 쓴 작품이라 했고, 특히 그의 자유로운 역사서술을 아주 높게 찬양하였다. 인물 평가에서는 명분보다 성취한 업적을 중요시하였으며, 사물에 대한 시비의 표준이 절대적이 아니라고 강조하였다.

위의 본질적이고 내재적인 전통적 덕목 말고도 근현대사회의 중요한 주제인 사회문제에 대해서도 당시로서는 보기 힘든 시대에 앞선 진보적 주장들을 계속하였다. 그는 군주와 사직은 백성보다 덜 중요하다는 맹자의 학설을 확인 긍정하였고, 진시황은 '천고의 일제'이며, 원 제국을 '중화와 오랑캐의 통일'로 보았다. 훌륭한 인재를 잘 임용하며, 남의 자취를 따르지 않고 자기의 길을 개척하는 인재를 유능한 정치인으로 높이 평가하였다.

3) 사욕을 긍정하는 경제 · 사회 사상

"천리를 존중하고 인욕을 멸한다"는 주자학의 큰주제에 대해 이탁오는, "사사로움과 욕심은 인간 본래의 마음이어서, 이를 외면하면 그림의 떡"이라고 전제하고, 재물과 부유함은 공자와 성인도 피하지 않았다고 적극적으로 긍정하였다. 이에 "옷 입고 밥 먹는 것이 인륜의 물리"라고 단언하였다.

그의 사회비평으로 가장 두드러진 것은 바로 시대를 앞선 여성관이었다. 우선 여성도 남성과 같은 사회의 일원이란 아주 평범하지만 매우 중요한 사실을 강조하였다. 따라서 자유결혼을 적극적으로 긍정하였다. 그는 전한대 탁문군이 사마상여와 자유롭게 결합한 것을 "천하에서 가장 시집 잘 가는 방법"이라고 해서 물의를 일으켰다. 한편 그는 여자의 능력을 긍정하여, "세상에 여자와 남자가 있다면 옳지만 여자와 남자의 식견이 따로 있다면 될 말이며, 세상에 식견의 우수함과 열등함이 있다면 옳지만 남자의 식견이 모두 여자의 것보다 우수하다면 그것이 말이 되느냐?"고 꼬집었다. 아울러 그는 정치가로서 측천무후의 능력을 높이 평가하였다.

더 나아가서 그는 참된 교육의 목표와 이상을 높이 보아 교육의 내용을 중시하고 피교육자의 의욕과 이해를 중시하는 교육의 방법을 강조하였다. 교육에서 큰 공헌은 "여자가 재주 없는 것이 바로 덕"이란 당시 사회의 분위기에서 여성의 능력을 긍정하고, 직접 여성을 교육시키며 그들과 함께 저서를 출간하기도 한 것이다. 이는 뒷날 그가 탄핵을 받는 중요한 원인의 하나가 되었다.

한편 그는 봉건시대의 역사가들이 국가 멸망의 원인을 달기와 보사 같은 미인들이 제왕을 현혹한 탓으로 몰아붙인 데 대해, 그렇다면, 조조나 한 무제는 미인을 좋아하면서도 어떻게 위대한 성취를 이룩했느냐고 따졌다. 이는 그럭저럭 형성된 사회의 관례나 윤리를 부정하여 근본을 철저하게 따져 보자는 것이었다.

4. 그는 종교인이 아닌 역사가며 사상가였다

우선 이탁오는 그 시대의 다른 사람들처럼 하나의 진리나 종교에 매달려 있지 않았다. 그는, "하나의 진리나 사상만을 고집하면 도를 해친다"면서, 맹자나 동중서 등을 맹렬히 비판하였다. 그의 이러한 태도는, "참으로 배고픈 사람에겐 (좋고 나쁜 것에 대한) 선택의 겨를이 없듯이, 도를 구하는 데 공자와 노자를 가릴 여가가 있겠는가?"라는 질문에서 아주 명백하게 나타난다.

그는 접할 수 있는 모든 종교와 사상을 굶주린 사람이 먹을 것을 찾듯이 애써 받아들였다. 머리를 깎고 절에 들어가 불교의 교리를 열심히 공부하는가 하면, 노자의 가르침에 커다란 매력을 느꼈다. 또한 묵자의 서민성을 칭찬하는가 하면 특히 법가사상가들의 정치적 업적을 크게 찬양하였다. 이 점에서 '비림비공운동' 시기에 이지는 법가를 존경하였다고 평가되었다.

그는 병법을 연구하여 《손자참동》을 저술하며 《역경》에 빠져 《구정역인》도 썼다. 특히 천주교의 이탈리아 신부 마테오 리치와 교류한 것은 너무나 유명하다.

그렇게 본다면 이 시대의 사조이자 또 그의 사상적인 특성으로 여겨지는 유교, 불교, 도교의 '삼교의 합일'은 오히려 좁은 범위이다. 이것은 확실히 종교인의 태도는 아니었다. 유교를 국가의 이념으로 보건, 아니면 종교로 보건, 중국의 관리와 지식인은 그 속에 침몰되어야 하는 것이고, 머리를 깎고, 절에 들어가면 그 계율과 의식을 잘 지켜야 하는 것이 진정한 불교인의 도리지만, 이탁오는 그렇게 하지 않았다. 그러한 교리와 가르침은 오직 사람이 올바르게 사는 데 도움을 주면 되는 것이었다. 그러므로 이탁오는 그가 몸담았던 유교는 물론 불교로부터도 환영받지 못하였다.

이탁오가 자결한 뒤 당대의 유명한 스님 자백달관이, "아쉽구나! 마음대로 자유롭게는 살았으나, 해탈을 하지는 못하였다"고 한 것은 바로 이탁오의 삶에 대한 불교계의 부정적 반응을 말해 준다. 이 모두를 종합해볼 때 그는 그 시대의 유교의 관료들과 달리 무조건적인 유자임을 거부했고, 다른 어떤 종교인이 되려 하지 않았던 자유로운 사상가였다.

5. 한계성과 시대성

사람들은 이탁오의 과격함과 함께 논리적 불완전함을 결점으로 지적하였다. 그의 학설은 건설적이기보다는 오히려 파괴성이 강하다고 비판하였다. 그러므로 공자나 주자처럼 기존의 정통이론을 대체하는 새로운 사상체계를 창조하지 못하였다는 것이다. 그것은 어느 정도 맞는 말이기도 하다.

그러나 이탁오는 당대 학자들을 공자의 가르침을 과식하여 소화불량에 빠진 환자로 보았다. 이들의 고질병인 비만과 체증을 치료하고 시원하게 뚫어주는 훌륭한 소화제라고 학문과 비판의 목표를 설정하였다. 이미 더 이상 치료가 곤란한 경우 수술과 파괴가 가장 효과적인 방법일 수밖에 없었다. 그리고 그의 사상이 세상을 다스리고, 세상에 적응하는 소임에 대한 기대는 천백세 뒤로 넘기려 하였다. 이러한 이탁오의 사상에 대해 레이 황은, "이탁오는 마키아벨리에 가까웠지만 그의 환경은 그로 하여금 토머스 홉스나 존 로크와 같이 개인주의와 유물론에서 출발하여 새로운 이론체계의 구성을 허락하지 않았다"고 했다.

또 다른 그의 약점은 우선 진사를 포기한 하급관리로서 그가 사회에 직접 미칠 수 있는 능력에는 한계가 있었다는 점이다. 한편 그가 속했던 당시 학문적 계파의 한계를 뛰어넘기도 어려웠다. 왕양명은 학문적 논리 이상으로 현실 정권을 공격할 수 없었으며, 과격한 좌파로 불리는 태주학파 역시 공자의 신성이나 유교에 대해서는 이탁오처럼 비판을 가하지 못하였다. 아울러 양지의 한계성에도 문제는 있다.

어느 한계에서 사회의 윤리와 충돌 없는 조화를 이루어야 할 것인가를 찾기도 어려웠다. 즉, 왕양명도 일찍이 "자연스럽게 양지에 이를 수는 있으나, 끊임없이 양지에 따라 행동하기는 어렵다"고 말한 적이 있다. 그도 유가의 이론을 실증하고 통치에 도움을 주기 위해 노력했다. 그리고 양명학은 자신의 양심에 따라 범신주의, 낭만주의, 개인주의, 자유주의, 심지어 무정부주의까지로 기울 수도 있었다. 따라서 개인의 양심에 따라 행동하고 관습적인 도덕기준에 구애받지 않아도 된다는 위험성에 빠질 염려가 있었다. 이러한 사상의 발전이 이탁오에 와서 최고점에 달했고, 아울러 교차점에 이르렀다. 사람들은 그를 '최악의 이단'이라고 정죄했다.

약간 시기를 초월하는 문제이지만 명 왕조의 멸망과 청 왕조의 중국 지배가 결정적인 시대적 한계였다. 반대와 비판으로 가득 찬 이탁오 류의 사상보다 새로운 왕조에게 순종하는 지배이념이 절대적으로 필요하였다. 그뿐만 아니라, 명말 청초의 고염무·황종희·왕부지 같은 3대 학자 역시 한민족과 명 왕조의 멸망이 비통하고 치명적이지, 이탁오가 추구하는 사회의 변혁은 그 다음의 문제이며 오히려 장애가 된다고 보았던 것이다.

한편 이탁오 개인이나 중국인들의 한계일 수도 있는, 대외문화에 대한 관심 부족의 한계를 그에게서도 실감한다. 그처럼 먼 이탈리아에서 온 신부 마테오 리치와 교류하면서도 중국의 문화를 보호 방어하는 자세였지, 유럽의 문화나 종교에 대해 관심을 보이지 못하였다. 두 사상가가 만났던 시기는 이탁오가 이미 70세를 넘은 고령이기는 했지만, 역시 다른 중국인들처럼 중화문화의 우월적인 입장을 고수하려 한 점은 하나의 커다란 약점이다. 이것은 아울러 뒷날 중국이 서양의 적극적이며 공세적인 세계 진출에 대해 소극적으로 대처함으로써 그대로 나타났다.

그의 사상에는 비판 이상의 무엇이 있는가? 라는 물음과 함께 비판의 건설적 의미가 거론될 수 있다. 그런데 그의 비판에서는 무조건적이고 일방적인 공격이 아니라 제한적 전제가 있었다. 즉, 대안과 건설적인 의견 말이다. 탁문군의 부모가 딸의 뜻을 이해만 했더라면, 여인들도 어려서부터 남자처럼 키워진다면, 진평과 강후(絳侯)처럼 신하들이 황제에 거역할 의지가 안 보였다면, 무후도 후한의 유주나 촉의 후주처럼 혼란한 시대가 아니라면 풍도나 초주 등의 표현은 바로 이를 잘 말해준다.

그를 탄핵한 장문달이나 고염무와 기윤 등 세상의 학자나 적대자들이 이탁오를 "유교의 이단자, 또는 반역자"라고 정죄한 데 대해, 그는 《초담집》의 서문에서나 76세에 체포된 뒤 대금오의 심문에 대해 "진실한 유자이며, 성인의 도에 이익을 줄 뿐, 해는 결코 없었다"고 당당하게 주장하였다.

과연 누구의 말이 옳은가? 양측이 다 옳은 것인지, 아니면 양측이 모두 틀린 것인지 그에 대한 평가는 우리를 혼란케 한다. 이 문제에 대해 일찍이 "경정향은 명교를 중히 여겼고, 탁오는 진기(眞機)를 알았다"는 주유당의 평이 매우 간략했지만 아주 적절했다고 나는 생각한다. 세상의 일반 학자들은 사회의 윤리와 도덕에 충실하지만, 이탁오는 그보다는 진정한 인간의 삶의 가치를 추구하는 데서 오는 차이점이다. 사회의 윤리와 진리는 많은 경우 일치할 수 없는 것이다.

그리고 이 문제는 바로 노자의 유명한 논제인, "우리가 도라고 할 수 있는 것은, 영원한 도가 아니다〔道可道 非常道〕"에서 해답을 찾을 수 있지 않을까? '세상사람들이 일반적으로 말하는 유가는 진정한 유가가 결코 아니다'라고 생각하면 이해가 된다. 따라서 세상사람들이나 이탁오가 추구하는 것이 모두 유교임에는 틀림없으나, 그 인식의 대상으로서 유교가 서로 다른 것이었다.

6. 그의 죽음과 그것이 남긴 과제

이탁오는 단순한 울분에서가 아니라 지적 독립을 위해서 순교자가 되려 했다. 따라서 그는 외쳤다. "글 읽고, 벼슬하여 녹을 받아먹는 자들의 생각은 다 똑같다. 그들은 나를 미친 사람으로 여기거나 죽어야 할 것으로 생각했다." 성리학이 규정한 지적·도덕적 가치를 부정하며 이에 도전하기 시작하여, 그 전통을 공격한 최상의 사상가 이탁오는 박해에서 올 희생이 거의 확실한 상황에서 그 자신 몸을 불속으로 던져버렸다.

그가 평소에 자주 말한, "협골의 향기와 죽음의 명성"으로 "나를 알지 못하는 사람에게 이익을 주기 위해 감옥에 끌려가 영광스럽게 죽는 것이 바로 이 한평생을 이루는 것"이란 바램을 실천한 것이었다. 그의 제자 왕본아는, "한번 죽어 책이 더욱 전해지고, 이름은 더욱 드높아졌다. 선생께서 일찍이 스스로 말씀하시기를, '몽둥이로 늙은 이탁오를 때려 죽이면, 만고의 이름을 이루게 될 것이다'라고 했으니, 한 몽둥이로 죽음을 결정하려고, 죽음을 기다렸을 뿐이니 선생은 어찌 죽어서 이름이 더 세상에 난단 말인가! 스스로 규정한 한 점 천하만세의 시비에 만족하면서, 천하만세의 명교에 침을 뱉으니, 언어는 최고로 진지하며, 문장은 하늘을 놀래고 땅을 움직였다"고 극도의 칭찬을 아끼지 않았다.

이탁오를 잘 알았던 총명한 서양 선교사인 마테오 리치도, "제자들에게나 적들에게 그리고 온 세상에 자신이 죽음을 두려워하지 않는다는 것을 보여주기 위해, 이탁오는 스스로 목숨을 끊었다"고 했다. 이탁오는 마테오 리치의 말대로 제자들에게나 적대자들에게 죽음을 두려워하지 않는다는 것을 확실하게 보여주었다. 그러나 《분서》는 태워도 태워도 여전히 출간되었고, 《장서》 역시 깊은 산속에 감추어도 사라지지 않았다.

따라서 그의 죽음은 저서를 더욱 널리, 이름을 더욱 높여주었으니, 그의 말처럼 협골의 향기로서 죽음의 명성을 더해준 것이었다. 이것이 바로 공자가 말한 "몸을 죽여 인을 이룬다〔殺身成仁〕"는 것이 아니겠는가? "아침에 도를 들으면, 저녁에 죽어도 좋다"는 공자의 간절한 바램을 유교의 가장 통렬한 비판자인 이탁오가 실천했다고 한다면, 지나친 역설일까? 역사의 아이러니가 아닐 수 없다.

7. 20세기를 기다려야 했던 이탁오의 사상 —'한 시대의 으뜸가는 스승'이자 '중국의 영웅'

이탁오가 살았을 때나 그가 죽은 뒤 그의 이름과 저서가 비록 널리 세상에 유행했다고 하지만, 시간이 지나면서 그의 이름은 차츰 사람들의 머릿속에서 잊혀져갔다. 황제의 명에 따른 거듭된 금지나 불태워짐으로 말미암아 커다란 타격을 받았다. 더욱이 청대의 사학가 기윤의 이탁오에 대한 공식적인 금지와 정죄는 《사고전서》 속의 〈금서목록〉으로 청대 말까지 그를 역사 속으로 묻어버렸다. 그러나 이 책이 후세에 전해지기를 이탁오 자신도 바랐고, 그를 아는 친구들도 믿었다.[2] 이탁오와 그의 친구 유동성 역시, "이 책은 만세 치평(治平)의 서(書)로서, 마땅히 경연에서 읽혀질 것이며, 과거 시험장에서 선비를 뽑는 데 쓰일 것"이라고 믿었다.

그러나 천백세의 시간은 너무 길었다. 그가 죽은 지 300여 년 뒤 중국사회는 이탁오가 우려한 대로 위기에 처했고 모두가 크게 달라져야 했다. 기원전 221년에 진시황이 만들었던 동아시아의 정치질서인 봉건왕조는 2,130여 년 뒤 1911년 신해혁명에 따라 서구식의 민주공화정으로 바뀌었다. 특히 정신과 문화의 절대적 지주였던 공자와 유교의 전통은 태평천국 이후 한 세기 이상 혹독한 비판을 받으면서 무력하게 무너져갔다.

중국의 전통을 빨리 부수지 않고는 새로운 중국을 만들 수 없다는 위기감으로 충만하여 공자와 유교에 대한 비판과 공격은 "공자 상점의 타도〔打

孔家店〕"라는 외침으로 나타났고, 이는 시대의 사조였다. 이 물결 속에서 20세기 초, 황절(黃節), 등실(鄧實, 1874~1935)에 이어, "공자 상점의 타도를 선도한 사천성의 영웅"으로 불린 오우는 이탁오를 역사 속에서 다시 찾아냈다. 그리고 그의 투철한 유교 비판과, 항상 변해야 하는 "시비를 헤아려 (마련한) 평가의 잣대"를 새로운 시대에 적응시켰다.

이지기념사로 가는 시골길, '탁오로'

그의 사상은 20세기 벽두부터 빛을 보기 시작했고, 중국을 비롯한 일본이나 서양에서도 많이 연구되었다. 20세기 초의 5·4신문화운동 시기는 물론, 1949년 이후 사회주의 중국에서도 20세기의 마지막까지 아마도 이탁오는 전통사상가 가운데 가장 많이 연구되고 평가받은 인물이었다. 정치적 영향력을 감안하더라도, 후외려가 《중국사상통사》에서 유명한 대선배인 주희를 57쪽, 왕양명을 37쪽을 쓴 데 비겨 이탁오에 대해서 65쪽이나 쓴 것은 하나의 좋은 실례이다.

특히 그의 저서나 글들이 다시 출간되고, 일반 인민을 위한 독서물로 장려된 것은 놀라운 일이며 획기적인 일이었다. 비록 정치적인 광풍으로 평가되기도 하지만 1973~1974년의 비림비공운동 기간에 그의 반유교 사상과 진시황, 법가 긍정의 역사관이 전 인민에게 널리 알려지고 찬양되었다. 이 시기에 이탁오는 또 한번 반유교와 진시황, 법가 찬양자로 대중운동을 통해 널리 선전되었다. 정치적 폭풍이 지나고 안정 속에서 전통문화의 새로운 정립을 서두르는 오늘날에도 그의 이름과 사상은 여전히 중국인의 가슴속에 찬연히 빛나고 있다. 탕현조의 말처럼, 세상에 전해져, 세상을 구제하고 세상을 다스리며, 세상을 가르치고 세상의 변화에 응하였다.

북경의 천안문 광장 앞, 역사박물관에는 이지를 비판했던 명말 청초의 3대 학자인 황종희, 왕부지, 고염무 등과 함께 중국의 진보적 사상가로 걸려 있고, 역사 교과서에도 '진보적 사상가'로서 3대 학자의 앞에 실려 있다.

장건업의 《이지문집》

"한 시대의 으뜸가는 스승, 이탁오 선생의 묘〔一代 宗師 李卓吾先生之墓〕"라고 비석이 본래의 묘비 앞에 1983년에 다시 세워졌다. 이 비석의 글은 이탁오에 대한 아주 간단한 그러나 매우 명백하고 적절한 20세기의 평가라고 할 수 있다. 그의 고향인 천주의 옛집은 문화재로 수리 보존되고, 봉건시대의 교육기관인 천주의 부학(府學)에는 그곳에서 배출한 38인의 명인 가운데 한 사람으로 그의 초상이 전시되어 있다. 그의 원래 고향인 남안 용교리에는 이씨의 가묘에 이지기념관이 함께 마련되었다.

특히 1984년에는 《인민일보》와 중국공산당 중앙연구원 그리고 《홍기》가 합작하여 평가한 《중화영걸록》 82인 가운데 이지가 포함되었다. 이것은 아주 적절한 호칭과 평가로서 그에게는 더할 수 없는 영광이다. 그가 공격했던 주자나 존경했던 왕양명마저 탈락된 데 비겨 매우 놀라운 일이다. 전국적인 이지연구회가 조직되고, 1987년 그의 마지막 임지였던 운남성의 요안에서 '이지 국제학술토론회'가 개최될 정도이니 그에 대한 관심과 연구의 열기를 넉넉히 짐작할 수 있다. 2000년 이지연구회장인 장건업 교수 주편으로 4천 쪽이나 되는 《이지문집(李贄文集)》 7권이 북경의 사회과학 문헌출판사에서 나왔다.

주 석

1) 王國鈞主編, 《李贄與南安》, 北京 : 中國廣播電視出版社, 2003, 216~218쪽.

2) 이지, 〈與耿子健〉, 《속분서》 권1 ; 劉東星, 〈劉序〉, 《藏書》.

부 록

이지 연보

1368년 주원장(朱元璋), 명 왕조 건립

1405~1443년 정화(鄭和) 7차의 해상원정

1415년 《사서대전》《오경대전》《성리대전》의 간행

1472년 왕수인(王守仁, 양명) 출생(~1528)

1502년 《대명회전(大明會典)》 완성

1527년(1세)—가정(嘉靖, 世宗) 6

복건성 천주시의 남문 만수로(萬壽路) 에서 10월 26일 출생, 원명은 재지(載贄), 아버지는 백재(白齋), 자 종수(宗秀) 어머니는 서씨로 이지가 어릴 때 사망, 계모는 동씨(董氏)였고 동생과 누이 7명으로 맞아들이었다.

1532년(6세)

어머니 서씨의 사별로 스스로 요리했다.

1533년(7세)

아버지를 따라 예문을 익히고 가(歌)와 시(詩)를 배웠다.

1539년(12세, 가정 17)

서당에서 아버지를 따라 글을 배우고, 남안(南安)의 숙부 이장전(李章田) 댁에서 공자를 비웃는 〈노농노포론(老農老圃論)〉을 썼다. 이것은 공자가 그의 학생 번지(樊遲)가 농사에 대해 묻는 것을 소인(小人)이라고 책망하는 것을 꼬집은 글이다. 이 한 편의 문장은 이미 이지가 어릴 적 사상의 출발점을 보여주는 것으로 스승과 동학들의 칭찬을 받았다.

1540년(14세)

《주역》과 《삼례》를 마치고 《상서》를 읽었다.

1541년(15세)

계속해서 《상서》를 읽었다.

1542년(16세)

천주의 부학(府學)에 입학하여 배웠다. 당시의 성은 림(林)이었고, 이름은 재지였

다. 뒤에 재(載) 자는 목종(穆宗)의 이름자여서 피하고 성을 이(李)로 바꿨다.

1543~45년(17~19세)

부학에서 공부했다.

1546년(20세)

외지에 나가 삶을 구하였다.

1547년(21세)

여섯 살 아래인 황씨와 결혼하였다.

1552년(26세, 가정 31)

복건의 향시에 급제하여 거인(擧人)이 되었다.

1553년(27세)

집에 머물면서 부학의 자계사(紫溪祠)에서 가르쳤다.

1554년(28세)

집안의 동생과 누이가 결혼했다.

1555년(29세, 가정 34)

하남성 휘현(輝縣－共城)의 교유로 벼슬을 시작했다. 장남 귀아(貴兒)가 물놀이하다 빠져 죽었다. 《분서》 속에 죽은 아들을 슬퍼하는 〈귀아를 곡한다〉라는 3수의 시가 있다.

1556년(30세, 가정 35)~1558년(32세)

휘현의 교유로 재직. 하남성 휘현에서 5년 동안 지방학교 교사로 지내다.

1559년(33세)

남경 국자감 박사가 되었으나, 몇 달 뒤 아버지 백재공의 사망으로 상기를 치르기 위해 고향으로 돌아갔다. 이때 왜구가 내륙까지 들어와 노략질해 그들과 싸웠으며 1562년 여름까지 천주에 머물렀다.

1562(36세, 가정 41)

상복 기간이 끝나 가족과 북경에 왔으나, 보직을 못 받아 아이들에게 글을 가르치면서 생계를 유지했다.

1564년(38세, 가정 43)

북경 국자감 박사가 되자마자 조부 죽헌공(竹軒公)이 사망하고, 둘째 아들도 북경에서 병사하고 뒤에 난 셋째, 넷째 아들도 일찍 죽었다. 가족을 휘현에 두어 살게 하고 혼자 증조, 조부, 아버지 3대의 묘를 돌보기 위해 천주로 돌아갔다. 이때 기근이 심해 둘째 딸, 셋째 딸이 영양실조로 사망했다.

1565년(39세, 가정 44)

천주에서 조부상을 치르고, 부인 황씨는 휘현에 있었다. 처와 장녀를 북경으로 데려왔고, 사숙을 열어 생계를 유지하고, 그뒤 5년 동안 북경에 머물렀다.

1566년(40세, 가정 46)

북경에서 예부사무(禮部司務)라는 아주 적은 봉급의 관직을 맡았다. 뜻은 관직보다 학문에 있어 이봉양(李逢陽), 서용검(徐用檢) 등의 권유로 양명학을 접하고, 불교의 영향을 받기 시작했다. 1570년까지 북경에 머물렀다. 세종이 죽고 목종이 즉위하여 이탁오는 그의 이름자인 '재' 자를 떼어버렸다.

1567～1570년(41～44세)

북경의 예부사무로 근무하며 상사와 자주 충돌했다.

1570년(44세)－융경(隆慶, 목종) 4

남경의 형부원외랑(刑部員外郎)으로 전직하여, 1577년 요안(姚安)의 태수가 될 때까지 7년 동안 남경에 머물렀다. 경정리, 경정향, 초횡 등을 알게 되었다. 주야로 친구들과 학문을 논하였다. 평생의 교우였던 초횡(焦竑)을 만났는데, 초횡의 《초씨필승(焦氏筆乘)》에서 〈책을 읽으면서도 글자를 모른다〔讀書不識者〕〉는 글은 이지의 본원적인 학문방법을 잘 보여준다. 왕수인의 학문에 열중하였으나, 고(顧)상서, 은(殷)상서 등 상급 관직자들과 불화하였지만, 장거정을 높이 평가하였다.

1572년(46세, 융경 6),

친구인 황안의 경정리(耿定理, 楚倥)를 남경에서 사귀게 되어 그를 통해 그의 형 경정향도 알게 되었고 초횡과도 학문을 논하였다. 태주학파를 찬양하며, 왕기·왕벽 등에게서 공부하였다.

1573년(47세)

남경의 형부원외랑으로 두 차례 왕기(王畿)를 만났다.

1574년(48세)

《노자해(老子解)》를 썼다.

1575년(49세)

남경에서 《노자해》 2권을 완성했다.

1576년(50세)—만력(萬曆, 신종) 4

왕기〔龍溪〕를 두 차례, 나근계(羅近溪)를 한 번 만나 학문적인 영향을 크게 받았다. 건강이 나빠지고 불교를 연구하기 시작했다. 운남성 요안의 지부(知府)로 영전되었다. 부임한 뒤 묘학(廟學)을 수리하고 학생들을 모아 학문을 강의하며 풍덕사 선당(豊德寺禪堂)을 고쳐 삼대서원(三臺書院)을 창립하였다. 정령(政令)을 밝고 간이하게 했으며, 모든 인민의 고통에 대해 관심을 가졌다.

1577년(51세, 만력 5)

요안현의 지부로 영전되어 가는 길에 호북성 황안의 경정리에게 들러 가족들을 그곳에 머무르게 했다. 그는 관직에 뜻을 잃고 학문에 점점 빠지게 되어 3년의 임기를 마치고 퇴임할 생각이었다. 재임하는 동안 왕순무(王巡撫) 등 상급자와 불화하였다. 왜 공자를 존경해야 하는지에 대해 의문을 제기하고 인생의 나아갈 길을 고민하였다.

1579년(53세, 만력 7)

소수민족과의 융화에 힘써 부드러운 법으로 회유하여 변방의 안정을 도모하였다. 존경하던 하심은이 초에서 잡혀 무창에서 피살되었다.

1580년(54세, 만력 8)

3년의 지부 임기가 만료된 뒤 유임을 요청받았으나, 굳이 사임하고 계족산(鷄足山)에 들어가 불경 공부에 열중하였다. 사임하고 떠날 때, 그의 짐 속에는 오직 책 몇 권만 있었고, 전송하는 사람들이 길을 메웠다. 이 3년 동안 이탁오는 모두를 간이하게 하고, 자연에 맡겨 통치하였다. 이때 부인 황씨는 경정향의 집에 머물고 있는 사위 장순보(莊純甫)와 장녀를 보고 싶어 황안으로 가서 합류하였다.

1581년(55세, 만력 9)

사천을 거쳐 황안의 경정리의 집에 머물렀다. 마성(麻城)의 주우산(周友山)과 사귀었다. 그뒤 1588년 62세에 용호(龍湖)로 옮겨갈 때까지 8년 동안 여기에 머물렀다. 이 동안 초횡이 황안으로 이탁오를 방문했다. 이탁오는 학문에 전력하고, 전후해서 부인 황씨는 사위 등과 고향 천주에 돌아가려 했다.

1582년(56세, 만력 10)

아침저녁으로 독서에만 열중하여 소철(蘇轍)의 《노자해》를 해석 출판하였다. 그는 배고픈 사람에게 좋고 나쁜 음식을 가릴 여유가 없듯이, 도를 배우는 데도 공자와 석가, 노자를 구분할 여가가 없다고 말한다. 《분서》의 〈자유해노서〉, 즉 그는 현상에 만족하지 않고 학문에의 굶주림으로 유교·도교·불교의 경계를 초월하였다.

1583년(57세, 만력 11)

왕용계의 죽음을 듣고 〈왕용계선생고문(王龍溪先生告文)〉을 썼다. 이때쯤 유명한 〈동심설〉이 씌어진 것으로 보이고 경정향과의 논쟁 등으로 이탁오의 독자적 사상이 형성되어갔다.

1584년(58세, 만력 12)

7월 경정리가 황안에서 죽고, 경정향은 도찰원, 우첨도어사가 되고 다시 좌부도사로 승진했다. 이때 경정향과 교육과 학문을 둘러싼 사상적 논쟁이 더욱 가열되었다. 원중도는 그 당시 이탁오의 지불원 생활을 생생하게 기술하였다.

10월 경정리가 죽어 그를 위해 〈경자용을 곡함〉의 시 2수를 지었다. 마성으로 갔으나 머무를 곳이 없어 며칠 안 되어 황안으로 돌아왔다.

1585년(59세, 만력 13)

3월 황안을 떠나 다시 마성을 방문하여 주유당과 사귀고 그의 사위 증중야(曾中野)에게 머물렀다. 또 주우산의 소개로 스님들을 사귀고, 이탁오에게 유마암(維摩庵)을 내어주자 편안히 머물면서 주우산과 학문을 논하였다. 주유당은 이탁오와 경정향의 논쟁에 대해, "경정향은 명교(名教)를 중히 여기고, 이탁오는 진기(眞機)를 알았다"고 예리하게 논평하였다.

1586년(60세, 만력 14)

유마암에 머물렀으며 비병(脾病)으로 고생했고, 화광동진(和光同塵)으로 병을 고쳤다고 썼다. 평소 이탁오와 교분이 있는 등정석(鄧鼎石)이 마성의 현령으로 부임하고, 그는 스스로를 '떠돌아다니다 잠깐 머무는 손님〔流寓客子〕'이라고 불렀다.

경정향과 논전이 더욱 가열되었다.

1587년(61세, 만력 15)

가족을 천주로 돌려보내고 마성의 유마암에 머물렀다. 동생의 아들로서 양자로 추정되는 귀아(貴兒)가 물에 빠져 죽었다. 〈경사구와 고별함〔與耿司寇告別〕〉의 편지를 써 경정향과 헤어졌다. 문을 걸고 《장서》의 집필에 열중하였다. 마테오 리치가 남경에 왔다.

1588년(62세, 만력 16)

마성의 유마암에 머물면서 매국정을 만났다. 남경의 초횡에게 《장서》의 초고를 보냈다. 여름에 수염을 남긴 채 머리를 깎았다. 가을에는 주유당이 지어준 용담의 지불원으로 거처를 옮기고, 불당에 공자의 상(像)을 걸고, 죽음에 대한 생각을 밝혔다.

부인 황씨가 고향 천주에서 56세로 세상을 떠났다. 이를 알리러 온 사위 장순부에게 〈명 왕조에 벼슬한 이탁오 처 의인 황씨의 묘〔明誥封宜人李卓吾妻黃氏之墓〕〉의 비문을 써서 보냈다. 유의경의 《세설신어(世說新語)》와 초횡의 《초씨유림(焦氏類林)》을 모방하여 그의 첫 대작인 《초담집(初潭集)》을 쓰기 시작했다. 나근계가 별세하자 그를 애도하는 〈나근계선생고문(羅近溪先生告文)〉을 지었다.

1589년(63세, 만력 17)

마성의 지불원에 머물렀는데, 병이 많다고 초횡에게 쓰고 있다. 왕용계의 사상에 공명(共鳴)하고 있었다. 《근계어록》을 썼다. 《속장서》의 〈양기원전〉에 그의 사상을 읽을 수 있다. 초횡이 전시에서 장원으로 합격해 한림원의 수찬이 되었다. 왕가수가 용호의 지불원으로 이탁오를 방문하였고, 뒷날을 위해 이지의 묘비기를 썼다. 나근계가 세상을 떠났다.

1590년(64세, 만력 18)

유교에 대한 무차별 공격이 시작되다. 용호의 지불원에 머물며 경정리가 죽은 뒤 주우산과도 날로 멀어지고, 주유당과도 관계가 힘들었던 것 같다. '성명(性命)의 도'에 대해서 애기하고 있다. 그의 《이씨분서》가 마성에서 간행되었다. 〈이온릉자서〉에 따르면 《설서》도 그해 이전에 간행되었다. 이 해 봄부터 여름까지 무창에 머물고, 유골을 넣는 납골당을 지불원의 뒤에 만들었다. 원종도(袁宗道) 삼형제가 이지를 방문했는데, 이에 대해 글을 남겼다. 경정향은 분서의 내용에 대해, 《경계를 구하는 글(求儆書)》을 써서 이지에 대응하였다.

1591년(65세, 만력 19)

무창으로 가서 유동성(劉東星)의 보호를 받아 다시 홍산사(洪山寺)에 머물렀다. 이때 지방의 유수들 사이에는 잘못된 도로써 민중을 현혹〔左道惑衆〕시킨다고 하여 그를 마성에서 추방하자는 논의가 일어나, 이탁오는 이에 대하여 매우 분개하였다. 이때 지신의 괴로운 심정을 초횡에게 편지로 썼다. 원굉도가 마성으로 이탁오를 방문해 3개월 동안 머무른 뒤 무창으로 갔다. 경정향의 제자 채의중은 《분서변》을 저술하여 경정향을 변호하고, 이지를 공격하였다.

1592년(66세, 만력 20)

무창에서 유동성의 보호를 받으면서 원중도의 방문을 받았다. 원중도가 간 뒤 이탁오는 병으로 쓰러져 두 달 동안 병상에서 고생했다. 그는 《비점수호전》과 유명한 《충의수호전서》를 쓰고, 비점을 가한 잡극 《서상》과 유명한 문학이론인 〈동심설〉을 썼다. 일본이 조선을 침략하였다(임진왜란).

1593년(67세, 만력 21)

무창에서 용호의 마성으로 돌아갔다. 4월에 원씨 삼형제가 10일 동안 그를 방문했다. 이탁오는 이들에 대해, "맏형 종도는 온실하고, 가운데의 굉도는 영특하여 모두 천하의 명사들이다"라고 칭찬하였다. 작별하면서 원굉도는 〈용호의 노인을 작별한다〉 8수를 지었다. 이곳에 있는 동안 그는 건물을 짓거나 부처를 만들고 스님을 모으는 일, 사찰의 규정 등 많은 업무를 주재했다.

1594년(68세, 만력 22)

용호에서 정월에 병으로 고생했다. 그의 저서와 용호에 있는 그에게서 강의를 듣거나 도를 물으려는 사람이 아주 많았다. 그의 강학은 이미 유교의 제방을 무너뜨렸고, 불교의 규제도 지키지 않아 사회적으로 커다란 영향을 불러 일으켰다. 이에 마성의 일부 사람들은 지방의 관원과 결탁하여 이지를 박해하며 그의 거처인 지불원을 헐어버리려는 음모를 꾸미고 있었다.

1595년(69세, 만력 23)

마성의 지불원에서 계속해서 저술과 학문의 논의에 전력하였다.

이 해에 주우산의 중재로 경정향과 잠시 동안 화해가 이루어졌다. 이 화해는 뜻밖이지만 사실상 같은 태주학파 안에서의 논쟁이었다. 특히 경정향의 대표적인 제자인 초횡은 이탁오와도 매우 가까웠지만, 이탁오보다 경정향과 더욱 가까운 사이였다.

그해 가을 유동성은 아들 용상(用相)을 보내 이탁오를 산서의 심수(沁水)로 모셔 왔다. 그때 사정현(史旌賢) 순도(巡道)가 이탁오를 "법으로 다스리겠다"고 공언하여 시기를 앞당긴 것이었다.

1596년(70세, 만력 24)

정월 황안에서 승 약무(若無)가 홀어머니를 떠나 용호에서 수도하려는 것을 말리는 어머니 장씨의 글을 보고 감동하여 〈약무의 어머니가 보낸 편지를 읽고〉를 썼다. 그녀를 성모(聖母)라 했다.

여름에 《손무자 13편을 읽고》와 《손무자 십삼편》, 즉 《손자병법》을 썼다. 가을 산서의 심수 평상촌(沁水 坪上村)에서 낮에는 독서하고 밤이면 유동성의 아들 용상과 조카 용건에게 《대학》과 《중용》을 가르쳤다.

분순도의 직에 있는 사씨 성을 가진 이가 "이탁오가 마성에 있는 것은 지방의 풍속과 교화를 해치므로 고향으로 돌려보내야 한다"고 말했다. 이지는 이 말이 부당하다고 글 속에서 강력히 항의하고 있다.

그는 유언 즉 〈예약〉을 썼다. 유동성이 《도고록(道古錄)》을 산서에서 간행하였다. 그는 《독서락(讀書樂)》을 썼다.

이 해에 경정향이 73세로 병사했다. 가을 유동성과 그의 아들 용상이 함께 산서로 가서 왕가수(汪可受)도 만났다. 왕가수는 이지에게, "선생님은 이후 어떤 책을 쓰시겠습니까?" 하고 물으니, "나는 마땅히 나를 알지 못하는 사람에게 이익을 주어, 감옥에 불려가 영광스럽게 죽는 것이, 바로 이 한 평생을 이루는 것이다"라고 대답했다.

조선에는 정유재란이 일어났다.

1597년(71세, 만력 25)

정월 심수에서 유동성의 60세 회갑연에 참석했다. 이때 황안과 마성에는 이지를 죽이려 한다는 소문이 나돌았다. 심수에서 용호에 되돌아가려고 초횡에게 편지를 썼다. 매국정의 임지인 대동으로 가서 머물면서 《손자참동》 13편을 썼다. 가을에는 북경으로 가 서산의 극락사(極樂寺)에 가서 머무르며 거기에서 《정토결(淨土訣)》 3권을 간행하였다.

1598년(72세, 만력 26)

봄까지 북경 서산의 극락사에 있다가 초횡과 함께 남경으로 갔다. 남경에서는 영경사(永慶寺)에 머무르며 역경을 읽고 《역인》을 저술하였다. 이때 양기원이 그곳에서 학문을 강하며 이탁오를 영접하여 그에게서 배우려 하였다. 그는 겨울에 《용계선생문초록》을 간행하고 그 서문을 썼다. 남경에서 강학에 열심히 참여하였다. 이탈리아의 선교사 마테오 리치를 남경에서 만났다.

7년 동안 조선과 명을 피폐하게 한 조선에서의 전쟁이 일본군의 철수로 끝났다.

1599년(73세, 만력 27)

남경의 영경사에서 마테오 리치를 두 번째 만나 시 두 수를 쓴 부채를 주었다. 마테오 리치는 이때 자기가 쓴 《교우론》을 이지에게 주었다.

7월에 이지의 최대 저서이며, 동시에 가장 중요한 역사서인 《장서》 68권을 초횡이 9월에 간행하였다.

가을과 겨울 사이에 용호로 돌아오라는 매담연의 편지를 받고, 다음해 용호로 돌아가겠다는 회신을 그에게 보냈다. 겨울 하조 총독 유동성과 그의 아들 용상이 이지를 산동의 제녕(濟寧)으로 초청했다.

1600년(74세, 만력 28)

봄에는 유동성도 남경에 와 두 사람은 제녕(濟寧)의 하조서(河漕署)에 가서 머무르며 《양명선생도학초》 8권과 《양명선생연보》 2권을 편찬했다.

초여름 제녕에서 마테오 리치를 세 번째 만났고, 여름 그가 비평하여 뽑은 《파선집(坡仙集)》 16권을 초횡이 남경에서 출간하였다. 겨울 매국정에 반대하는 사람들이 지방의 관리와 결탁하여 "비구니를 연결한 허황한 노래를 퍼뜨려" 비방하여, "떠돌이 중을 추방하고 음탕한 절을 헐어버리자"고 이지를 박해하였다.

호광 안찰사 첨사 풍응경(馮應京, 1555~1606)은 이지가 머물던 용호의 지불원을 불태우고, 이지의 납골당을 부숴버리며 그를 마성에서 내쫓았다. 이에 양정견은 이지를 숨겼다가 뒤에 하남 고성현(高城縣)의 황벽산(黃蘗山)으로 피신시켰다. 10월 마경륜이 북통주에서 마성으로 《역》을 물으려 왔다가, 황벽산으로 가서 이지를 만나 40일 동안 함께 《역》을 읽었다. 이지는 여기서 독립적 사고를 강조한, 〈성인의 가르침을 조금 인용한다〔聖教小引〕〉를 썼다.

가을 원종도가 41세 나이로 죽으니 그는 〈원대춘방을 곡한다〔哭袁大春坊〕〉라는 시를 썼다.

1601년(75세, 만력 29)

정월 황벽산에서 《언선편(言善篇)》을 썼다. 이 해 2월 마경륜(馬經綸)에게로 가 북경교외의 북통주(北通州)에 머물렀다. 마경륜은 이지를 변호하는 〈당국에 드리는 글〉이라는 제목의 항의서신을 풍응경(馮應京)에게 썼다. 여름 마경륜과 함께 북경 주변의 명승을 유람했다. 원중도가 이탁오를 방문하였다. 그는 이미 간행한 《역인》을 개정하여 《구정역인(九正易因)》으로 저술했다. 유동성이 죽었다.

1602년(76세, 만력 30)

통주의 마경륜에게 머물렀는데, 병세가 악화되어 2월 초 〈유언〉을 기초했다.

윤2월 경정향을 위해 《분서변》을 썼던 제자 채의중(蔡毅中)과 관계 있는 예과급사중(禮科給事中) 장문달(張問達)이 황제에게 탄핵을 상소하여 사태는 매우 급박해졌다. 그의 죄상은, 벼슬을 지낸 유자로서 머리를 깎아 불승이 되어 《분서》와 《장서》 등의 못된 저서들을 간행했으며, 여불위와 이사 등을 재능 있는 명신으로 평가하는 등 역사의 시비를 뒤엎었다는 것이었다. 더욱이 이지는 진시황을 매우 추앙하였으며, 여자들에게 글을 가르치고, 탁문군의 자유로운 결합을 높이 평가함은 물론 여자들과 책을 함께 쓰는 등 남녀의 벽을 무너뜨렸다는 점도 추가하였다. 특히 묵과할 수 없는 것은 이탁오가, "공자의 시비로서 시비의 근거를 삼을 수 없다"고 해서 성인을 모독하고 세상을 어지럽혔다는 점을 강조하였다.

이탁오가 구속된 뒤 심문관이 그에게 물었다. "선생님은 왜 그렇게 그릇된 책들을 멋대로 쓰셨습니까?" 이에 대해 "죄인의 저서가 아주 많지만, 모두 성현의 가르침에 합당하여 이익은 되어도 손해는 없습니다"라고 이탁오는 대답하였다. 심문관은 웃으며 더 이상 그에게 질문하지 않았다.

병으로 누워 있던 이탁오는 〈옥중 8수〔繫中八絶〕〉 시를 쓰고 태연하더니, 3월 15일 머리를 깎아주는 사람의 칼을 빼어서 목을 찔렀다. 이에 그를 따르던 사람이 아프지 않느냐고 물으니, "아프지 않다"고 대답하였다. "선생은 왜 자살을 하시려 합니까?"라고 묻자, "70세의 늙은이가 무엇이 더 바랄 것이 있겠소?"라면서 숨을 거두니 이날이 3월 16일 밤이었다.

마경륜은 이탁오의 유언에 따라 그의 시신을 거두어 북경 근처인 통주의 북문 밖에 장사지냈다.

1609년(사후 7년, 만력 37)

초횡과 이유정(李維楨)이 《속장서》를 출판하였다. 그의 서문 가운데는 "이지가 죽은 뒤 그가 남긴 책은 사방으로 쏟아져 나와 학자들이 다투어 전하여 외우고 다녔다"라든가 "이탁오 선생은 죽었으나 그가 남긴 책은 더욱 널리 전해졌다"고 했다.

1610년(사후 8년, 만력 38)

초횡이 쓴 묘비석이 통주에 세워졌다.

1612년(사후 10년, 만력 40)

제자 왕가수가 쓴 비석이 세워졌다.

1618년(사후 16년, 만력 46)

그가 죽은 뒤 17년 즉 만력 왕본아(汪本鈳)가 《속분서》를 편하였다. 그의 《속각이씨서》의 서문에서, "한 번 죽음으로써 그의 책은 더욱 전해지고 이름은 더욱 빛나게 되었다"며 "국내에 그의 책을 읽지 않은 자가 없고, 선생의 책을 읽지 않으려고 하는 자도 없었으며, 그의 책을 거짓된 것으로 여기는 사람까지도 모두 읽었다"고 썼다.

1625년(사후 23년) — 천계(天啓, 熹宗 5)

사천성의 도어사 왕아량(王雅量)이 이탁오의 저작이 괴이하고 경전에 어긋나니 금지시켜달라는 상소에 따라, 9월 그의 책은 다시 불태워지고, 판매와 유통을 금지시켰다.

18세기 청 건륭 고종

기윤(紀昀, 1724~1805)이 주편한 《사고전서총목(四庫全書叢目)》의 '금서목록'에 이지의 저작들이 거의 포함되어 계속 금지되었다. 이 책에서 "공자를 배격하고 높이고 낮추는〔褒貶〕 별다른 기준을 세워 무릇 먼 옛날부터 전해오는 선과 악의 표준에 대해 그의 자리를 뒤집어엎지 않은 것이 없다"고 혹평하였다.

1916년(사후 314년, 중화민국 5년)

황절(黃節)과 등실(鄧實) 등은 원중도의 《이온릉전(李溫陵傳)》을 소개한데 이어 오우(吳虞)는 《신청년》에 〈명이탁오별전(明李卓吾別傳)〉을 써서 그의 이름과 사상을 온 천하에 널리 알리는 계기를 만들었다.

1954년(사후 352년, 중화민국 5년)

통주의 서해자 공원에 1954년 통주현 인민정부의 이름으로 조그만 비석이 세워졌고 주변 묘역이 깨끗하게 정리되었다. 1960년, 이지가 죽은 지 358년, 천주시는 이지의 옛집〔李贄故居〕을 '천주시 문물 보호단위'로 공포했고, 1985년 12월 '이지고거'의 작은 석비를 그 앞에 세웠다. 천주부학의 '역사명인기념관'에는 문화의 명인 38

명 가운데 1인으로 그의 좌상이 마련되었고, 소개하는 글이 씌어졌다.

1959년(사후 356년)

5월, 《장서》 4책이 북경의 중화서국에서 출간되었다.

10월, 《속장서》 상・하책이 북경의 중화서국에서 출간되었다.

1974년(사후 372년)

11월, 《사강평요》 상・중・하 책이 북경의 중화서국에서 출간되었다.

12월, 《초담집》 상・하책이 북경의 중화서국에서 출간되었다.

1981년(사후 379년)

《중화영걸록》은 중국역사에서 82명의 걸출한 영웅의 한 사람으로 이지를 선정하였다.

1983년(사후 381년)

10월 통현 인민정부의 이름으로 그의 묘는 다시 옮겨져 중천비(重遷碑)가 세워졌다. 주양은 〈일대종사 이탁오묘〉라고 썼다.

1984년(사후 382년)

9월, 서해자 공원의 이탁오 묘가 북경시 문물보호단위로 공포되었다.

1987년(사후 385년)

10월 26일, 천주 남안시 용교리 그의 원 고향에 이씨 집안의 사당(家廟)이 세워져 〈이지기념사(李贄紀念祠)〉도 겸하고 있다.

12월, 이지연구회가 만들어졌다.

2000년(사후 398년)

장건업이 주편한 《이지문집(李贄文集)》 7책이 북경의 사회과학문헌출판사에서 발간되었다.

이지의 저서

■ 이지가 살아있을 때 그가 쓰고 편찬했거나, 다른 사람을 통해 정리되어 이지가 확인한 저서들

《노자해(老子解)》 2권, 1575년(만력 3). 뒤에 다시 《해노(解老)》2권.

《심경제강(心經提綱)》 1577~1580년(만력 5~8).

《세설신어보(世說新語補)》, 1586년(만력 14)

《초담집(初潭集)》 30권, 1588년(만력 16)

《관음문(觀音問)》 (권수를 나누지 않았음), 1588~1590년(만력 16~18)

《분서(焚書)》 6권, 1590년(만력 18)

《이씨설서(李氏說書)》 (권수는 자세하지 않음), 대략 1590년(만력 18)

《정도여공(征途與公)》 권수 미상, 약 1595년(만력 23)

《독승암집(讀升庵集)》 20권, 1596년(만력 24)

《도고록(道古錄)》 (또는 明燈道古錄) 2권, 1597년(만력 25)

《손자참동(孫子參同)》 13편, 1597년(만력 25)

《정토결(淨土訣)》 3권, 1597년(만력 25)

《노인행(老人行)》 2책, 1598년(만력 26)

《선록규차지(選錄睽車志)》, 1598년(만력 29)

《영경문답(永慶問答)》 1권, 1598년(만력 26)

《용계선생문록초(龍溪先生文錄抄)》 9권, 1598년(만력 26)

《파공연보(坡公年譜)》 3권, 1598년(만력 26)

《장서(藏書)》 68권, 1599년(만력 27)

《양명선생도학초(陽明先生道學鈔)》 8권, 1600년(만력 28)

《양명선생연보》 2권, 1600년(만력 28)

《역인(易因)》 권수미상, 1600년(만력 28)

《파선집(坡仙集)》 16권, 1600년(만력 28)

《구정역인(九正易因)》 4권, 1601년(만력 29)

《사각(史閣)》 21편, 1601년(만력 29)

《석자수지(釋子須知)》, 1601년(만력 29)

《언선편(言善篇)》 600여 편, 1601년(만력 29)

《묵자비선(墨子批選)》 2권
《암연록최(闇然錄最)》 4권
《이씨육서(李氏六書)》
《인과록(因果錄)》 3권
《장자내편해(莊子內篇解, 또는 莊子解)》 2권

■ 이지가 죽은 뒤 다른 사람이 엮은 책들

《속장서(續藏書)》 13권, 1609년(만력 37)
《이씨육서(李氏六書)》, 1609년(만력 37)
《이씨유서(李氏遺書)》, 1612년(만력 40)
《이씨육서(李氏六書)》 6권, 1617년(만력 45)
《속분서(續焚書)》 5권, 1618년(만력 46)
《이씨문집(李氏文集)》 20권, 연대미상
《이씨총서(李氏叢書)》 11종, 23권
《이온릉집(李溫陵集)》 20권
《이탁오유서(李卓吾遺書)》 12종

■ 저자가 확인되지 않는 책들

《작림기담(柞林紀譚)》 1권, 1590년(만력 18)
《침중십서(枕中十書)》, 1609년(만력 37)
《삼교품(三敎品)》 1권
《삼이인집(三異人集)》 22권
《아소(雅笑)》 3권
《이탁오비선조가주소(李卓吾批選晁賈奏疏)》 2권
《조가주소(晁賈奏疏)》 2권

■ 다른 사람이 쓴 책에 이탁오의 이름이 들어 있는 책

《사서평(四書評)》 1610년(만력 38)
《이탁오선생평점충의수호전(李卓吾先生評點忠義水滸傳)》 100권 100회 1610년(만력 38)
《사서안(四書眼)》 1611년(만력 39)

《신휴이씨장서충의수호전서(新鐫李氏藏書忠義水滸傳序)》 120회, 1611년(만력 39)
《이탁오비점삼국지(李卓吾批點三國志)》 120회, 1611년(만력 39)
《이탁오선생비평서유기(李卓吾先生批評西遊記)》 100회, 1611년(만력 39)
《사강평요(史綱評要)》 36권, 1613년(만력 41)
《의료(疑耀)》 7권, 만력 말 혹은 천계 초
《형금(衡鑒)》 68권, 연대미상

■ 기타 기록에 보이는 책들

《가중서찰(家中書札)》 1권
《개소(開笑)》 14권
《고망편(姑妄編)》 7권
《명등록(明燈錄)》
《명시선(明詩選)》 2권
《비장문충공주고(批張文忠公奏稿)》 2권
《사서설(四書說)》
《업보안(業報案)》
《영웅보(英雄譜)》 20권
《용호한화(龍湖閑話)》 1권
《이사(異史)》 제5권
《이씨춘추(李氏春秋)》
《이탁오평조문숙집(李卓吾評趙文肅集)》 4권
《천문인수서경(千文印藪書鏡)》
《첨씨수경(檐氏手鏡)》 1권
《탁오대덕(卓吾大德)》
《평고덕기연(評古德機緣)》 6권

참고문헌

1. 동양어 문헌

■ 원 전

《公安縣志》, 中國學術名著 2, 臺灣, 1955.

《麻城縣志前編》, 中國學術名著 357, 臺灣, 1970.

《史記》《漢書》《後漢書》《晉書》《梁書》《南史》《北史》《魏書》《隋書》《舊唐書》《新唐書》《五代史》《宋史》《遼史》《明史》, 上海, 1964~1976.

客 瑢, 《四庫全書總目》, 臺灣, 1964.

耿定向, 《耿天臺先生文集》, 臺北 : 文海出版社.

顧炎武, 〈李贄條〉, 《日知錄》 卷18.

利瑪竇, 《友論》, 百部叢書, 제18.

潘曾紘, 〈李溫陵外紀〉 卷5.

司馬光, 《資治通監》, 上海, 1956.

沈德符, 《萬曆野獲編》, 百部叢書.

王夫之, 《讀通鑑論》 3, 1975,

王陽明, 《陽明全書》, 四部備要.

袁中道, 〈李溫陵傳〉, 《袁小修文集》 卷8 ; 《焚書》, 北京 : 中華書局, 1974.

袁 采, 《袁氏世範》, 百部叢書 29, 臺灣, 1964.

張伯行撰, 《道統錄》, 正誼堂全書, 藝文印書館.

錢謙益, 《列朝詩集小傳》 下, 臺灣, 1961.

———, 《牧齋初學集》, 四部叢刊.

傳維鱗, 《明書》, 百部叢書, 제94.

程顥, 程頤, 《二程全書》, 四部備要.

趙 翼, 《二十二史箚記》, 臺灣, 1965/66.

朱國楨, 《筆記小說大觀》, 臺灣, 1962.

———, 〈李贄資料〉, 《湧潼小品》 卷16.

朱 熹, 《四書集注》, 臺灣, 1962.

———, 《小學集注》, 臺灣, 1965.

焦　竑,《老子解》, 百部叢書 78.
———,《焦氏澹園集》, 臺北：偉文圖書公司, 1977.
———,《焦氏類林》, 奧雅堂叢書.
———,《焦氏筆乘》, 臺灣, 1977.
黃宗羲,《明儒學案》, 四部備要, 臺灣.

■ 저 서

《中國文學發展史》, 臺灣, 1964.
《中國婦女史學史》, 香港.
《中國哲學史資料選集：宋・元・明 上》, 1962.
國立中央圖書館,《明人傳記資料索引》, 臺灣, 1965.
金儒杰,《李贄新評》, 香港：神州圖書公司, 1975.
金欽俊,〈李贄毁'反道'記〉,《王安石, 李贄》, 廣東人民出版社, 1973.
童紉蘭, 孫佩蓝,《女作家詩選》, 香港, 1961.
孟　瑤,《中國文學史》, 臺灣, 1974.
福建省晉江地區文物管理委員會,《李贄思想評介》, 福建人民出版社.
北京圖書館,《歷代法家文選》, 北京：文物出版社, 1975.
蕭公權,《中國政治思想史》, 臺灣：聯合出版中心.
吳　虞,《吳虞文錄》, 上海：亞東圖書館, 1921.
———,《吳虞集》, 四川人民出版社, 1985.
吳　澤,《儒教叛徒李卓吾》, 上海：華夏書店, 1949. 4.
王國鈞主編,《李贄與南安》, 北京：中國廣播電視出版社, 2003.
王　相,《女子四書》, 上海.
容肇祖,《李卓吾評傳》, 上海：商務印書館, 1937.
———,《明代思想史》, 上海：開明書店, 1941.
———,《李贄年譜》, 三聯書店, 1957. 4.
———,《何心隱集》, 北京：中華書局, 1960, 1981.
劉大杰,《中國文學發展史》 下, 香港：古文書局, 1955.
劉明鐘,《宋・明哲學》, 螢雪出版社, 1982.
李守禮,《武則天正傳》, 香港, 1977.
李焯然,《明史散論》, 臺北：允晨文化, 1987.

李輝良,《李贄的傳說》, 泉州：海峽文藝出版社, 1987.

張建業,《李贄評傳》, 福建人民出版社, 1981.

——— 주편,《李贄文集》 7冊, 北京社會科學出版社, 2000.

——— 주편,《李贄國際學術硏究會討論集》, 北京：李贄硏究中心, 2005.

張舜徵,〈與友人論李卓吾〉,《中國史論文集》, 1956. 9.

左東嶺,《李贄與晩明文學》, 天津人民出版社, 1997.

朱謙之,《李贄十六世紀 中國 反封建思想的先驅者》, 湖北：人民出版社, 1956. 1.

———,《日本的右學及陽明學》, 上海, 1962.

周谷城,《李贄硏究》, 1989.

朱維之,《中國文藝思潮史略》, 上海, 1949.

中山大學歷史系,《李贄》, 1976,

中華書局,《法家著作選讀》, 北京：1974.

陳錦釗,〈李贄之文論〉,《嘉新水泥公社文化基金會》, 1973. 1.

蔡元培,《蔡元培選集》, 香港.

馮友蘭,《馮友蘭的道路》, 香港, 1974.

廈門大學歷史系,《李贄硏究參考資料》(第一輯), 福建人民出版社, 1975. 3.

——————,《李贄硏究參考資料》(第二輯), 福建人民出版社, 1976. 5.

——————,《李贄硏究參考資料》(第三輯), 李贄與水滸傳資料專輯 福建人民出版社, 1976. 6.

革 崗,《五四運動史》, 上海, 1954.

侯外廬,《中國思想通史》 권4下, 北京：人民出版社, 1963.

侯外廬,《中國思想通史》, 권4下, 1963.

嵇文甫,〈王船山與李卓吾〉,《王船山學術論叢》, 北京, 1962.

岡田武彦,《王陽明と明末の儒學》, 明德出版社, 1970.

廣賴豊,《吉田松陰の硏究》, 東京, 1944.

溝口雄三,〈明末を生きた李卓吾〉,《東洋文化硏究所紀要》, 55:39-192, 1971. 3.

————,〈李贄年譜〉,《中國古傳文學大系》, 東京：平凡社, 1971. 9.

————, 김용천 옮김,《中國 近代思想의 屈折的 展開》, 동과서, 1999.

內藤虎次郎,〈李氏藏書〉,《日本人》 8, 1905. 8 ;《內藤湖南全集》, Vol.XII：8-30, Tokyo：筑摩書房, 1901. 6.

內藤虎次郎,〈支那史學史〉,《內藤湖南全集》 Vol.11, 東京：筑摩書房.

島田虔次,《中國における近代思惟の挫折》, 東京：筑摩書房.

———, 〈儒教の叛逆者－李贄〉, 《思想》, 462:1-13, 1962. 12.
———, 《朱子學と陽明學》, 岩波新書 637 ; 《思想》, 1962. 12.
東京大中國哲學研究室, 《中國思想史》, 東京, 1976.
山川麗, 《中國女性史》, 東京, 1977.
小柳司氣太, 〈明末の三教關係〉, 京都, 1928.
李學仁 著, 久松文雄 畵, 《三夢傳》, 東京 : 新潮社, 1989.
增井經夫 譯, 〈焚書〉, 東京 : 平凡社, 1969. 3.
後藤基己, 《明末政治評論集》 57, 東京, 1971, pp.3～58.

김혜경 옮김, 《분서》 1·2, 한길사, 2004.
도나미 마모루 지음, 임대희 외 옮김, 《풍도의 길》, 소나무, 2003.
레이 황 지음, 김한식 외 옮김, 《1587－만력 15년 아무 일도 일어나지 않았다》, 서울 : 새물결출판사, 2004.
배영동, 《명말청초사상》, 서울 : 민음사, 1992.
옌리에산·주지엔구오 지음, 홍승직 옮김, 《이탁오평전》, 돌베개, 2005.
윤남한, 〈도고록〉, 《세계의 대사상》 30, 서울, 1974.
이가원, 《중국문학사상사》, 1959.
———, 《유교반도 허균》, 연세대출판부, 2000.
쟈크 제르네저 지음, 이동윤 옮김, 《동양사통론》, 법문사, 1985.
정인보, 《양명학연론》, 삼성문고, 1972.
조너선 D. 스펜서 지음, 주원준 옮김, 《마테오 리치, 기억의 궁전》, 이산, 1999.
허경진, 《허균평전》, 돌베개, 2002.
홍승직 옮김, 《분서》, 홍익출판사, 1998.

■ 논 문

《光明日報》, 〈關于武則天的評價問題〉, 1977. 11. 7.
〈李贄尊法反儒文選〉, (內部讀物), 福建人民出版社.
江　靑, 〈女皇夢的破産〉, 《光明日報》, 1977. 7. 4.
———, 〈捧李勣妄想唐女皇〉, 《光明日報》, 1977. 6. 30.
慶　思, 〈'李贄反理學叛'聖道的鬪爭〉, 《光明日報》 13, 1965. 11.
———, 〈李贄的尊法反孔思想〉, 《文物》, 5: 21-27, 48. 1974. 5.

———, 〈尊法反儒的進步思想家李贄〉, 《人民日報》, 1974. 6.

———, 〈李贄的進步教育思想〉, 《中山大學學報》, 5:37-40, 1973. 10.

高柄翊, 〈中共의 歷史學〉. 《中共體制》, 서울, 1974.

郭紹虞, 〈性靈說〉, 《燕京學報〉 XXXII, No.3, 1938. 6.

廣東師院教育學校硏室寫作組, 〈陳亮李贄對儒家朱熹反動教育思想的批判〉, 《教育革命參考資料》, 1973. 11.

邱漢生, 〈宋明理學與宗法思想〉, 《歷史硏究》, 1979. 11.

———, 〈泰州學派的傑出思想家李贄〉, 《歷史硏究》, 1964. 1, pp.115～132.

邱漢生, 〈泰州學派的傑出思想家李贄〉, 《歷史硏究》, 1:115-32, 1964. 1.

其 相, 〈李贄談學習〉, 《光明日報》, 1962. 1.

黎正甫, 〈李卓吾的爲人及其歷史觀〉, 《現代學苑》, 9.4(4월):9-16, 9.5(5월):13-18, 12.

潘 颽, 〈猛烈抨擊儒家'聖人, 聖學, 聖徒'的戰鬪作品-讀李贄的'四書評'〉, 《光明日報》, 1975. 1. 31.

白壽彝, 〈中國穆斯林的歷史傳統〉, 《歷史硏究》, 1952. 2.

福建省晉江地區文物管理委員會, 〈晉江縣文化館：李卓吾妻黃氏墓葬碑刻－墓碑, 墓表, 憲碑〉, 《大公報》, 1976. 9. 16.

不公仇, 〈李卓吾先生學說〉, 《天義報》, 1907. 6.

司徒季, 〈評李卓吾批點皇明通紀〉, 《湖北日報》, 12:20-24

舒 焚, 〈李贄同耿定向的一場論爭〉, 《哲學》, No.380, 1963. 3；《光明日報》, 1963. 3. 8.

孫叡徹, 〈李卓吾成學過程的硏究〉, 國立臺灣大 博士論文, 1986.

宋家玉等, 〈歷史上武則天與'四人幇'的復辟術－評'法家女皇武則天'－文的反革命實質〉, 《光明日報》, 1977. 7. 4.

楊 實, 〈再論晚明反衛道史學—評'藏書世紀'目錄〉, 《大公報；史地週刊》 No.97. 1936. 9.

楊 實, 〈晚明之反衛道史學—論李卓吾〉, 《大公報；史地週刊》, No.88, 1936. 6.

黎 文, 〈李贄批點的'忠義水滸傳'在日本的流傳〉, 《參考消息》, 1975. 10.

葉國慶, 〈李贄先世考〉, 《歷史硏究》, 1958. 2.

伍 法, 〈李贄的晚明反復古文藝的鬪爭〉, 《海洋文藝》 2.2: 1975. 2.

烏以鋒, 〈李卓吾著述考〉, 《國立中山大學文中硏究所輯刊》, I.2. 1932. 6.

汪慶正, 〈跋上海博物館所藏李贄手迹〉, 《文物》, 10:65-67, 1973. 10.

王利器, 〈'水滸'李卓吾評本的眞僞問題〉, 《文學評論叢刊》, 2:365-81. 1979. 2.

王榮剛, 嚴同明, 韓天宇, 〈從'史綱評要'看李贄的尊法反儒思想〉, 《學習與批判》, 8:18-25, 1973. 8.

王　煜,〈李卓吾雜揉儒道法佛四家思想〉, 香港：有成圖書貿易公司.
容肇祖,〈李贄反道學和反封建禮教的一生〉,《光明日報》, 1962. 4.
———,〈焦竑及其思想〉,《燕京學報》, No.23, 1938. 6.
劉致中,〈關於李卓吾對水滸傳的評價問題〉,《光明日報》, No.504, 1965. 3.
李德宝,〈輝縣白雲寺發現李載李贄題詩石刻〉,《文物》, 1:57-58, 1966. 1.
任訪秋, 〈從紅樓夢中的叛逆思想談到李贄的叛逆思想〉, 《中國古典文學研究論集》, 72-88, 長江文藝出版社, 1956. 12.
任維焜,〈李卓吾與袁中郎〉,《天津益世報; 讀書週刊》, No.57. 1936. 7.
丁　度,〈尊法反儒的進步思想家李贄〉,《人民日報》, 1974. 6.
鄭培凱,〈從'四書評'看李贄思想發展與儒學傳統的關係〉,《抖擻》, 28:1-28, 1978. 7.
趙令揚,〈李贄之史學〉,《明史論集》, 14-34, 香港, 史學硏究會, 1975. 6.
———, 吳金成 옮김,〈李贄의 史學〉,《中國의 歷史認識》 하, 창작과비평사, 1985.
曹士峰,〈尊法反儒的鬪士李贄〉,《儒法鬪爭史話》, 353-61. 上海：人民出版社, 1975. 7.
朱維之,〈李卓吾年譜〉,《福建文化》, 3.18(李卓吾專號－鈴木虎雄的李卓吾年譜), 47-143, 1935. 4.
———,〈李卓吾的性格〉,《福建文化》, 3.18(李卓吾專號), 1-6, 1935.
———,〈李卓吾的思想〉,《福建文化》, 3.18(李卓吾專號), 25-46, 1935.
———,〈李卓吾與新文學〉,《福建文化》, 3.18(李卓吾專號), 7-24, 1935.
———,〈李卓吾論〉,《福建文化》, 福建協和大學, 1935. 4.
知堂(周作人),〈談李卓吾初潭集〉,《中國文藝》, 1.5:17-19, 1940-1；〈讀初潭集〉,《藥堂雜文》, 121-25, 新民印書館, 1944. 1.
陳錦釗,〈李卓吾批點水滸傳之硏究〉,《書目季刊》, 7.4: 45-65. 1974. 3.
陳念萱,《論近代散文作家李卓吾》,《福建文化》, 4.25, 1937. 6.
陳泗東,〈李贄的故家〉,《文物》, 1975. 1.
陳祖澤,〈李卓吾的兩顆遺印〉,《文物》, 11:54, 1965. 11.
泉州市文物管理委員會, 〈泉州海外交通史博物館：李贄的家世,故居及其妻墓碑－介紹新發現的有關李贄的文物〉,《文物》 1, pp.34～43, 1971.
崔文印,〈談'史綱評要'的眞僞問題〉,《文物》, 8:29-34. 1977. 8.
———,〈李贄'四書評'眞僞辨〉,《文物》, 4:31-34. 1979. 4.
包遵信,〈明代著名的法家代表李贄-讀藏書筆記〉,《文物》, 1974, 6. 6. pp. 26～34.
馮友蘭,〈從李贄說起-中國哲學史中唯物主義和唯心主義互相轉化的一個例證〉,《新建設》, No.2-3, 1961. 3；《中國哲學史論文二集》, 393-410, 上海：上海人民出版社, 1962. 6.

———, 〈李贄的著作〉, 《中國哲學史史料學初稿》, 上海人民出版社, 1962.

華思理, 〈李贄的封建道學的文藝批評〉, 《解放軍文藝》 2, 1975. 2.

黃繼持, 〈秦州學派對學思想之影響〉, 《Jouranl of Oriental Studies》, Vol.11, Hong Kong, 1973. 1.

黃雲眉, 〈李卓吾事實辨正〉, 《金陵學報》, 2.1:59-79, 1932-5. ; 《史學雜稿計存》, 181-211, 山東人民出版社, 1960.

侯外廬, 〈十六世紀中國的進步的哲學思潮概述〉, 《歷史研究》 10, 1959.

侯外廬・李學勤, 〈李贄的封建叛逆思想—爲紀念李贄逝世360年而作〉, 《人民日報》, 1962. 12.

———————, 《十六世紀中國的進步的哲學思潮概述》, 《歷史研究》 10, 1959.

———————, 邱漢生, 〈李贄的進步思想〉, 《歷史研究》, 7:1-24, 1959. 7.

嵇文甫, 〈李卓吾與左派王學〉, 《河南大學學報》, 1.2:1-18, 1934.

———, 〈王船山與李卓吾〉, 《歷史研究》, 6:86-89, 1961-6. 《王船山學術論叢》, 68-72, 中華書局, 1962.

嵇文甫, 〈李卓吾與左派王學〉, 《河南大學學報》 1卷2期, 1934. 6.

廣賴豊, 《吉田松陰の研究》, 東京, 1944, pp.60～149, 182～185.

今關天彭, 〈李卓吾先生〉, 《陽明學》, 1908.

楠本正繼, 〈焚書と說書〉, 《倉石博士還曆紀念:中國の名著》, 198-204, 東京大學文學部中國研究室, 東京 : 勁草書房, 1962. 10.

內藤戶次郎, 〈李贄藏書紀傳總目前論 : 後論〉, 《牖報》, 1:109-110; 110-12, 1907. 1.

大久保英子, 〈秦州學派とその社會的基礎〉, 《東洋史學論叢》, No.3, 東京, 1954.

島田虔次, 〈儒教の叛逆者—李贄(李卓吾), 《思想》, 462:1-13, 1962. 12.

————, 〈王學左派論批判の批判〉, 《史學雜誌》, LXI, No.9, 東京, 1952. 9, pp.70～87.

鈴木虎雄, 〈李卓吾年譜〉, 《支那學》, 7.2(2월)・1-59:7.3(7월)・1-49, 1934.

白木直也, 〈一百二十回水滸全傳の研究－其の'李卓吾評をめぐ'って〉, 《日本中國學會報》, 1973. 10.

森紀子, 〈中國にすける李卓吾像の變遷〉, 《東洋史研究》, 33.4, 1975. 3.

小島祐馬, 〈李卓吾と六經皆史〉, 《支那學》, 12.5 : 169-76, 1947. 8.

小柳司氣太, 〈明末の三教關係〉, 京都, 1928.

岩間一雄, 〈李卓吾にすける思想の歷史的性格〉, 《科學と思想》 13, 1973. 7.

奧崎裕司, 〈讀書人として生きぬいた李卓吾〉, 《木村正雄先生退官紀念東洋史論集》, 259-78, 東京 : 汲古書院, 1976. 12.

奧崎裕司, 〈李卓吾はなせ自殺したか〉, 《東京教育大學大學部紀要》, 106.3 1976. 3.
李慶龍, 〈羅汝芳思想硏究〉, 臺北：國立臺灣大 博士論文, 1999.
重澤俊郎, 〈顧炎武の評價問題〉, 《中國哲學史硏究》 10, 東京, 1964, pp.77～84.
倉光卯平, 〈李卓吾の文學觀-水滸傳の批評を見る〉, 《西南學院大學文學論集》, 4.1:1-14, 1957. 7.
湯承業, 〈李卓吾思想新評價〉, 《學園》, 3.3:12-13, 1967. 10.
———, 〈李贄年譜〉, 《中國古典文學大系》, 416-34, 東京：平凡社, 1971. 9.
———, 〈焚書を讀をに際してのある立場〉, 《中國古典文學大系》, 435-45, 東京：平凡社, 1971. 9.
八木澤元, 〈李贄〉, 《宇野哲人博士米壽紀念論集：中國の思想家》, Vol.Ⅱ 612-25, 中國哲學硏究室, 東京：勁草書房, 1963. 10.

갈영진, 〈명대실학간론〉, 《대동문화연구》 제23집, 서울, 1989, 145～168쪽.
구교현, 〈이탁오와 이덕무의 문학론 비교〉, 《중국어문학논집》 14, 2006. 6.
김도연, 〈이지의 비판정신에 관한 연구〉, 숭실대 석사논문, 1989.
김상헌, 〈이지의 정치사상 연구〉, 성균관대 석사논문, 1997.
김세서리아, 〈이지의 윤리관에 나타난 남녀 평등의식에 관한 연구〉, 성균관대 석사논문, 1989.
김정희, 〈이지의 의식형태와 문학관 연구〉, 영남대 석사논문, 1994.
김진경, 〈이지의 동심설 연구〉, 서울대 석사논문, 1995.
김태성, 《이지의 문론 연구》, 한국외대 석사논문, 1985.
김혜경, 〈이탁오의 인식세계〉, 《중국어문학지》 제10집, 2001. 12.
오금성, 〈양명학과 명말 강서 길안부의 신사-서원 강학을 중심으로〉, 《명·청사연구》 제21집, 2004.
이경룡, 〈등활거의 묘명진심과 이왕학 비판〉, 《명·청사학연구》 제19집, 2003.
이현주, 〈이탁오의 동심설 시석〉, 《중국학연구》 6, 1991. 4.
임상렬, 〈이탁오의 정주학 비판과 륜리〉, 서강대 석사논문, 1983.
정재현, 〈이탁오 사상에서의 생성과 욕망의 문제〉, 이화여대 석사논문, 1999.
정지영, 〈마테오 릿치와 1600년대 중국의 사상동향〉, 《동양사학연구》, 1973. 3.
차상원, 〈명인제파의 문학이론과 비판〉, 서울대 논문집 14집, 1968 ; 15집, 1969.
최낙민, 〈이탁오의 문학이론 연구〉, 부산대 석사논문, 1993.
최정섭, 〈이탁오 문학사상의 연구〉, 연세대 석사논문, 1997.

2. 저자의 이탁오 관련 저술

■ 저서와 논문

Yong-chul Shin, "Li Chih und Seine Philosophie in der chinesischen Presse zwischen den 1. Sept. 1973 und den 31. Dez. 1974" (1973년 9월~1974년 12월간 중국 언론에서 이지와 그의 철학), Univ. HD. Fakultät für Orientalistik und Alterumswissenschaft, 1977. 12.

Yong-chul Shin, *Die Sozialkritik des Li Chih (1527～1602) — am Beispiel seiner Einstellung zur Frau* (이지의 사회비평—그의 '여성관을 중심으로), Europäische Hochschulschriften 27, Frankfrut am Main · Bern : Peter Lang, 1982. 3.

〈명대 이지와 그의 생애〉, 《고황》 26, 경희대, 1982, 130～152쪽.

〈중공에 있어서 이지상의 정치적 수용〉, 《경희사학》 제9 · 10합집, 1982, 199～216쪽.

〈이지의 역사관시론〉, 《경희사학》 제11집, 1983, 180~201쪽.

〈이탁오의 역사인물비평—명대 사평에의 한 공헌〉, 《역사와 인간의 대응》, 고병익 선생회갑기념논총, 서울 : 한울출판사, 1984.

〈이지의 사회비평〉, 《동양사학 연구》 제19집, 1984, 51～80쪽.

〈초횡의 생애와 사상〉, 《경희사학》 제15집, 박성봉교수회갑기념논총, 1988.

〈한국에 있어서 이탁오 연구〉, 《한국사상사학》 4 · 5합집, 1993, 493~509쪽.

〈이탁오와 마테오 리치의 교우에 관하여—16세기 동서문화 접촉의 한 가교〉, 《명 · 청사연구》 제3집, 1994, 41～55쪽.

〈유교개혁의 사상적 선구자 이탁오〉, 《동아시아의 인간상》, 황원구교수정년기념논총, 1995, 495～518쪽.

〈이탁오의 진보적 교육사상〉, 《동양학연구》 제3집, 1997.

〈이탁오의 교육사상〉, 《동양학연구》 4, 1998.

〈이탁오와 중국 여성사〉, 《여성문화의 새로운 시각》, 경희대학교 인문학연구소 여성문화총서, 1999.

〈16세기 이탁오의 진보적 역사관〉, 《한국사학사학보》 6호, 한국사학사학회, 2002.

〈이탁오의 경세사상〉, 《명 · 청사연구》 제18집, 2003, 33～64쪽.

〈명 · 청시대 사상사의 성과와 과제〉, 《명 · 청사연구—이탁오 사상 연구를 중심으로》, 제19집, 2003, 65～92쪽.

■ 에세이

〈전환기의 이단적 사상가 이탁오—동양 반체제 사상의 특수성〉, 《이대학보》, 1983.
〈이탁오와 그의 역사시비론〉, 《대학주보》, 1986. 12. 1.
〈이탁오(李卓吾, 1527~1602), 유교의 성인인가, 반역자인가〉, 《문예비전》, 2000. 4~5.
〈이탁오(李卓吾, 1527~1602), 열렬한 구도자와 격렬한 비판자〉, 《문예비전》, 2000. 6~7.
〈이탁오(李卓吾, 1527~1602) 태워버려야 할 책, 분서(焚書)〉, 《문예비전》, 2000. 8~9.
〈이탁오(李卓吾, 1527~1602) 감춰야 할 책, 장서(藏書)〉, 《문예비전》, 2000. 10~11.
〈중국의 이탁오(李卓吾)와 조선의 허균(許筠)〉, 《문예비전》 2000. 12.
〈이탁오, 유교의 성인인가, 반역자인가〉 〈자유낭만적 문학이론의 정수—동심설(1)〉, 《문예비전》, 2001. 1~2.
〈자유낭만적 문학이론의 정수—동심설(2)〉, 《문예비전》, 2001. 3~4.
〈자유낭만적 문학이론의 정수—동심설(3)〉, 《문예비전》, 2001. 5~6.
〈여자 때문에 나라가 망했다구요〉, 《문예비전》, 2001. 7~8.
〈책을 읽으면서도 글자를 모른다〉, 《문예비전》, 2001. 9~10.
〈맨 손으로 공자의 상점을 때려부수려 든 사천성의 노 영웅, 오우(吳虞)〉, 《문예비전》, 2001. 9~10.
〈이탁오와 30년〉, 《명·청사연구》 제18집, 2003. 22~26쪽.

3. 서양어 문헌

■ 저 서

Bileter, Jean-Francois, *Li Zhi, Philosophe Maudit* (정죄 받은 철학자, 1527~1602), Geneve, 1975.
Chang Carsun, *Development of Neo-confucian Thought,* New York, 1962.
Cheang Eng-chew, *Li Chih as a Critic: A Chapter of the Ming Intellectuel History,* University of washington, seattle, 1973.
China im Bild, "Li Dschi", 10. 1975, S.34~35.
Chow Tse-tsung, *The May Fourth Movement* (五四運動史), Intellectual Revolution in modern China, Cambridge 1960.
Debon, Gunther, u. Speiser, Werner, *Chinesische Geisteswelt, von Konfuzius bis Mao Tse-tung,* Baden-Baden, 1957.

Edward Chi'en, *Chiao Hung and the Reconstructing of Neo-Confucianism in the late Ming,* New York, Columbia University Press, 1986.

Franke, Wolfgang, *China and das Abendland,* Gttingen, 1962.

―――――――, 김원모 옮김, 《동서문화교류사》, 단국대출판부, 1977.

―――――――, *Chinas Hulturelle Revolution, Die Bewegung vom 4. Mai 1919,* München, 1957.

―――――――, 신용철 옮김, 《중국의 문화혁명》, 탐구당, 1983.

―――――――, *Das Jahrhundert der chinesischen Revolution 1851～1949,* München, 1958.

Fung, Yu-lan, *A history of Chinese Philosophy,* Princeton, 1952.

Giles, Herbert Allen, *A Chinese Biographical Dictionary,* Taipei, 1964.

Goodrich, Luther Carrington, *The Literary Inguisition of Ch'ien-Lung,* New York, 1966, S.57, 249 u. 262.

Graf, olaf, *Djin-si lu von Dsu Hsi* (朱熹의 近思錄), *Die sung-konfuzianische Summa mit dem kommentar des Ye Tsai,* 3 Bad., 4 Vols., Tokyo, 1953.

Guisso, R. W. L., *Wu Tes-t'ien* (武則天) *and the Politics of Legitimation in T'ang-China,* Washington, 1978.

Henke, Friedrich Goodrich, *The Philosophy of Wang Yang-ming,* New York, 1964.

Ho Ping-ti (何炳棣), *The Ladder of Success in imperial China* (明淸社會史論), *Aspects of Social Mobility 1368～1911,* New york und London, 1962.

Hok-lam Chan, *Li Chih 1527～1602 in Contemporary Chinese historiography, NEW LIGHT AND HIS WORKS,* M. E. Sharpe, Inc. White Plains, New York, 1980.

Howard L. Boorman and Richard C. Howard, *Biographical Dictionary of Republican China,* New York and London, 1967.

Hummel Arther W., *Eminent Chinese of the Ch'ing Period (1644～1912),* Taipei, 1975.

Kam Louie, *Critique of Confucius in Contemporary China,* Hong Kong, The Chinese University Press, 1980.

L. Carrington Goodrich and Chaoing Fang, *Dictionary of Ming Biography (1368-1644),* New York u. London, 1976.

Legge, James, *The Chinese Classics,* Vol.Ⅱ, *Confucian Analects, The great learning and The Doctrine of the mean* (中庸), Vol.Ⅱ, *The Works of Mencius,* Vol.Ⅲ, *The Shoo King, or The Book of historical Documents (two parts)* (書經), Vol.Ⅳ, *The she king, or The Book of Poetry (two parts)* (詩經), Vol.Ⅴ, *The Ch'un Ts'ew, with the Tse Chuen (two parts)* (春秋), H. K., 1861-72.

Ming Studies, Nr.6, Spring 1978, Minnesota, 1978.

Schickel, Joachim, *Konfuzius Materialien zu einer Jahrhundert—Debatte* (한 세기의 논쟁에 관한 공자의 자료들), Frankfurt a. M. 1976.

Staiger, Brungild, *Das Konfuzius-Bild im kommunistischen China* (사회주의 중국의 공자상), Wiesbaden 1969.

Taylor, Romeyn, *Social and Poltitcal Origins of the Ming Dynasty,* Chicago, 1960.

Wang Gung-wu, *Feng Tao* (馮道) *: An Essay on Confucian Loyalty, in : Confucian Personalities,* by Arthur F. Weight and Denis Twitchett edited, California, 1962.

Watson, Burton, *Records from the Grand Historician of China, translated from the Shih-chi of Ssu-ma Ch'ien* (司馬遷의 史記), New York and London, 1961.

Wilfred Spaar, *Die kritische Philosophie des Li Zhi (1527-1602) und ihre politische Rezeption in der Volksrepublik China* (이지의 비판철학과 사회주의 중국에서 정치적 수용), Otto Harrassowitz. Wiesbaden, 1984.

Wilhelm, Richard, (Ubers.), *I Ging* (易經) *: Das Buch der Wandlung,* Jena, 1924.

——————, *Kungfutse, Gesprache* (論語), Jena, 1914.

——————, 禮記 : *Das Buch der Sitte,* Jena, 1930.

——————, 孟子 : *Mong Ko,* Jena, 1916.

William Edward Soothill and Lewis Hodus, *A Dictionary of Chinese Buddhist Terms,* Taipei, 1975.

■ 논 문

Hummel Arther, "Notes on Li Chih(Ming)", unorthodox scholar and martyr, in *Annual Reports of the Librarian of Congress (Division of Orientalia),* 1931/2, pp.190~193.

Hsiao Kung-ch'uan, "Li Chih: An Iconoclast of the Sixteenth Century", in *T'ien Hsia Monthly,* VI/4(avril), pp.317~341.

O. Franke, "Li Tschi : Ein Betrag zur Geschichte der chinesischen Geisteskampfe im 16. Jahrhundert", in *Abhandlungen der Preussischen Akademie der Wissenschaften,* Jahrgang, historische klasse Nr.10(Berlin, 1937, p.62.

————, "Li Tschi und Matteo Ricci", Jahrgang Nr.5, 1938, p.24.

R. G. Irwin, "The Evolution of a Chinese Novel : Shui-hu-chuan", (Harvard-Yenching Institute Studies, X. Harvard University Press, p.231).

H. Busch, "The Tung-lin shu-yuan and its Political and Philosophical Siginficance", in

Monumenta Serica, 14 (1949∼1955), pp.1∼163. Li Zhi, pp.56∼58.

Hou Wailu, "A Short History of Chinese Philosophy", *Foreign Language Press, Peken,* p.77, Li Zhi, pp.56∼58.

W. T. de Bary, "Individualism and Humanitarianism in Late Ming Thought", in W.T. de Bary de, *Self and Society in Ming Thought,* Columbia University Press, p.550, 145∼247.

Merle, Goldmann, "China's anti-confucian campaine, 1973∼1974", *The China Quarterly,* 63, 1973. 9.

Pokora, Timoteus, "A Pioneer of New Trends of Thought in the End of Ming Period", "Review of Li Chih : Shih-liu shihchi chung-kuo chih fan feng-chien ssu-hsiang ti hsienchutsu" by chu chien-chih, in *Archiv Orientalni,* XXIX, 1961, S.469∼475.

찾아보기

【ㄷ】

【ㄹ】

【ㅁ】

【ㅈ】

*